KB068652

서울법대
법학총서
10

근대법학교육
120년

성찰과 전망

서울대학교
법학연구소

박영사

머리말

1895년 법관양성소의 출범과 함께 근대 법학교육의 돛을 올린 이래, 법학교, 경성전수학교, 경성법학전문학교, 경성제국대학 법문학부 법학과, 서울대학교 법과대학을 거쳐 현재 서울대학교 법학전문대학원에 이르기까지 지난 120년간 그 이름과 제도·형식은 시대의 요청에 따라 변화되었지만, 서울법대가 배출한 인재들은 우리나라의 자주독립, 근대화, 산업화, 민주화의 달성 등 시대적 소임을 다해왔습니다.

우리나라 법학과 법학교육은 1895년 근대적 법학교육을 시작하여, 1945년 광복에 이은 1948년 정부 수립과 함께 민주적인 법학교육의 전기를 맞았고, 2009년 법학전문대학원 체제로 전환하여 21세기에 걸맞는 새로운 법학교육의 시대를 향하고 있습니다. 법학교육도 여러 다른 분야와 마찬가지로 시대와 사회의 변화에 상응하여 다양한 요청에 부합해야 합니다. 이러한 측면에서 항상 참신한 시각에서 과거를 돌아보고, 현재를 비판적 관점에서 통찰하며, 미래를 위한 개혁과 혁신에 관심을 가져야 합니다. 이제 우리는 세계화 속에서 새로운 시대적 사명을 완수하기 위해 힘찬 도약을 해야 할 때입니다. 이를 위해서는 지난 120년간 법학교육과 법조인양성제도가 왜, 어떻게 변화되어 왔는지 반추하여 교훈을 얻고, 이를 토대로 현재의 법학전문대학원 제도를 어떻게 발전시켜야 할 것인지 모색할 필요가 있습니다.

이러한 의미에서 법학연구소에서는 2015년 서울대학교 법학발전재단의 지원을 받아 '근대법학교육 120주년의 회고와 법학교육의 미래'를 주제로 공동연구를 진행하였습니다. 이 연구를 통해 먼저 근대 법학교육 120주년을 맞이하여 그간의 교육과정을 제도사적·지성사적으로 돌아보고, 나아가 법학전문대학원 출범이후 변화된 환경에서 법학교육의 현황을 법학전문대학원 및 학부로 나누어 검토하면서 향후 발전방향을 제시하였습니다. 이 책은 이러한 공동연구의 성과를 단행본으로 출간한 것입니다.

제1장에서는 120년을 총괄적으로 회고하는 한편 제도사적·지성사적으로 고찰하여 역사로부터 교훈을 도출하였습니다. 이를 토대로 제2장에서는 사법시험제도를 폐지하고 법학전문대학원 제도를 도입한 이유와 이후 제도 운영과 관련하여 제기되고 있는 문제점인 변호사시험, 이론교육과 실무교육의 조화, 교육방법의 개선방안을 고찰하였습니다. 마지막으로 제3장에서는 법과대학 폐지 후 비법학도를 위한 학부법학교육과 관련하여 세 가지 쟁점을 다루었습니다.

이러한 성과들을 통해 지난 120년간 이루어진 법학교육의 변화과정과 성과를 정리함으로써, 앞으로 법학교육제도와 그 운용을 개선하는데 필요한 교훈과 시사점을 얻고, 현재 시행되고 있는 법학전문대학원제도 및 교육과정 등의 문제를 분석하여 개선과제를 제시하며, 향후 학부에서의 법학교육제도를 새롭게 구성하기 위한 방안을 제시할 수 있을 것으로 기대합니다. 그러한 의미에서 이 책의 발간은 앞으로 한국 법학교육 발전의 방향성과 전망을 정립하는 데 큰 기여가 될 것으로 확신합니다.

이 책이 나오기까지 여러 분들의 도움을 받았습니다. 공동연구를 구상하고 지원해주신 신희택 전 법학연구소장님과 이원우 전 법학전문대학원 학장님께 감사를 드리며, 무엇보다 이번 책 발간을 위하여 연구를 수행하여 주신 여러 교수님들께 감사의 말씀을 드립니다. 마지막으로 출판을 맡아주신 박영사의 안종만 회장님 및 조성호 이사님과 편집과 교정을 위해 수고해주신 장유나 과장님께도 감사의 인사를 드립니다.

2020. 12.

법학연구소장 정긍식

목 차

제1장

근대법학교육 120년의 성찰

제2장
로스쿨 법학교육의 현황과 전망

제 3 장

학부법학교육의 현황과 전망

근대법학교육
120년의 성찰

제 1 절

법학교육 120년을 돌아보며
― 법문화 근대화 120년의 의미와 과제 ―

최 병 조

Illustris Rector Magnificus Universitatis Nationalis Seoulensis,

Professor Dr. Nakin Seong,

Spectabilis Rector Scholae Iurisprudentiae U.N.S.,

Professor Dr. Wonwoo Lee,

Clarissimi et Perfectissimi Hospites,

Familiares Collegae et Professores,

Carissimi Alumni et Studiosi,

Ladies and Gentlemen!

저는 서울법대 71학번이고 1985년부터 모교에서 교편을 잡아온 최병조 교수입니다. 오늘 이 시간 서울법대 120년을 기념하는 뜻 깊은 자리에서 기조강연을 하게 된 것은 크나큰 영광입니다. 오늘의 기념행사의 제1부는 <근대법학교육 120년>이라는 주제로 학술대회가 열렸습니다. 제2부 행사인 <서울법대인의 밤>은 이 학술대회의 의미를 서울법대인 모두가 새기고 앞으로의 도약을 다짐하는 자리로 계획된 것입니다. 이런 자리에서 저와 같이 법학교육의 언저리에서 큰 기여 없이 과분한 혜택을 누려온 사람으로서 기조강연을 맡게 되었다는 것은 실로 개인적인 감회가 없을 수 없습니다만, 저는 오늘의 이 자리를 비단 서울법대인의 자리로서만이 아니라 우리나라 법학의 120년, 더 나아가서 우리 법문화 근대화의 120년이라는 좀 더 큰 전망에서 돌아볼까 합니다.

오늘날 우리는 우리가 누리고 사는 법의 혜택을 너무나도 당연한 것으로 전제합니다. 헌법이 보장하는 법 앞의 평등과 자유, 국민주권과 자유민주주의, 인간의 존엄과 행복을 추구할 권리, 이 모든 것이 바로 지난 120년 역정의 힘든 성과물인 것을 흔히 잊고 삽니다. 그러나 조금만 생각해 봐도 지난 두 차례의 60갑자는 우리 한민족의 역사에서 驚天動地할 변혁의 시기였음을 금방 알 수 있습니다. 법과 법문화로 말하자면 조선조까지는 지금 우리가 알고 있고 살아가고 있는 근대적 법과는 天壤之差였습니다. 1894년 奴婢制가 혁파될 때까지 조선은 노비제 사회였습니다. 병자호란(1636-1637)까지 겪고 난 이후, 특히 18세기 후반부터는 먹고살기 힘들어서 스스로를 팔고, 그래도 모자라면 자식을 팔고, 그것으로도 안 되면 아내까지 노비로 파는 이른바 自賣 계약이 성행했던 사회였습니다.[1] 노비제가 폐지되기 직전까지도 自賣노비가 贖良을 하려면 돈이 있어도 주인의 허가가 필요했습니다.[2] 모든 이에게 평등한 법적 자유의 신분을 허용한다는 것이 어떤 의미였을지 상상해 보십시오.

오늘 오후에 정긍식 교수님이 발표하신 지난 120년의 교육과정에 대한 제도사적 연구에 의하면 우리가 근대법학의 효시로 삼는 법

---

1) 졸고, "법학방법론과 법문화 ― 自賣계약의 예증을 통한 법문화비교의 관점에서 ― " (근간).

2) 高宗 23卷, 23年(1886年) 3月 11日(甲辰) 3번째 기사:

○ 刑曹啓: "謹依傳敎, 就議總理大臣, 以奴婢事, 成節目以入, 而以此意知委京外, 永爲定式施行何如?" 允之. 【... 一, 自賣奴婢, 雖一日使役, 名分旣定, 不可徑免. 家主許贖前, 不得請贖事. ...】

관양성소(1895) 교육과정의 교과목은 "法學通論, 民法 및 民事訴訟法, 刑法 및 刑事訴訟法, 現行法律, 訴訟演習"이었습니다. 그전까지의 모습과 180도 달라진 것으로 오늘날의 그것과 차이가 없습니다. 무엇보다도 민법이 개설되었다는 것이 가지는 의미는 막중한 것입니다. 다아시다시피 '祖宗成憲 良法美意'라 기림을 받던 조선의 經國大典에는 민법 부분이 없습니다. 국가 공권력의 행사를 가장 가시적으로 보여주고, 또 그런 의미에서 공권력 행사자가 얼마든지 독자적일 수 있는 형법의 영역에 대해서마저 중국의 "大明律을 쓴다"는 식으로 쉬운 길을 택했던 것도 돌아보면 매우 아쉬운 점입니다. 조선의 법과 법학의 운명에 쐐기를 박았던 변호사[外知部] 활동의 금지가 국가정책으로 선포된 것이 1475년(성종 6년) 8월 15일의 일입니다.[3] '무뢰배(無賴輩)가 항상 송정(訟庭)에 와 서서 혹은 품을 받고 대신 송사(訟事)를 하기도 하고, 혹은 사람을 인도하여 송사를 일으키게 하며, 법률 조문을 마음대로 해석하여 법을 남용해서 옳고 그름을 변경하고 어지럽게' 한다는 게 이유였습니다. 같은 시기인 1495년 독일은 오히려 帝室법원(Reichskammergericht)을 설치해서 로마법의 본격적인 계수가 일어나게 됩니다. 15세기 후반부 독일의 인구가 약 1,200만, 그중 대학생이 약 6,000명, 이중 법학도가 약 1,000명이었다고 하니,[4] 사회의 법에 대한 생각이 어떤 것이었을지 짐작이 갑니다. 그러나 서양에서 법과 법학이 가졌던 의미를 반추하기에는 그 어떤 것보다도 12세기 신성로마제국의 프리드리히 황제가 내린 법학도들을 위한 특별보호 특허

---

3) 成宗 95卷, 9年(1478年) 8月 15日(甲辰) 5번째 기사:
   ○ 刑曹據掌隷院牒啓: "前日傳旨: '無賴之徒長立訟庭, 或取雇代訟, 或導人起訟, 舞文弄法, 變亂是非, 俗號外知部. 爭訟之煩, 實由此輩, 所宜痛懲, 以絕奸僞.' 本曹敬此, 其稱外知部者, 已令密封得狀科罪, 全家徙邊. 然而奸詐之徒猶未盡, 去視舊無異. 請〔本〕曹及漢城府, 司憲府, 掌隷院尋獲閱實, 依前科罪." 從之。

4) *Handwörterbuch zur deutschen Rechtsgeschichte*, Ⅱ. Band: *Haustür — Lippe*, herausgegeben von Adalbert Erler und Ekkehard Kaufmann (1972 — 1978), s.v. Juristenausbildung, col.484ff. (G. Köbler).

장인 Authentica *Habita*(1158)를 빼놓을 수 없습니다.

　　황제 프리드리히는 제 주교, 제 수도원장, 제후, 제 재판관 및 우리
宮宰의 심사숙고한 조언에 기하여 학문을 수학하기 위하여 여행하는
학도들 및 특히 신성한 시민법의 교수들에게 다음과 같은 자비 깊은
은혜를 베푼다. 즉, 그들 혹은 그들의 使者가 학문을 닦는 장소에 안
전하게 가고 그곳에 안전하게 체재할 수 있는 것으로 한다. 朕이 생
각건대, 善을 행하는 자들은 짐의 칭찬과 보호를 받아야 하고, 학식
에 의하여 世人을 계발하고 神과 神의 下僕인 짐에게 충순하도록 짐
의 신민들을 교도하는 저들을 특별한 가호에 의하여 짐은 모든 부정
으로부터 보호할 것이다. 저들은 학문을 사랑하기 때문에 이방인이
되고 富를 잃고 곤궁하거나, 생명의 위협에 처해지며, 때때로 이유도
없이 탐욕스러운 자들에 의하여 신체에 危害가 가해지고 있으니, 누
가 이러한 저들을 어여삐 여기지 않겠는가?
　　이러한 이유에서 짐은 영구히 유효한 법률에 의하여 누구도 학도
들에게 감히 부정을 행하고 학도들의 동향인의 채무로 말미암아 손
해를 가하지 말 것을 명한다. 이러한 불법은 악습에 의하여 생겨난
것이라고 들린다.
　　금후, 이 신성한 법률에 위반한 자는 그 손해를 전보하지 않는 한,
그 도시[볼로냐]의 장관에게 4배액의 벌금을 납부하고, 다시 하등 특
별한 판결 없이 당연히 파렴치의 죄에 의해 그의 신분을 상실하는 것
으로 됨을 알지어다.
　　그리고 학도들을 법정에 제소하려는 자는 학도들의 선택에 따라
짐이 재판권을 부여한 저들의 스승 혹은 박사 또는 도시의 주교에 제
소하는 것으로 한다. 그 외의 재판관에 학도들을 제소하고자 기도한
자는 訴因이 정당하여도 패소하는 것으로 된다.
　　짐은 이 법률을 ＜칙법집＞(Codex Iustinianus) 제4권 제13장에 삽
입할 것을 명한다.

　　우리가 지난 120년을 지성사적 맥락에서 되돌아보면, 오늘 오후
김도균 교수의 발표와 같이 개화기의 법도구주의적 태도, 일제시대의
국가주의, 해방 후 1995년까지의 법형식주의, 이후 현금에 이르기까
지의 법실용주의적 태도를 지적할 수 있을지 모릅니다. 그러나 여기
서 저는 이들 사이의 차이보다는 이들이 공통으로 기반으로 삼고 있
는 근대적 법과 법학의 모습 일반에 주목하고자 합니다. 조선의 법
및 법학과 비교하면 1907년의 보성전문학교의 교과과정은 법학의 근
대화가 어떤 것인지 웅변으로 말해줍니다. 이것은 법을 대하는 태도
에 있어서 패러다임의 근원적인 전환이었던 것입니다.

<부표 5> 보성전문학교 교과과정(1907) (정긍식 교수에 의함)

제1학년		제2학년		제3학년	
제1학기	제2학기	제1학기	제2학기	제1학기	제2학기
법학통론	법학통론	형법각론	형법각론	채권법 3	채권법 3
헌법론	헌법론	채권법 2	채권법 2	상속법론	상속법론
형법총론	형법총론	친족법	친족법	해상법	해상법
민법총론	민법총론	물권법 2	회사법	전시국제공법	전시국제공법
물권법 1	물권법 1, 2	상행위	어험법	국제사법	국제사법
채권법 1	채권법 1	어엄법	평시국제공법	민사소송법	민사소송법
상법총론	상행위	평시국제공법	형사소송법	파산법	파산법
경제학	경제학	형사소송법	민사소송법	행정법[1]범론	행정법각론[2]
構成法	구성법	민사소송법	재정학	논리학	논리학
		재정학	사회학	의율의판	의율의판
		사회학	擬律擬判		

1] 원문은 '행정학'이나 수정하였다.
2] 원문은 '범론'이나 중복되므로 수정하였다.
* 『근대서구학문의 수용과 普專』(1986), 264면.

　　저는 이처럼 법의 근대화를 촉진한 가장 결정적인 사건이 근대적
법학교육을 받은 법률인의 양성이었다는 사실에 크게 주목해야 한다
고 생각합니다. '근대적', '근대성'이란 무엇입니까? 연전에 한류드라마

의 역동적 주역이었던 역사드라마 大長今을 기억하실 것입니다. 늘
손에 땀을 쥐게 하는 에피소드의 연속을 꿰뚫는 하나의 모티프가 있
습니다. 그것은 한 여인의 근대적 과학정신과 나머지 모든 인물들의
전근대적 사고와의 갈등이라는 것입니다. 과학정신이 승리한 해피엔
딩으로 대단원의 막을 내리지만, 우리는 현실이 그렇지 않았다는 것
을 너무나도 잘 압니다. 법도 마찬가지였습니다. 법학적 사고의 근대
화를 통하여 법문화의 근대화를 이루었다는 것은 우리가 흔히 놓치기
쉬운 부정할 수 없는 史實입니다. 우리는 통상 '근대화' 하면 경제적
근대화를 떠올립니다. 그러나 법과 제도의 근대화야말로 진정한 근대
화입니다. 그리고 이것은 근대적 법학, 다시 말해 과학적 법학이 없이
는 불가능한 과업이었습니다.

　우리가 수용한 서구의 법학은 잘 알다시피 고대 로마의 법으로
소급합니다. 로마법은 철저하게 인간정신의 소산입니다. 로마법은 유
스티니아누스 황제가 만든 로마법대전(Corpus iuris civilis)을 통하여
후대에 큰 영향을 미쳤습니다. 이 위대한 법의 황제가 한 일중 우리
가 꼭 기억할 것이 있습니다. 그것은 그가 법학교육의 개혁과 법학교
의 쇄신에 일차적 관심을 기울여서[5] 이를 추진했고, 그 과정에서 유
명한 『법학제요』(Institutiones)를 法定의 법학교재로 만들고는 이것을
로마법대전의 일부로, 즉 현행의 법률로 선포했다는 특유의 사실입니
다. 經國大典이나 大典通編의 반포에는 이러한 조치가 동반되지 않았
습니다. 저는 긴 안목에서 볼 때, 법조인 내지 법률가 양성에서 가장
중요한 것은 이와 같은 철저한 근대적, 과학적 법학과 법의 정신을
체득한 인재들을 양성하는 것이고, 또 이들이 사회 곳곳에 퍼져서 전
체 사회의 법문화를 향상시키고 법치주의의 정착에 기여를 하는 것이
라고 생각합니다.

---

5) Constitutio *Omnem* (533년 12월 16일).

먼저, 이런 의미에서 저는 법조인 양성의 근본과 무관한 세부적인 차이들은 그렇게 비중 있는 요소라고 생각하지 않습니다. 우리도 이미 독특한 사법대학원 체제(1962-1971)를 경험한 바 있습니다. 요즈음 사법시험이 종료될 예정이다 보니 사법시험 존치론이나 변호사시험 예비시험의 도입 등이 사회 일각에서 주장되고 있습니다. 그러나 시험제도를 어떻게 할 것인가 하는 문제는 사실 본질적인 것이 아닙니다. 제가 알기로는 법조인 양성을 둘러싸고 지속적으로 매우 다양한 논의가 전개되어 온 나라는 독일입니다. 分邦 체제로 여러 나라로 갈려서 제각각 나름의 양성 시스템을 가지고 있었고, 통일 후에도 연방제이다 보니 하나의 통일적인 제도를 가지지 못했던 까닭입니다. 지금도 州마다 조금씩의 차이는 있습니다.

이 문제는 오늘 오후 송석윤 교수께서도 관련 발표를 하셨습니다만, 우리에게도 시사하는 바가 매우 많은 독일의 논의 과정에서 두드러진 점을 정리하면 다음과 같습니다.[6)]

① 대학의 법학교육을 마무리하는 제1차 사법국가시험에 이은 사법실무연수의 과정에 대한 논의가 그중 하나인데, 보통은 1단계였지만 2단계였던 곳도 있고, 기간과 내용면에서 매우 다양했습니다. 그러나 전체가 3단계이든, 2단계이든, 아니면 1970년대에서 80년대 초까지 시험되었던 것처럼 1단계이든, 한 가지 분명한 것은 정규의 대학교 법학교육을 항상 전제했다는 것입니다.

② 또 하나의 논의는 시대적 필요를 고려하여 교육의 내용을 개혁하려는 움직임이 늘 있어 왔다는 점입니다. 가장 전형적인 것이 1912년 제31차 독일법률가대회(Deutscher Juristentag)가 농업사회로부

---

6) Ulrich Stobbe, "Die fachliche Arbeit der deutschen Juristentage und ihre Wirkungen auf dem Gebiet der Juristenausbildung", in: *150 Jahre Deutscher Juristentag. Festschrift Deutscher Juristentag 1860-2010*, herausgegeben von der Ständigen Deputation des Deutschen Juristentages durch Rechtsanwalt Felix Busse (2010), 523ff.

터 산업사회로의 변화와 이에 따르는 사회 경제적 변모를 기존의 법
학교육이 더 이상 제대로 반영하지 못한다는 인식 하에 주도했던 논
의입니다. 심지어는 외국대학에서의 수학, 특히 미국대학에서의 수학
을 위한 방학을 허용하고, 당시 법원조직법 제2조 제2항의 의미의 법
학교육으로 승인하는 지침까지 마련했었습니다. 다른 예는 지금까지
의 법관 모델의 법조인 양성으로 인하여, 변호사로서 활동하는 많은
법률가들이 시대와 더불어 크게 변화한 직역의 특성에 적합한 교육을
받지 못하고, 영미의 국제적 변호사들과 경쟁을 하는 데 불리하다는
인식 하에 법률가 양성의 목표에서 변호사 모델을 강화하고자 하는
논의입니다. 저로서 인상적이었던 것은 변호사단체가 이를 위하여 대
학과 협정을 맺어 재정적인 지원을 하고, 변호사 직역에 필요한 교육
과정의 개발과 교육을 요청했던 사실입니다.

　또 오늘날 시대상황에 부응하려는 노력은 유럽 전체 차원에서 외
국어에 능통한, 특히 법률외국어에 능통한 법률가를 양성하기 위하여
법률외국어 교육을 강화한 것에서도 드러납니다.

　③ 또 하나의 논점은 말하자면 중세의 Studium generale[7])에 대
응하는 독일연방 전체에서 공인되는 일원적 법률가의 배출이라는 이
슈인데, 이것은 연방제 국가여서 생기는 문제입니다.

　요컨대 과거와 현재에 걸쳐서 교육의 세부사항, 연한, 시험 방식,
연수단계 등등 연방주마다 구체적으로는 세부 면에서 차이는 있지만,
핵심에 있어서 확실하게 능력 있는 법조인을 정규의 교육과정과 연수
과정을 통하여 양성하고 선발한다는 점에서는 예나 지금이나 일관성
을 보이는 것이 독일의 법조인 양성제도입니다. 이에 한 가지만 덧붙
이자면 18세기 근대국가의 발전 시기에 독일의 법조인 양성은 구체

---

7) Helmut Coing (Hg.), *Handbuch der Quellen und Literatur der neueren
Europäischen Privatrechtsgeschichte, Erster Band Mittelalter (1100−1500)*
(1973), 64f. (Helmut Coing).

제의 행정과 사법을 장악하고 있던 기존 관료계층을 대체하기 위한 개혁조치로서 추진되었다는 것입니다.[8] 독일의, 중세식으로 표현하자면 학식법률가, 즉 대학교육을 받은 법률가는 근대 이후 독일의 국가와 사회의 개혁세력이었다는 점입니다. 저는 우리 사회에서도 적정한 교육과정을 거쳐서 양성된 법률인들이 이러한 역할을 수행하리라고 기대하고 있습니다.

다음으로, 법률가들이 좁은 의미의 법조 직역에 몰려 상호경쟁으로 서로 힘들어 하면서 사회전체로서도 바람직하지 못한 결과를 가져오는 모습은 법률문화의 창달과 법치주의의 확립에 도움이 되지 못합니다. 유럽의 역사는 이 점에서 아주 흥미롭습니다. 11세기 이래 대륙에 로마법이 재발견되면서 대학에서 로마법을 공부한 많은 인재들이 활동을 전개한 것은 좁은 의미의 법조 직역이 아니었습니다. 왜냐하면 유럽의 발전 상황에서는 당시 이들이 활동할 재판소들이 존재하지 않았기 때문입니다. 이들은 불가피하게 다른 영역, 특히 도시의 입법, 행정, 외교와 같은 영역에서 두각을 나타냈고, 그로써 사회 전체가 법치의 문화풍토를 이미 가지게 되었을 때 재판소에 진출하여 유럽이 법적인 문화를 향수하도록 하는 데 기여하였던 것입니다. 교수직의 활동도 법을 더 합리화하는 데 기여했습니다.

저는 요즈음 다시 등장하는 사법시험 존치론의 주장이, 특히 "법학전문대학원 체제는 개천에서 용이 나는 것을 더 이상 가능하지 않게 만든다"는 낭만적 주장으로 뒷받침되는 경우, 한 국가의 고급인력 양성 체제에 관한 주장으로서는 무책임한 것이라고 생각합니다. 법은 공적 책임영역입니다. 그리고 이 영역에서 활동하는 모든 행위자들은 집단지성의 분업과 협업을 통하여 무엇이 법인가를 함께 형성해 나아

---

8) 대표적 Samuel von Cocceji (1679‒1755)의 개혁 조치. 일응 Michael Stolleis (Hg.), *Juristen. Ein biographisches Lexikon. Von der Antike bis zum 20. Jahrhundert* (1995), 137f. m.w.N.

가는 것입니다. 서양 사람들이 달리 communis opinio doctorum
(통설)이란 용어를 사용한 것이 아니고,[9] 로마의 법률가들이 달리
disputatio fori(法庭談論)라는 표현을 내세운 게 아닙니다.[10] 골방에서
홀로 주경야독하여 성공하는 미담은 우선 사법시험 합격이 登龍門이
아니라는 점에서부터 잘못된 것입니다. 아마도 이러한 심리의 저변에
는 전통사회의 국가시험이 가져다주었던 부귀와 영화의 잔영이 서려
있지 않나 싶습니다. 고려시대 문과 과거인 製述業과 明經業의 전체
급제자는 각각 6,000여명과 400여명이었습니다. 과거가 시작된 958년
(광종 9년)부터 고려가 망한 1392년까지 치면 연 평균 14.7명이 합격
한 것입니다. 조선의 경우에도 3년에 한 차례씩 시행하는 式年試가
원칙이었는데, 문과에서 최종적으로 33명을 선발했습니다. 법률 관련
잡과인 律科를 포함하여 식년시 雜科도 최종 46명을 뽑는 것으로 법
정되어 있었습니다.[11] William E. Griffis(1843 - 1898)의 『隱者의 나라
조선』(1882)에 의하면 당시 관리 수가 서울이 3,000명 정도, 지방이
모두 800명 정도였다고 합니다.[12] 이런 전통사회라면 과거 급제는 신
분상승과 권세의 획득이 따르는 登龍이라고 해도 크게 틀리지 않을지
모릅니다.

  그러나 지금 우리 사회가 과연 어떤 사회입니까. 다양한 전문분
야가 어우러져 복잡한 체계를 구성하고 있는 복합 정보와 기술의 사
회이고, 근대성을 뛰어넘어 현대성이 그 명암을 동시에 보이면서 위
기관리가 무엇보다도 중요한 위험사회이고, 거의 모든 문제가 전지구

---

9) Peter Stein, "Legal Humanism and Legal Science", *Tijdschrift voor Rechtsgeschiedenis*
    54 (1986), 297ff.; Helmut Coing (Hg.), *op. cit.* (1973), 261; 320ff. (Nobert
    Horn).

10) Pomponius D.1.2.2.5; Franz Wieacker, *Römische Rechtsgeschichte, Erster Abschnitt:*
    Einleitung, Quellenkunde Frühzeit und Republik (1988), 564 n.7 m.w.N.

11) 서울대학교 역사연구소 편, 『역사용어사전』, 서울대학교 출판문화원, 2015, "과거
    제(한)", 161ff. (박현순).

12) 최종고, 『西洋人이 본 韓國法俗』, 교육과학사, 1989, 127면에서 재인용.

적으로 연루된 융합계의 사회입니다. 계약의 예만 보더라도, 예전의 법률교과서에 나오는 부동산 매매 정도의 단순한 계약법이 문제되는 게 아니라, 엄청난 대규모 플랜트의 수출계약이 현실이고, 막대한 자금이 동원되는 방위산업의 계약과 인명이 고도의 위험에 노출될 수 있는 의료장비의 제작이 문제되는 시대입니다. 복잡한 사실관계만큼 관련당사자들의 이해관계 역시 대단히 착종되어 있습니다. 이러한 문제상황은 정규의 법학교육 현장에서도 다루기가 쉽지 않은 것들입니다. 일국 경제의 운명을 좌지우지할 수 있을 국가간 무역협정의 경우는 또 어떻습니까. 이런 현실에 대처할 수 있는 유능한 인재의 양성이 문제인 것이지, 개개인이 용이 되는 게 문제이겠습니까. 우리는 개천에서 하나나 둘의 용이 나기를 바랄 것이 아니라, 용이 될 인재들이 마음껏 서식할 수 있고, 시간이 되면 용으로 성장하여 비상할 수 있는 넓은 강을, 바다를 만들어야 합니다.

　　제가 학생으로서 공부하고 교수로서 재직하는 동안에도 우리는 엄청난 변화를 경험했습니다. 언필칭 근대법학 120주년이지만, 다음의 표가 보여주듯이, 사실 일본제국주의 시기 우리의 기회는 극히 제한된 것이었습니다. 김도균 교수의 발표에 의하면 경성제국대학 법문학부를 졸업한 조선인은 1929년-1942년간에 339명으로 전체 법문학부 졸업자 865명의 39.19%에 불과했습니다.

〈표 1〉 시기별 법학과 설립(정긍식 교수에 의함)

연대	수(%)	연대	수(%)	연대	수(%)
1895 – 1909	2(1.4)	1970 – 1979	4(2.9)	2000 – 2004	15(10.8)
1910 – 1945	1(0.7)	1980 – 1984	27(19.4)	2005 – 2009	11(7.9)
1945 – 1949	15(10.8)	1985 – 1989	13(9.3)	2010 – 2014	6(4.3)
1950 – 1959	15(10.8)	1990 – 1994	5(3.6)		
1960 – 1969	4(2.9)	1995 – 1999	18(12.9)	합계	139(100)

광복 직후 법학교육을 담당할 수 있는 법학교육기관은 구 경성제
국대학 법문학부 법학과와 보성전문학교 2개 학교 외에는 없었고, 조
선인 법학교수는 보성전문학교의 5-6명, 연희전문학교와 이화전문
학교 각 1명 정도였습니다. 이런 어려운 여건 속에서도 국립서울대학
교가 출범한 후 법학은 일본 법학의 수용과 극복이라는 상반된 과제
에 직면해서 저희 스승님 세대가 6·25 전란의 와중에도 노력을 기울
이셨고, 일본을 건너뛰어 더 근원에 해당하는 독일과 프랑스의 법학
을 향해 관심을 기울였던 것도 일제 잔재 극복의 한 방편이었습니다.
모든 문화현상이 그렇듯이 수용의 길은 때로는 독자적 판단을 저해하
기도 했습니다만, 그 과정을 통해서 우리의 법학은 성장했습니다. 경
제성장과 더불어 미국법에 대한 관심과 수용이 자연스럽게 이어졌고,
젊은 학도들이 적지 않게 미국의 로스쿨로 유학을 가는 현상도 따르
면서, 비교법의 지평도 크게 확대되었습니다. 학계 종사자뿐 아니라
실무계의 종사자들도 다양한 기회를 이용하여 외국에서 연수와 훈련
을 받고 귀국하여 우리나라 법의 발전에 각종 최신 정보를 참조하면
서, 이제 우리나라의 법학과 판례의 수준은 독자적인 법문화를 이야
기할 수 있을 정도로 수준이 향상되었습니다. 외국 것을 배우기만 하
던 위치에서 어느 사이엔가 외국이 우리의 것을 배우고, 상호 교류하
는 파트너로 승격했습니다.

　1988년 출범한 헌법재판소는 이제 가장 중요한 국가기구로 그 위상
을 정립했습니다. 같은 해에 세계한인변호사회(International Association
of Korean Lawyers)가 구성되었는데, 현재 세계 각국에서 활동하는 수
백의 한인변호사들이 속해 있습니다.13) 모두들 잘 아시듯이, 서울법
대가 배출한 걸출한 인물들이 국제형사재판소(International Criminal Court)
의 소장을 역임했고[송상현], 舊유고슬라비아 국제형사재판소(Internatio-

---

13) 홈페이지: http://www.iakl.net/?r=home.

nal Criminal Tribunal for the former Yugoslavia)의 부소장으로 활약하고 있으며[권오곤], 국내에서 유수한 로펌들을 이끌고 있는 우리의 동문들은 세계 어디에 내놓아도 손색이 없는 실력 있는 법률가들입니다. 쑥스러운 이야기입니다만, 제 경우에도 몇 년 전 독일 괴팅겐 학술원의 종신교신회원으로 선출되는 기쁨을 맛볼 수 있었습니다. 세계에서 유일하게 사방이 4대 강국으로 둘러싸인 한반도의 지난 시기의 발전이 법의 영역에서도 모두 이렇게 나타난 것입니다. 다만 아직 입법의 차원만큼은 여러 모로 부족합니다. 입법 정책과 입법기술의 문제도 문제거니와 의회의 정치적 파행이 더 큰 문제로 부각되고 있습니다. 적지 않은 수의 律士들이 국회의원이지만, 제 역할을 다하고 있는지 의구심이 드는 대목입니다. 그러나 법학대학원이 배출한 신진 인력들이 점차 입법부에 전문인력으로 기용되면서 변화의 흐름이 이미 감지되고 있습니다.

　이러한 변화의 흐름 속에서 장차 미래의 한국을 이끌어 갈 법조직역의 인재를 어떻게 양성하고 배출하여 당당히 국제경쟁에서 선도해 나아갈 것인가 하는 것이 오늘 우리의 話頭여야 합니다. 과거에 매몰되어 시대변화에 둔감하거나 오히려 역행한다면 이처럼 불행한 일도 없을 것입니다. 오늘의 성취에 안주하여 더 이상 노력하지 않으면 우리에게 밝은 미래는커녕 어두운 앞날이 기다릴 것입니다. 제 생각에 인류 보편의 진리를 표현하는 金言이 두 개가 있습니다. 하나는 "空手來空手去"이고, 다른 하나는 "萬物流轉"(πάντα ῥεῖ)입니다. 인생의 처음과 끝은 만인에게 공평하게 빈손입니다. 흙에서 태어나 흙으로 돌아가는 것이 우리들의 현세의 삶의 알파와 오메가입니다. 우리는 태어날 때 무엇인가를 움켜쥐기 위해서 주먹을 꼭 쥐고 태어납니다. 그러나 이 세상을 하직할 때는 손을 좍 펴고 떠납니다. 거머쥘 수 있는 것이 아무 것도 없기 때문입니다. 살아 있는 동안 내가 몸담고 있었던 사회와 국가와 인류를 위하여 봉사했다는 명예, 그것만이 역사의 판정으로서, 후대의 기억 속에 영속할 뿐입니다.

살아 있는 동안에는 우리는 시간 속에서 시간과 함께 흘러갑니다 (Tempora mutantur, nos et mutamur in illis). 늘 변화하는 상황 속에서, 늘 새로운 사태에 적응하면서, 늘 미래를 향해 개방된 자세로 전진하지 않으면, 그냥 그 자리에 머물러만 있어도 우리는 후퇴하는 것입니다.14) 전래된 것 가운데 가치 있는 것은 잘 보존해야 하지만, 시의에 맞지 않게 된 것은 신중하게 판단하되 필요하면 과단성 있게 개조할 줄 아는 결단이 필요합니다. 예를 들어 의회주권은 근대 군주주권의 시대에, 많은 사람이 문맹이거나 문맹에 가까웠던 시절, 민의를 대변하는 대표적 제도적 수단으로 발전한 것입니다. 그것이 고성능 컴퓨터에 해당하는 첨단의 휴대폰을 모든 사람이 가지고 다니는 이 시대에도 19세기 이전의 모델 형태 그대로 유지되어야 하는 것인지 의문을 제기할 수 있어야 합니다. 기존의 익숙한 사고의 틀을 과감하게 탈피하고 현시대에 맞는 사고의 패러다임을 정립할 필요가 있습니다.

사소할 수도 있지만 비근한 예를 들어 보겠습니다. 우리는 우리나라가 IT 강국이라고 자랑합니다. 그러나 정작 법학대학원에서의 시험은 지필고사로 그치고 있습니다. 모든 사람이 일용하고 있는 컴퓨터를 활용할 생각을 하지 않습니다. 국가시험이 cbt가 아니라는 게 변명이지만, 궁색한 변명입니다. 또 지필고사를 고수하는 우리나라의 국가시험은, 우리에게 관심사인 변호사시험이나 사법시험을 포함하여, 연 1회에 한합니다. 심지어는 어찌 보면 본시험과는 다른 판단기준으로 재단할 수도 있을 법조윤리 시험조차도 매우 경직되게 변호사시험 전에 합격할 것을 요구하면서 매년 8월에 한 번만 실시합니다.

---

14) 서양법의 수용을 時流的 사고방식(Flowing－time perspective)의 습득과 연결 짓는 가능성에 대해서는 졸고, "동양 법사고의 특성과 한계: 비교문화유형론적 고찰 — 지속 가능한 민주주의를 위하여 —", 『서울대학교 법학』 제52권 제4호, 서울대학교 법학연구소, 2011.12., 1ff.

변호사시험 합격 후 일정한 기간 내에 법조윤리 시험에 합격해도 무방한 미국의 예와 다른 점입니다. 전통사회에서 과거시험의 합격자 인원수를 제한하던 사고방식을 그대로 답습하는 것이 아닌지 답답합니다. 최종적으로 법조인으로서 활동할 수 있는 윤리적, 知的 자질을 갖추면 자격을 인정하고, 각자 자신의 수준에 맞춰 사회의 여러 영역에서 활동할 수 있도록 하는 것에 왜 이렇게 인색해야 하는지 답답합니다. 경직된 제도적 틀을 조금만 조정해도 훨씬 더 인간적인 삶이 모두에게 가능할 수 있는데도 우리는 이런 미세조정에 있어서조차도 너무 각박합니다.

다른 한편으로, 지금까지 크게 고려되지 않았던 새로운 대안들을 마련하는 것에 대해서도 더 적극적이고 능동적으로 대처할 필요가 있습니다. 외국어에 능통한 국제경쟁력 있는 법조인의 양성에 과연 우리는 얼마나 노력하고 있습니까. 새로 배출되는 신진변호사들을 위해서 학교가 창업지원센터 같은 것을 운영하는 방안은 고려해 본 적이 있습니까. 일반대학원과 법학대학원의 수업과 기타 자산을 공유하는 문제는 과연 진지하게 고민해 본 적이 있습니까.15) 학외의 연수기관들은 과연 얼마나 성실하게 후학의 양성에 진력했습니까. 아마도 아직 갈 길이 멀 것입니다.

그러나 저는 법대에 들어온 것을 행운이라 생각합니다. 수학과를 가고 싶었지만, 계속 수학을 전공하기에는 내 머리로는 어렵겠다는 생각이 들어서 아무 것도 모른 채 다른 친구들이 선호하는 법대를 따라 들어왔습니다. 법이 무엇인지, 법학이 왜 필요한지, 아무 것도 모르던 청맹과니였지만, 배우면서 점차 법의 중요성과 법학의 의미를 깨닫게 되었고, 근대적 법학이 전제하는 인간의 존엄성과 자유와 평

---

15) 일응 졸고, "법학 학문후속세대 양성 방안", 『서울대학교 법학』 제47권 제4호, 서울대학교 법학연구소, 2006.12., 99ff. 이 맥락에서 과거 사법대학원 체제에 대한 심화된 분석과 평가도 요청된다.

등을 기조로 하는 인권과 기본권의 사상이 헌법질서를 필두로 구현된 자유민주주의의 나라에서 태어난 것을 무한히 감사하게 되었고, 더디고 부족하지만 부단하게 개선되어 가는 우리 삶의 모습에서 잔잔한 희열을 느낄 수 있었습니다. 이러한 모든 근대법학의 여정에 서울법대인이 큰 몫의 기여를 해 오고 있다는 사실이 또한 저에게 자부심과 자긍심을 안겨주었습니다.

물론 법은 법률가보다 더 현명합니다. 유사 이래 법에 대한 비판은 거개가 법률가에 대한 비판이었습니다. 이런 점에서 우리의 경우에도 법률가들이 법에 못 미치는 행태를 보일 때가 적지 않은 것 또한 사실입니다. 그러나 도도한 역사의 흐름에서 볼 때, 법의 이념이 실현되는 것이 事必歸正의 필연입니다. 순간의 퇴조와 일시적인 후퇴는 에피소드에 지나지 않습니다. 저는 35년의 짧은 기간이었던 일본의 제국주의 침략의 지배기간 역시 그런 에피소드라고 생각합니다. 지금 우리는 그런 퇴조의 시간을 한참 뒤로 한 채 앞을 향해 매진해 가고 있습니다. 단편적인 이해관계나 좁은 소견의 선입견으로 법과 같은 인간사의 重且大한 영역의 문제를 가볍게 왈가왈부하는 것은 지극히 위험한 일입니다. 나라가 風前燈火의 위기상황에 처했던 20세기 초에도 우리 선조는 원대한 포부를 가지고 인류사적 관점에서 미래를 응시했습니다. 21세기도 한참 지난 이 시점에 우리가 어찌 다른 마음가짐으로 우리와 우리 후손의 미래를 논할 수 있겠습니까. 1909년 李範星이란 분이 조선의 노비제도를 한탄하며 쓴 글의 마지막 부분을 인용해 봅니다. "二十世紀 文明時代에 生흔 人이 誰가 自由思想이 無흐며 쏘한 自由人이 아니리오. 願흐건딘 ... 活潑흔 自由行動으로 世界의 自由人이 될지로다." 이 얼마나 豪快한 스케일입니까.

"... 噫라 我國에는 奴隷制度가 太酷ᄒ야 完全흔 自由人이 無ᄒ도다. 父가 奴隷거나 母가 奴隷되면 其子가 如何ᄒ던지 自由人이 아니

며, 父母가 奴隷로 放釋흔 後라도 其子는 因ᄒᆞ야 奴隷를 免치 못ᄒ
며 父母가 奴隷면 其子만 自由人이 아닐 쑨 不是라 子의 子와 孫의
孫도 自由人됨을 得치 못ᄒᆞ야 人의 所有흔 物과 如히 知ᄒᆞ며 犧牲의
事를 供ᄒᆞᄂᆞ니 如此ᄒᆞ고 人權을 엇지 回復ᄒᆞ리오. 二十世紀 文明時
代에 生흔 人이 誰가 自由思想이 無ᄒᆞ며 쏘한 自由人이 아니리오.
願ᄒᆞ건딕 西洋의 一部 新法典을 輸來ᄒᆞ야 奴隷制度를 一新打破ᄒᆞ야
羅馬의 自由人을 作흔즉 羈絆도 可脫흘지며 拘束도 可解ᄒᆞ야 活潑
흔 自由行動으로 世界의 自由人이 될지로다."

(畿湖興學會月報 제6호 [1909. 1. 25] 32–34면)

근대법학 120년, 법문화의 근대화 120년을 맞이하여 새로운 전
기를 맞이하자면 우리는 법의 기본에 충실한 법조인, 법률가, 법학도
가 될 것을 다짐해야 합니다. 무엇이 그 기본인가는 이미 고대 로마
의 선배 법률가들이 잘 밝혀두었습니다. 인류 법문화의 대선배였던
그들이 법학도들에게 初心으로 지켜줄 것을 기대하면서 밝혔던

- 법의 존재이유, 즉 모든 법은 인간을 위하여 정립된 것
  (Hominum causa omne ius constitutum est)이라는 것;16)
- 법학의 본령, 즉 법학은 善과 正義의 技術(ius est ars boni et
  aequi)이라는 것;17)
- 법학도들이 늘 명심해 두기를 기대했던 사명의식, 즉 법률가는
  인간 세상의 참된 哲理(vera philosophia)를 추구하는 正義의 司
  祭(sacerdotes iustitiae)라는 것;18)
- 正義란 단순히 법의 이념과 원리에 그치는 것이 아니라 무엇보
  다도 법률가 자신의 한결같고 지속적인 실천적 의지를 담은 實
  行德(Iustitia est constans et perpetua voluntas ius suum cuique

---

16) Hermogenianus D.1.5.2.
17) Celsus–Ulpianus D.1.1.1.pr.
18) Celsus–Ulpianus D.1.1.1.1.

tribuendi)이라는 것;[19]

● 올바른 삶은 그러나 법을 지키는 데서 그치는 것이 아니라 도덕적 삶이어야 한다(honeste vivere)는 것.[20]

이런 기본을 지키면서 새 시대를 준비해야 합니다. "법률가들이 없다면 법이 존속할 수 없는바, 왜냐하면 그 기여에 의하여 법이 매일매일 개선될 수 있기 때문"(quod constare non potest ius, nisi sit aliquis iuris peritus, per quem possit cottidie in melius produci)이라는 로마 선배들의 자부심 어린 토로가[21] 머지않은 장래에 우리 자신의 것이 되기를 희망하는 것은 비단 저만이 아닐 것입니다.

Gratias ago maximas! 감사합니다.

2015. 9. 4.(금)

---

19) Ulpianus D.1.1.10.pr. 그래서 로마의 법률가들에게 법관의 양심은 단순한 良知(conscientia)의 차원을 넘어 법공동체의 공유된 규범질서에 대한 충실, 거의 종교적인 愼獨의 良能(religio iudicis/iudicantis)으로 관념되었다.
20) Ulpianus D.1.1.10.1.
21) Pomponius D.1.2.2.13.

제 2 절

근대 한국 법학교육 제도사

정 긍 식

Ⅰ. 머리말

한국에서 근대법학 교육의 남상은 1895년 4월 법관양성소의 설립이다. 당시 4명의 교관과 6개월의 과정으로 출범하여 그해 11월 47명의 졸업생을 배출하면서 출발하였다. 그로부터 120년이 지난 2014년 현재 전국에 법학과[부]가 67개 대학에 설치되었으며, 학사과정 재적학생은 4만여 명으로 전체 대학생 213만 명의 약 2%를 차지하고 있다. 또 2009년에 도입된 25개 법학전문대학원과정 6천여 명까지 포함하면 약 5만 명으로 양적으로 큰 발전을 하였다<부표 1~3 참조>. 뿐만 아니라 지난 120년 동안 법학교육은 양적인 성장뿐만 아니라 질적인 수준도 상승하였다. 이러한 발전과 성장은 순탄한 직선이 아니라 우여곡절이 많은 파란만장한 굴곡의 과정을 거쳤다. 그 120년의 역사는 한국근대사와 맥을 같이 한 굴곡의 과정으로 변곡점은 1910년 한일합방, 1945년 해방, 1995년 교육개혁 그리고 2009년 법학전문대학원의 출범이다.

모든 제도와 마찬가지로 우리의 근대적 법학교육은 1895년 근대개혁의 일환으로 국가와 민간 두 방향에서 출발하였다가 일본의 침략으로 좌절을 겪고 억압을 받았다. 고종은 '교육구국'의 기치 아래 전문학교의 설립을 추진하여 1895년 4월 법관양성소를 개교하여 근대 법학교육을 실시하였다. 그러나 법관양성소는 일본의 침략으로 부침을 겪다가 1909년 10월 법학교로 개편되었으며, 1910년 8월 합방과 동시에 경성전수학교(1911, 1916), 관립경성법학전문학교(1923)로 이어졌다. 3·1운동 이후 식민지 조선에서는 고등교육의 일환으로 경성제국대학 법문학부(1926)가 설치되었다. 또한 한성학교와 양정의숙, 보성전문학교 등 사학에서도 법학교육을 실시하였고, 이 중 보성학교만 한일합방 이후에 보성전문학교로 명맥을 이어 고려대학교로 발전하였다.

해방 후 교육제도의 정비와 고등교육에 대한 국민들의 열망으로 대학교육과 함께 법학교육도 확산되었다. 그러나 고등교육의 양적 성장은 질적 수준에 대한 우려를 자아내어 국가는 교육과정과 내용에 대해 강하게 개입하였으며 이는 1980년대까지 국가의 종합발전전략과 맞물려 대학의 양적 성장을 억제하였다. 1980년대 초반 대학교육은 양적으로 팽창하였지만, 국가주도의 교육정책은 지속되었다. 이러한 국가주도의 정책으로는 변화하는 국제환경에 적응하기에는 한계가 있었기 때문에, 1995년 정부는 세계화정책을 추진하면서 대학정책도 '규제에서 자율로, 공급자에서 수요자 중심'으로 전환하였다.[1]

법학교육도 국가의 고등정책의 추이와 병행하면서 양적 성장과 규제 그리고 질적 수준 향상을 위한 제도개혁을 거듭하였다. 한국법학교육의 가장 큰 분기점은 2009년에 도입된 '법학전문대학원제도'이다. 1997년 세계화 추진 정책의 일환으로 주장된 법학전문대학원제도가 2007년 법제화를 거쳐 2009년부터 출범함에 따라 법학교육은 새로운 전기를 맞게 되었다. 이는 지난 1세기 동안의 경험을 바탕으로 제기된 문제점을 해결하기 위한 각종 논의를 토대로 한 것이다.

---

1) 안병영·하연섭, 『5·31 교육개혁 그리고 20년』, 다산출판사, 2015 참조.

본 절에서는 기존의 연구를 바탕으로 지난 120년 동안의 법학교육을 제도사의 측면에서 고등교육 보급의 관점에서 접근하기로 하며, 대상은 1895년 법관양성소의 설립에서부터 2000년대 법학전문대학원 제도 도입 전후까지로 한다. 고등교육의 일환으로 대학에서 수행하는 법학교육2)은 국가의 고등교육정책과 밀접한 관련을 갖고 있으므로, 먼저 근대적 법학교육이 도입되어 정착되는 단계를 다룬다(Ⅱ.). 여기에서는 법관양성소를 중심으로 하여 자주적인 법학교육을 소개하고(Ⅱ.1.), 이어서 경성법학전문학교를 주축으로 하여 식민지기를 다룬다(Ⅱ.2.). 자주적으로 고등교육정책을 추진한 해방 이후를 다루는데(Ⅲ.), 고등교육제도의 확립(Ⅲ.1.)과 법학교육의 확산을 국가의 발전전략과 함께 검토하였다(Ⅲ.2.).

Ⅱ. 근대법학의 수용과 법학교육

1. 법관양성소의 설립과 법학교육

(1) 전문교육기관의 도입

조선시대에도 교육을 중시하여 서울에는 4부 학당, 지방에는 향교를 두어 교육을 하였으며 최고교육기관으로 성균관을 설치하여 국가운영에 필요한 인재를 체계적으로 양성하였다. 이렇게 양성된 인재는 科擧를 통하여 선발되어 관료로 충원되었다. 과거 중에서도 文科급제자가 핵심이었는데, 이들은 특정분야의 전문가(specialist)가 아니고 모든 것을 통괄하는 일반관료(generalist)이었고, 전문지식은 잡과에서 선발된 기술직이 전담하였다. 문과출신의 수령이 행정은 물론

---

2) 본고에서는 '법학교육'을 대학에서의 [준]법률전문가 또는 법률과 직접 관련된 업무에 종사하지는 않지만 법적인 문제를 다루는 실무가를 위한 교육으로 좁혀서 논의하기로 한다. '법[학]교육'에 대한 세부적이고 자세한 정의를 할 필요가 있다.

사법까지 관장하였으며, 율과를 통해 선발된 율관은 수령의 업무를 보좌하였다. 이들의 교육을 위하여 형조 아래에 율학청을 두었다. 하지만 율과 출신은 수령을 보좌하는 역할만 하였기 때문에 일반관료들이 법적 문제를 처리하였다. 따라서 조선법학사를 서술하기 위해서는 일반관료들 ― 經世家 ― 까지 확대하여야 한다.3)

　　그러나 전문지식보다는 일반상식을 중시하는 체제로는 변화하는 사회에 대응할 수 없었으며, 조정에서는 전문지식과 전문가 양성에 대한 새로운 방법을 모색하기 시작하였다. 조선도 1876년 문호개방과 일본과 청과의 교류를 통해 새로운 교육제도에 눈을 뜨기 시작하였으며, 1894년 일본의 내정개혁의 요구는 직접적인 계기가 되었으며, 1894, 95년의 갑오·을미개혁은 서구식 교육법제가 도입된 전환점이다.

　　1894년 7월 고종은 "敎育告示"를 발표하여 근대교육의 중요성을 강조하고, 영재교육의 시급함, 교육의 기회균등 및 고등교육기관의 설립을 선언하였다. 1894년 6월 군국기무처의 「各衙門官制 학무아문의 편제」에서 "성균관 및 庠校書院事務局"과 "전문학무국"을 두었는데, 후자는 중학교, 대학교, 기예학교, 외국어학교, 전문학교를 관장하도록 하였다. 이는 종래의 성균관과 대비되는 고등교육기관을 설립할 의지를 표시한 것이다. 1895년 1월에 「洪範14조」를 선포하였는데, 외국의 학술과 기예를 傳習시켜 근대적 문물을 받아들일 것을 시사하였다.4) 2월 2일 「敎育立國詔書」에서는 "교육은 국가를 보존하는 근본이며, 德養, 體養, 知養에 힘쓸 것"을 호소하였다. 이어 3월에는 「學部官制」(칙령 46)를 공포하고 이어서 초등교육과 고등교육기관이 중심인 각급 학교에 대한 법령들을 공포하였다. 그렇지만, 1895년 3월 학

---

3) 정긍식, "'조선'법학사 구상을 위한 시론", 『서울대학교 법학』 제54권 제3호, 서울대학교 법학연구소, 2013 참조.

4) 「詔勅 誓告文(洪範14條)」 열흔째는 국중의 총명훈 주제를 넓히 외국에 파견ᄒ야 학술과 기예를 견습ᄒᄂ 일.

무아문이 학부로 개편되면서 새로운 고등교육기관의 설립도 무산되었다.5) 고등교육을 담당할 대학의 설립은 무산되었지만, 그 대신에 전문교육을 위한 각종학교가 설립되었으며, 법관양성소는 그 효시이다.6)

(2) 법관양성소

1) 연혁

한국에 서구법이 본격적으로 수용된 것은 1894, 1895년 갑오·을미개혁기로, 이때부터 법제는 물론 사법제도, 법학교육 등이 일신하였다. 1894년 12월 16일 법부대신 서광범이 "앞으로 설립할 재판소에서 근무할 인원을 양성하도록 건의"하였고, 1895년 4월 25일 「재판소구성법」(법률 1)과 동시에 공포된 「법부관제」(칙령 45)에서는 법부대신의 직속으로 법관양성소를 두도록 하였고(제12조), 이에 따라 같은 날 「법관양성소관제」(칙령 49)를 공포하여 법관양성소를 설치하였다.

법관양성소의 설립목적은 "생도를 널리 모집하여 학과를 속성으로 교수하여 졸업 후에 사법관으로 채용할 것"이다(제1조). 이에 따라 수업연한은 6개월(일반), 3개월(우등)로 하였다(제8, 9조). 그해 5월 6일 처음 학생을 모집하여 1895년에는 47명, 이듬해는 38명의 졸업생을 배출하였다. 그렇지만 곧 위기를 맞이하였다. 1896년 러시아의 개입으로 친러파가 등장하고 고종이 러시아공사관으로 피신하면서(아관파천), 친일정권이 붕괴하고 舊本新參을 표방한 보수정권이 수립되면서 갑오을미개혁의 성과는 사라졌으며, 법관양성소 역시 1896년 4월에 사실상 폐쇄되었다.7)

정치적 복고기에도 사법을 행정에서 분리한 사법개혁의 성과인 재판소제도 자체는 그대로 유지되어 법률전문가도 필요하였으므로

---

5) 한용진, 『근대한국 고등교육 연구』, 고려대학교 민족문화연구원, 2012 참조.
6) 관립한성사범학교(1895), 상공학교(1899), 의학교(1899), 농상공학교(1904) 등.
7) 1899년 5월의 「법부관제」에서는 여전히 법관양성소를 법부대신의 직할기관으로 두고 있다.

법관양성소는 1903년에 다시 개교하였다. 이때에는 수업연한이 1년 6개월, 1904년 12월에는 2년으로 연장되어, 초기보다는 더 전문적인 교육을 하였다. 1906년 말에는 법관양성소를 대신하여 법과대학을 설치하여 2년간 법학을 전공하여 법관을 양성하려고 하였으나, 실제 설치에는 이르지 못하였다(≪만세보≫ 1906. 12. 30).[8]

　법관양성소 역시 일본의 침략으로부터 자유롭지 못하였다. 일본은 1907년 한일신협약을 체결하여 차관정치를 실시하면서 일본인을 판사·검사로 임용하였으며 이와 동시에 「재판소구성법」, 「민형소송규칙」을 제정하여 재판제도의 기틀을 닦았다. 그리고 새로운 재판제도의 실시에 따른 인력을 보충하기 위해 법관양성소의 교육과정을 일본과 동일하게 예과 1년 본과 3년으로 하였다.

　그러나 일본의 침략이 더욱 강화되면서 법학교육은 좌절을 겪게 되었고, 사법제도와 법률가의 양성 역시 영향을 받았다. 1909년 11월 1일부터 한국사법권은 일본으로 넘어가 한국의 재판소는 폐지되고 통감부재판소가 대신하였다. 이와 함께 1909년 10월 「법학교관제」를 공포하여 법관양성소를 폐지하고 그 대신에 법학교를 설치하고, '法學校'는 법부에서 학부로 소속이 변경되었고 법학교 졸업자에게는 '成法學士'라는 칭호를 주었다. 하지만 명칭만 달라졌을 뿐 실체는 그대로 유지되어, 교장 野澤武之助와 석진형, 金敎明, 梁大卿(교수), 任成鎬(서기) 등을 그대로 유임하였다.[9] 그러나 졸업생의 진로에는 큰 변화가 있었다. 즉 법관양성소 졸업자는 당연히 법관 등으로 임용되는 것을 예정하였으나, 법학교가 학부 소속으로 되면서는 불가능하였다.

　법학교의 소속변경은 법부가 폐지된 불가피한 측면도 있지만, 법부를 대신한 統監府 法務院이 아닌 학부로 옮긴 것은 법률가의 양성

---

8) 김효전, 『법관양성소와 근대 한국』, 소명출판, 2014, 37-8면 재인용.
9) 서울대학교 법과대학 백년사 편찬위원회, 『서울대학교 법과대학 백년사』, 서울대학교 법과대학 동창회, 2004, 98면[이하 "법과대학 백년사"로 약칭].

과 활용에 대한 일본의 의도가 반영된 것이다. 통감부는 "법학교 재
학생 중 30여명을 일본에 유학을 보내려고 하였으나 감독 申海永의
사망 때문에 이루지 못하였다(≪황성신문≫ 1909. 9.22)."[10]는 보도에서
보듯이 한국에서 한국인 법률가 양성을 포기 — 금지 — 하려고 하였
지만, 효율적인 식민지 지배를 고려하여 강행하지는 않았다.

2) 입학자격과 학교생활

시급한 인력수요와 속성실무교육의 성격을 반영하듯 현직관원의
파견·위탁교육을 상정하여 법관양성소의 입학자격은, 1895년에는 20
세 이상으로 입학시험 합격자 또는 관직에 재직 중인 자로, 稟請狀과
보증서를 제출하도록 하였다. 보증인은 1905년에는 서울에 거주하는
자로 제한하였으며, 1896년에는 연령을 20세 이상 35세 미만으로 하
였다. 1905년에는 '신체건강자'가 추가되었으며, 이는 1906년에는 '품
행방정자'로 대체되었다.

시험과목은 1895년에는 한문작문, 국문작문, 조선역사, 地誌大要
이었다. 1905년에는 한문 독서·작문, 국문 독서·작문, 산술, 問對,
역사 問對, 지지 問對이었고, 사범학교 및 외국어학교 졸업생 및 관직
재직자는 입학시험이 면제되었다. 1906년에는 국한문독서, 산술, 내
외국역사, 외국지지로 100점 만점에 60점 이상을 합격으로 하였다.
1908년에는 법부대신의 인가를 얻어 법관양성소 소장이 입학자격을
정하도록 하였는데, 학칙에서는 "17세 이상 35세 이하의 남자"로 한
정하되 '신체건강'과 '품행방정'을 동시에 요구하였으며, 또 관립일어
학교 졸업자를 명시하였다.[11]

1895년에는 정원은 50명이었으며, 1903년에는 90명을 선발하였
다. 1904년과 1906년, 1907년에는 여러 차례 모집광고를 내는 등 인
기가 없었지만, 1908년에는 132명 중 52명만 본과에, 254명중 90명만

---

10) 김효전, 앞의 책(주 8), 48면 재인용.
11) 김효전, 앞의 책(주 8), 26 – 8면.

예과에 합격하였고, 1909년에는 예과응시자만 700여 명에 이를 정도
로 법학교육에 대한 기대가 반전하였다. 그러나 사법권 박탈 후에는
법관양성소도 폐지되어 조선인은 판검사가 될 수 없었다고 여겼기 때
문에 법학교 지원자가 극감하였다.[12]

　　1903년에는 징계규정을 두었는데, 졸업 전 타교로의 전학, 성적
불량, 규칙위반, 정치관여, 무단결석 1주 이상 등은 퇴학시키고 학자
금을 반납 받도록 하였다. 1905년 11월 을사조약의 체결은 분위기 전
환의 분수령이 되었다. 12월 졸업시험이 예정되어 있었지만, 정명섭
등 교관은 두 차례 상소를 올렸고, 權㷡采, 李鎬珽, 李載榮, 柳志默,
安宅洙 등 거의 모든 학생 70여 명은 법부대신에게 질품서를 올리고
이를 조인한 대신을 평리원에 고발하였다(≪대한매일신보≫ 1905. 12.
2). 이에 법부에서는 「법관양성소 감독에 관한 규칙」(법부령 5)을 공
포하여 정치관여와 동맹휴학을 금지하였으며, 그리고 청원서는 소장
을 거쳐 법부대신에게 제출하도록 하였다. 또 소장을 김낙헌에서 이
면우로 교체하고 상소에 가담한 교관도 해임하였다. 이면우는 12월
13일 보고서에서 수업을 강행하고 불응하면 퇴학시킬 것을 건의하였
다. 재학생 70여 명 이중 25명만 졸업시험에 응시하여 그중 5명은 낙
제이었다. 또 학생들이 타교로 전학을 가서 법관양성소에서는 학생들
을 돌려보내라는 공문을 발송하였다.[13] 1910년 1월의 학부에서는 "직
원이나 학도들이 본분을 망각하고 직무를 등한히 하며 학업을 포기하
고 政談에 귀를 기울이고 時勢에 분개하여 世局을 논의하며 사회문제
에 容喙하여 言說動止가 일탈하는 자가 있으며, 이를 방지할 것"을
훈령하였다.[14]

---

12) 김효전, 앞의 책(주 8), 29면.
13) 최기영, 「한말 법관양성소의 운영과 교육」, 『한국근현대사연구』 16, 한국근현대사
　　연구회, 2001, 64-5면.
14) 김효전, 앞의 책(주 8), 120면.

민족의식이 표출된 대표적인 사건은 長連恒(조 츠라츠네)의 폭행 사건이다. 법관양성소에서 운동회를 하다가 일본인 교관 長連恒이 학 도 權輝淵을 구타하자 그의 해임을 요구하고 일제 퇴학하였다. 법부 에서는 퇴임과 등교는 별개이므로 등교를 강요하자 모두 자퇴하였는 데, 이에 동조하지 않은 1인은 비난을 받았다. 법부에서 학생들을 퇴 학시키자 그들은 자발적으로 성적우수자는 교관이 되어 보성전문학 교에서 수업을 하였다. 법부에서 졸업생을 서기로 임용한 후 판사로 임용하기로 하는 유화책을 제시하자 감정이 누그러졌으며 이에 따라 이 사건도 흐지부지되어 학생들의 퇴학으로 종결되었다(≪대한매일신 보≫ 1908. 5. 31~6. 28).15)

사법권의 위양과 법관양성소의 폐지 등 이러한 분위기 속에 법 [학]에 대한 허무주의와 패배의식이 팽배하여 법률공부를 포기하는 자가 있어서, 1909년 9월 개학을 하였지만 등교하지 않았으며 1910 년 신학기에도 마찬가지였다. 이에 대해 언론에서는 일본에 사법권이 사실상 넘어간 이후에 사법관은 법률을 알지 못하고 단지 일본어만 할 수 있는 자로 충원되는 현실을 비판하고(≪황성신문≫ 1908. 12. 4), 그렇지만 법률을 몰랐기 때문에 국권상실에 이른 현실에 비추어 법 률의 중요성을 강조하고 계속 법률을 공부할 것을 권하였다(≪대한민 보≫ 1909. 8. 25; 9. 2).16)

3) 소장과 교관

1895년 개교 당시 법관양성소에는 소장(법부 參書官) 1인과 수시 로 임명하는 약간의 교관을 두었다(관제 2). 이후 잦은 관제의 변화가 있었지만, 이러한 기본직제는 그대로 유지되었다. 소장은 법부 칙임 관·주임관 또는 타부서의 法律通曉者로 임명하였으며(1903. 1), 때로 는 법부협판이나 참서관, 국장이 겸직하기도 하였다. 1904년 9월에는

---

15) 김효전, 앞의 책(주 8), 94-6면 재인용.
16) 김효전, 앞의 책(주 8), 52-62면 재인용; 최기영, 앞의 글(주 13), 72-3면.

칙임 3등 이상의 전현직 법관을 副長으로 임명하였으나 3개월 후 폐지하였고, 1906년에는 首班 교관이 學監을 겸임하도록 하였다. 교관에 대해서는 1895년에는 특별한 자격을 규정하지 않았지만, 1903년부터는 주임관이나 판임관으로 임명하였고 인원의 변화도 잦았다. 1908년부터는 주임 전임 교수 3인, 간사 1인, 주임 또는 판임 조교수 3인 등으로 세분화하였다. 1903년부터는 법관양성소 출신을 장차 사법관으로 채용할 것을 염두에 두고 박사로 하였다. 일본의 입김이 세진 1908년부터는 주임 번역관, 판임 주사, 판임 번역관보를 두는 등 직제도 세분화되고 교관을 법관양성소를 졸업한 자나 기타 법학을 통달한 자로 제한하는 등 전문성이 강화되었다.[17]

　소장들은 법률전문가가 아니며 행정관료가 대부분이지만 초대 피상범과 7대, 10대 소장 김낙헌, 8대 이면우 소장은 법률전문가이다. 초대 피상범(1856~??)은 1882년 율과에 장원급제한 후 1894년 법부주사, 이후 법부 검사국장, 법률기초위원, 평리원 판사·검사 등을 역임하였다. 전통율학에서 출발하여 근대법학으로 가교를 놓은 인물이다. 김낙헌은 가학으로 법률을 공부하여 1895년 법부주사, 1898년 고등재판소 검사시보, 법부 검사에 임용되었으며, 1900년 형법교정관으로 ≪刑法大全≫의 편찬에 관여하였고, 1904년에는 법률기초위원, 1905년 12월 법부 형사국장에 임명되었다. 변호사시험 위원과 의정부 부동산소관법 기초위원을 역임하였다. 그는 ≪從宦錄≫과 ≪疑法問答≫을 남겼다.[18] 이면우는 관립일어학교를 졸업한 후 일본에 유학하였다. 판검사를 역임한 후 을사조약 체결 후 소장에 임명되어 교육에 힘을 썼다. 합방 후에는 재야변호사로 활동하면서 한성변호사회 초대

---

17) 박병호, 「한국법학교육의 기원: 법관양성소제도와 경성제대」, 『근세의 법과 법사상』, 진원, 1996[원: 1995], 174면; 김효전, 앞의 책(주 8), 24-6면.
18) 최종고, "金洛憲의 ≪從宦錄≫", 『법사학연구』11, 한국법사학회, 1990; 전병무, "金洛憲의 ≪疑法問答≫", 『법사학연구』51, 한국법사학회, 2015, 181-7면.

회장을 맡고 법학교육을 담당하였다. 野澤武之助는 일본 동경전수학교 (와세다대학 전신)을 졸업하고 프랑스에 유학한 후 모교에서 국제사법을 강의하였다. 1906년 2월 법부 법률보좌관으로 한국에 와 사법과 입법 에 관여하였으며 법관양성소 소장과 법학교 교장을 역임하였다.[19]

1905년 을사보호조약의 체결은 교관의 구성에도 영향을 미쳤다. 법관양성소 교관 丁明燮, 尹泰榮, 金鍾濩, 高翊相, 趙世煥 등은 을사 보호조약에 반대하는 상소를 올려 해임되었고, 일본 유학생 洪在祺, 柳東作, 劉文煥, 尹憲求, 石鎭衡, 羅瑨 등이 임용되었다. 이면우와 홍 재기 등 일본유학파 교관은 3년생에 대해 "신학문이 부족하지만 기득 권을 침해할 수 없으므로 졸업을 허용한다"는 등 무시하였다. 이에 대해 李啓玉, 李鎬梃 등이 반대하였지만(≪대한매일신보≫ 1905. 12. 12), 일본유학파 교관들의 기존의 교육을 받은 학생들에 대한 차별은 계속 논란이 되었다.[20]

교관들의 국적별은 한국인 69명, 외국인 3명, 일본인 8명으로 구 성되어 있다.[21] 교관은 관비유학생과 법관양성소 출신, 법어[불어]학 교 졸업 후 법부고문 크레마지에게 발탁된 자로 구분할 수 있다. 관 비유학생 출신으로는 이면우, 장도, 유문환, 홍재기, 정명섭 등으로 일본 慶應大學에서 공부하였다. 법관양성소 제1회 졸업생으로는 윤성 보, 구건서, 조세환, 제2회 졸업생으로는 고익상, 이원국, 공면주, 제3 회 졸업생으로는 윤태영, 김종호, 윤광보, 윤헌구 등이다. 법어학교 출신은 김정식, 이신우, 정기학, 방승헌, 최병욱 등이다.[22]

법관양성소 소장이 법부의 국장급 수준이었으니 교관직은 높은 직은 아니었으며 또 설립목적 자체가 실무형 인재를 양성하는 것이었 기 때문에 이들의 학문적 수준도 높지는 않았다. 그러나 현실의 필요

---

19) 김효전, 앞의 책(주 8), 226-8, 233-8, 239-243, 245-7면.
20) 김효전, 앞의 책(주 8), 241면.
21) 김효전, 앞의 책(주 8), 224-349면.
22) 김효전, 앞의 책(주 8), 30-1면.

에 따라 법학교과서를 저술하고 또 사립학교에 출강하여 법학의 지평을 확대하는 등 학문적 활동을 하였다.

4) 졸업생

법관양성소의 설립목적은 사법관을 양성하기 위한 것이지만, 졸업 후에도 당초의 취지와는 달리 사법관으로 임용되지 못하였다. 특히 제1, 2회 졸업생은 원래의 취지와 달리 선별적으로 소수만 일반관직에 임용되었는데, 그들이 유력가문의 출신도 아니며 또 갑오·을미개혁의 산물로 그들이 친일파라는 인식이 중첩된 결과이다. 이후에도 법관양성소 출신을 사법관으로 임용하려는 원칙을 표명하였지만, 제대로 지켜진 것은 1905년 이후이다.[23] 그리고 1906년부터는 成法學士를 부여하기로 하였지만, 1908년과 1909년 두 번만 수여하였다. 그리고 졸업생이 계속 공부하면 박사호칭을 부여하였는데, 이는 학위명이 아닌 임시관직에 불과하다.[24]

초기졸업생에 대한 대우는 물론 평판도 좋지 않았다. ≪제국신문≫에서는 신식교육 전반에 대해 비판을 하면서 법관양성소 졸업자의 사정을 다음과 같이 전하고 있다.

법관양성소를 설시하여 외국 교수를 고빙하여 학도를 가르친 것이 백여 명인데, 속성과로 가르쳐서 정통할 수 없어서 그러하되, 졸업한 사람이 어찌하여 스스로 혹 주사깨나 얻어 하게 되면 법률 상관되는 일에는 그 사람을 찾으면서도 참서관이나 판검사 승차(承差)할 수 없으니 법률이란 것은 어지러운 것을 다스리는 약석(藥石)이라, 어느 벼슬에 상관없는 데가 없것만은 쓰기는 고사하고 법률학도라면 질지여수(嫉之如讎)하고 …(≪제국신문≫ 1899. 1. 23).[25]

---

23) 최기영, 앞의 글(주 13), 49 – 50면.
24) 김효전, 앞의 책(주 8), 153 – 5면.
25) 김효전, 앞의 책(주 8), 19면 재인용; 맞춤법 등은 이해를 위해 현대어로 고쳤으며 한자를 부기하였다(이하 같다).

즉 법관양성소 졸업자는 속성교육으로 법률에 정통하지 않을 뿐만 아니라 정부에서도 제대로 대우하지 않았으며 또 당시의 일본세력이 후퇴하고 친러파가 등세한 정치적 분위기 탓으로 일반인도 경원하였다. 하지만 주된 논지는 법률가의 필요성을 강조하고 있으며, 이어서 법학교육의 중요성과 활용에 대해 다음과 같이 주장하였다.

> (전략) 법관양성소를 설시하여 법률학도를 교육하며 또 유지(有志)한 사람들이 사립법률학교를 설시하여 법률학을 공부한 즉, 비록 외국과 같이 법률학사·법률박사라 하는 칭호와 학문에 정통치는 못할지언정 다 능히 법률에 지남(指南)은 알았고 또 내외국 정요(精要)한 법률서책이 있어서 가히 연구하여 해석할 만한 즉, 장정(章程)에 있는 대로 시행만 하게 되면 (중략) 사람마다 법률을 알아서 (중략) 치외권 회복하기를 기약하고 정할 터이다. 지금 법부에서 (중략) 외국인을 청하여 온다 하니 (중략) 그 사람이 오게 되면 학도를 교육할지 법률기초 고문관이 될지 모르겠고, 학도를 교육한다 하여도 (중략) 쓰지 않을 학도를 가르쳐 무엇 하며 (중략) 응당 법률통달한 사람이 있을지라(≪제국신문≫ 1899. 12. 13).[26]

주된 논지는 외국인 고문관에 대한 부정적인 평가이지만, 한편으로는 법과 법학의 중요성을 강조하고 이미 양성된 법률가를 활용하자는 입장이다.

1903년 이후 입학생들의 학사관리는 엄격하여 중도탈락자도 있었으며, 졸업시험은 더욱 엄격하여 1904년(제3회)에는 62명 중 25명만, 1905년(제4회)에는 25명 중 20명만 통과하였다.[27] 1895년~1911년 16년 동안 법관양성소는 6회에 걸쳐 206명을, 법학교는 1회에 29명을, 전체는 235명의 졸업생을 배출하였다. 법관양성소와 법학교가

---

26) 김효전, 앞의 책(주 8), 20-1면 재인용.
27) 최기영, 앞의 글(주 13), 59-60면.

존재한 시기는 개화와 망국의 변환기이었으며, 졸업생 230여명은 그 야말로 역사의 격랑 속에서 삶을 개척하였다. 대개는 법률가로 삶을 보냈지만, 이들 중 몇몇은 국가의 독립에 힘쓰기고 하였고 또 해방 후 우리 사법제도의 기틀을 확립하기도 하였다.[28]

1908년까지 졸업생은 모두 210명인데 이중 사망한 10인을 제외한 200명 중 판사 21명, 검사 3명, 변호사 12명, 주사 9명, 재판소서기 75명, 東宮武官 1인, 일본유학생 3명이며, 76명은 미상이다. 통감부의 선전에 따르면 210명 중 101명만 사법관련 업무에 종사하고 11명은 관리, 3명은 일본유학으로 파악하였다. 전체적으로 볼 때 절반 정도가 사법관련 업무에 종사하였다.[29] 제1회와 2회 졸업생들은 30세 전후의 나이에 대개는 조선왕조에서의 변방인으로 문벌이 없는 중인이나 무인, 향리들로 신분상승의 기회로 여겼다.[30] 졸업생은 이중의 고통을 겪었는데, 일본의 침략에 따라 법조계에서는 일본인이 득세하였으며 한편으로는 기득권을 가진 자들은 신식법률을 공부한 자를 배척하였기 때문이다.

(3) 사립학교의 법학교육

개화기에는 법을 통치의 보조수단이 아니라 부국강병과 문명개화를 달성할 수 있는 수단으로 여기는 법에 대한 '인식의 전환'이 있었다. 이에 따라 민간에서도 학교를 세워 법학교육을 하였는데, 대표적인 것은 고려대학교의 전신인 보성전문학교와 양정의숙이다.

러일전쟁의 와중에 1905년 1월 李容翊은 敎育救國을 목표로 普成學校 설립계획을 구상하였다. 관료양성을 목적으로 하는 법관양성소만으로는 시대적 요청에 달성할 수 없기 때문에 전문적인 법학교육기관이 필요하였으며, 이에 따라 1905년 1월 漢城法學校(교장 玄采)가

---

28) 김효전, 앞의 책(주 8), 189-220면.
29) 김효전, 앞의 책(주 8), 221면.
30) 최기영, 앞의 글(주 13), 74면.

설립되었다. 보성학교는 설립자금이 황제의 內帑金에서 나온 사실상
의 국립이지만, 일본의 압박이 강화되는 상황에서 일본의 촉수에서 벗
어나기 위해 사립의 형태로 설립되었으며, 법학전문과, 理財學전문과,
농업전문과, 상업학전문과, 공업학전문과를 둘 계획이었다.31) 1905년
4월 보성학교는 법률과와 경제학과 수업 2년제의 전문학교로 출발하
였는데, 교장은 申海永이었다. 1905년 7월에는 야학교인 한성법학교
를 인수하여 9월부터 3년제 야간부까지 운영하다가, 1907년 1월에는
3년제 법학과로 개칭되었다. 1907년에는 제1회 졸업생을 배출하였다.
1906년에는 효과적인 교육을 위해 출판인쇄기관인 보성사와 도서관
인 보성관을 설치하였으며, 1907년 교우회를 조직하여 기관지『法政
學界』를 간행하는 등 활발히 활동을 하였다. 그러나 한일병합 후에는
조선총독부의 정책에 따라 "사립보성법률상업학교"로 격하되었으며
그때 법률학과로 개칭되었다.32)

　1905년 4월 양정의숙[현재 양정고등학교의 전신]은 정치, 법률, 경
제 등 고등학문을 교육하기 위해 설립되었다. 개교 당시 교수진은 김
상연, 장도, 신우선, 석진형이며, 법학교과목은 국가학, 법학통론, 민
법총론, 형법총론[이상 1학년], 형법각론, 민법(물권 채권), 행정법(총론,
각론), 상법(총론, 각론)[이상 2학년], 국제공법, 국제사법[이상 3학년]이
며, 기타 산술, 일어 등이 있었다. 그리고 교육을 위해 강의록을 판매
하기도 하였다.33) 교육은 법관양성소 등과 마찬가지로 토론식으로 하
였으며 언론에 소개되었다. 그러나 1907년 이후 일본인들이 사법부를
장악하게 되자 입학생은 줄어들어 병합 직전에는 야학으로 전환하

31) 강만길, 「보성전문학교 설립의 역사적 배경」, 연구위원회 편, 『근대 서구학문의 수
　　용과 보전』, 고려대학교출판부, 1986 참조.
32) 고려대학교 100년사 편찬위원회, 『고려대학교 법과대학 학술사: 고대법학 100년과
　　한국법의 발전』, 고려대학교출판부, 2011, 37면[이하 "고려대학교 100년사"로 약칭].
33) 국립중앙도서관에서는 특별전으로 이때 사용한 교과서 90여권을 전시하였다(2008.
　　5. 6.~20).

였다. 8년 동안 100여 명의 졸업생을 배출한 양정학교는 병합 후 전
문학교에서 고등보통학교로 전환하여 고등교육기관으로 운명을 다하
였다.[34]

근대법학교육은 그 이전부터 이에 대한 인식과 필요성은 있었지
만 1895년부터 시작되었으며 관립과 사립 두 갈래로 운영되었다. 교
육의 일차적 목표는 재판제도의 정비에 따른 전문적인 법률가의 양성
이었지만, 법학 자체에 대한 관심과 연구도 소홀히 하지 않았다. 다만
일본의 침략에 따라 관립인 법관양성소는 물론 사립인 보성학교와 양
정의숙까지 자유로울 수 없었다. 법관양성소는 법학교로, 보성학교는
전문학교의 자격을 얻지 못하였으며, 양정의숙은 고등교육기관에서
중등교육기관으로 격하되었다. 양정학교는 자체 교육을 위해 교재를
발간하였으며, 보성학교는 출판인쇄소와 도서관까지 두는 등 단순한
교육기관을 넘어서 근대적 대학을 지향하였다. 법관양성소도 별도의
자료를 구비하고 교육을 하였는데, 별도의 도서관을 설치하였는지는
불분명하다. 1895년의 「법부관제」에서는 도서의 보존과 간행을 문서
과에서 담당하도록 규정하였다(제4조 4호). 그리고 서울대학교 법학도
서관에는 당시 교재가 수록되어 있는데, 여기에는 장서인과 도서비치
기호가 있다.

2. 주권의 상실과 법학교육의 침체

(1) 조선총독부 고등교육정책의 추이

한일병합 후 조선총독부는 일본의 교육제도에 따라 조선의 교육
제도를 정비하여 표면적으로는 동등하게 다루었지만, 실질적으로는
차별을 하였다. 식민지 교육정책은 조선인만을 대상으로 한 1911년 8
월 칙령 제229호 「朝鮮敎育令」에서 확립되었는데, 기본방침은 식민

---

34) 김효전, 앞의 책(주 8), 355－377면.

지에서는 고등교육을 실시하지 않는 것이었다. 「조선교육령」에서는 '전문학교'에서 고등교육을 하는 것으로 규정하였지만, 하위법령인 「조선교육령시행에 관한 건」(1911.11.1. 훈령 86)에서는 보통교육이 발달한 후에 설치하는 것으로 하여 사실상 금지하였다. 또 민족운동의 연원인 사립학교에 대해서는 철저하게 규제하였는데, 합방 전인 1908년 8월에 통감부는 「사립학교령」을 공포하여 1910년 초까지 100여 학교를 폐지하였다. 뒤이어 1911년 10월 20일 대한제국의 1908년 「사립학교령」을 폐지하고 「사립학교규칙」(총독부령 114)를 공포하여 ① 설치 및 인가, ② 교과과정, ③ 교과용 도서, ④ 교원자격 등을 규정하여 규제하였다. 1915년 개정 「사립학교규칙」(총독부령 24)에서는 ① 운영자를 재산이 있는 재단법인으로 제한하고, ② 「전문학교규칙」에서 규정하지 않은 교과목 개설을 금지하여 성경 등의 교습을 원천적으로 봉쇄하였으며, ③ 조선인은 물론 외국인에게도 일본어를 강요하였다. 이러한 조치의 결과 병합 당시 약 2천개의 학교는 1919년에는 1/3로 격감하였다.

　　그러나 조선총독부는 조선에서의 고등교육에 대한 요구를 달래기 위하여 1915년 「전문학교규칙」을 공포하여 경성법학전문학교, 경성의학전문학교, 경성공업전문학교, 수원농림전문학교 등 4개의 관립학교와 병합 전의 경신학교(대학부)를 사립연희전문학교로, 사립세브란스의학교를 사립세브란스연합의학전문학교로 2개교만 인가하고, 이미 1906년 9월과 1910년 4월에 각각 대학부를 설치한 숭실대학과 이화학당35)은 「조선교육령」에 대학에 대한 규정이 없음을 이유로 인가하지 않는 등 극도로 제한하였다. 이들 학교가 "전문학교"라는 이름으로 고등교육기관으로 인정된 것은 1922년 제2차 「조선교육령」 공포 이후이다. 그러나 숭실전문학교는 1937년 신사참배 거부로 폐교되

---

35) 류영렬, 「韓國 최초近代大學의 설립과 民族的 성격」, 『한국민족운동사연구』 15, 한국민족운동사학회, 1997 참조.

었다.36)

차별적인 고등교육정책은 두 갈래로 공격을 받았다. 우선 3·1
운동 이후 드세진 민족운동의 영향으로 조선인들의 열망을 억누를 수
없었으며 또 조선에 있는 일본인들의 요구도 무시할 수 없었다. 조선
인들은 체계적으로 조선총독부에 대해 고등교육을 요구하여 1920년
6월 20일 '조선교육회'를 설립하였고, 이는 1922년 1월 24일 '조선교
육협회'로 인가를 받았다. 총독부에서는 1920년 9월 경성의학전문학
교의 대학승격을 검토하는 등 조선 내부에서 대학교육의 길을 열 분
위기가 조성되었으며, 이는 1922년 「조선교육령」의 개정으로 제도적
으로 완비되었다. 조선 내부에서도 교육열의 급등과 연희전문학교
(1917년), 사립세브란스의과전문학교(1917년), 보성전문학교(1922년) 등
이 「조선교육령」에 의한 전문학교로 인가를 받은 점, 민족계 신문들
과 조선청년연합회 등이 민립대학운동을 지지한 점 등에서 대학교육
을 실시할 분위기가 조성되었다. 이 운동은 궁극적으로는 민립대학설
립운동으로 발전하였으며 이후 조선총독부와 타협하여 경성제국대학
의 설립으로 귀결되었다.37)

1920년 6월부터 시작한 민립대학설립운동은 1923년 3월 조선민
립대학 기성회 발기총회가 결성되는 등 활기를 띠었다. 총회 취지서의
대학설립의 목적은 국권회복, 민족독립 등 정치적 문구는 없고 "진리
탐구를 통한 인재양성과 인류문화에 공헌"이라는 이상적 내용이었다.
이는 조선인에게도 대학교육이 필요함을 역설하려는 전략적 의도이었
다. 대학설립 기성회 지방부가 100개가 설립되는 등 활기를 띠었지만,
1923년과 1925년의 대홍수, 1923년의 관동대지진, 1924년의 남부지방
가뭄 등으로 모금에 의존하는 운동은 정체되었으며, 결국 조선총독부

---

36) 馬越 徹/ 한용진 옮김, 『한국 근대대학의 성립과 전개: 대학 모델의 전파연구』, 교
   육과학사, 2000[원: 1997], 80-5면.
37) 馬越 徹, 위의 역서, 104-5면.

에서 제국대학의 설립을 추진하면서 좌절되었다.[38]

한편 1910년대 후반에서 1920년대 후반은 일본에서 고등교육이 최대로 확장된 때이다. 1918년의 「대학령」의 제정은 이를 제도적으로 뒷받침하였고, 이러한 분위기는 조선에도 영향을 미쳤다. 조선총독부는 3·1 운동 이후 조선인의 교육열에 대응하기 위해 1922년 「조선교육령」을 개정하여 대학설립이 가능하도록 하였으며, 또 조선 내의 일본인을 위한 고등교육의 수요에 대응하여 제국대학의 설립을 추진하였다. 이는 제국대학을 설립하여 문화존중의 상징적 효과와 식민지 최고엘리트층을 체제 내에 포섭시키려는 목적이었다.[39] 1924년 5월에는 경성제국대학 예과가, 1926년 4월에는 경성제국대학 본과(의학부·법문학부)가 개설되어 식민지에서도 고등교육이 가능하였다.

조선총독부의 고등교육정책은 원칙적으로 억제이었으며 실질적으로는 조선인과 일본인의 차별이었다. 조선총독부는 고등교육을 억제하는 대신에 전문교육을 강조하여 원활한 식민지 지배를 도모하였다.

(2) 관립 법학교육 기관

1) 경성전수학교

조선총독부는 1910년 10월 법학교를 폐지하고 1911년 4월 「京城專修學校規程」(칙령 151)을 공포하여 경성전수학교를 설립하였는데, 그 목적은 "조선인 남자에게 법률과 경제에 관한 지식을 교수하여 공사의 업무에 종사하는 자를 양성함(제1조)"이었다. (前)경성전수학교의 직원은 학교장, 敎諭 9명, 서기 2명으로 법학교와 비슷하였다. 조선의 민도와 시세 등을 이유로 조선총독부에서는 전문학교를 인정하지 않았지만, 1915년 3월 「전문학교규칙」을 제정하여 전문학교의 설치를 추진하고, 이어서 1916년 4월 「경성전수학교규정」(칙령 26)을 공포하

---

38) 馬越 徹, 앞의 역서(주 36), 106 - 110면.
39) 馬越 徹, 앞의 역서(주 36), 122 - 6면.

였는데, 제1조의 교육강령에서는 그 목적을 다음과 같이 규정하였다.

1. 본교는 조선교육령에 근거하여 법률·경제에 관한 전문교육을 함으로써 공사의 업무에 종사할 수 있는 자를 양성함을 본지로 한다.

2. 법률을 배우는 자는 다만 권리를 주장하고 의무를 생각하지 않는 폐단에 빠지기 쉬우므로 항상 권리를 존중함과 동시에 의무를 온존히 하는 덕성을 함양하고 특히 국헌을 중시하고 국법에 복종하는 것을 중시해야 한다.

3. 법률을 배우는 자는 쉽게 이론에 편중되는 폐단이 없어야 한다. 그러므로 교수에서 특히 유의하여 생도들은 항상 실리실효에 착안하여 공론에 빠지는 폐단이 없어야 한다.

4. 법률의 목적은 질서유지에 있으므로 본교에서는 특히 생도들에게 이를 중시하게 하여 일상행위로써 규율과 절제를 잃지 않게 유의하며 수신과 체조의 교육에 깊이 주의를 기울임은 물론 교관도 항상 실천궁행의 모범을 생도에게 제시하여 그 지도와 감독에 임해야 한다.

5. 본교 생도는 장래 대개 관청 또는 은행 회사 등에서 직무에 종사하게 될 것이므로 생도 훈육상 특히 유의하여 공사의 구분을 분명히 하여 항상 공사를 존중하여 奉公의 정성을 바치는 志氣를 양성해야 한다.

6. 전문학교는 고등의 학술과 기술을 교수하는 곳이므로 생도들은 그 본분을 지켜 언행을 조심하고 특히 행동에 근신 자중하여 일반국민의 儀表가 되어야 한다.

우선 1911년과는 달리 '조선인만'을 대상으로 하지 않고 '內鮮共學'을 표방하였는데, 이는 조선에 있는 일본인의 교육욕구를 충족하기 위한 것이었다.[40] 그리고 위 교육강령에서 드러나듯이, 식민지에

---

40) 당시 조선에서의 일본인 대상 전문학교는 사립 京城高等商業學校뿐이었고, 이후 내선공학은 1915년 조선총독부 工業傳習所, 1916년 京城醫學專門學校, 1918년 조

서 법학교육의 목적은 권리보다는 의무 중심, 질서의 유지, 사적 이익
보다는 공공성의 강조를 강조하고 있으며, 특히 법학생도들에게 국민
의 모범 — 忠亮한 臣民 — 이 되기를 바라고 있다. 법학도들에게 부과
된 기대와 의무는 개인의 권익보호보다는 식민지유지의 중간층이 되
는 것이었다.[41]

　1916년 「조선총독부전문학교관제」에 따르면 경성전수학교 직원
은 학교장, 전임 교수·조교수 각 3명, 서기 1명으로, 대부분 일본인
이었지만 金炳魯, 石鎭衡, 梁大卿 등 한국인도 있었다.

　(전)경성전수학교는 총 5회 143명, 경성전수학교는 총 6회 217명
의 졸업생을 배출하였다. 1925년 ≪경성전수학교일람≫에 수록된 졸
업생의 진로는 <표 1>과 같다.[42]

<표 1> 경성전수학교 졸업생 진로

직종	(전)경성전수학교	경성전수학교	계	직종	(전)경성전수학교	경성전수학교	계
판사	10	19	29	변호사	17	5	22
검사	4	4	8	유학	2	9	11
재판소 서기 겸 통역생	22	93	115	은행원·회사원	9	33	42
행정관청	18	17	35	가업	46	23	69
경찰관서	5	4	9	사망	10	8	18
교원	0	2	2	전체	143	217	360

출전: ≪경성전수학교일람≫(1925)

　선총독부 農林學校 專門科로 확대되었다.
41) 제5호에서 졸업 후의 진로에서 법관을 배제하고 있는데, 이는 좀 더 심도 있는 분석이 필요하다.
42) 김호연, 「일제하 경성법학전문학교의 교육과 학생」, 한양대 석사학위논문, 2011, 13면.

　사법 업무와 관련된 직종에 진출한 졸업생은 모두 174명으로 전체의 48%를 차지하며 1925년 당시 조선총독부재판소 조선인 판·검사 총인원 42명 중 경성전수학교 졸업생이 37명으로 90%를 차지하였다. 이는 합방 후 시급히 사법요원을 충원하기 위해 제정한 「조선인 조선총독부판사 및 검사의 임용에 관한 건」(1910. 10. 제령 7)에 의해 졸업생들을 임용하였기 때문이다. 하지만 대다수는 재판소 서기 겸 통역생으로 진출하였을 뿐으로, 식민지적 상황을 잘 드러내고 있다.[43]

　식민지교육정책의 확립에 따라 법학교는 조선교육령에 근거한 경성전수학교로 임시적·예외적인 전문학교로 출범하였다. 이는 법과 법률전문가가 식민통치에 필수적이며 또 불평불만을 잠재우기 위한 조처이다. 경성전수학교는 1915년 「전문학교규칙」의 시행에 따라 1916년 4월부터 경성의학전문학교, 경성공업전문학교와 함께 관립전문학교로 재출발하였고, 1922년 4월 규정(부령 49)의 공포로 경성법학전문학교로 계승되었다.[44]

　2) 경성법학전문학교

　① 제도와 연혁

　1922년 2월 제2차 「조선교육령」이 공포되었는데, 그 핵심적인 내용은 1) 대상이 조선 거주 일본인까지 확대되었으며, 2) 학교의 종류와 수업연한이 일본과 동일하게 되었으며, 3) 대학교육을 추가하여 보통학교 → 고등보통학교 → 전문학교·대학으로 연속되는 학제를 확립하고 시범교육도 실시하였으며, 4) 내선공학을 채택하였다. 그리고 기존의 「조선총독부전문학교규칙」을 대체하여 1922년 3월 「공사립전문학교규정」(1922. 3. 조선총독부령 21)과 「조선총독부 諸학교관제」(1922. 4. 칙령 151)가 제정되어, 경성전수학교는 경성법학전문학교로 개칭되었으며, 일본인도 입학할 수 있었고 1년 3학기에서 2학기로 변경되었

---

43) 김호연, 앞의 논문(주 42), 11-4면.
44) 김효전, 앞의 책(주 8), 62-3·67면.

으며, 졸업생에게는 '법학사'가 수여되었다. 다만 직원은 물론 학교의
설립목표 등도 변하지 않았다.[45]

위 「제학교관제」에서는 전문학교의 교장은 칙임 또는 주임으로
조선총독의 명을 받아 교무를 담당하고 소속 직원을 감독하였으며,
교수는 주임, 조교수는 판임으로 생도를 교육하였고 생도감은 교수
중에서 조선총독이 임명하여 학교장의 지휘를 받아 생도의 훈육을 담
당하였으며, 직원은 판임으로 서무에 종사하였다. 이외에 「관립 및
공립학교의 촉탁교원 및 강사에 관한 건」(1917. 7. 부령 49)에 따라 직
원의 일부를 대신하면서 교관과 동등한 업무를 하는 촉탁교원과 일정
기간 특정학과를 담당하는 강사를 둘 수 있었고, 위생을 담당하는 學
校醫와 서무를 보조하는 雇員 등이 있었으며, 1928년부터는 현역 육
군장교가 배속되었다. 경성법학전문학교의 직원 현황은 <표 2>와
같다.

교장은 6명으로 동경제대 출신이 3명, 경도제대 출신이 2명으로
모두 법학전공자이며, 동경사범학교 출신이 1명이다. 교수로 재직한
사람은 25명으로 동경제대 출신이 9명, 경도제대 출신이 7명, 경성제
대 출신이 2명, 구주제대 출신이 1명, 동경상과대학 출신이 1명이고
5명은 미상이다. 전공별로는 법학 전공이 12명, 문학 전공이 5명, 경
제학 또는 상업학 전공이 3명, 법학·경제학 복수전공이 1명이며 4명
은 미상이다. 문학 전공자는 경제 관련 과목보다 시수가 많은 어학과
목을 교수하였다. 조교수로 재직한 사람은 9명인데, 전공 등은 미상
으로 주로 교양과목을 담당하였다.

---

45) 김호연, 앞의 논문(주 42), 15-7면.

〈표 2〉 경성법학전문학교의 직원 현황(1923~1941)

	교장	교수	생도주사	조교수	서기	촉탁교원	강사	학교의	배속장교	고원	계
1923	1	7		3	2		14	1		1	29
1925	1	7		3	2	3	12	1		2	31
1926	1	6		2	2	3	9	1		2	26
1927	1	6		3	2	3	8	1		2	26
1928	1	5		1	2	5	10	1	1	1	27
1929	1	6		1	2	4	10	1	1	2	28
1931	1	5		1	2	3	9	1	1	2	25
1932	1	4		2	2	3	8	1	1	2	24
1933	1	4		2	2	3	8	1	1	2	24
1934	1	5		1	2	2	13	1	1	1	27
1935	1	5		1	2	2	11	1	1	1	25
1936	1	5	1	1	2	3	11	1	1	1	27
1938	1	5	1	1	2	3	9	1	1	1	25
1941	1	4	2	1	2	1	11	1	1	1	25

출전: 김호연, 앞의 논문(주 42), 19면 <표 3>

　　교수와 조교수는 「관제」에 규정된 정원보다 적었으며, 재임기간이 2년 이하인 경우가 전체의 1/3인 11명이다. 1924년에는 교수 1인이 경성제대 예과교수로, 1926년에는 교수 4명, 조교수 1명이 경성제대 법문학부 교수로 전임하였으며, 재외연구원으로도 임명되기도 하여, 1925년에는 교수 중 절반이 재외연구원이 되기도 하였다. 이처럼 교원의 잦은 변동은 교육의 불안정을 야기하였다. 촉탁교원은 8명으로 자세한 경력은 미상이며 법률과목과 교양과목을 담당하였으며, 강사는 50여명으로 대부분 현직 법조인으로서 "민·형사소송법", "파산법" 등 절차법을 담당하였다. 이외에 조선총독부 관리나 다른 전문학교 교원이 채용되어 "상업학", "부기", "재정학" 등 경제 관련 과목과

"수신", "체조" 등을 담당하였다. 교장, 교수, 조교수, 촉탁교원으로 재직한 48명 중 조선인은 교수 1명(金命洙), 조교수 2명(鄭煜, 李周淵), 촉탁교원 3명(李肯鍾, 李允熙, 延田允)뿐이며, 교수는 1923년, 조교수는 1922년, 1925년에 각각 퇴직하였으므로 사실상 일본인이 전담하였다. 교원의 부재와 잦은 교체는 학생들의 불만사항으로, 1926년 학생대회에서는 조선총독부 학무국에 '교사의 신축'과 '교육 내용의 충실', '교수의 충원'을 진정하였다.[46]

1923년 7월 경성법학전문학교 동창생과 재학생들은 일본의 예와 내선평등에 따라 대학승격운동을 벌였다. 그러나 나가노(長野) 학무국장은 반대하였고, 이는 민립대학운동으로 발전하였으며, 조선총독부는 경성제국대학의 설립으로 맞섰다. 그러나 학교시설 등은 부실하여 학생들은 교사의 신축, 정치·경제과목의 증설, 졸업생의 우대 등을 요구하여 교사는 1938년에 준공하여 이전하였다. 또 관립전문학교에는 법관양성소의 전통 탓인지 초기에는 조선인들이 다수를 차지하였지만, 갈수록 조선인의 수는 점차 줄어들고 일본학생들이 늘어났다. 전시동원체제 하인 1941년 10월에는 재학연한을 그해에는 3개월, 이듬해부터는 6개월을 단축하는 등 전시동원체제에 접어들었다. 1943년 교육전시비상조치방안에 따라 문과계 6개 전문학교의 학생모집이 중단되어, 1944년 3월에는 경성법학전문학교의 신입생 모집을 중단하였고, 校舍 등 시설은 京城鑛産專門學校로 이관되었다. 1944년 9월에 마지막으로 졸업생 65명(일인 30)을 배출하였다.[47]

② 입학과 민족별 학생구성

「경성법학전문학교학칙」에는 입학자격으로 1) 중학교 또는 고등보통학교 졸업자, 2) 「전문학교입학자격검정규정」에 의한 시험 통과자, 3) 중학교 또는 고등보통학교 졸업자 동등 이상의 학력을 가진 자로

---

46) 김호연, 앞의 논문(주 42), 18-28면.
47) 『법과대학 백년사』, 141-2, 150-6면.

규정하였으며, '特科'를 두어 제1차 조선교육령에 의한 고등보통학교 졸업자도 입학할 수 있었다. 또 일부과목만 수강하는 '選科'와 졸업 후 2년의 '硏究科'를 두었다. 입학시험은 신체검사, 구두시험, 학력시험이었고, 학력시험의 과목은 국어(해석, 받아쓰기, 작문), 한문, 영어(해석 및 작문), 수학, 역사(일본사, 서양사) 등이었다. 1928년에는 무시험입학이 허용되었는데, 정원의 10% 정도를 중학교의 추천으로 선발하였다. 또한 입학허가 결정에 시험성적 외에 추가로 '종래의 학업성적 및 性行' 또한 참작하여 선발하였다.

1936년 12월에는 수재교육 편중의 전문학교 입시제도를 개혁하여 입시난을 해소하려는 목적에서 임시전문학교장회의를 개최하였다. 회의 결과에 따라 1937년 입시부터 쉬운 출제와 체격검사를 실시하고, 시험성적 외에 종래의 학업성적 및 性行 그리고 구두시험성적을 고르게 반영하였다. 이는 시험부담 감소 · 지식편중주의 해소 · 지덕체를 모두 갖춘 인재 선발을 명분으로 내세운 조치였으나, 한편으로는 중일전쟁 이후 학생들을 전장에 동원하기 위한 조치이기도 했다. 중일전쟁 후에는 영어가 교과목에서 비중이 낮아진 것과 짝하여 입시에서 배제되었다. 그리고 다른 전문학교와 달리 경성법학전문학교의 입시에서는 "국민의 공민적 생활을 완성하기에 충분한 지덕을 함양하고, 특히 준법정신과 공존공영의 본의를 이해[會得]시켜 공공을 위해 봉사하고 협동하여 일에 당면하는 기풍을 길러 건전한 국민으로서의 자세[素地]를 육성할 것을 요지"(「고등보통학교규정」 1932. 부령 13 제9조의2)로 하는 '公民科'를 포함시켰는데, 그 이유에 대해 학교장 鷹松龍種은 "皇國臣民으로서의 충분한 자격을 알기 위함"이라고 설명하였다.[48]

경성제대 및 관공립전문학교의 일본인 학생 수는 조선인 학생 수에 비해 2~3배가량 많았는데, 경성법학전문학교는 반대로 조선인 수

---

48) 김호연, 앞의 논문(주 42), 29 - 31면.

가 더 많은 것이 특징이다.[49] 경성법학전문학교의 정원은 고정되어 있지 않아서 1939년까지는 70명 이내인 듯하며, 최저는 59명(1931년)이며, 1940년부터 증원하여 그해는 81명, 1941년은 95명이다. 지원자 전체는 1926년 112명을 최저점으로 하여 계속 증가하다가 1936년 463명을 정점으로 하여 일시 감소하였다가 입학정원이 늘어난 1940년부터 급속히 증가하여 1941년에는 633명으로 최정점을 이루었으며, 16년 동안 평균 342.4명이 지원하였다. 조선인 지원자는 1926년 87명에서 시작하여 계속 증가하다가 1936년 418명을 정점으로 하여 일시 감소하였다가 입학정원이 늘어난 1939년부터 다시 증가하여 1941년에는 529명으로 최정점을 이루었으며, 16년 동안 평균 290.4명이 지원하였다. 반면에 일본인은 1939년까지는 최저 22명(1938), 최고 59명(1934)으로 큰 변동이 없으며 1940년, 1941년 91명, 104명으로 급증하였으며 16년 동안 평균 51.9명이 지원하였다. 전체 지원자의 증가에는 조선인이 주도적인 역할을 하였다.

1926년부터 1941년까지 민족별 지원자와 입학자는 <표 3>과 같다.

<표 3> 경성법학전문학교 입학자의 민족별 추이(1926~1941)

연도	지원자			합격자			지원율		합격률			경쟁율		
	조A	일B	계C	조D	일E	계F	조K	일L	조M	일N	전O	조X	일Y	전Z
'26	87	25	112	48	16	64	78	22	55	64	57	1.8	1.6	1.8
'27	153	55	208	40	29	69	74	45	26	53	33	3.8	1.9	3.0
'28	144	48	192	49	19	68	75	25	34	40	35	2.9	2.5	2.8
'29	178	52	230	45	20	65	77	23	25	38	28	4.0	2.6	3.5
'30	194	51	245	43	26	69	79	21	22	51	28	4.5	2.0	3.6
'31	215	50	265	44	15	59	81	19	20	30	22	4.9	3.3	4.5
'32	247	57	304	44	19	63	81	19	18	33	21	5.6	3.0	4.8

---

49) 김호연, 앞의 논문(주 42), 3-5면.

'33	248	38	286	48	13	61	87	13	19	34	21	5.2	2.9	4.7
'34	348	59	407	46	20	66	86	14	13	34	16	7.6	3.0	6.2
'35	393	55	448	52	16	68	88	12	13	29	15	7.6	3.4	6.6
'36	418	45	463	51	16	67	90	10	12	36	14	8.2	2.8	6.9
'37	387	52	439	51	18	69	88	12	13	35	16	7.6	2.9	6.4
'38	296	22	318	57	10	67	93	7	19	45	21	5.2	2.2	4.7
'39	356	27	383	53	16	69	93	7	15	59	18	6.7	1.7	5.6
'40	454	91	545	43	38	81	83	17	9	42	15	10.6	2.4	6.7
'41	529	104	633	49	46	95	84	17	9	44	15	10.8	2.3	6.7
평균	290	52	342	48	21	69	83	17	20	42	23	6.06	2.47	4.98

	조선인(명/%)			일본인			전체		
전체	지원자	합격자	경쟁률	지원자	합격자	경쟁률	지원자	합격자	경쟁률
	4,647	763/ 16.4	6.06	831	337/ 40.6	2.47	5,478	1,100/ 20.1	4.98

출전: 김호연, 앞의 논문(주 42), 31면 <표 7> 수정 보완

16년 동안의 전체 지원자의 추이는 <그림 1>과 같다.

<그림 1> 경성법학전문학교 민족별 지원자 추이(1926~1941)

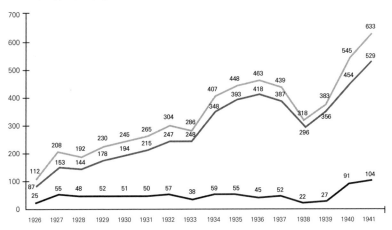

조선인 지원자는 87명부터 633명까지 편차가 크며, 1926년부터 지속적으로 증가하다가 1936년 정점을 이룬 후 감소하다가 1938년부터 증가하였다. 반면에 일본인 지원자는 25명에서 100명 사이에 불과하며, 1927년부터 1937년까지 50명 내외로 일정하다가 1938, 39년 30명 이하로 감소하였다가 증원된 1940년부터 늘었다. 전체 합격자 중에 조선인의 비율은 최고 85%(1938년), 최저 52%(1941년), 평균 69%이다. 하지만 조선인 지원자 중에 합격자의 비율은 초기인 1926년 55%를 최고로 계속 하강하는 추세이었으며, 1932년 이후는 20%를 넘지 못하였다. 그러나 일본인은 전체의 30% 정도에 불과하지만, 그들만으로 국한하면 다른 양상을 보인다. 예컨대 초기인 1926년 64%를 최고로 일본인 지원자 중 합격자 비율은 감소한 추세를 보이나 대체로 30% 이상을 유지하고 있는데, 이는 조선인 지원자 중 합격자 비율에 비해서는 상당히 높은 수치이다.

지원자 수의 증가는 전적으로 조선인에 의해 결정되었다. 조선인이 많이 지원한 이유로는 경성법학전문학교는 조선인을 많이 뽑아주기 때문이라거나(≪동아일보≫ 1936. 2. 1), 조선인의 전통적 문과 계통 선호 경향에서 찾았다(≪조선일보≫ 1932. 3. 12). 이의 배경에는 문과 선호의 경향과 졸업 후 관료로 진출하거나 고등문관시험에 유리하였기 때문이다.[50]

그러나 합격률과 경쟁률을 보면 사정이 달라지는데, 추이는 합격률 추이는 <그림 2>, 경쟁률 추이는 <그림 3>이다. 조선인은 1926년에는 합격률이 50%를 넘었지만 이후 계속 감소하여 1932년부터는 10%대, 1940년과 41년은 9%인 반면에, 일본인은 1926년 64%로 시작하여 계속 30%를 넘었다. 전체 합격률은 지속적으로 하락하는 경향을 보이는데, 그 추이는 조선인의 합격률과 거의 일치하고 있다.

---

50) 김호연, 앞의 논문(주 42), 35-6면.

〈그림 2〉 경성법학전문학교 민족별 합격률 추이(1926~1941)

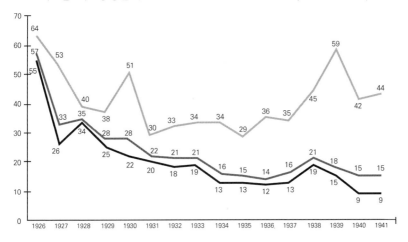

〈그림 3〉 경성법학전문학교 민족별 경쟁률 추이(1926~1941)

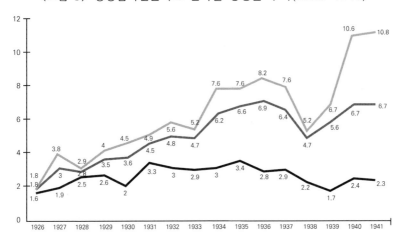

이러한 현상은 경쟁률에도 그대로 반영되었다. 조선인의 경쟁률
은 계속해서 증가하며 지원자가 많은 1936년 정점을 이룬 후 지원자
가 적은 1938년에 일시 낮아졌다가 다시 높아졌으며, 1940년, 41년에
는 10:1을 넘었다. 그러나 일본인은 점차적으로 높아졌지만 완만한

경사를 이루며 최고 3.4:1에 불과하다. 또한 증감의 경향도 조선인과 전체의 경향이 일치하고 있다.

16년 동안 모두 조선인이 일본인보다 지원자나 합격자에서 압도적으로 많다. 지원자 전체는 5,478명으로 조선인이 4,647명(84.8%), 일본인이 831명(15.2%)으로, 조선인이 약 5.6배 많으며, 합격자도 1,100명 중 조선인이 763명(69.4%), 일본인이 337명(30.6%)으로 조선인이 2.3배 많다. 입학자 총 수는 모두 1,100명으로 절대 다수는 조선인이지만, 지원자와 대비하면 역전된다. 지원자 전체의 합격률은 20.1%(1100/5,478)인데, 조선인은 16.4%(763/4647)이지만, 일본인은 40.6%(337/831)로 일본인의 합격률이 오히려 2.5배가 높다. 16년 동안 조선인 합격자는 평균 47.7명이고, 일본인은 평균 21.1명이다.

이러한 현상은 입학사정에서 민족을 차별하지 아니하였으면 불가능하다. 다른 모든 관립전문학교에서는 일본인이 조선인보다 최소 2배에서 최대 5배로 많았으며, 대개는 2:1의 비율이었다. 이러한 현상에 대해 당시 언론에서는 조선총독부가 내규로 관립고등교육기관의 조선인 비율을 정하였다고 의심하였으며, 또 조선인과 일본인의 경제적 차이와 일본인 지원자의 증가에 따른 높은 입학경쟁률, 그리고 지원자에 대한 비공식적인 사상조사 등을 원인으로 보았다.[51]

③ 졸업생의 진로

식민지기 고등교육에서는 입시난과 함께 취업난이 중요한 문제로 제기되었으며, 이는 조선경제의 취약성 때문에 불가피하였다. 취업난이 해소된 때는 1937년 중일전쟁 후 군수산업이 팽창하면서부터이다. 1941년 당시 경성법학전문학교 졸업생의 진로는 <표 4>와 같다.

졸업생의 40%가 사법·행정 관청에 취업하였으며 가업·기타가

---

51) 김호연, 앞의 논문(주 42), 32-3면.

〈표 4〉 경성법학전문학교 졸업생의 진로현황(1941)

	사법관청	행정관청	변호사	은행회사	금융조합	만주국	가업기타	사망	전체
1회(1923)	2	7	6	3	—	—	13	3	34
2회(1924)	9	10	3	2	—	3	12	4	43
3회(1925)	4	5	3	3	8	1	7	10	41
4회(1926)	7	9	5	2	2	—	21	3	49
5회(1927)	7	13	1	4	2	1	14	3	45
6회(1928)	8	11	—	4	4	1	12	3	43
7회(1929)	11	11	2	7	2	—	15	1	49
8회(1930)	7	31	2	1	1	2	18	2	64
9회(1931)	12	25	—	4	2	1	12	4	60
10회(1932)	13	23	1	5	3	3	8	2	58
11회(1933)	10	21	4	3	3	4	12	4	61
12회(1934)	6	17	1	7	2	4	17	4	58
13회(1935)	7	24	—	8	2	4	13	3	61
14회(1936)	10	11	2	3	2	2	17	3	50
15회(1937)	7	15	1	13	3	2	19	1	61
16회(1938)	9	14	—	14	2	1	26	1	67
17회(1939)	4	15	—	13	2	1	19	1	55
18회(1940)	2	13	—	19	2	6	26	—	68
19회(1941)	2	12	—	21	2	4	11	—	52
계(명/%)	137/ 13.4	287/ 28.2	31/ 3.0	136/ 13.4	44/ 4.3	40/ 3.9	292/ 28.7	52/ 5.1	1,019

출전: 김호연, 앞의 글, 44면 ＜표 11＞

약 28%인 것은 취업난을 보여준다. 한편 중일전쟁 이후 나아진 경제
상황을 반영하여 1937년부터 은행·회사 취업자가 급증하였다. 경성
전수학교 졸업자의 10%가 법관으로 임용되었고, 1925년 조선인 판검
사의 90%를 차지하였지만, 경성법학전문학교 졸업생은 그보다 낮다.
1936년 ≪경성법학전문학교 일람≫에는 그때까지의 졸업생 700여 명

중 판사와 검사는 각각 7명, 1명에 불과하였다. 이는 식민지기 법관 임용제도의 변화 때문이었다. 1922년까지는 조선의 판검사는 조선인 특별임용시험으로 선발하였기에 경성전수학교 졸업자에게 절대적으로 유리하였다. 경성법학전문학교 졸업생은 하위직인 재판소의 서기나 통역생으로 머물렀다.52) 그러나 고등문관시험을 통하여 고위직으로 진출하기도 하였다. 경성법학전문학교는 1937~39년 고등문관시험에 사법과·행정과 각각 3명의 합격자를 배출하였고, 합격률은 1939년은 5.6%, 1940년 10.4%로, 이 수치는 일본 전체에서 합격자 수로는 15권 이내에 합격률로는 5위권 정도이었다.53)

    해방 이후 경성법학전문학교 졸업자들은 경성제국대학 출신들과 함께 법관의 90% 이상을 차지한 일본인이 1945년 10월 12일 일시에 퇴진하면서 생긴 해방 후 사법부의 빈 공백을 메웠고, 이후 이들이 한국 사법부를 이끌었다. 미군정기에 판사 247명, 검사 160명이 임명되었는데, 출신학교의 경우 절반 정도는 미상이고, 그 외에는 일본의 대학 출신이 다수이다. 하지만 법관양성소·경성전수학교·경성법학전문학교 출신을 모두 합하면 판·검사 모두 15%를 차지한다. 그리고 1977년에 간행된 『法曹人士寶典』에 수록된 인물 중 경성법학전문학교 출신은 역시 20%를 차지한다. 그리고 역대 대법관 중에서 이들 학교 출신이 차지한 비율을 보면 더욱 두드러진다. 이 학교 출신인 대법관이 마지막으로 퇴임한 해는 1980년인데, 이때까지 대법관은 총 44명이며 이중 16명(36%)이 졸업생이다.54)

    경성법학전문학교는 식민지지배에 필수적인 중간관료와 간부를 양성할 목적으로 설립되었다. 식민지기 고등교육기관으로는 민족차별

---

52) 김호연, 앞의 논문(주 42), 45-6면.
53) 장신, 「일제하 조선에서 법학교육과 연구」, 『향토 서울』 85, 서울특별시사 편찬위원회, 2013, 191-3면.
54) 김호연, 앞의 논문(주 42), 47-9면.

에도 불구하고 유일하게 일본인보다 조선인이 많았으며, 졸업생은 관공서를 중심으로 활동하였다. 이들은 해방 후 한국사법부를 재건하는 중추적인 역할을 함으로써 역사적 소임을 다하였다. 전시기인 1944년 4월에는 경성법학전문학교는 경성고등상업학교와 통합하여 "경성경제전문학교"로 개편되었다.

(3) 보성전문학교의 법학교육

해방 전 유일하게 법학교육을 한 사립학교인 보성전문학교는 병합과 동시에 고난의 가시밭길을 걸었고, 이는 민족의 대학으로 발돋움하는 시련기이었다. 보전은 1908년부터 재정난과 인사문제로 어려움에 처하였는데, 1910년 말 천도교단이 인수함으로 위기에서 벗어났다. 하지만 1911년의 「조선교육령」과 「사립학교규칙」으로 전문학교가 아닌 "보성법률상업학교"로 격하되었고, 1922년에야 비로소 전문학교로 인가를 받았다. 민립대학설립운동은 실패하였지만, 김성수 등은 자체적으로 대학설립을 추진하였다. 그는 1915년 호남·교남·관동학회가 기호흥학회에 흡수되어 중앙학회로 통합하여 세운 중앙학교를 인수하였고, 1929년에 중앙고등보통학교를 재단법인으로 하였으며, 사립학교 설립자의 자격(개정 「사립학교규칙」 제3조 제2항)을 얻은 그는 1년 반 정도 구미대학을 순방하여 대학설립을 준비하였다. 그는 처음에는 독자적으로 대학설립에 착수하였지만, 현실적인 방안으로 보성전문학교를 인수하였다. 그는 대학설립에서 장기적 안목에 입각한 캠퍼스 설계, 연구기능의 강화를 중시하였다. 그는 안암동 일대에 교지를 마련하여 미국 듀크대학을 모델로 한 본관을 건축하였으며, 1932년에는 金光鎭, 吳天錫, 俞鎭午, 崔容達, 安浩相, 玄相允, 朴克采를 교수로 임용하고, 1934년에는 ≪普成論集≫을 창간하였는데, ① 조선인 경영의 인쇄소에서 인쇄할 것, ② 논문은 한글로 발표하고 권두논문은 편집대표인이 작성할 것, ③ 원고료는 지불하지 않으며,

④ 편집자의 교체를 회피하는 등을 내세워 고등교육기관의 학술출판
물임을 분명히 하였다.55)

김성수의 재정적 지원으로 보성전문학교에서는 법학을 교육하였
으나, 전시기인 1944년에는 경성척식경제전문학교로 개명당하고 법
률과도 拓殖科[경제과]로 전환되었다. 해방 후인 1945년 9월 25일에
교명이 보성전문학교로 환원되었으며, 1946년 12월에는 종합대학교
인 고려대학교로 승격되었고, 정법대학이 설치되었다.56)

(4) 경성제국대학의 법학교육

1911년 조선교육령의 핵심은 일본어의 보급, 한국인에 대한 고등
교육의 금지, 실업교육의 강화, 일본과의 차별적 교육제도이다. 그러
나 이러한 교육방침은 민족주의의 고양으로 더 이상 유지될 수 없었
기에 3·1 운동 이후 학제개편에 착수하여 1921년 5월에 확정된 「臨
時教育調査決議要項」에서는 "전문대학, 대학예과 및 대학은 일본에
준한다"라고 하였으며, 1922년 2월 제2차 「조선교육령」을 공포하고,
1923년에는 대학예과의 개교, 1925년에는 대학 개교의 계획을 발표
하였다.57) 이는 한편으로는 조선민립대학설립운동을 무마하고 '교육
을 통한 친일지식인을 양성'하려는 의도에서 나온 것이었다. 1923년
에는 대학예과를 1925년에는 학부의 개교방침을 밝혔으나 예산상의
문제로 1년이 연기되었다. 1923년 5월에 청량리에 예과 공사에 착공
하여 12월에 본관이 준공되었다.

1923년 11월 조선총독부는 「조선제국대학창설위원회」를 설치하
였다. 내각 법제국은 개별 법령에 의한 '경성제국대학'을 주장하였고,
총독부는 일본과 동등한 「제국대학령」에 의한 '조선제국대학'을 주장
하였는데, 타협책으로 「제국대학령」에 의한 '경성제국대학'으로 결정

---

55) 馬越 徹, 앞의 역서(주 36), 100-3·111-4면.
56) 『고려대학교 100년사』, 38면.
57) 정선이, 『경성제국대학 연구』, 문음사, 2002, 20-4면.

되었다. 준비 과정에 제국의회가 해산되어 예산을 편성할 수 없게 되자 총독부에서는 大藏省과 절충하여 예산을 확보한 후 4월에 법제심사를 받았으며, 이 때문에 예과 개교가 5월로 늦추어졌다. 이후 최종 단계인 추밀원의 심사를 거쳐 1924년 4월에 통과되었다. 근거 법령은 「경성제국대학관제」(칙령 103), 「京城帝國大學 학부에 관한 건」(칙령 104), 「경성제국대학은 제국대학령에 의하는 건」(칙령 105)이다.[58] 경성제국대학에는 법문학부, 의학부를 둘 수 있으며, 1924년에 경성제국대학 예과가, 1926년에 본과가 개설되어 교육을 시작하였다.

그러나 경성제국대학은 조선에 있지만, 주된 교육대상은 일본인이었다. 예과 제1회 합격생은 재일일본인이 65명(38.2%), 재조선 일본인이 59명(34.7%), 조선인 45명(26.5%)으로 제국 내에서의 위상은 높았지만, 조선인은 고등교육기회를 박탈하였다. 이는 일본인에게 절대적으로 유리한 시험과목 때문인데, 그럼에도 불구하고 2년간 1등~3등은 모두 조선인이었다.[59] 조선인의 입학비율은 거의 고정되었다.[60]

경성제국대학 본과는 법문학부와 의학부로 구성되었는데, 1927년 3월에는 법문학부 규정을 개정하여 법률학과와 정치학과를 통합하여 법학과를 설치하였다. 전시기인 1943년에는 이공학부는 증원하면서 법문학부는 80명에서 60명으로 감축하였으며, 그해 8월에는 징병제가, 1944년 1월에는 학병제가 시행되었다. 1945년 3월 국민학교 외 모든 학교는 4월부터 1년간 수업을 정지하기로 하였다. 교육여건은 충분하지 않아서 1941년 6월 조선총독부 기관지 《매일신보》에는 경성제대 교수의 부족으로 수업이 제대로 진행되지 않음을 비판하였으며, 민족문제도 수그러들지 않아 7월에는 교련에 결석하고 단발을 하지 않은 학생 7명을 무기정학처분을 하였다고 보도하였다.[61]

---

58) 정선이, 앞의 책(주 57), 38-40면.
59) 馬越 徹, 앞의 역서(주 36), 138-141면.
60) 명시적인 규정은 없지만 조선인의 비율은 1/3을 넘지 않았다.
61) 『법과대학 백년사』, 206-7면.

경성제국대학의 교육목표는 고등학술을 연구하는 대학이었지만, 국가가 우선임은 당연하였다. 이는 1927년 법문학부 입학식에서 핫토리 우노키치(服部宇之吉) 총장의 "국가가 설치하는 대학이므로 국가의 융성, 국운의 진보에 공헌해야 하고, 국제협조가 중요하지만 이 역시 자기 나라를 통해 인류의 복지에 기여하는 것이므로 국가에 귀결되는 것이므로 국가를 중심으로 모든 것을 생각하라"는 훈시에 잘 드러난다. 이 방침은 전시동원으로 이어졌다. 1943년 9월부터는 모든 학생이 전쟁에 직간접적으로 동원되었으며, 1943년 11월 야마가 신지(山家信次) 총장대리는 出陣學徒 長行會에서 "반도인[조선인] 학생은 지금까지 받은 교육으로 반도가 나갈 길이 반도인이 황국신민으로 육성되고 道義朝鮮을 확립하며 천황의 뜻 아래 일본인으로 살아가는 것이 유일·절대적 길임을 충분히 알고 있어야 한다"라는 훈육에서 드러난 것처럼 국가중심의, 민족말살의 교육이었다.[62]

식민지기 법학교육은 식민지배에 필요한 최소한 인재의 양성에 그쳤다. 이들은 경성법학전문학교 출신과 함께 해방 후 사법부를 재건하는 중책을 맡았다.

Ⅲ. 현대 법학교육제도의 형성

1. 교육제도의 확립과 고등교육의 재건

해방 후 미군은 초기부터 교육제도의 재건에 노력하였다. 1945년 9월 11일 군정장관 아놀드는 기자회견에서 "조선인을 위한 교육기관의 조속한 개교"를 언급하였고, 9월 하순 군정청 교육담당자 락카드(E. L. Lockard) 대위는 7명의 교육위원회를 결성하였으며, 11월에는 교육심의회로 개조되어 고등교육분과위원회가 포함된 9개의 전문분

---

62) 『법과대학 백년사』, 185-6, 215-6면.

과위원회로 탄생되었다. 1946년 3월 7일 최종보고를 하고 그 시행을 학무국에 위임하였다. 학교제도의 기본구조는 6-3-3-4로 하고 9월 신학기부터 시작하는 것으로 하였다. 고등교육은 일반대학 4년, 의과대학 6년, 대학원 2년으로 1학년도 2개학기였다. 1946년 4월 학무국에서 승격된 문교부는 "현행고등교육제도에 대한 임시요항"을 발표하여 과도기적 현상을 정리하였다. 그해 6월 8일 "고등교육제도에 대한 임시조치"에서 1) 관립전문학교는 대학으로 승격하고 나머지 전문학교는 대학의 전문부로 개편하며, 2) 관립의학전문학교는 의과대학으로 승격하고, 3) 경성대학은 그대로 운영하되 신입생 모집은 1946년을 마지막으로 하며, 4) 사립전문학교는 국립에 준하여 대학으로 승격시켰다.[63]

1945년 10월 16일 경성제국대학은 경성대학으로 변경되었고(미군정법령 15), 법문학부장 등 각 학부장은 한국인이 임명되었으며, 사립전문학교 역시 한국인이 자율적으로 운영하기 시작하였다.

미군정은 고등교육을 확충하기 위해 1946년 7월 14일 경성대학과 경기도 내 9개 관립 전문학교와 사립치과의학전문학교를 통합하는 국립종합대학설립계획을 발표하였다. 문교부에서는 신생국가에 적합한 고등교육기관의 설립하기 위해 1) 기존시설과 설비 및 인적자원의 효율적 활용, 2) 재정상의 이유, 3) 학생의 다양한 경험, 4) 대학원을 통한 학자양성 등을 근거로 들었다. 이 안은 미국대학에 근거를 두고 있는데, 핵심적인 내용은 외부인사로 구성된 이사회가 전권을 행사하는 제도이었다.

모교견지론의 입장에서와 식민지기 교수를 중심으로 운영된 대학의 자치를 강조하는 입장에서 위 방안에 대해 반대하였다. 또 초대총장으로 앤스테드(Harry B. Ansted)를 임명하여 독립의 열망에 찬물

---

63) 馬越 徹, 앞의 역서(주 36), 164-6면.

을 끼얹은 미군정의 정책도 일조를 하였다. 결국 국대안 파동은 미군
정이 서울대학교의 교수들과 타협하여, 1) 이사회에 교수 3, 4명의
참여, 2) 평의회의 설치, 단과대학 교수회의 부활 등 대학자치를 인정
하는 조치와 함께 1947년 10월 25일 제2대 총장으로 李春昊를 선출
하는 것으로 종결되었다. 미국유학 경험의 조선인 교육관료가 미군정
과 대학측의 요구를 절충적으로 수용하면서 모든 전문대학의 전부 승
격에 따른 재정부담의 고려, 일반언론이 민주주의에 바탕을 둔 민족
대학 수립이라는 교육당국을 지지한 점 등이 국립서울대학교 설립을
가능하게 하였다.64)

　「교육법」(1949. 12. 31. 법률 86)의 제정으로 고등교육은 제도적으
로 완성되었다. 교육은 "弘益人間의 이념 아래 모든 국민으로 하여금
인격을 완성하고 자주적 생활능력과 공민으로서의 자질을 구유하게
하여 민주국가발전에 봉사하며 인류공영의 이념실현에 기여하게 함
을 목적으로 한다(제1조)." 대학의 목적을 "대학은 국가와 인류사회발
전에 필요한 학술의 심오한 이론과 그 광범하고 정치한 응용방법을
교수연구하며 지도적 인격을 도야하는 것을 목적으로 한다(제108조)."
라고 하여 식민지기의 "국가에 樞要한 연구, 국가사상의 함양"과는
다른 이념을 추구하였다. 대학은 초급대학(2년), 대학(4-6년), 대학교
(4-6)으로 구상하였으며, 국립대학교에 평의회를 두고 미군정기의
민선이사회 방식의 관리운영제를 폐지하였으며, 대학원을 두어 학술
연구체제를 정비하였다. 하지만 전쟁으로 고등교육기관은 기능이 정
지되었다.

　전후에는 대학생이 급증하였으며, 여기에는 사립대학의 역할이
컸다. 양적확대에 따른 위기에 지방국립대학의 설립, 교수자격인정제
의 확립, 「대학설치기준령」(1955. 8. 4) 등은 기존 고등교육제도의 한

---

64) 馬越 徹, 앞의 역서(주 36), 169-187면.

계를 어느 정도 보완·극복하였다. 이는 이후 교육제도의 기본이 되었으며, 특히 국립서울대학교의 설립은 한국 고등교육의 '원형'으로 그 후 발전모델이 되었고, 일본형 대학에서 미국형 대학으로 변하는 과정을 보여준다.65)

2. 법학교육의 확산

국가의 제도로 존재하는 대학은 국가의 발전전략의 기본인 고등교육정책과 국민들의 수요에 의해 결정된다. 특히 식민지기에 조선총독부는 한국인의 고등교육을 극도로 억제하였다. 해방 후에는 후자가 더 중요하게 작동하였고 국가는 재정 등의 문제 때문에 장기적 발전전략을 수립할 수 없었으며, 따라서 사적 영역이 [고등]교육을 담당하여 급속한 양적 팽창을 가져왔다. 20세기 후반 현대 고등교육의 성장과정은 다음과 같이 요약할 수 있다. 해방 직후부터 1950년대 말까지는 자유방임적 교육정책에 따라 고등교육이 팽창하였고, 1960년대부터 강력한 정원통제정책이 시작되어 1970년대까지 지속되었다. 1980년대 초에는 급격히 팽창되었다가 1980년대 후반에 다시 억제되었다가 1990년대 중반에 다시 팽창되었다.66)

1945년 전에는 3개의 법학교육기관이 있었는데, 2014년 당시 67개의 법학과[부]와 25개의 법학전문대학원이 있으며, 학과명칭의 변경 등을 종합하면 139개의 법학 관련 학과[부]가 존재한다. 지난 120년 동안 법학 교육기관의 시기별 추이는 <표 5> 및 <그림 4>와 같다(개별 연혁은 부록 2: 법학과 설립 연표 참조).

---

65) 馬越 徹, 앞의 역서(주 36), 191-5·163면.
66) 김영화, 『한국의 교육과 경제발전』, 한국학술정보, 2004, 123면.

〈표 5〉 시기별 법학과 설립

연대	수(%)	연대	수(%)	연대	수(%)
1895 – 1909(가)	2(1.4)	1970 – 1979(바)	5(3.6)	2000 – 2004(카)	15(10.8)
1910 – 1945(나)	1(0.7)	1980 – 1984(사)	27(19.4)	2005 – 2009(타)	11(7.9)
1945 – 1949(다)	15(10.8)	1985 – 1989(아)	12(8.6)	2010 – 2014(파)	6(4.3)
1950 – 1959(라)	15(10.8)	1990 – 1994(자)	5(3.6)		
1960 – 1969(마)	4(2.9)	1995 – 1999(차)	18(12.9)	합계	139(100)

〈그림 4〉 시기별 법학과 설립 추이

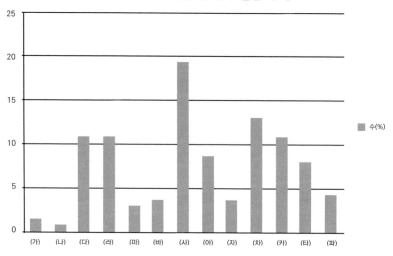

식민지기에 대학은 1개, 전문학교는 13개에 불과하였다. 1950년 개정「교육법」에서는 대학에는 전문부와 초급대학 및 야간대학을 둘 수 있으며 또 정원 외 입학생으로 별과생, 청강생 및 제대군인을 공식적으로 허용하였다. 이것이 대학의 양적 확대의 바탕이 되었다. 사립대학의 종합대학화와 1도 1국립대 정책에 따라 대학은 1960년까지 전국적으로 확산되었다.67) 식민지기에 법학과가 있는 대학은 3개이었

---

67) 김영화, 앞의 책(주 66), 124-7면.

는데, 경성제국대학과 경성법학전문학교는 서울대학교로 통합되었으며, 보성전문학교는 고려대학교로 발전하였다. 법학과는 1946~1949년에는 15개 대학에, 1950년대에도 15개 대학에 설치되었다. 1946년에 건국대, 국민대, 광주야간대학원(1948 조선대)에서 법학과를 설치하였으며, 첫 지방 국립대로서는 1948년 부산대에 설치되었다. 30개의 대학 중 경북대, 전북대(1951), 제주대, 충남대(1952), 전남대(1953) 등 6개만 국립이고 나머지는 사립이다. 주목할 것은 1950년 이화여자대학교에 법학과가 설치되어 여성법률가를 양성하기 시작한 점이다.[68]

대학교육의 양적 확대는 교육수준의 저하, 고등실업자, 농촌경제의 피폐 등의 문제를 야기하였으며 결국 1961년 5·16 이후 대학에 대한 국가의 통제가 강화되어 정원의 감축, 학과의 폐지 등 고등교육을 정비하였고, 이는 비록 실패하였지만 1970년까지 지속되었다. 1963년 「사립학교법」을 제정하여 사학에 대한 통제를 강화하고 1965년에는 「대학학생정원령」을 공포하여 정원을 통제하였다. 학위등록제를 실시하여 부정입학·부정졸업을 방지하여 대학의 질을 향상시키려고 하였으며 고등교육인구를 국가가 조절하려고 하였다. 이러한 통제정책은 1960년대 경제개발계획과 함께 인력수급의 균형과 개발을 국가적 차원에서 도모한 것이며, 이러한 통제정책은 1970년대에도 지속되어 경제발전과 무관한 분야의 증원은 억제하였다.[69]

그 결과 1960년대에는 법학과는 4개밖에 늘지 않았을 뿐만 아니라, 1961년 문교부 「대학정비령」[70]에 따라 부산대(→ 경북대), 전북대

---

68) 이후 여자대학에 법학과가 설치된 때는 1980년 효성여대(1995 대구가톨릭대), 1981년 숙명여대이며, 1995년 성신여대, 2005년 광주여대, 덕성여대이다.

69) 김영화, 앞의 책(주 66), 127−9면.

70) 국립대의 정비방안은 "① 동일지역의 단과대학은 종합대학으로 흡수하며, ② 전남 북과 경남북을 단위지역으로 하여 조정한다"(≪경향신문≫ 1961. 8. 16. 대학정비 원칙 결정 "양보다 질적 향상 도모" 참조).

(→ 전남대),71) 홍익대, 숭실대, 경기대72) 등의 법학과가 폐지되어 이 전보다 축소되었다. 1970년대에도 역시 4개 대학만 신설되었지만, 국립대인 강원대(1970)와 경상대(1979)가 설립되어 광역단위별로 법학과가 거의 갖추어져 지방에 필요한 법률가 양성의 기반을 닦았다.73)

한국의 대학교육은 1980년대에 전기를 맞이하였다. 1980년대는 졸업정원제의 실시로 대표되는 대학입학정원의 확대로 고등교육이 확산되어 교육기회의 균등화를 가져왔다. 공학계열보다는 인문계열의 증원이 더 많았다.74) 이는 법학과의 설치에 그대로 반영되어 법학교육의 대중화를 이루었다. 1980년대 전반기에는 27개, 후반기에는 13개, 총 40개의 대학에 법학과가 설치되어, 현재 137개 법학과의 약 30%를 차지하고 있다. 그리고 고등교육의 확산을 위해 1972년 서울대학교 부설로 설치된 방송통신대학이 1982년 4년제 국립대학으로 승격하면서 법학과75)를 신설한 것은 법학교육의 확산에 결정적인 기여를 하였다.

1990년 초반에는 특별한 교육정책이 없었으며, 1980년대 증설의 효과로 초반에는 5개 대학만 신설되었다. 김영삼 정부는 세계화정책을 추진하면서 대학교육과 사법제도 전반에 대해 장기계획을 세우고 부문별로 정책을 추진하였다. 국제경쟁력의 강화의 측면에서 대학교육에 접근하여, 대학설립의 준칙주의, 대학평가와 자구노력에 따른 차등지원, 대학의 다양화·특성화 등으로 국제경쟁력을 강화하려고 하였다. 대학정원을 대학의 자율에 맡겨 3단계를 거쳐 1998년 이후에는 완전히 자율적으로 결정하도록 하였다. 대학의 특성화와 다양화는

---

71) 이 2개 대학은 먼저 설립된 학과가 나중에 설립된 학교에 통합되는 기현상을 보였다.
72) 이때 폐과된 학교는 1964년 이후 복설되어 현재까지 유지되고 있다. 홍익대만 1987년에 재설치되었다.
73) 1980년 충북대, 1984년 강릉원주대(강릉대), 1998년 한경대(안성산업대), 2013년 국립대학법인 인천대학교에 설치되어 완비되었다.
74) 김영화, 앞의 책(주 66), 134-6면.
75) 2014년 한국방송통신대 법학과 입학정원은 3,800명으로, 총정원 5천여 명의 76%이다.

기능을 학부중심 대학과 대학원중심 대학과 직업지향 교육으로 구분
하여 유형별로 선택하도록 하였다.76) 이러한 고등교육정책은 현재까
지 유지되고 있으며, 다만 대학의 증설과 학령인구의 감소에 따른 대
책만 논의되고 있다. 법학대학원의 도입을 비롯한 사법개혁을 추진하
였으나 사법시험의 합격자를 1천명까지 증원하는 선에 그쳤다.77) 이
때의 논의는 2007년 법학전문대학원의 도입으로 일단락을 지었다.
2009년 25개 대학 총정원 2천명의 법학전문대학원이 출발하면서 25
개 대학의 법학부[과]의 모집은 중단되어 법학교육이 새로운 형태로
전개되었다.

　　대학자율화정책이 추진된 1995년에서 1999년까지 18개 대학에서
법학과가 설치되었으며,78) 2000년에서 2014년까지 32개 대학에서 법
학과 또는 '준'법학과를 설치하였다. 법학과 확산의 한 요인으로 사법
개혁의 일환으로 추진된 사법시험 합격자의 증원을 들 수 있다. 합격
자는 1980년까지는 년 150명 이내이었으나, 1981년부터 1995년까지
는 3백명 내외, 1996년부터 2002년까지는 5백명에서 시작하여 1천명
으로 확대되었다.79) 법학과 정원의 확대와 사법시험 합격자의 증원은
획일적인 법학교육의 다양화를 가져왔으며, 이는 학과의 명칭에 반영
되었다. 즉 종전에는 사법시험을 염두에 두어 그 명칭이 법학과 또는
법학부로 획일적이었지만, 일부 대학에서는 대학의 특성과 발전전략
그리고 현실적인 수요에 따라 다음과 같은 다양한 명칭의 법학과가
신설되었다.80)

---

76) 김영화, 앞의 책(주 66), 144-9면.
77) 안병영·하연섭, 앞의 책(주 1), 230-244·338면.
78) 대학정원의 자율화에 따라 대학에서는 기존의 법학과를 증원하였다.
79) 1949~2007년의 합격자의 자세한 추이는 김창록, 『'로스쿨'을 주장하다: 한국 로스
　　쿨 탄생의 기록』, 유니스토리, 2013, 110-3면 참조.
80) 그 시초는 1967년의 한국외국어대학 외사학부 국제법률학과를 들 수 있다.

숙명여대(특수법무학과), 인하대(산업재산권학과), 국민대(기업법학
과), 한남대(지적재산권법학), 광주여대(경찰·행정학과군), 동의대(법·
경찰학부), 경남대(법무학과), 조선대(글로벌법 법학과), 서경대(공공인
적자원학부), 대구대(공공안전법학), 한국항공대(항공 교통 물류 우주법
학부), 배재대(공무원법학전공), 숭실대(국제법무학과), 한림대[81]

위 현상은 법률가 선발제도의 변화와 늘어나는 사회의 법적 수요
에 대응하기 위한 것으로 일단은 긍정적으로 평가할 수 있다. 특히
공무원 양성을 학과 명칭에 반영하고 있는 점에 주목해야 한다.[82] 이
는 한편으로는 법치행정의 확산, 사회의 法化에 대비하는 긍정적인
측면도 있지만, 다른 한편으로는 학문으로서의 법학에는 긍정적이라
고만 할 수 없을 것이다. 또 2009년 법학전문대학원 출범 이후 25개
대학에서는 법적으로는 학부에서 법학전공교육을 못하게 되었지만,
이와 유사한 교육을 실시하고 있다. 2009년 이후에 나타난 새로운 법
학교육의 경향에 대해서는 그 실제 운영과정 등을 면밀히 검토한 후
그 공과를 평가해야 할 것이다.

고등교육의 확산과정을 엘리트 교육, 대중화 교육, 보편화 교육
으로 보면 한국은 1990년대에 대중화에 접어들었으며, 그 주체의 면
에서는 국가주도형, 대학주도형, 시장주도형으로 구분할 수 있다.[83]
법학교육 역시 1970년대까지의 엘리트 교육, 1990년대 초반까지의
대중화 교육, 1990년 후반부터는 보편화 교육의 단계에 접어들었으
며, 이는 법률전문가의 자격을 부여하는 사법시험 합격자의 정원의
확대와 일치한다.

2009년 법학전문대학원 출범 이후 법학교육은 전문법률가와 준
법률가 양성을 위한 과정으로 두 갈래로 이루어지고 있다. 전자의 교

---

81) 2008년에는 육군부대 계약학과로 법행정학과 및 계약대학원 과정을 설치하였다.
82) 이러한 경향은 1997년 외환위기 이후에 더 심화되었다.
83) 馬越 徹, 앞의 역서(주 36), 306-9면.

육목표나 이념 등에 대해서는 법률의 명시적인 규정84)이 있다. 그러
나 후자에 대해서는 명확한 설정이나 사회적 합의가 없는 실정이다.
즉 공무원 또는 기업체에 취업하기 위한 것인지 아니면 민주시민의
교양 정도의 교육인지에 대한 합의나 동의가 없다. 그동안 우리 법학
교육의 난맥상은 목표와 이념에 대한 논의 없이 현실적 필요성에 대
응하여 해왔기 때문이지도 모르겠다. 이제 법학교육의 일반적 이념과
목표에 대한 합의가 필요하다.

Ⅳ. 맺음말

　　위에서 법학교육 120년을 고등교육정책과 관련하여 살펴보았다.
고종은 인재양성을 위한 교육을 중시하여 교육조서를 반포하여 德養,
體養, 知養을 강조하고 고등교육기관의 설립을 추진하였으나 완수하
지 못하였다. 그 대신 전문직양성을 위한 교육기관을 설립하였으며
법관양성소가 그 시초이다. 근대적 사법제도의 수립과 함께 시작된
법관양성소에서의 법학교육은 일본의 침략으로 법학교를 거쳐 식민
지기 경성전수학교와 경성법학전문학교로 이어졌다. 개화기에는 법에
대한 인식의 전환으로 사립학교에서도 법학교육을 하였는데, 보성전
문학교가 그 대표이지만, 이 역시 식민지기에는 격하되었다.

　　조선총독부의 교육정책은 보통교육과 실업교육을 중시하고 고등
교육은 억제하였으나 3 · 1 운동 이후 문화정치를 표방하면서 한편으
로는 고등교육에 대한 한국인의 열망을 체제 내로 흡수하고 다른 한
편으로는 조선에 있는 일본인의 고등교육을 수용하기 위해 일정 부분

---

84) 법학전문대학원 설치 · 운영에 관한 법률[2007, 제8544호] 제2조(교육이념) 법학전
　　문대학원의 교육이념은 국민의 다양한 기대와 요청에 부응하는 양질의 법률서비
　　스를 세공하기 위하여 풍부한 교양, 인간 및 사회에 대한 깊은 이해와 자유 · 평등 · 정
　　의를 지향하는 가치관을 바탕으로 건전한 직업윤리관과 복잡다기한 법적 분쟁을
　　전문적 · 효율적으로 해결할 수 있는 지식 및 능력을 갖춘 법조인의 양성에 있다.

고등교육을 허용하였다. 그 결과 경성전수학교나 보성학교는 [법학]전문학교로 승격되었으며, 일본의 제국대학과 동격인 경성제국대학을 설립하여 법학교육을 하였다. [법학]전문학교에서는 중간실무가를 양성하기 위한 교육으로 일관하였으며, 경성제국대학은 연구자 양성을 목표로 하였다.85)

그러나 식민지의 고등교육은 한국인을 위한 것이 아니었다. 경성제국대학은 처음부터 일본인이 한국인보다 2배 많았으며, 경성법학전문학교도 갈수록 일본인이 많아졌다. 이러한 교육마저도 전쟁말기에는 교육기간을 단축하고 강제로 변경을 하는 등 법학교육을 억제하였다. 그 결과 해방 후 한국사회는 법률가의 부족으로 많은 어려움을 겪었다.

해방 후에는 고등교육에 대한 국민의 수요를 국가가 수용할 수 없었기 때문에 사립학교를 중심으로 고등교육이 확산되었고 법학교육 역시 마찬가지였다. 1960년까지 급속하게 팽창된 고등교육은 질적 저하를 가져와 국가의 개입이 강화되었으며, 이러한 국가의 개입정책은 이후 1980년까지 지속되었다. 1980년대 초반에 대학교육은 대중화의 단계에 접어들었지만, 여전히 국가가 주도권을 가지고 있었다. 1995년 대학자율화정책을 추진하면서 고등교육이 보편화의 단계에 들어섰다.

법학교육 역시 고등교육과 마찬가지로 사적 영역에서의 팽창과 질적 향상을 위한 국가의 억제를 거듭하다가 1995년 이후 자율화에 접어들어서 법학교육의 보편화의 단계로 도약하였다. 1990년대 후반에는 사법시험 합격자의 증원 등으로 법학교육대상자가 늘면서 다른

---

85) 경성제국대학 부속도서관에 소장된 동양법서를 분석한 결과, 연구대상은 그들이 터잡고 있는 조선이 아닌 중국이었으며, 이는 경성제국대학 연구단체에서도 잘 드러난다. 이 점에서 보편학문도 부차적이었으며, 정치에 종속된 대학의 모습을 볼 수 있다(정긍식, 「京城帝國大學 附屬圖書館 東洋法書의 特徵」, 『帝國과 高等敎育: 동아시아의 문맥으로부터』[京都: 국제일본문화센터, 2013] 참조).

한편으로는 다양한 형태의 법학교육기관이 등장하였다. 이러한 현상은 사법시험에만 몰입하지 않고 사회의 다양한 법적 수요를 충족시키려는 대학의 자발적 대응이라는 점에 의의가 있다.

2009년에 도입된 법학전문대학원제도는 법학교육 120년의 중대한 전환점이다. 대학에서 체계적으로 법학을 공부하지 않고서도 획일적인 사법시험만을 통한 선발에서 다양한 전공학습을 바탕으로 전문적인 법률가를 교육을 통해 양성하는 이 제도는 법학교육은 물론 다른 영역에까지 큰 영향을 미치고 있다. 이의 공과에 대해서는 좀 더 시간이 흐른 후 객관적으로 평가해야 할 것이다.

▨ 부록 1: 각종 표

〈부표 1〉 법학과 설치 대학 및 정원(2014)

교명	학과/학부	정원	교명	학과/학부	정원	교명	학과/학부	정원
가천	법학과	100	덕성여	법학과	30	신경	법학과	31
가톨릭	법정경학부	135	동국	법학과	129	신라	법경찰학부	70
강남	법학과	68	동의	법학과	50	안동	법학과	40
강릉원주	법학과	39	명지	법학과	85	영산	법률학과	60
경기	법학과	40	목원	경찰법학과	70	우석	법학과	25
경남	법학과	80	목포	법학과	50	인제	법학과	40
경상	법학과	77	배재	공무원법학과	60	인천	법학과	65
경성	법학과	75	백석	법정경찰학부	190	전주	법학과	60
경주	(경찰)법학과	85	부경	법학과	80	조선	법학과	180
계명	(경찰)법학과	130	부산외	법·경찰학부	80	중부	경찰법학과	50
고려사이버	법학과	100	상명	법학과	28	중원	법학과	30
공주	법학과	35	상지	법학부	60	창원	법학과	46
가톨릭관동	법학과	55	서경	공공인적자원	60	청주	법학과	70
광운	법학부	128	서남	법경찰학과	60	한경	법학과	50
광주	경찰·법·행정	80	서원	법·경찰학과	60	한국해양	해사법학부	48
광주여	경찰법학과	60	선문	경찰행정법학과	38	한남	법학부	150
국민	법학부	134	성신여	법학과	126	한림	법행정학부	89
군산	법학과	36	세명	법학과	50	호남	법학과	25
단국	법학과	130	수원	법학과	40	호서	법학과	50
대구가톨릭	법학과	40	숙명여	법학부	150	호원	법경찰학부	40
대구	법학부	150	순천	법학과	60	홍익	법학부	190
대전	법학과	50	순천향	법학과	60			
대진	법학과	60	숭실	(국제)법무학과	106	67개 대학 5,018명		

* 한국방송통신대 법학과 입학정원은 3,800명 제외
** 정원 외 일반대학 353명, 한국방송통신대학 266명 제외
출전: 대학알리미 사이트(www.academyinfo.go.kr) 2014년도 법학과/법학부 신입생 현황

〈부표 2〉 법학전문대학원 정원(25개대, 2,000명)

교명	정원	교명	정원	교명	정원	교명	정원	교명	정원
강원대	40	동아대	80	성균관대	120	이화여대	100	중앙대	50
건국대	40	부산대	120	아주대	50	인하대	50	충남대	100
경북대	120	서강대	40	연세대	120	전남대	120	충북대	70
경희대	60	서울대	150	영남대	70	전북대	80	한국외대	50
고려대	120	서울시립대	50	원광대	60	제주대	40	한양대	100

〈부표 3〉 대학생 재적 현황(2014)

계열	재적생(인원/%)	재학생(인원/%)		재적학생(인원/%)	재학생(인원/%)
인문	270,855(12.7%)	199,578(13.0%)	공학	559,685(26.2%)	375,005(24.5%)
사회	616,372(28.9%)	430,710(28.1%)	자연	258,401(12.1%)	186,541(12.2%)
법학	40,637 (1.9%) / (6.5%)	25,516 (1.6%) / (5.8%)	의약	111,770(5.2%)	97,944(6.3%)
			예체능	226,109(10.6%)	168,760(11.0%)
교육	86,854(4.0%)	70,769(4.5%)	계	2,130,046(100%)	1,529,307(100%)

* 비율은 천 단위 미만은 버림.
** 법학에서 앞은 전체, 뒤는 사회계열의 비율임.
출전: 교육통계연구센터(http://kess.kedi.re.kr/index)

▨ 부록 2: 법학과 설립 연표*

1895	法官養成所
1905	普成專門學校(2년제)
1907	보성전문학교(3년제)
1909	法學校(←법관양성소)
1911	京城專修學校(←법학교)
1915	私立普成法律商業學校(←보성전문학교)
1922	보성전문학교 복원
1923	京城法學專門學校(←경성전수학교, 1916년 법령 개정)
1926	京城帝國大學 법문학부 법학과
1944	경성법학전문학교 폐교→경성경제전문학교
	京城拓植經濟專門學校(←보성전문학교)
1946	국립서울대, 고려대(보전), 건국대, 국민대, 광주야간대학원(1948 조선대)
1947	단국대, 동아대, 대구대학(1967 영남대 통합)
1948	부산대(1961 폐과, 1964 복과), 한국대학(1992 서경대), 성균관대
1949	경희대, 동국대, 중앙대, 홍익대(1961 폐과, 1987 재설치)
1950	연세대, 청구대학(1967 영남대), 이화여대, 청주대(초급대학)
1951	경북대, 전북대(1961 폐과), 청주대(초급대학 병설 폐지)
1952	제주대(초급; 1955 4년제), 충남대, 해인대학(1971 경남대)
1953	전남대, 청주대, 숭실대(1961 폐과, 1964 복과)
1955	상지대(1955 관서대, 1960 홍익대학)
1959	한양대
1962	司法大學院(서울대; 1972 폐지, 통계 제외), 경기대(설치 연도 미상, 폐과), 전주대
1967	한국외국어대 외사학부 국제법률학과

---

* 각 대학 홈페이지에서 검색하여 정리하였다.
  신설을 중심으로 하여 의미 있는 변경 등을 정리하였다.

1968	명지대, 한국외국어대

1968   명지대, 한국외국어대

1970   강원대

1972   한남대[대학교육 개선 실험대학(Pilot Institution) 법경대학 선정]

1976   인하대

1978   호서대

1979   경상대, 관동대(2014년 가톨릭관동대), 한양대(반월)

1980   경성대, 계명대, 효성여대(1995년 대구가톨릭대), 대구대, 동국대
        (경주), 인천대, 창원대(국립 마산대학), 충북대, 한국해양대 해사
        법학과

1981   경찰대학, 동의대, 서울시립대, 숙명여대

1982   대전대, 부산외국어대, 연세대(원주), 한국방송통신대, 호남대, 원
        광대,

1983   목원대, 목포대, 순천대

1984   강릉대(2008 강릉원주대), 광주대, 배재대, 안동대, 경기대

1985   아주대

1986   광운대

1987   인제대, 경원대(2011 가천대), 수원대

1988   서강대, 순천향대, 우석대, 한림대

1989   서원대, 울산대, 호원대, 군산대

1991   세명대, 강남대, 부산공업대학(1997 부경대)

1993   대진대, 부산수산대학(1997 부경대)

1995   성신여대, 가톨릭대

1996   경주대, 공주대(사회복지 법정학과), 한동대, 선문대

1997   경희대 국제법무전공, 광운대 국제법무학과, 숙명여대(특수법무학
        과), 신라대

1998   인하대 산업재산권학과, 한경대, 한국항공대(항공우주법학과)

1999   공주대, 국민대(기업법학과), 한남대(지적재산권법학), 영산대, 백
        석대

2000   서원대 정치행정·법학과군, 제주대(국제법무), 서남대

2001	동의대 경찰학, 고려사이버대, 상명대
2002	광주여대(경찰·행정학과군), 동의대(법·경찰학부), 경남대(법무학과)
2003	경주대(경찰법학부), 계명대(경찰학부), 한경대(과학기술법무)
2004	광주대(경찰·법·행정학부), 호원대(법경찰학부)
2005	광주여대(경찰법학과), 대전대(법·경찰학부), 덕성여대, 목원대(경찰법학과), 조선대(글로벌 법학과)
2008	서경대(공공인적자원학부), 한림대(법행정학과; 육군부대 계약학과), 신경대
2009	25개 법학전문대학원 출범 및 학부 신입생 모집 중단 대구대(공공안전법학), 한국항공대(항공·교통·물류·우주법학부), 중부대
2010	배재대(공무원법학전공), 숭실대(국제법무학과)
2011	중원대
2013	한남대(법무법학전공)
2014	국민대(기업융합법학과), 배재대(공무원법학과)

▧ 참 고 문 헌

[국내 문헌]

강만길, 「보성전문학교 설립의 역사적 배경」, 연구위원회 편, 『근대 서구학문
　　의 수용과 보전』, 고려대학교출판부, 1986.

고려대학교 100년사 편찬위원회, 『고려대학교 법과대학 학술사: 고대법학
　　100년과 한국법의 발전』, 고려대학교출판부, 2011.

김영화, 『한국의 교육과 경제발전』, 한국학술정보, 2004.

김창록, 『'로스쿨'을 주장하다: 한국 로스쿨 탄생의 기록』, 유니스토리, 2013.

김호연, "일제하 경성법학전문학교의 교육과 학생", 한양대 석사학위논문,
　　2011.

김효전, 『법관양성소와 근대 한국』, 소명출판, 2014.

류영렬, 「韓國 최초 近代大學의 설립과 民族的 성격」, 『한국민족운동사연구』
　　15, 한국민족운동사학회, 1997.

박병호, 「한국법학교육의 기원: 법관양성소제도와 경성제대」, 『근세의 법과
　　법사상』, 진원, 1996.

서울대학교 법과대학 백년사 편찬위원회, 『서울대학교 법과대학 백년사』, 서
　　울대학교 법과대학 동창회, 2004.

안병영 · 하연섭, 『5 · 31 교육개혁 그리고 20년』, 다산출판사, 2015.

장신, 「일제하 조선에서 법학교육과 연구」, 『향토 서울』 85, 서울특별시사
　　편찬위원회, 2013.

전병무, "金洛憲의 ≪疑法問答≫", 『법사학연구』 51, 2015.

정긍식, "京城帝國大學 附屬圖書館 東洋法書의 特徵", 『帝國과 高等敎育: 동
　　아시아의 문맥으로부터』, 京都: 국제일본문화센터, 2013.

정긍식, "'조선'법학사 구상을 위한 시론", 『서울대학교 법학』, 54−3, 서울대
　　학교 법학연구소, 2013

정선이, 『경성제국대학 연구』, 문음사, 2002.

최기영, "한말 법관양성소의 운영과 교육", 『한국근현대사연구』 16, 2001.

최종고, "金洛憲의 ≪從宦錄≫", 『법사학연구』 11, 한국법사학회, 1990.

한용진, 『근대한국 고등교육 연구』, 고려대학교 민족문화연구원, 2012.

馬越 徹/한용진 옮김, 『한국 근대대학의 성립과 전개: 대학 모델의 전파연구』, 교육과학사, 2000.

[웹사이트]

조선총독부 관보(http://theme.archives.go.kr/next/gazette/viewMain.do)

대학알리미 사이트(www.academyinfo.go.kr)

교육통계연구센터(http://kess.kedi.re.kr/index)

이상 최종접속일: 2015.11.30.

제 3 절

한국근현대 법학교과과정 변천사

정 긍 식

Ⅰ. 머리말

한국에서 근대법학 교육의 濫觴은 1895년 4월 법관양성소의 설립으로, 이제 120년의 연륜을 헤아린다. 법률전문가 양성을 위한 고등교육으로서 법교육은 대학이라는 제도와 고등교육에 합당한 교과과정 그리고 교수와 학생을 그 구성요소로 한다. 교육이 이루어지는 장소인 교육기관인 학교[대학]에 대해서는 이미 다루었다.[1] 이어서 본 절에서는 교육기관에서 수행한 구체적 교육내용을 통시적으로 검토한다. 학교 등 제도가 그릇이라면 교과과정은 내용물이다. 그릇만으로는 내용물의 모습을 알 수 없듯이, 법학교육도 제도와 교과과정, 즉 그릇과 내용물을 모두 알아야 근대 법학교육이 걸어온 길을 온전히 파악하고 이를 바탕으로 앞길을 그릴 수 있을 것이다.

본 절에서는 지난 120년 법학교육을 반성적으로 회고하면서 동시에 2009년에 도입된 법학전문대학원제도가 뿌리를 내릴 수 있는 역사적 토대를 배양함을 목적으로 한다. 기존의 연구를 토대로 지난 120년 동안 법학교육의 교과과정을 역사가 오래되었고 정리된 자료

---

[1] 본서 제1장 제2절 참조.

가 있는 서울대학교와 고려대학교를 대상으로 통시적으로 고찰한다. 1895년부터 1910년까지 법관양성소와 보성전문학교의 교과목의 변천과 교육을 검토하고(Ⅱ.1), 이어서 경성법학전문학교와 보성전문학교 그리고 경성제국대학 법문학부를 살피고(Ⅱ.2), 법률실무가 양성을 목적으로 한 전문학교의 13개 교과과정의 변천을 비교한다(Ⅱ.3). 해방 후에는 한국대학사의 관점에서 국가가 규정한 대학학제의 변천을 소개하고(Ⅲ.1), 그에 따른 법학교과목의 구성과 변천을 간략하게 소개한다(Ⅲ.2). 본고는 2009년에 시작된 법학전문대학원에서 법학교육의 지향점을 전망할 수 있는 자료로 활용되기를 바란다.

Ⅱ. 근대법학 교육의 수용기 교과과정

1. 대한제국의 법학교육

(1) 법관양성소와 법학교

법관양성소는 1895년 4월 개교한 다음 제2회의 졸업생을 배출한 후 폐쇄되었다가 1903년에 다시 개교하여 1909년까지 존속하다가 법학교로 개편되었다. 법관양성소에서는 "생도를 널리 모집하여 속성으로 학과를 교수하여 사법관으로 채용할 수 있는 자를 양성함을 목적"으로 하였고(「법관양성소규정」 제1조), 1895년에는 6개월의 과정으로 개설하였으며, 교과목은 "法學通論, 民法 및 民事訴訟法, 刑法 및 刑事訴訟法, 現行法律, 訴訟演習"이며, 월요일~토요일 오전, 오후로 나누어 강의하였다<표 1 참조>.[2]

---

2) ≪법관양성소세칙≫보다 하루 빨리 공포된 ≪법관양성소규정≫의 교과목과 시간표는 약간 다르다.

〈표 1〉 법관양성소 교과목·시간표 및 강사(1895.3.25.[陰])

	9시~11시	11시~12시	1시~2시
월	민법(高田)	민사소송법(高田)	법학통론(日下部)
화	형법(堀口)	형법(堀口)	민사소송법(高田)
수	형법(堀口)	민법(高田)	법학통론(日下部)
목	민법(高田)	민사소송법(高田)	형사소송법(高田)
금	형사소송법(高田)	형사소송법(高田)	법학통론(日下部)
토	현행법률(皮相範)	소송연습(堀口, 日下部, 高田)	

출전: ≪법관양성소세칙≫, 출전: 『서울대 법대 백년사』, 73면.

수업은 모두 7과목 23시간이며, 민사법이 8시간, 형사법이 9시간
으로 약 3/4을 차지하고 있다. 법학적 소양을 단기에 함양하기 위해
법학통론에 3시간(13%)을 배정하였으며, 소송법은 빈약하였으며, 또
포괄적인 "현행법률" 과목을 두어 수요에 따른 교육을 도모한 듯하
며, 헌법과 행정법은 아예 없다. 개교 당시의 교과목에서 민사와 형사
법을 중심으로 법학의 기본만을 교육하려는 목적이 분명히 드러난다.
   1903년에 재개교를 하였는데, 이때는 수업연한이 1년 6개월로,
1904년 12월에는 2년으로 연장되었고, 목표는 달라지지 않았지만, 초
기보다는 더 전문적인 교육을 하여서 교과목은 크게 늘었으며, 세분
화되었다. 1895~1908년의 변화는 <표 2>와 같다.

〈표 2〉 법관양성소 교과목 변천(교과목/교관)

1895.3.[7]	법학통론, 민법, 민사소송법, 형법, 형사소송법, 현행법률, 소송연습
1904.8[14]	법학통론, 민법, 민사소송법, 형법, 형사소송법, 현행법률, 헌법, 행정법, 국제법, 상법, 산술, 작문, 외국율례, 경제학(※ 시의에 따른 교과목 증감 가능)
1906.3[19]	1904년 교과목 동. 추가과목: 재정학, 프랑스어, 刑法大全, 大明律, 無冤錄
1908.3[18]	법학통론(張燾), 민법총론(申佑善), 민사소송법(洪在祺), 형법총론(장도), 형사소송법(劉文煥), 상행위법(羅瑨), 채권법1부(石鎭衡), 채권법2부(신우선), 물권1부(柳東作), 물권2부(梁大卿), 평시국제법(석진형), 상속법(朴晩緖), 경제학(박만서), 회사법, 상법총칙, 어험법, 수학, 일어실무연습(이상 담당교관 미상)

1907 1학년* [14]	법학통론(석진형), 형법[총론](尹泰榮), 민법[총론 물권 채권 상속](李漢 㒇), 상법[총론 회사 상행위](李恒鍾), 형사소송법(겸임 장도), 민사소송법 (유동작), 경제학(박만서), 국제공법[평시](나진), 일본어(유문환)

* 蘇東植(6회 졸업) 2학년 진급중 기재
출전: 김효전, 『법관양성소와 근대 한국』, 78-82면.

법관양성소 교과목의 특징을 살펴보자. 1895년에는 민사법 및 형사법 중심으로 실무적 능력을 배양하기 위한 교과목으로 구성되어 있다. 이는 6개월의 단기에 법률가를 양성하기 위한 부득이한 조처로 과도기적 현상이다. 1904년에는 헌법, 행정법 등 공법과 국제법, 외국법 그리고 경제학이 추가되는 등 어느 정도 형식을 갖추었다. 1906년에는 1905년에 제정된 ≪형법대전≫과 법의학서인 ≪무원록≫이 포함되어 고유의 색채를 드러내면서도 프랑스어와 재정학 등 인접과목이 포함되었다. 이 교과과정은 대한제국 자체의 개혁과 법제정비를 반영하는 것이다.

1907년 차관정치의 실시 등 일본의 침략은 교과과정에 직접 영향을 미쳤다. 1908년에는 강압적 지배에 걸림돌이 될 우려가 있는 공법과 과거로 회귀한 ≪형법대전≫이 삭제되는 등 고유성은 사라지고, 어음법, 일본어가 추가되어 식민지적 성격이 뚜렷해지고 있다. 민법은 6개, 상법은 4개 교과로 현재와 같이 세분화되었는데, 당시 민상법전이 편찬되지 않은 사정을 고려하면, 이는 일본의 직접적인 영향이다.

위 1907년의 교과목은 실제 개설된 것인데, 프랑스어가 일본어로 대체된 것 외에는 규정대로 운영되고 있음을 확인할 수 있다. 1906년의 교과과정에 대해서는 수업연한에 비해 과목수가 너무 많다는 비판이 있었고, 그래서 수업연한을 3년으로 늘리려고 하였다.[3]

---

3) 김효전, 『법관양성소와 근대 한국』, 소명출판, 2014, 80면.

　　1909년 11월 1일 한국의 사법권이 일본으로 넘어감에 따라 법학
교육기관도 변동이 있었다. 사법권의 강탈과 동시에 법관양성소는 폐
지되고 학부 소속의 '法學校'가 설치되었다. 「법학교학칙」의 교과과정
은 1년의 예과와 3년의 본과로 구성되어 있으며 <표 3>과 같다.
　　법학교의 교과과정은 예과와 본과를 구분하여 22개 대교과목에
예과 33학점, 본과 99학점 총 132학점의 완비된 모습을 갖추었다. 우
리나라 근대 고등교육에서 처음 둔 예과에서는 역사·지리[4] 등 인문
학과 법학적 소양을 함양하기 위한 윤리, 수학과 논리학을 개설하였
으며, 이러한 교양과목은 67단위로 전체의 51%를 차지하였다.[5] 일본
어와 체조가 4년 계속 개설되는 등 강조되었는데, 일어는 예과과정의
절반을, 전체로는 40단위로 30%를 차지하는데, 이러한 특징은 일본
이 법학교 설립을 주도했음을 잘 보여준다. 또 졸업생들의 진로를 관
계로 예정하여 관용부기를 개설하기도 하였다.

〈표 3〉 법학교 교과과정

학과목 \ 학년	예과 단위	예과 程度	1년급 단위	1년급 정도	2년급 단위	2년급 정도	3년급 단위	3년급 정도	전체
역사	2	본국 역사, 외국 역사							2
지리	2	본국 지리, 외국 지리							2
수학	3	산술, 대수							3
한문	2	강독							2
부기							1	관용부기	1
일어	16	독서, 회화, 받아쓰기	12	독서, 회화 받아쓰기	6	독서, 회화 작문, 번역	6	독서, 회화 작문, 번역	40

---

4) '본국'이 한국인지 불분명한데, 외국이 있고 또 당시의 정치·사회적 배경상 일본일
　　것이다.
5) 경제학 포함하면 69단위로 52%를 차지한다.

체조	3	체조	3	체조	3	체조	3	체조	12
윤리	1	실천윤리							1
논리학	4	총론, 직접·간접추론과 결론							4
법학통론			4	총론, 각론					4
민법			6	총칙, 물권	5	채권	6	친족, 상속	17
민사소송법					4	제1~5편	4	제6~8편	8
형법			4	총론	4	각론			8
형사소송법							3	형사소송법	3
상법					4	총칙, 회사	4	상행위, 어음	8
국법학			2	국법학					2
행정법					2	행정법			2
국제공법					2	평시, 전시			2
국제사법							3	국제사법	3
明律							1	명률	1
경제학			2	경제학					2
실무연습					3	민사소송, 製表, 庶務	2	형사소송, 증명절차	5
합계	33		33		33		33		132

출전:『서울대 법대 백년사』, 99면.

본과과정은 현재의 교과과정과 비교해도 손색이 없을 만큼 완비되었다.6) 독자적 입법인 ≪형법대전≫ 대신에 실효한 明律7)이 3학년에 개설된 것은 대한제국의 입법성과를 부정하기 위한 것으로 보인다.8) 또한 1908년에 삭제된 공법을 부활하였는데, 경찰, 夫役, 과세

---

6) 전공은 8개 대과목에 59개로 세분되어 헌법 대신 국법학이 있는 것을 제외하고는 현재의 교과과정과 거의 일치한다.

7) ≪刑法大全≫ 제679조 "從前施用ᄒ든 律例ᄂ 本法律 施行日로붓터 幷 廢止홈이라"고 규정하여 명률 등을 명시적으로 폐지하였다.

8) ≪刑法大全≫은 1905년 4월에 공포된 대한제국 최대의 자주입법으로 ≪大明律≫

등 공권력의 행사를 근거 짓는 최소한의 공법지식과 교육은 식민지지
배에 필수적이기 때문이다.

법학교는 1910년 한일합방 후인 10월에 폐지되고 경성전수학교
로 이어졌으며, 교과목도 거의 그대로 유지되었다. 법학교는 본격적
으로 근대적 법학교육을 수행한 점에서 역사적 의의를 찾을 수 있다.

(2) 사립학교

법에 대한 인식의 전환은 국가적 차원만이 아니라 민간영역에서
도 이루어져, 사립학교에서도 법학교육을 하였는데, 그 대표적인 학
교는 현재 양정고등학교와 고려대학교의 전신인 양정의숙과 보성전
문학교이다. 양정의숙은 짧은 기간만 법학교육을 하였기에 기존의 연
구9)로 미루고 여기서는 보성전문학교의 법학교과과정을 중심으로 보
기로 한다.

1905년 고종의 밀명에 따라 이용익은 보성전문학교를 설립하여,
2년제로 법률학, 理財學[경제학] 등을 교육하였으며, 1907년 1월에는
3년제로 발전하였다. 1905년 개교 당시 보성전문학교의 법학교육은 4
개 학기에 걸쳐 43개 교과목을 예정하였다<표 4 참조>.

<표 4> 보성전문학교 교과과정(1905)

제1학년		제2학년	
제1학기(11)	제2학기(11)	제1학기(10)	제2학기(11)
법학통론 민법총론 형법총론	법학통론 민법총론 형법총론	외교관영사관제도 상법총론 국제사법	외교관영사관제도 상법총론 국제사법

과 ≪大典會通≫ <刑典> 등을 종합하고 日本人 顧問이 갑오개혁기에 작성한 ≪刑
法草案≫을 부정한 것이다(문준영, "大韓帝國期 刑法大全의 制定과 改正",『법사
학연구』제20호, 한국법사학회, 1999 참조). 그런데 실효한 明律을 대상으로 한 것
은 정치적 의도로 볼 수밖에 없다.
9) 김효전, "양정의숙의 법학교육",『법사학연구』제45호, 한국법사학회, 2012 참조.

민사소송법	민사소송법	행정법각론	행정법각론
형사소송법	형사소송법	행정경찰법	행정경찰법
물권법	물권법	국제경찰론	국제경찰론
채권법	채권법	감옥학	감옥학
경제학	경제학	은행부기학	지방제도론
국제공법대의	국제공법대의	행정재판법론	관청부기학
경찰학	경찰학	산술(比例 이하)	소송연습
산술(四則 이하)	산술(四則 이하)		산술(平分法까지)

출전: 『고려대 100년사Ⅰ』, 149면.

위 교과과정의 특징은, 전통적인 법학과목은 거의 다 포함되어 있으며, 이외에 算術과 경제학, 관청/은행부기학 등 경제관련 과목과 감옥학, 외교관영사관제도, 지방제도론 등 인접교과가 포함되어 있다. 특히 주목할 것은 경찰 관련 과목이 경찰학, 행정경찰법, 국제경찰론 등 세 과목 그리고 행정재판법론[10]이 포함된 점이다. 이는 질서유지를 위해 경찰제도를 정비해야 하며 또 행정권의 남용을 억제해야 한다는 문제의식의 발로이다.[11] 그러나 실제에서는 약간 다르게 운용되었는데, 주간부의 경우 1학년 12과목 664시간, 2학년 25과목 761시간 총 37과목 1,451시간에 걸쳐 실시하였으며, 이 중 비법학과목은 일본어와 산술을 포함하여 6과목이다(<표 5> 참조).[12]

---

10) 大審院 1909년 1월 20일 융희2년민상제5호 판결에서 "행정처분의 취소·변경을 사법재판소에 구할 수 없다"라고 하였다. 이는 ≪(朝鮮)高等法院 判決錄≫(高等法院書記編纂課, 1913)의 첫 판결이다(법원도서관 역, 『국역 高等法院判決錄(1): 民事篇』[2004], 1면 참조).
11) 이재과에도 헌법, 민법, 상법, 국제법 등 법학과목을 개설하였다(『고려대 100년사Ⅰ』, 149면).
12) 해당 과목마다 교과서가 있으나, 생략한다.

〈표 5〉 보성전문학교[주간부] 실제 교과목(1905)

제1학년(12/691)		제2학년(25/760)			
교과목	총시수	교과목	총시수	교과목	총시수
법학통론	40	법학통론	1	어험법	81
민사소송법	89	민사소송법	4	채권법 2부	41
형사소송법	72	형사소송법	4	국제사법	73
형법총론	54	재정학	18	형법각론	23
민법총론	85	물권법	79	해상법	47
경제학	54	형법총론	45	파산법	32
평시국제공법	85	상법총론	27	상속법	19
경찰학	48	민법총론	3	전시국제공법	19
국가학	9	채권법	47	계약각론	12
헌법	12	회사법	35	증거법	21
일어	77	평시국제공법	42	상행위	1
산술	66	행정법	66	경찰학	2
		헌법	18		

출전: 『고려대 100년사 I 』, 150면.

양자를 비교한 결과는 ＜표 6＞이다. 그대로 개설된 과목은 12개로, 기본 六法[13]과 경제학, 경찰학, 산술 등으로 당시에 시급한 과목으로 인식된 것이다. 유사과목으로 대체된 것은 법학과목 5개로, 국제법은 세분되었으며, 교과과정에서 중시한 행정법분야는 3과목이 1개로 축소되었다. 개설되지 않은 것은 6개로, 모두 비법학과목이다. 추가로 개설된 과목은 9개로, 헌법, 국가학 그리고 상법 분야가 보충되었으며, 재정학과 일본어가 개설되었다.

---

13) '육법'은 箕作麟祥이 프랑스법 번역서인 ≪佛蘭西法律書≫(1874)에서 나폴레옹의 민법전, 상법전, 형법전, 민사소송법전, 치죄법전 등 5법전(Codes Napoléoniens)에 헌법을 포함한 것이다(일본 위키피디아[https://ja.wikipedia.org/wiki] 검색).

〈표 6〉 교과과정과 실제 교과목의 비교(1905)

개 설(12)	법학통론, 민법총론, 물권법, 채권법[계약각론], 상법총론, 형법총론, 민사소송법, 형사소송법, 국제사법, 경제학, 경찰학, 산술
대체(5/5)	국제공법대의[전시/평시국제공법], 소송연습[증거법], 행정법각론/행정재판법론/행정경찰법[행정법]
미개설(6)	지방제도론, 감옥학, 국제경찰론, 외교관영사관제도, 관청/은행부기학
추 가(9)	헌법, 국가학, 상속법, 상행위, 회사법, 해상법, 어험법, 파산법, 재정학, 일어

이러한 차이는 이상적으로 교과과정을 구상하였으나, 현실적으로는 이를 가르칠 인원과 교재가 부족하며, 또 학문적 수준이 그에 못미쳤기 때문이다. 따라서 초기 보성전문학교의 교과과정은 원대한 이상을 염두에 둔 현실적 방안이라고 평가할 수 있다.[14] 1907년에는 3년으로 수업연한을 늘리고 교과목을 확대하였는데, <표 7>과 같다.

〈표 7〉 보성전문학교 교과과정(1907)

제1학년		제2학년		제3학년	
제1학기	제2학기	제1학기	제2학기	제1학기	제2학기
법학통론	법학통론	형법각론	형법각론	채권법3	채권법3
헌법론	헌법론	채권법2	채권법2	상속법론	상속법론
형법총론	형법총론	친족법	친족법	해상법	해상법
민법총론	민법총론	물권법2	회사법	전시국제공법	전시국제공법
물권법1	물권법1,2	상행위	어험법	국제사법	국제사법
채권법1	채권법1,2	어험법	평시국제공법	민사소송법	민사소송법
상법총론	상행위	평시국제공법	형사소송법	파산법	파산법
경제학	경제학	형사소송법	민사소송법	행정학범론	행정학각론
構成法	구성법	민사소송법	재정학	논리학	논리학
		재정학	사회학	의율의판	의율의판
		사회학	擬律擬判		

출전: 『고려대 100년사 Ⅰ』, 154면.

---

14) 야간부도 있었는데, 1학년은 12과목 304시간, 2학년은 24과목 773시간으로, 총 36과목 1,077시간으로 큰 차이가 없다. 경찰학, 국가학, 산술, 일어 대신에 은행론, 세계론이 개설되었다.

이를 1905년의 실제 교과목과 비교하면, "국가학, 경찰학, 산술, 일어"가 폐지되고,[15] "친족법(2년), 構成法(1년), 擬律擬判(2년),[16] 논리학(3년), 사회학(2년)"이 추가되었으며, 행정법이 행정학 범·각론으로 대체되었다. "산술, 일어"는 입학단계 등에서 걸렀기 때문에 폐지되었다.[17] 즉, 1907년에는 자의든 타의든 이미 일본화가 상당히 진전되었다.

(3) 법학교육의 내용과 수준

법관양성소는 물론 보성전문학교의 법학교육도 당장 필요한 법률가를 양성하는 것이 주목적이었다. 그래서 현실의 분쟁을 해결하기 위해 민법과 형법 그리고 소송법이 주 대상이었다. 그런데 당시에는 헌법은 물론 민법, 상법 등은 편찬되지 않았으며, 전통에 입각하여 ≪刑法大全≫(1905)과 소송법인 「민형소송규정」(1895)과 「민형소송규칙」(1908) 정도만 제정되었다. 그러나 당시의 교과목은 기본적으로 현재와 동일한데, 이는 일본법을 현행법으로 상정하고 법학교육을 하였기 때문이다.[18]

당시 교과과목은 현재와 거의 유사하지만 몇몇 다른 점이 보인다. 우선 법의 근본에 대해 성찰하는 法理學[법철학] 등의 과목은 아예 존재하지 않았다.[19] 그리고 국가권력을 제약하는 헌법, 행정법은 늦게 등장하고 또한 개설과 폐지를 반복하였으며 비중도 낮았다. 또

---

15) 증거법도 보이지 않으나 이는 소송법에 포함되었을 것이다.
16) 構成法은 내용을 알 수 없으며, 擬律擬判은 민사·형사의 가상의 사실을 문제로 출제하고 이것에 법률을 적용해서 판결서를 작성하는 것으로 모의재판에 해당된다. 手塚豊, 「司法省法學校小史(3)」, 『法學研究』 40-11(慶應義塾大学法学部法学研究会, 1967), 62頁.
17) 입학시험은 "지리 및 역사 問對(국내·외국), 독서 및 작문(국문·한문), 산술(사칙·분수)"이다(『고려대 100년사Ⅰ』, 155면).
18) 정종휴, 『역사속의 민법』, 교육과학사, 1994, 98-106면.
19) 1905년에 간행된 유성준의 ≪법학통론≫에는 기초법학의 일부로 法理學을 소개하고 있다. 최종고, 『한국의 서양법수용사』, 박영사, 1982, 323면.

한 일본이 조선을 침략한 근거이었고, 근대국제관계에서는 필수적인 국제법[萬國公法]의 중요성은 초기부터 인식되어 1883년 원산학사, 1886년 육영공원에서, 그리고 1899년 사립 한성의숙 등에서도 개설하였다. 그럼에도 불구하고 관립인 법관양성소에서는 1904년에야 비로소 개설되었다. 이처럼 국제법을 소홀히 한 이유는 국제적 시야를 막고 침략의 부당을 인식하지 못하는 현실안주형 실무가를 양성하기 위한 조처라고밖에 생각할 수 없다.[20] 일본이 구상한 법학교육은 분쟁해결과 재판에 필요한 실무인재를 양성하려는 것이다.

강의는 일본의 교과서 등을 번역 내지 번안하여 하는 것이 대부분이었으며, 양정의숙이나 보성전문학교에서는 출판사를 세워 교재를 자체로 출간하였다.[21] 강의만이 아니라 사례연습, 법정의 방청, 토론회, 또 감옥서를 견학하는 실무교육을 중시하였다. 이러한 법학교육은 언론에 보도되어 장안의 화제가 되었지만, 1908년에는 경비 등의 문제로 폐지되었다.[22] 그러나 실제 교육내용에 대해서는 증언이 갈린다. 변영만은 "법관양성소에서는 ≪大典會通≫ 등 구법만 교육시켰기 때문에 신법률을 배우기 위해 보성전문학교에 입학하였다"라고, 정구영은 "신식 법률이라는 것은 일본의 민·형법, 민·형사소송법 요지만 체계 없이 가르쳤으며 일본어를 아는 사람이 가나(ヵナ)를 한글로 바꾸어 주면 대의를 이해하는 정도"라고 증언하였지만, 일본인은 "명률, 대전회통을 교육하는 것에서 신식법률을 교수하였다"라고 반대의 증언하였다.[23]

이처럼 당시 법학교육에 대한 증언이 엇갈리는 이유는 무엇보다도 교육의 대상인 법률이 없었기 때문이다. 그래서 일본의 법률을 대

---

20) 김효전, 앞의 책(주 3), 82-3면.
21) 국립중앙도서관에서는 당시 교과서 90여 권으로 특별전을 개최하였다(2008. 5. 6~20).
22) 김효전, 앞의 책(주 3), 85-9면.
23) 김효전, 앞의 책(주 3), 83-5면.

상으로 일본 책으로 강의를 하였지만, 다른 한편으로는 실제 작동하는 당시의 법과 그 바탕이 되는 전통법에 대한 교육이 혼재되어 있는 실정이었다. 학생들은 이런 혼란한 법학교육의 현실에 대해 만족할 수 없었다.

2. 식민지기의 법학교과과정

조선총독부는 조선인을 차별하여 원칙적으로 조선에서 고등교육을 실시하지 않는 방침을 세웠고 1911년 「조선교육령」과 「조선교육령시행에 관한 건」에서 대학은커녕 전문학교조차도 인정하지 않아서 "보성전문학교"는 "사립보성상업법률학교"로 격하되었다. 하지만 고등교육에 대한 열망을 억누를 수만은 없어서 1915년에는 「전문학교규칙」을 공포하여 경성법학전문학교 등 4개의 관립학교와 2개 사립전문학교를 인가하는 유화책을 폈다. 그러나 3·1운동 이후 조선인들이 민립대학설립운동을 추진하고 또 조선 내의 일본인들이 고등교육을 강력하게 요구하자 1922년 「조선교육령」을 개정하여 전문학교는 물론 대학의 설립까지 허용하였으며, 그 결과 경성법학전문학교, 보성전문학교, 경성제국대학이 등장하였다.24)

(1) 경성전수학교와 경성법학전문학교

법률가는 식민지 지배에서 없어서는 아니 될 존재이기 때문에 1911년 법학교를 이은 「경성전수학교규정」을 공포하여 "조선인 남자에게 법률과 경제에 관한 지식을 교수하여 공사의 업무에 종사하는 자를 양성함을 목적(제1조)"으로 하는 경성전수학교를 설치하였고, 1915년에는 「전문학교규칙」에 따라 경성전수학교를 재정비하였다. 1922년 「조선교육령」의 개정에 따라 교명을 "경성법학전문학교"로 변경하였다. 이들 학교의 법학교육목표는 「경성전수학교규정」(1916.

---

24) 본서, 35 - 38면 참조.

4; 칙령 26)의 제1조 교육강령에 잘 나타나 있듯이 개인의 권익보호보다는 식민지유지의 중간관리층, 즉 충량한 황국신민인 법률가를 양성하는 것이었다.[25]

경성전수학교는 1911~1922년까지 존속하였으며, 1916년 법령 개정 전후로 구분할 수 있지만, 교과과정은 변동이 없으며 교과목은 <표 8>과 같다.

<표 8> 경성전수학교 교과과정

교과목 \ 학년	단위	제1학년	단위	제2학년	단위	제3학년	전체
修身	1	수신의 요지	1	좌동	1	좌동	3
국어[일어]	4	읽기·해석·회화·받아쓰기·외우기·작문	2	좌동	2	좌동	8
체조	2	체조·교련	2	체조·교련	2	체조·교련	6
법학통론	4	법학대의					4
공법	2	헌법	2	행정법	3	조선행정법규	7
민법	6	제1편, 제2편	6	제3편	4	제4편, 제5편	16
상법			4	제1편~제3편 제9장	4	제3편 제10장 이하 제5편 파산법	8
민사소송법			2	제1편	4	제2편 이하	6
형법	3	형법총론	2	형법각론	2	형사소송법	7
국제법					2	국제공법, 국제사법	2
경제학	4	경제원론	5	상사요항·은행론 기타 응용경제학	2	재정학	11
실무연습	6	공용문·상용문· 부기계산·통계·기타	6	좌동	6	좌동	18
계	32		32		32		96

출전: ≪조선총독부 관보≫ 1911. 10. 20. (이하 ≪관보≫로 약칭)

25) 본서, 38－40면 참조.

법학교가 예과 1년을 포함한 4년, 이수단위도 132단위이지만 경
성전수학교는 3년, 96단위로 축소되었다. 양자를 비교하면 다음의 특
징이 있다. 우선 교양교과목은 경제학을 포함하여 10개의 대교과 69
단위에서 4개의 대교과 28단위로 대폭 축소되었다. 역사 · 지리, 한문
과 논리학이 폐지되었지만, 修身 · 일본어 · 체조 등이 존속하여 식민지
적 성격을 드러내고 있다.[26] 또 실무연습의 세부내용은 "공용문 · 상
용문 · 부기계산 · 통계" 등으로, '公用文'은 문어체인 공문서작성을 위
한 것이며, 부기와 통계는 주로 회계 등으로 법학과 직접 관련이 없
는 내용이다. 경제학은 商事要項 · 은행론이 포함된 것으로 역시 실무
적 성격이 강하다. 법학과목에서는 명률이 폐지되고 국법학이 아닌
헌법이 신설되고 행정법과 함께 단위수가 4단위에서 7단위로 확대되
었다. 이는 "공사의 업무에 종사하는 자를 양성"하려는 학교의 목적
에 충실한 교과목으로, 이론이 아니라 사회의 실무에 적용할 수 있는
졸업생을 양성하기 위함이 잘 드러난다.[27]

경성전수학교를 이어 1923년에 개교하여 1945년까지 존속한 경
성법학전문학교의 교과과정은 총 9차례 개정되었는데, 개교 이후 중
요한 개정은 3차례 있었으며, 그 변천은 <표 9>와 같다.

---

26) 체조 자체는 중립적이지만, 시대상황에 따라서는 그렇지 않을 수 있다. 당시 일본
은 워싱턴 군비축소회의(1921. 11.~1922. 2)의 결과에 따라 장교들을 체조교관으
로 임명하여 군대를 축소하였다. 1924년 경성제국대학 예과의 "보병소좌 출신인
교관은 수업시간에 군사훈련을 하고 군사용어나 천황폐하, 내선일체를 강조하였다"
는 朱秉煥의 증언에서 보듯이 식민지 하에서 체조교육은 순수하게 신체단련을 넘어
있을 것이다(이충우 · 최종고, 『다시 보는 경성제국대학』, 푸른사상, 2013, 59면 참
조). 따라서 보성전문학교의 '체조'와는 그 의미를 다르게 보아야 할 것이다.
27) 편찬위원회 편, 『서울대 법대 백년사』, 서울대학교 법과대학 동창회, 2004, 103 –
4면.

<표 9> 경성법학전문학교 교과과정

연도	1922년				1925년				1937년				1940년			
학년 / 과목 (주간 시수)	1	2	3	계	1	2	3	계	1	2	3	계	1	2	3	계
수신	1	1	1	3	1	1	1	3	1	1	1	3	1	1	1	3
교련													2	2	2	6
체조[1]	2	2	2	6	2	2	2	6	2	2	2	6	2	2	2	6
일본학													2	2		4
국어[2]	4	2	2	8	4	2	2	8	4	2	2	8	3	2	2	7
중국어											[3]		3			3
독일어													3			3
영어	3	3	2[4]	8	4	3	3	10	4	3	3	10	2	3		5
법학통론	2				2			2								
헌법	2				2			2	2			2	2			2
행정법 총론		2	2	4		2		5		3		5		3		6
조선행정법							3				2				3	
민법 총칙					4				4				4			
물권						3				3				3		
채권총론	10	7	4	21	3			17	3			18	3			15
채권각론						3				4				3		
친족상속							4				4				2	
상법총칙회사		6	3	9	4			8	2			10	2			9
회사										3				3		
상행·어·해						4				3				2		
어음·수표[5]											2				2	
민소법(1편)		2	5	9	3				2				2			
(2편 이하)[6]						4		8		4		7		2		6
파산법[7]			1				1				1				2	
형법(총론)	4	3		10	3			9	3			9	3			9
(각론)						3				3				3		
형사소송법			3				3				3				3	

국제법[8]			3	3	3			5	3			5	3			5
국제사법						2					2				2	
경제학		4	4		4[9]				4				4			
경제정책				10		3		9		3		9		3		9
재정학		2				2				2				2		
연습		2	2													
상업학[10]			3[11]	3			3	3	2	2		4	2	2		4
계	32	32	32	96	32	32	31	95	32	34	32	95	34	33	35	102

1] 각 3시간 야외연습 시수 제외(1928)
2] 일어가능자는 조선어 대체(1924, 1938.4)
3] 3년 영어[3] 중국어로 대체(1938)
4] 영어 3시간(1924.)
5] 상법: 제1부(총칙·회사), 제2부(상행위·어음·해상)
　　→제1부(총칙·상행위), 제2부(회사), 제3부(보험·해상), 어음법·수표법
6] 제2부(제2편 이하)→제2부(상소절차)
7] 파산법→강제집행법·파산법(1940)
8] 국제공법 변경(1925)
9] 경제원론 변경
10] 상업(상업학·회계학[4시간]) 변경(1928)
11] 선택((계 미포함)
출전: ≪관보≫ 1922.4.1.; 1924.6.14.; 1925.4.7.; 1928.6.18.; 1928.9.13.; 1937.3.27.;
　　　1938.4.1.; 1938.5.21.; 1940.5.1.

경성전수학교와 경성법학전문학교는 모두 3년제 각각 과목 96단위, 95단위로 기본적으로 교과과정은 유사하지만 전문학교는 영어 10단위가 추가되었고, 상업과 관련된 실무연습 18단위가 상업학 3단위로 대폭 축소된 약간의 차이가 있을 뿐이다. 나머지 법학 과목은 기본육법을 중심으로 체계적으로 개설되었지만, 식민지적 특성을 반영하여 헌법은 1학년에만 교수하였으며,28) 현재의 관점에서는 상법의

28) 식민지 조신에 대일본제국헌법의 적용 여부에 대해서는 많은 논란이 있었지만, 결론은 천황의 大權에 대한 규정 — 자의적 지배 — 만 적용되고 나머지 규정은 배제되었다(김창록, "일본제국주의의 헌법사상과 식민지 조선", 『법사학연구』 제14호, 한국법사학회, 1993 참조). 따라서 제한적이지만 헌법 중 식민지 지배에 도움이

핵심인 회사법이 개설되지 않았는데, 「조선회사령」29)의 시행으로 조선에 회사가 극히 적었던 당시의 사정을 반영하는 것이다.

전시체제인 1940년에는 교과과정이 27과목 95단위에서 22과목 102단위로 5과목 7단위가 늘어나고 내용적으로는 큰 변화가 있었다. 우선 일본학(4단위), 교련(65단위), 중국어·독일어(각 3단위)가 신설되고 그 대신 영어가 5단위로 축소되었으며, 체조에 무술이 추가되었다. 법학과목에서는 법학통론(2단위)이 폐지되고, 어음·수표법(2단위), 강제집행법·파산법(2단위)이 독립하였다.

1940년 교과과정의 변화는 일본의 대륙침략과 맥을 같이하는 것이다. 일본학은 황민화정책, 중국어와 교련은 대륙침략, 독일어의 신설과 영어의 축소는 세계전쟁과 관련이 있다. 또 1922년에는 국어[일본어]를 사용하는 자는 조선어를 수강할 수 있었지만, 1940년에는 이 조문 자체를 삭제하여, 조선어교육을 사실상 금지하였다.30)

경성전수학교와 경성법학전문학교의 교과목은 필수와 선택교과목의 구분 없어서 모든 과목을 수강해야 했는데, 법학의 기본이 되는 법철학과 논리학 등의 과목은 전혀 없으며 수신과 일본어의 교육을 통하여 민족의식을 사라지게 하였다. 이는 식민지 중간관리층을 양성하려는 학교의 설립목적에 합당한 구성이다.

(2) 보성전문학교

식민지기에 법학과를 설치하여 법학교육을 한 사립학교는 보성전문학교뿐이다. 보성전문학교는 나라 잃은 설움을 많이 겪었다. 합방 직후에는 전문학교로 인가를 받지 못하고 "보성법률상업학교"로 강제로 격하되었으며, 1922년에야 전문학교로 인가를 받아 교명 "보

되는 천황의 대권과 통치구조만 유용하였을 것이다.

29) 조선총독부는 합방 후 민족자본의 성장을 억제하기 위해 1910년 12월 「조선회사령」을 제정하여 회사설립에 허가제를 도입하였으며, 1920년 3월에 폐지되었다.

30) 편찬위원회 편, 『서울대 법대 백년사』, 119면.

성전문학교"를 되찾았으며, 1932년 김성수가 대학설립 대신에 인수하
여 본격적으로 발전하였다. 하지만 전시기인 1944년에는 조선총독부
는 연희전문학교를 敵産으로 몰수하였으며, 경성법학전문학교는 경성
고등상업학교와 통합하여 "경성경제전문학교"로 개편하는 등 대대적
으로 고등교육을 개편하였는데, 보성전문학교도 예외는 아니어서 "경
성척식경제전문학교"로 강제로 개명되었다. 이 때 개명만이 아니라
법·상 양과를 拓殖科[경제과]로 통폐합할 것을 요구하였다. 법학 과
장 유진오는 일본의 예에 따라 법경계 척식과 안을 구상하였지만, 이
안은 부결되고 농학 중심의 척식과로 변경되어 법학교육이 금지되었
다.[31] 이하에서는 1915년에서 1942년까지 교과목을 소개한다.

1915년의 교과과정은 <표 10>과 같다. 3년 과정으로 74단위
를 예정하고 있는데, 1907년에 바탕을 두면서 부분적인 변동이 있
었다.

<표 10> 보성법률상업학교 교과과정(1915)

교과목 \ 학년	단위	제1학년	단위	제2학년	단위	제3학년	전체
修身	1		1		1		3
법학통론	2						2
공법	2	헌법	2	범론	2	각론	6
민법	6	총칙·채권·물권	4	채권·물권	5	채권·친족·상속	15
상법	3	총칙·상행위	4	어음·회사	1	해상	8
민사소송법			3		4		8
파산법					1		
형사법	2	총론	2	총론·각론	2	형사소송법	6
국제법			4	국제공법	3	국제사법	7
경제학	2	원론	2	재성			4

---

31) 편찬위원회 편, 『고려대 100년사Ⅰ』, 52-7면.

일어	4	읽기·해석·회화·받아쓰기·번역	4	좌동·작문·문법	4	좌동	12
부기	2	상업부기					2
통계·실무					1	실무	1
계	24		26		24		74

출전: 『고려대 100년사 I』, 236면.

법학교과목은 45단위에서 52단위로 늘었고 또 실무(3단위)가 보강되었지만 큰 차이는 없다. 일본어(12단위), 수신(3단위)이 신설되었고 이 때문에 일본인을 강사로 초빙하였으며, 수신과목은 학생을 衷良한 臣民으로 만들기 위해 개설한 것이었다.[32]

「조선교육령」에 의해 정식 고등교육기관인 전문학교로 인가를 받은 1925년에는 90단위로 확대되었으며 1931년에는 101단위로 확대하여 교육을 강화하려고 하였으며, 교과과정은 <표 11>이다.

<표 11> 보성전문학교 교과과정(1925, 1931)

교과목＼학년	1925년							1931년						
	단위	1학년	단위	2학년	단위	3학년	전체	단위	1학년	단위	2학년	단위	3학년	전체
修身	1	도덕의	1	요지	1	좌동	3	1		1		1		3
법학통론	2						2	1						2
공법	2	헌법	2	행정법총론	2	행각	6	2	헌법	2	행총	2	행각	6
민법	4	총칙	2	물권2	4	친상	20	4	총칙	2	물권2			18
	2	물권1	3	채각	2	채각		2	물권1	3	채각			
	3	채총						3	채총	2	상속			
								2	친족					

---

32) 편찬위원회 편, 『고려대 100년사 I』, 235면.

상법			3	총칙·상행위	2	해상	10			4	총·상	3	어음법	12
			2	회사	2	어음				3	회사	2	해상법	
			1	보험										
민소법	2	제1편	4	제2~5편	2	6편~	7			4	제1,2편	4	제3편~	9
파산법					1								1	
형사법	3	형총	3	형각	3	형소	9	3	형총	3	형각	3	형소법	9
국제공법			2	평시	2	전시	5					3		5
국제사법					1							2		
경제	3	경제학	2	재정학			5	3	경제학	2	재정학			5
사회	2	사회학	2	정책			4	2	사회학			2	정책	4
철학	2	개론					2	2	개론					2
논리학	2						2	2						2
심리학										2				2
실무			2		3		5			2		3		5
조선어*										2		1		3
일어										2				2
영어	3		2		2		7	4		2		4		10
체조	1		1		1		3	1		1		1		3
합계	30		32		28		90	32		35		34		101

* 한문 포함

출전:『고려대 100년사 I』, 306·440면.

1925년은 1915년과 비교하여 법학교과는 7단위가 늘었을 뿐 골격은 같다. 영어(7단위), 체조(3단위)가 신설되었으며, 1915년에 국권상실과 재단의 변경 등으로 부득하게 폐지된 논리학과 사회학이 부활되었고, 또 철학(2단위)과 사회정책(2단위)이 신설되었다. 사회학 등은 사회주의의 영향, 철학 등은 교양교육을 강화하기 위한 조처로 명실 상부한 고등교육기관으로 거듭나기 위한 노력이다. 1931년은 이수단위 는 101단위로 1925년보다 11단위가 늘었는데, 어학(8단위)이 대부분이 었다. 전과의 차이는 한문을 포함한 조선어(3단위), 일본어(2단위)[33]가 신설되었고 영어(3단위)가 더 늘었다. 그리고 심리학(2단위)이 신설되었 다. 이의 전반적인 방향은 외국어 교육과 교양교육의 강화이다.[34]

　김성수는 대학설립을 구상하였지만, 방향을 전환하여 1932년 보 성전문학교를 인수하여 본격적인 고등교육기관인 대학으로 발전시키 려고 하였다. 그의 구상과 노력은 1937년 교과과정에 그대로 반영되 었는데, <표 12>와 같다.

〈표 12〉 보성전문학교 교과과정(1937, 1942)

학년＼교과목	1937년							1942년						
	단위	1학년	단위	2학년	단위	3학년	전체	단위	1학년	단위	2학년	단위	3학년	전체
修身	1		1		1		3	1		1		1		3
일본학								1		1		1		3
국사								2						2
일어	2						2	2						2
조선어*	2		1				3							
영어	4		4		4		12	4		4		4		12
중국어								1		1		2		4
법학통론	1						1	1						1
공법	3	헌법	2	행정법총론	2	행·각	7	2	헌법	2	행총	1	행각	5
민법	3	총칙	2	물권2	1	채각	17	3	총칙	2	물권1	2	물권2	17

33) 조선어는 조선총독부와 타협하여 1925년에 없는 일본어와 함께 개설하였을 것이다.
34) 『고려대 100년사 Ⅰ』, 305 - 6 · 438면.

	2	물권1	2	채권각론	2	상속법		3	채총	2	채권각론	1	채각	
	3	채총	2	친족법						2	친족법	2	상속법	
상법			4	총칙/상행위	2	어음법	11			3	총칙/상행	2	어음법	9
			2	해상법	3	회사법				3	회사법	1	해상법	
민소법			4	제1, 2편	3	제3편~	9			4	제1, 2편	3	제3편~	9
파산법					2							2		
형사법	3	형총	3	형법각론	3	형소법	9	3	형총	3	형각	3	형소법	9
국제법					3	공법	5					3	공법	5
					2	사법						2	선택	
경제	3	경제	2	재정학			5	3	경제	2	재정학			5
철학	2	철학					2	2	철학					2
심리학	2						2	2						2
논리학	2						2	2						2
실무			2		2		4					2		2
체조	1		1		1		3	2		2		2		6
선택	2		4		4		10			O		O		2
계	36		36		35		107	32		34		34		100

선택
1937: 전: 제2외국어, 1년: 사회학, 문명사, 2년: 행정학, 사회정책, 산업법, 영법강독
3년: 신탁법, 법리학, 법제사, 영법강독, 부기[1년: 1단위, 2,3년: 2단위 필수]
1942: 상동; 제2외국어(廢), 국제사법(轉), 금융조합론(追)[2, 3년 1단위 필수]

* 한문 포함
출전: 『고려대 100년사 I 』, 442·541-2면.

1937년 교과과정은 6단위가 늘었지만 1931년과 크게 달라지지는 않았다. 하지만 영어(2단위)를 강조하였으며, 전학년 1개, 1학년은 2개, 2학년은 4개, 3학년은 5개 총12개의 선택과목이 등장한 것이 특징이다. 선택과목 중에는 실정법의 바탕인 법리학, 법제사가 포함되어 있고 또 산업법, 신탁법 등 법학의 지평과 문명사35) 등 교양을 확

대하였다. 이전의 필수과목 일변도에서 탈피하여 선택과목을 개설한 것은 진정한 대학으로 발돋움하기 위한 조처이다.

전시기인 1942년의 교과과정은 형식상·내용상 많은 변화가 있다. 총이수단위가 107단위에서 100단위로, 법학과목은 59단위에서 53단위로 줄어들었다. 조선어(3단위)가 아예 폐지되고 동화정책을 위해 일본학(3단위)과 국사(2단위)가, 대륙침략을 위해 중국어(4단위)[36]가 신설되었으며, 체조가 3단위 늘어났다. 또 선택과목도 10단위에서 2단위로 축소되었는데, 사회학과 국제사법도 필수에서 선택으로, 금융조합론이 선택과목에 추가되는 등의 변화가 있었다.

연희전문학교와 이화여자전문학교에서도 학과는 없었지만 법학교육을 하였다. 연희전문학교에서는 교과목은 다음과 같다.[37]

〈표 13〉 연희전문학교 법학교과목

연도	文科	神科	商科	선택	출전
1921			①민법[4]		166
1924	법제·경제		법학(국내법제)		174-6
	①국내법제[2] ②경제원론[3]	①국내법제[2] ②경제원론[3]	②민법(총칙~채권)[4] ② ③상법(총칙 회사 상행위 어음)[2/3]		
1940	법제·경제		법률학	②헌법[2/2]	257-260
	①국내법제[2] ②경제원론[3]	①국내법제[2] ②경제원론[3]	①민법[2] ②상법[2]	②조선행정법[2/2] ③상사관계법령[2/2]	
1942 계획	①법학통론[2]		①법학통론·헌법[2] ②민법[4] ③상법[4] 경제법[2]		276

①~③: 학년, [2]: 학점
출전: 『연세대학교백년사, 1885-1985』

---

35) 문명사는 사학자·민속학자인 孫晉泰(1900~1950??)가 담당하였는데, 내용은 한국문화
    [사]이었을 것이다. 한국사를 정규과정으로 개설하지 못하였기 때문에 우회한 것이다.
36) 선택과목에서 제2외국어가 폐지되었다.
37) 두 대학 모두 雪松 鄭光鉉(1909~1980) 선생이 1931~1938년까지 강의하였다.

합방 후 보성상업법률전문학교로 격하된 보성전문학교는 1915년 교과목을 세분하고 그에 따른 단위수를 설정하였으며, 또한 영어, 실무, 경제학 등 인접학문을 교수하여 체계적으로 법학교육을 하였다. 이러한 체제는 1931년까지 지속되었다. 1937년부터는 대학교육을 표방하여 선택과목을 개설하는 등 실천하였다. 보성전문학교는 전반적으로 경성법학전문학교와 같이 법학자보다는 실무가 양성을 목적으로 한 것이 교과목 상으로 분명히 드러난다. 그나마 질곡 속에서 민족적 교육을 수행한 보성전문학교도 1944년 경성척식경제전문학교로 강제 개편되면서 법학교육은 종지부를 찍고 해방을 기다리며 숨을 죽이고 있었다.

(3) 경성제국대학 법문학부

조선총독부는 1922년 「조선교육령」을 개정하여 대학교육의 법적 기반을 마련하고 1923년에는 예과를, 1925년에는 대학의 개교를 준비하였지만, 예산상의 문제로 연기되어 1924년에 예과를, 1926년에 본과를 설립하였다. 경성제국대학은 일본의 「帝國大學令」에 근거하여 설립되었으며, "대학은 국가에 필요한 학술이론 및 응용을 교수하고 아울러 그 蘊奧를 연구[攷究]함을 목적으로 한다. 또한 인격의 도야와 국가사상의 함양에 유의하여야 한다(제1조)." 따라서 제국대학의 교육목적은 전문학교와 비교하여 학술연구가 우선이어서 상대적으로 자율성을 더 보장받았다.

경성제국대학에서 교육은 예과 1년과 본과 3년으로 구성되며, 1926년 본과는 법문학부와 의학부로 출발하여 1943년에 이공학부를 설치하였다. 예과는 문과와 이과로 구분하였으며, 1924년은 2학년, 1934년부터는 3학년까지 연장하였다. 1, 2학년은 "甲, 乙"로 구분하였지만, 동일성을 유지하였다. 그러나 1942년에는 수업연한의 변경 없이 교과목이 대폭 변경되었고, 1943년에는 예과를 2년으로 단축하였는데, <표 14>와 같다.

<표 14> 문과 예과 교과목 변천

과목	1924	1934	1938	과목	1942	1943
국어 · 한문	5/5	5/5/6	5/5/6	도의과	155	70
제1외국어[1]	8/10	10/9/9	①	고전과	320	400
제2외국어	4/4	4/4/4	②	역사과	295	330
역사	4/4	3/5/4	3/5/4	經國科	175	195
지리		3/0/0	2/0/0	철학과	160	130
철학개론	0/3	0/0/3	0/0/3	자연과	160	130
심리 · 논리	2/2	0/2/2	0/2/2	외국어과	475	400
법제 · 경제	2/2	0/2/2	0/2/2	體鍊科	400	130
수학	2/0	3/0/0	3/0/0	계(시수)	2149	
자연과학	2/0	2/3/0	2/3/0			
수신	1/1	1/1/1	1/1/1	제1연습[3]	148	200
체조[2]	3/3	3/3/3	3/3/3	제2연습[3]	136	265
계(단위)	67	101	202	계(회)	284	2250

"/"는 학년 구분임.
1] 1938년 영어(제1), 독어(제2) 지정
　① 영어: 갑류 10/9/9; 을류 4/4/4 ② 독어: 갑류 4/4/4; 을류 10/9/9
2] 1928년 야외교련에 체조 시수 제외
3] 제1, 제2연습: 1943년 敎鍊科, 選修科로 변경
　≪관보≫ 1926.5.2. 1928.9.13. 1934.3.31. 1938.4.19. 1942.9.2. 1943.5.7.

　　1938년까지의 교과목은 언어와 역사 등 교양을 아우르는 것이었지만, 1942년부터는 교과목의 명칭이 군국주의적으로 변하였다. 1938년까지는 교련이 독립된 교과목이 아니라 체조에 포함되어있었는데, 고등학문을 연마하는 '제국대학'에도 군국주의가 예외 없이 침투하여 1942년에는 體鍊科로, 1943년에는 교련과로 독립되었다.
　　법학교육은 본과에서 하였는데, 경성제국대학은 「경성제국대학령」

(1924. 칙령 103)에 따라 '1교수 1강좌', '職務俸制'가 핵심인 강좌제를 채택하였다. 전자는 교수의 책임을 강조하여 학문의 지속적인 발전을 보장하는 긍정적인 기능이 있지만, 후자는 급여 외에 교수 개인을 평가하여 추가로 급여를 지급하는 것으로 문부대신이 교수를 평가하는 수단, 즉 국가의 간섭으로 악용될 여지도 있다.[38]

1926년 경성제대 법문학부는 법학, 철학, 사학, 문학 4개 전공에 15개 강좌가, 법학(정치학 포함)은 6개 강좌가 있었다. 이후 <표 15>에서 보듯이 큰 변화는 없었는데, 이는 강좌가 칙령으로 규정되는 제도[39]의 측면과 일본 제국대학의 전통에 따라 대학의 자치와 학문의 자유를 존중한 결과이다.[40]

<표 15> 법문학부 법학 관련 강좌 변천

강좌명	1926	1927	1928	강좌명	1926	1927	1928
헌법 · 행정법	1	2	2	법제사			1
민사 · 민소법	1	3	4	경제학	1	1	2
상법		1	2	재정학			1
형법 · 형소법	1	2	2	통계학			1
국제공법		1	1	정치학 · 정치사	1	2	2
국제사법			1	외교사			1
로마법	1	1	1	1929년 의학부에 법의학강좌 개설			
법리학			1	법학전공	4/2	10/3	15/7

출전: ≪관보≫ 1926.4.1. 1927.6.7., 1928.4.23. 1929.4.23.

---

38) 정선이, 『경성제국대학 연구』, 문음사, 2002, 106－8면.
39) 최초의 칙령은 「경성제국대학 각 학부의 강좌의 종류 · 수」(1926. 4.; 47)로, 이는 1944년까지 9차례 개정되었으며, 마지막은 「경성제국대학 강좌령」(1943. 10.; 597)이다.
40) 정근식 외, 『식민권력과 근대지식: 경성제국대학 연구』, 서울대학교출판문화원, 2011, 27－9면.

1927년에는 상법, 국제공법, 1928년에는 국제사법, 법리학, 법제사 각 1강좌가 증치되어 15개로, 정치학·경제학 강좌는 각각 1개에서 1928년에는 7개로 늘어나 법문학부는 22개 강좌로 구성되었다. 강좌제는 교수를 중심으로 대학을 운영하는 행정적 측면이 강하며 실제 강의는 교과목으로 운영되었는데, 법문학부 법학전공 교과목의 변천을 <표 16>으로 정리하였다.

〈표 16〉 경성제대 법문학부 법학과 교과과정 변천

교과목	1926년		1927년 세부교과목	1930년 세부교과목	1935년 세부교과목 (모든 세부과목은 1단위임)		
	法	政			제1류	제2류	제3류
헌법	◉1	◉1	헌법	좌동	◉헌법	◉헌법	◉헌법
행정법	◇2	◉2	총론/각론	좌동	◇총론/각론	◉총론/각론	◇행정법
민법	◉5	◉5	총칙/물권/채권총론[1]/채권각론/친족·상속[5]	좌동	◉민법 [1-4] ◇민법[5]	◉민법 [1-3] ◇민법[4·5]	◉민법 [1-4] ◇민법[5]
상법	◉2	◇2	총칙·회사법·상행위법/어음법·보험·해상법[2]	좌동	◉총칙·상행위법/회사법/어음·수표법/보험·해상법	◇상법	◉상법 [1-3] ◇상법[4]
민사소송법 (파산법 포함)	◉2		총칙·제1심소송절차·상소/강제집행·특별절차1/파산법	총칙·제1심소송절차·재심·상소·독촉절차/강제집행/파산법	◉총칙·판결절차/집행·집행보전절차 ◇파산법		
형법	◉1	◇1	총론/각론	좌동	◉총론/각론	◉총론/각론	◇총론 각론
형사소송법	◉1		형사소송법	좌동	◉형사소송법		
국제공법	◇2	◉2	평시/전시	국제공법2	◇평시/전시	◉국제공법[2]	◇국제공법[2]
국제사법	◇1	◇1	국제사법	좌동	◇국제사법	◇국제사법	◇국제사법
법리학	◇1	◇1	법리학	좌동	◉법리학		◇법리학

로마법	●1		로마법	좌동	●사법 ◇공법	◆사법/공법	
법제사	◇2	◇2	서양/동양	좌동	◇동양/서양	◇동양/서양	◆동양/서양
법의학			법의학	좌동	◇법의학		
연습·특강3]					■연습·특강	■연습·특강	■연습·특강
정치학		●1	정치학	좌동	◇정치학	●정치학	●정치학
정치사		●1	정치사	좌동		●정치사	◇정치사
정치학사		◇1	정치학사	좌동		◇정치학사	◇정치학사
외교사		●1	외교사	좌동		●외교사	◇외교사
경제학	◇3	◇3	경제학	좌동	●경제원론	●경제원론	●경제원론
재정학		●2	재정학	좌동	◇재정학	●재정학	●재정학
통계학		◇1	통계학	좌동		◇통계학	●통계학
경제정책			경제정책	상공/농업	◇농업/상공	◆경제정책4]	●경제정책
경제학사							◇경제학사
경제사							●경제사
화폐금융론					◇1화폐·2금융	◆화폐금융론	◆화폐금융론4]
사회법					◇사회법	◇사회법	◇사회법
사회정책						●사회정책	●사회정책
외국어	●1	●1	①	좌동	●강독연습	●강독연습	●강독연습
단위 필수	14	19	34	35	18	19	19
전체	25	28			37	35	35

※ 가) [세부] 교과목 및 부호 다음의 숫자는 단위
　　나) 좌측은 교과목, 우측은 세부교과목임(예: 행정법[교과목], 총론·1부, 각론·2부[세부교과목])
　　①외국어 참고서 강독 등의 이수 단위는 교수회의 결의로 결정
　●: 필수,　◇: 선택,　◆: 제1, 2부 중 1과목 이수,　■: 필수·선택 모두 개설,
　1926, 1927, 1930년: 철학과, 사학과, 문학과 소속 과목 2단위 이상 필수 이수
1] 담보물권법은 채권법 총론에서, 1935년 이후 물권법 이전
2] 교과목 평시·전시 구분, 수학규정 통합
3] [연습·특수강의]: 필수·선택과목의 구분 학년 개시 전 지정
4] 필수로 수학하지 않은 자
출전: ≪관보≫ 1926. 4. 23.; 1927. 4. 4.; 1930. 4. 21.; 1935. 1. 30.

　　1926년 법학 전공은 정치학을 포함하여 설치되었으나, 1927년에
는 정치학 전공을 폐지하고 법학 전공에 흡수하였으며, 또 민법 등을
법전의 편제에 맞게 재구성하였다. 이는 1934년까지 유지되었으며,
1935년에는 3개의 세부전공으로 나누는 대대적인 개편이 있었다.

　　최초인 1926년 교과목의 특징은 기본육법 외에 로마법이 필수인
점, 법제사가 개설된 점, 예과와 같이 외국어를 강조한 점을 들 수 있
다. 이러한 교과과정은 단순한 법률실무가의 양성이 아닌 일본의 제
국대학과 같이 법학자 양성을 목표로 하였다. 정치학 전공이 폐지된
1927년에는 정치학 과목이 법학과 교과목에 포함되었으며, 경제정책
과 법의학이 신설되고 법제사가 서양과 동양으로 분리되었다. 이 때
필수와 선택과목의 구분이 없어져 1934년까지 지속되었다. 1930년에
는 경제정책이 상공/농업정책으로 분리된 것 외에는 변화가 없다. 1930
년까지는 법학 전공자도 법학부의 타 전공 2단위를 필수적으로 이수
하도록 하여 교양교육을 강화하였다.

　　대폭 개편된 1935년에는 우선 3개의 세부전공으로 구분하여 교
과목을 다르게 하였으며, "연습·특수강의(필수)"와 "사회법·사회정
책", "경제학사·경제사"를 신설하였다. 세부전공에서 교과목의 인정
과 필수와 선택의 배치에서 특징이 드러난다. 제1류는 기본육법과 법
리학, 로마법 등이 필수인 점에서 '법률가'를, 제2류는 행정법이 필수
이고, 소송법과 법리학이 없으며 그 대신 정치학과 외교학이 필수인
점에서 '행정관료'를, 제3류는 민사법은 중간에 위치하고 경제학을 강
조한 점에서 '경제관료'를 양성하기 위한 과정으로 보인다.[41]

　　경성제국대학의 교육목표는 중국과의 연관 속에서 중국진출의 교
두보를 마련하기 위한 "동양문화, 조선문화연구의 권위"를 표방하였
지만,[42] 법문학부 법학전공의 경우 교수나 학생 모두 고등고시를 강

---

41) 이항녕, 『작은 언덕 큰 바람』, 나남, 2011, 46-7면.
42) 정선이, 앞의 책(주 38), 111-2면.

하게 의식하고 있었다. 고등고시의 합격자 수는 대학의 위상과 직결
되었으며, 경성제국대학은 합격률에서는 전체에서 3, 4위권, 경성법학
전문학교는 15권 안에 있었다.[43] 이는 교수진을 학자와 실무가로 구
성한 것에서도 잘 드러난다. 일본 내각은 1925년부터 법률학에 편중
된 「고등고시령」의 개정을 준비하였으며, 이 개정안은 1926년 통과되
어 1929년부터 시행하였다.

　　1931년 장후영이 경성제국대학 출신으로 최초로 고등고시 사법
과에 합격하였으며, 1930년대 중반부터 취업난 등으로 재학생들은 고
등고시를 준비하였다.[44] 1935년 법문학부 교과과정의 개편은 이에
대비한 것으로 학문의 연구가 아닌 사법·행정 관료양성에 초점을 둔
것[45]으로, 식민지기 조선인 사법관의 출신학교를 보면 경성제국대학
출신이 98명 중 22명으로 제국 전체에서 가장 많았다.[46] 경성제국대
학 교과과정의 변화는 일본의 고등문관시험 과목의 변화에 대응하기
위한 것으로 제국 내에서 경성제국대학의 위상을 높이면서 동시에 식
민지지배에 필요한 인재를 양성하기 위한 조처이었다.

　　실제 강의개설은 서울대학교 기록관에 소장되어 있는 <1937
년도 경성제국대학 법문학부 강의시간표> 및 <1938년도·1940년
도 경성제국대학 법문학부 강의제목표>에서 어느 정도 알 수 있다
<표 17>.

---

43) 장신, 「일제하 조선에서 법학교육과 연구」, 『향토 서울』 85, 서울특별시사 편찬위
　　원회, 2013, 190-2면.
44) 이충우·최종고, 앞의 책(주 26), 174면; 장세윤, 「경성제국대학의 한국인 졸업생
　　과 고등문관 시험」, 『향토 서울』 69, 서울특별시사 편찬위원회, 2007, 55-7면.
45) 通堂あゆみ, 「京城帝國大學法文學部の再檢討: 組織·人事·學生動向を中心に」, 『史
　　學雜誌』 117-2(日本史學會, 2008) 참조.
46) 전병무, 『조선총독부 조선인 사법관』, 역사공간, 2012, 138-141면.

〈표 17〉 법문학부 법학과 개설강좌(1937, 1938, 1940)

1937년 2학기 법문학부 법학과 개설강좌[강좌명/담당교수]
법 학 과	－ 외국헌법[鵜飼], 조선행정법[松岡], 민법2부[藤田], 민법연습[安田·喜頭], 상 법4부[西原], 민소연습[喜頭], 형법2부[不破], 국제공법2부[祖用], 법리학연습 [尾高], 로마법2부[船田], 서양법제사[松坂], 법의학[佐藤], 이조형법·강독연 습[花村], 강독연습[奧平] － 경제정책2부[靜田], 화폐금융론2부[鈴木], 경제학사[小田], 경제사[四方], 만주 및 조선의 경제사정[大內] (21/19)

1938년 · 1940년 법문학부 법학과 개설강좌								
교과목	단위	시수	교수 38/40	교과목	단위	시수	교수 38/40	비고
헌법	1	2	淸宮	정치학사	1	4	×/藤本	
행정법1부	1	4	松岡	정치사	1	4	松本/○	
행정법2부	1	4	鵜飼/松岡	외교사	1	4	奧平	
민법1부	1	4	安田/有泉	재정학	1	4	小田	
민법2부	1	4	安田/有泉	경제원론	1	4	四方	
민법3부	1	4	藤田/山中	경제사	1	4	四方/×	
민법4부	1	4	藤田/山中	화폐금융론1부	1	4	鈴木/×	
민법4부	1	4	×/松坂	화폐금융론2부	1	4	×/鈴木	
상법1부	1	4	西原	경제정책1부	1	4	×/○	
상법2부	1	4	竹井/西原	사회정책	1	4	×/森谷	
상법3부	1	4	×/竹井	통계학	1	4	大內	
상법4부	1	4	×/竹井	고대정치사상	1	4	×/戶澤	특강
민소법1부	1	4	喜頭/栗原	日滿支경제제휴론	1	4	×/森谷	특강
민소법2부	1	4	喜頭	不當利得에 관한 제 문제	1	2	松坂/×	1류 필수
파산법	1	4	×/喜頭	國家原論	1	4	尾高/×	2류 필수
형법1부	1	4	花村	李朝法制史의 약간 문제	0	4	內藤/×	
형법2부	1	4	花村	조선법제사연습	0	4	×/內藤	

형사소송법	1	4	不破/增永	형법·형소법연습	1	2	×/花村	
사회법	1	2	×/西原	민소연습	1	4	×/栗原	
국제공법1부	1	4	祖用	東亞의 국제관계	1	4	奧平/×	2류 필수
국제공법2부	1	4	祖用	지방재정론	1	4	小田/×	3류 필수
국제사법	1	4	長谷川	경제학연습	1	4/2	靜田/鈴木	3류 필수
법리학	1	4	×/尾高	강독연습(獨)	1	2	津曲/尾高	1류 필수
일본법제사	1	4	×/內藤	강독연습(獨)	1	2	花村/×	1류 필수
로마법1부	1	4	船田	강독연습(英: 국제법)	1	4	長谷川	1·2류필수
로마법2부	1	4	×/船田	강독연습(獨)	1	2	○/奧平	2류 필수
정치학	1	4	戶澤					

○: 교수 성명 미기재, ×: 미개설
1938년: 필수교과목 중 상법 3, 4부 및 사회정책 미개설,
　　　　1학기: 20과목, 70시간 / 2학기: 21과목, 74시간

1940년: 필수교과목 전부 개설, 1학기: 26과목, 94시간 / 2학기: 25과목, 90시간

1938년에는 1학기 20강좌, 2학기 21강좌가 개설되었는데, 상법 3, 4부 및 사회정책 외의 필수강좌는 모두 개설되었으며, "부당이득에 관한 문제, 國家原論, 이조법제사의 약간 문제, 동아의 국제관계" 등이 "연습·특수강의"로 외국어 강독연습이 3강좌 이상 개설되었다. 1940년에는 1학기 26강좌, 2학기 25강좌가 개설되었는데, 필수강좌는 모두 개설되었으며, "고대정치사상, 日滿支경제제제휴론"과 "조선법제사연습, 형법·형소법연습, 민소연습, 경제학연습"과 외국어강독 3강좌가 개설되었다.

1938년에는 1학기 20강좌, 2학기 21강좌가 개설되었는데, 상법 3, 4부 및 사회정책 외의 필수강좌는 모두 개설되었으며, "부당이득에 관한 문제, 國家原論, 이조법제사의 약간 문제, 동아의 국제관계" 등이 "연습·특수강의"로 외국어 강독연습이 3강좌 이상 개설되었다. 1940년에는 1학기 26강좌, 2학기 25강좌가 개설되었는데, 필수강좌는

모두 개설되었으며, "고대정치사상, 日滿支경제제휴론"과 "조선법제
사연습, 형법·형소법연습, 민소연습, 경제학연습"과 외국어강독 3강
좌가 개설되었다. 1941년에는 다른 전문학교가 교육기간을 단축하는
등 전시동원체제에 접어들었지만, 경성제국대학은 1943년 이공학부
를 설치하면서 정원을 80명에서 60명으로 축소하는 등의 변화만 있
을 뿐 여전히 고등교육기관으로서 역할을 하였다.

경성제대 법문학부의 교육은 규정대로 진행되었다. 1934년 4월
법학과에 진입한 고재호는 "법학과는 3년 동안 법률학·정치학·경제
학 계열의 강좌에서 19단위를, 문학과·철학과·사학과 계열의 강좌
에서 2단위를 따야 졸업할 수 있었고, 필수와 선택과목은 없었다"고
회고하였다.[47] 1937년 4월 법학과에 진입한 이항녕은 "법학과는 제1
류(법률학), 제2류(정치학), 제3류(경제학)로 세분되고 법학과 전체에서
해당과목을 수강하면 되었으며, 27단위를 이수해야 졸업할 수 있었는
데, 각 류에서는 필수가 19단위, 선택이 8단위이었다. 법률학 위주인
제1류에서는 6법과 법철학, 로마법, 경제원론이 필수이었으나, 이수학
년과 취득단위의 제한이 엄격하지 않아 자유롭게 수강할 수 있었다"
고 회고하였다.[48] 그리고 일본의 제국대학과 마찬가지로 경성제국대
학에서는 교수도 자기의 관심 분야나 연구주제를 자유롭게 강의를 하
였으며, 병으로 강의를 거의 못하는 교수도 자리는 유지할 수 있었으
며, 별도로 고등문관 시험에 대한 준비를 해주기도 하였다.[49]

경성제국대학 예과에서는 외국어를 강조하고 있으며, 법학의 기
본인 여러 과목을 중시하고 있다. 법문학부에서는 기초법인 법제사,
로마법, 법리학 등을 개설하였으며, 또 다양한 선택과목을 개설하고
법문학부 내의 타 전공교과목도 강제적으로 수강하도록 하였다. 이처

---

47) 고재호, 『법조반백년: 고재호 회고록』, 박영사, 1985, 228-9면.
48) 이항녕, 앞의 책(주 41), 46-7면.
49) 이항녕, 앞의 책(주 41), 60-4면.

럼 법이론과 타 분야의 교육을 강조한 점에서 실무가 양성보다는 학
자 양성에 중점이 있었다. 하지만 식민지 조선의 현실은 졸업생, 특히
조선인들이 학자로 성장하기에는 제약이 너무나 많았기 때문에 대부
분은 고등문관시험을 거쳐 관료로 진출하였다.

3. 전문학교의 교과목의 변천

식민지기 전문학교 법학교과목 변천의 특징을 통시적으로 살펴
보자. 법학교육은 1905년부터 현재와 유사한 형태로 완비되었기 때문
에 1905년부터 1942년까지 13개의 전문학교의 교과목을 <표 18>
과 같이 법학, 실무, 어학, 일반, 사회·경제, 일본 관련으로, 또 법학
은 다시 통론, 공법, 사법, 형사, 국제로 구분할 수 있다.

<표 18> 법학교육 세부교과목 변천표

내 역		보전 '05	양성 '06	보전 '07	양성 '08	법교 '09	전수 '11	보전 '15	법전 '22	법전 '25	보전 '25	보전 '31	법전 '37	보전 '37	법전 '40	보전 '42
법학통론		2	1	2	1	4	4	2	2	2	2	1		1		1
공법	헌법/국법	3	1	2		2	2	2	2	2	2	2	2	3	2	2
	행정법	3	2	2		2	5	4	5	5	4	4	5	4	6	3
사법	민법	7	1	15	6	17	16	15	17	17	20	18	18	17	15	17
	상법	5	1	8	4	8	8	8	8	8	10	12	10	11	9	9
	민소/파산	4	1	6	1	8	6	8	8	8	7	9	7	9	6	9
형사	형법	3	1	4	1	8	5	4	6	6	6	6	6	6	6	6
	형소법	2	1	2	1	3	2	2	3	3	3	3	3	3	3	3
국제	공법	3	2	4	1	2	2	4	3	3	4	3	3	3	3	3
	사법	1		2		3		3	2	2	1	2	2	2	2	선
법학 소계		33	14	52	15	58	50	52	56	56	59	60	56	59	52	53
%		89	74*	87*	83	44*	52	70	59	59	66	59	59	55	51	53
실무	민형사					5										
	부기					1	2									

내역		보전'05	양성'06	보전'07	양성'08	법교'09	전수'11	보전'15	법전'22	법전'25	보전'25	보전'31	법전'37	보전'37	법전'40	보전'42
실무	상업학								3	3			4		4	
	일반					.	18	1			5	5		2		2
	소계					6	18	3	3	3	5	5	4	2	4	2
	%					5	19	4	3	3	6	5	4	2	4	2
일반	수학	1	1		1	3										
	철학										2	2	2			2
	논리학			2		4					2	2	2			2
	심리학										2	2	2			2
	소계	1	1	2	1	7					4	6	6			6
	%	3	5	3	6	5					4	6	6			6
사회경제	경제학	1	1	2	1	2	4	2	4	4	3	3	4	3	4	3
	재정학	1	1	2			2	2	2	2	2	2	2	2	2	2
	기타 경제						5		3	3				3	3	
	사회학			2							2	2				
	사회정책										2	2				
	소계	2	2	6	1	2	11	4	9	9	9	9	9	9	9	5
	%	5	11	10	6	2	11	5	9	9	10	9	9	8	9	5
선택 과목[3]								1/1						10/9		2/2
어학	조선/한문		1			2							3	3		
	일어	1			1	40	8	12	8	8		2	8	2	7	2
	영어								10	10	7	10	10	12	5	12
	중어/독어		불												3/3	4 (중)
	소계	1	2		1	42	8	12	18			7	15	17	18	18
	%	3	11		6	32	8	16	19			8	15	16	18	18
일본관련	윤리/수신						1	3	3	3	3	3	3	3	3	3
	체조						12	6		6	6	3	3	6	3	6
	교련													6		
	일본학													4		3
	국사															2
	역사/지리					2/2										

내 역	보전 '05	양성 '06	보전 '07	양성 '08	법교 '09	전수 '11	보전 '15	법전 '22	법전 '25	보전 '25	보전 '31	법전 '37	보전 '37	법전 '40	보전 '42
소계					17	9	3	9	9	6	6	9	6	19	14
%					13	9	4	9	9	7	6	9	6	19	14
합계	37	19	60	18	132	96	74	95	95	90	101	95	107	102	100

1] 1905~1908년은 교과목, 1909년 이후는 단위.
2] *刑法大全 등(1906), 構成法, 擬律擬判(1907), 明律(1909) 생략(계에는 포함).
3] 선택과목[1937]: 제2외국어(廢), 사회학, 문명사, 행정학, 법제사, 산업법, 국제사법 (轉), 신탁법, 법리학, 사회정책, 영법강독, 부기, 금융조합론(追)[2단위]

　관립의 경우 1909년 법학교부터 전공의 비율이 50%대로, 보성전 문학교는 1922년부터 60%대 이하로 낮아진다. 이는 1908년까지는 법 률가를 신속하기 양성하려는 의도가 교과목에 그대로 반영된 것이다. 실무과목은 1909년부터 도입되었는데, 관립이 보성전문학교보다 전 반적으로 많으며 특히 전수학교는 약 20%를 차지하는데, 이는 실무 가를 신속히 양성하려는 조선총독부의 교육방침을 그대로 드러내고 있다. 교양에 해당하는 사회학 등 일반과목은 관립에서는 거의 찾을 수 없으며, 보성전문학교를 중심으로 이루어지고 있다. 경제학과 재 정학은 초기부터 교육이 진행되었다. 초기에는 일본어가 강조되어 지 속되었으며, 1930년에는 조선어·한문의 개설을 허용하여 유화적인 모습을 보였다. 영어는 1922년부터 등장하였으나 전시기에는 축소되 고 대신 독일어·중국어가 신설되었다. 또 1909년부터 "윤리/수신", "체조"가 등장하여 지속되었으며, 전시기에는 일본학 등이 신설되었 는데, 이는 동화정책이 교과목에 반영된 결과이다.

　법학과목은 1909년 이후 25~41%를 차지하는 민사법, 특히 민법 을 중심으로 구성되어 있으며, 기초법 교과목이 개설되지 않았다. 특 히 국가권력의 발동과 제약에 대해 이론적 근거를 제공하는 헌법과 행정법은 1905, 6년 외에 8% 미만으로 미약한데, 공권력 ― 조선총독

부 — 에 대한 이론적 저항을 원천봉쇄하려는 의도로 보인다.[50]

　법관양성소 등 관립학교와 보성전문학교의 교과목구성은 민사법을 중심으로 철저한 실무교육을 추진하려는 법률관료 내지 기술관료 양성을 위해 특화되었다. 하지만 관립인 법관양성소보다 사립인 보성전문학교는 교양교과목이 더 많으며, 특히 1937년 이후에는 대학을 표방하여 선택과목을 도입하고 논리학과 심리학을 개설한 점에서 더 일반적 고등교육을 수행하였다고 평가할 수 있다. 그리고 경성제국대학 법문학부 법학전공의 교과목은 전문학교의 그것과 기본적으로 동일하다. 다만 실정법의 바탕이 되는 법제사 등 기초법과 정치학, 경제학, 사회학 관련 과목이 개설된 점과 외국어를 강조하였으며, 법문학부의 타 전공을 필수적으로 이수하도록 하고 또 다양한 선택과목이 있는 점에서 좀 더 자유롭고 개방적으로 운영되었다.

Ⅲ. 현대 대학학제와 법학 교과목의 변천

1. 대학학제의 변천

　해방 이후에도 고등교육에 대한 열망은 그대로 이어졌고, 이는 대학의 증설로 나타났으며, 법학교육도 예외는 아니었다. 대학의 양적 팽창에 따른 질적 수준을 담보하기 위해 국가는 교육과정에 개입하였으며, 현실에서 필요한 법률가를 양성하는 법학교육에서는 더욱 그러하였다.[51]

　국가의 고등교육정책과 대학의 목적[52]을 달성하기 위해 국가에

---

50) 경성제국대학 법문학부 법학전공에서도 같다. 공법은 1강좌에서 1927년부터 2강좌로 늘어나고 3단위로 10% 내외의 낮은 비율이다.

51) 해방 후 법학교육의 확산에 대해서는 본서, 59면 이하 참조.

52) 1949년 「교육법」에서는 대학의 목적을 "국가와 인류사회발전에 필요한 학술의 심오한 이론과 그 광범하고 정치한 응용방법을 교수연구하며 지도적 인격을 도야하는 것"(제108조)"으로 규정하였으며, 현행 「고등교육법」도 "인격을 도야(陶冶)하

서는 교육내용과 교과목에 대해 일정한 기준을 제시할 필요가 있다. 해방 후 양적으로 팽창한 대학의 질적 수준을 유지하기 위해 국가는 대학의 교과과정에 대해서는 강력한 통제를 하여 교육내용에 대해 간섭하였다. 특히 국가의 성장전략에 따라 실험대학의 운영, 「대학학생 정원령」과 학위등록제 실시, 지방대학의 확충, 교수재임용제 등을 도입한 1970년대에는 고등교육은 크게 개혁되었는데, 그 핵심은 국가의 고등교육에 대한 통제와 지원이었으며, 이러한 기조는 1990년대 중반까지 이어졌다.[53)]

이러한 국가중심의 교육제도는 세계화를 추진한 김영삼 정부의 1995년 '5·31 교육개혁'을 통해 완전히 전환되었다. 민주화·자유화(정부의 시장개입의 축소와 시장기능의 강화), 세계화, 정보화, 지식사회화 등이 시대적 배경이다. 특히 세계화는 신자유주의와 함께 이념지향성이 강하였다. 이런 분위기에 국제경쟁력과 이를 촉진하는 국가의 역할이 중시되었다. 그 기본구상은 최소 전공인정학점제의 도입으로 다전공복합학문을 개척하며 대학원을 다양화하고 문호를 확대하는 것이었다. 더불이 수요자중심의 교육, 자율과 경쟁 그리고 교육의 다양화 및 특성화를 추진하였다. 그러나 정책의 복잡성 때문에 '자유와 평등'·'수월성과 보편성의 조화' 등 모순적 내용도 있다.[54)]

국가의 고등교육의 내용에 대한 간섭은 졸업학점과 이수분야에서 나타난다. 해방 후 현재까지의 변화는 다음과 같다. 총이수학점은 점진적으로 축소하여 ① 1945~1953년: 180학점, ② 1954~1972년: 160학점, ③ 1973~1989년: 140학점을 기본으로 하였다. 1973년까지는 교육과정이 국가의 지침에 따라 운영되었으며, 1989년 이후는 대

고, 국가와 인류사회의 발전에 필요한 심오한 학술이론과 그 응용방법을 가르치고 연구하며, 국가와 인류사회에 이바지함을 목적"(제28조)으로 규정하고 있다.
53) 편찬위원회 편, 『교육50년사』, 454-6면.
54) 안병영·하연섭, 『5·31 교육개혁 그리고 20년』, 다산출판사, 2015, 24-38면.

학자율화에 따라 교육과정에 융통성이 있었다. 이를 이수분야와 함께 정리하면 다음과 같다(<표 19> 참조).

<표 19> 대학교육과정의 학점배분 (단위: 학점/%)

학점/ 연도	1945~1953	1954~1972	1973~1989	1989~1994
전체졸업 이수학점	180(100.0)	160(100.0)	140(100.0)	140(100.0)
전공과정 학점수	80(44.4)	82(51.3)	69(49.3)	63(45.0)
교양과정 학점수	40(22.2)	49(30.6)	46(32.9)	46(33.0)
자유선택과정 학점수	60(33.3)	29(18.1)	25(17.9)	31(32.0)

출전: 『교육50년사』, 484면 <표 5-13>

① 1945~1953년: 180학점 중에서 일반교양 40학점(22.2%), 전공과정 80학점(44.4%), 선택과정 60학점(33.3%)이며, 필수와 선택을 구분하고, 필수교과 아래에 일반교양과 전공교과를 두었다. 이는 사전에 구조화된 보수적 교육과정 운영체제이다. 선택교과가 제한되었기 때문에 교육과정이 거의 획일화되었다. 뿐만 아니라 인문/사회/자연과학계별로 교양과목을 지정하여 대학의 자율적 운영을 억제하였다.

② 1954~1972년: 160학점 중에서 교양이 49학점(30.6%), 전공이 82학점(51.3%) 이상, 선택이 29학점(18.1%) 이내로 하였으며, 교양필수과목과 교양선택과목으로 구분하여 교양교육을 강조하였다. 교양과 전공 교육이 병행되었으며, 교양교육의 강화로 대학의 독자적인 교과목개발과 운영이 부각되었다.

③ 1973~1989년: 140학점 중에서 평균적으로 교양이 46학점(32.9%), 전공이 51학점(36.4%), 선택이 18학점(12.9%), 일반자유선택 25학점(17.9%)으로 교양교육의 내실화, 학문상호 간의 개방 등이 특징이다. 졸업학점의 감축은 교육내용과 방법의 개선으로 교육의 내실화를 추

구하기 위해서이었다.

④ 1989년 이후: 국가에서 제시한 교육과정 편제는 없지만, 56개 대학의 평균은 140학점 중에서 교양이 46학점(33%), 전공이 63학점(45%), 선택이 31학점(32%)으로, 교양과 선택이 상대적으로 높아졌다. 이는 적성에 맞는 전공의 다기능적 인재의 배출을 추구하였다.

1970년대까지는 교양교육을 강화하기 위해 총학점에서 교양학점의 비율을 규제하였을 뿐만 아니라 체육(1953), 한국사·교련(1969), 국민윤리(1971; 1974 법정[55]) 등을 필수교양과목으로 지정하여[56] 국가가 지나칠 정도로 대학의 교과운영에 간섭하였다.[57] 1995년 '5·31 교육개혁'에서는 대학경쟁력강화를 위해 자율역량의 강화, 경쟁을 통한 교육·연구력 제고, 대학지원정책의 획기적 전환을 제시하였으며, 산업구조의 변화에 대응하고 자연스러운 대학구조조정을 위해 학부제를 도입하여, 교양학점, 전공[필수/선택]학점에 자율성을 인정하여 학생들이 전공을 선택할 수 있는 길을 열어주었으며, 이후의 변화는 <표 20>과 같다.[58]

---

55) 「교육법시행령」[시행 1974.8.14.] 제119조(대학의 교과) ① 대학의 교과는 일반교양과목과 전공과목으로 하고 이를 다시 필수과목과 선택과목으로 구분한다. (생략) ④ 일반교양과목은 인문과학, 사회과학, 자연과학의 각 계열에 속하는 과목을 균형있게 편성하여 과하되, 국민윤리·한국사·교련·체육은 반드시 이수하도록 하여야 한다(강조는 필자).

56) 편찬위원회 편, 『교육50년사』, 479-485면.

57) 1972년 유신체제의 출범, 1974년 국사 국정교과서 도입 등을 고려하면 국가가 교육에 강력하게 개입하였음을 부인할 수 없다.

58) 안병영·하연섭, 앞의 책(주 54), 364-370·230-1면.

〈표 20〉 교양 및 전공교과목 이수학점 비교표(예)

연도	교양교과목		전공교과목			졸업이수 학점	총개설 학점
	필수	계열교양(선수)	필수	선택	이수학점		
1995	13	20~24	27~46	52~77	60	140	154~182
1996	6	13~15	27~46	35	60	140	154~182

출전: 안병영·하연섭, 앞의 책(주 54), 232면 <표 4-16>.

해방 후부터 1990년대 중반까지 국가의 고등교육정책은 규제일 변도라고 할 수 있다. 하지만 이는 어느 정도 불가피한 측면도 있다. 해방 후 고등교육에 대한 수요는 폭증하였고, 국가는 그 수요를 충족시킬 수 없어서 결국 私學에 의존할 수밖에 없었다. 그런 상황에서 교육의 질적 수준을 유지하기 위해서는 국가는 교육내용 등에 간섭할 수밖에 없었다.[59] 국가의 간섭은 필요최소한에 그쳐 대학이 자율적으로 성장할 터전을 열어주어야 하는데, 강력한 규제가 1990년대 중반까지 지속되었으며, 그 여파는 현재까지 남아있다.[60]

2. 법과대학 학제의 변천과 교과과정 — 서울대학교를 중심으로 —

(1) 법과대학의 학제의 변천

1946년 2월 경성법학전문학교가 다시 개교하였으며, 그 해 7월에는 미군정청은 국립서울대학교 설치안을 발표하고 8월에 입법절차를 거쳤으며, 9월 18일에는 경성대학 법문학부와 경성법학전문학교를 통합한 국립서울대학교 법과대학이 출범하였다. 10월 22일 교수진을 구성하고 고병국이 학장으로 취임함으로써 1946년 12월에 발족한 고

---

59) 이러한 규제는 5.16 이후 더욱 강화되었다: 1961년의 ① 대학교원 임용시 실적 심사제 채택, ② 대학 학사학위 수여시 국가고시제도 도입(1963 폐지), 1962년의 대학입학자격 국가고시(1964 폐지), 1968년의 대학입학예비고사(1981년 폐지) 등을 들 수 있다.
60) 이러한 규제는 헌법의 '대학의 자치', '학문의 자유'와 양립할 수 있는지 의문이다.

려대학교 법학과와 함께 자주적인 법학교육을 할 수 있는 제도적 기
반을 마련하였다. 1948년 가을학기에는 법률학과 외에 행정학과를 설
치하였다. 1956년 1학기부터 서울대학교는 교양과목의 통합수업을
시작하였다. 서울대학교 종합화계획의 일환으로 1974년부터 신입생
을 계열별로 모집하였으며, 1975년부터 행정학과가 폐지되어 정원이
160명으로 되었다. 1981년 졸업정원제의 시행과 함께 사법학과와 공
법학과로 분리하였다가 1997년부터 다시 법학부로 통합하였다. 1962
년 사법대학원이 개원하였는데, 대학이 법조인 교육까지 담당하게 된
획기적인 시도이었다. 그러나 내외적 문제로 결국 1970년 12월 31일
총 14기, 508명의 졸업생을 내고 폐지되고 그 대신에 1971년 1월 사
법연수원이 발족하였다.[61]

법과대학은 1949년의 교육법에 따라 4년으로 출발하였는데, 초
기부터 학제개편에 대한 논의가 있었다. 식민지기에 학자양성을 목적
으로 하는 경성제국대학을 제외하고는 전공과목만으로 3년을 교육하
였지만, 교양을 포함한 4년 동안의 교육으로는 법률가를 양성하기에
부족하다는 것이 이유이었다.

학제개편의 첫 물꼬는 문교부에서 나왔다. 1957년 4월 문교부 자
문단체인 "특별교육심의회"에서는 법대는 5년제, 200학점으로 하며,
대학 전체의 교양과목이수는 60학점 이상으로 할 것을 건의하였고,[62]
6월 서울대학교 교육특별심의회는 법과대학 5년제 학제개편안을 의
결하였으며, 1960년 10월 법대 교수회에서는 법과대학 5년제 학제개
편안을 의결하였다.[63] 1961년 10월에는 졸업생의 95%가 취업하기 때
문에 교육을 강화하기 위해 2+3의 5년 안이 법대교수회의에서 통과

---

61) 편찬위원회 편, 『서울대 법대 백년사』, 219－341면.
62) ≪대학신문≫ 1957.4.2. 편찬위원회 편, 『자료집(2)』, 424면 재인용(이하 신문자료
   는 모두 여기서 인용하였다).
63) 『서울대 법대 백년사』, 283－4・297면.

되었다.[64] 그러나 학제개편은 논의만 무성할 뿐 결실이 없었다. 1970
년 10월에는 서울대 종합화 10년 계획의 일환으로 법대는 2년 수료
생 중에서 선발하며 재학연한을 5년으로 할 계획을 밝혔다.[65] 학제개
편 논의는 한동안 수면에 가라앉았다가 1984년 다시 점화되었다. 그
해 4월 국립대 법과대학협의회에서는 현재의 체제로는 기초법학의
교육이 소홀해지며 또 새롭게 요구되는 사회경제, 환경 등에 대한 교
육을 할 수 없음을 이유로, 예과 1년 본과 4년의 학제개편을 위해
"법학교육심의위원회"의 구성을 문교부에 건의하였다.[66]

　　이후 법과대학의 학제개편에 대한 논의는 1995년 '5·31 교육개
혁'의 일환으로 1996년 2월 제2차 교육개혁방안에서 1997년 도입을
목표로 추진한 의학·법학전문대학원제도를 둘러싸고 재개되었다. 법
학전문대학원제도는 10여 년의 산고 끝에 2007년 7월 법이 통과되어
2008년 25개 법학전문대학원이 인가를 받고 2009년부터 신입생을 선
발하여 출범하였다.[67]

　　(2) 법학교육의 교과과정

　　서울대학교 법과대학의 교과과정을 학생편람을 통해 살펴보자.
현재 가장 오래된 1953년도의 학생편람에 따르면 다음과 같다(졸업학
점 180). 교과목은 교양과목, 법률학과 행정학과 전공과목, 선택과목
으로 구분하였고, 어문학에서 자연과학까지 다양한 교양과목은 총
12개 과목 50학점을 제공하고 있으며, 이 중 42학점을 1학년에 이수
해야 하였다. 특징적인 것은 헌법(4학점)을 교양과정에서만 개설하고
있다.

　　법률학과 필수·선택은 각각 100학점(45과목 200학점)을, 행정학

---

64) ≪대학신문≫ 1961.10.31.;『자료집(2)』, 463면.
65) ≪동아일보≫ 1970.10.1.;『자료집(2)』, 339면.
66) ≪동아일보≫ 1984.5.9.;『자료집(2)』, 339면.
67) 본서, 제2장 제2절(송석윤 집필) 참조.

과 필수·선택은 각각 102·100학점(47과목 202학점)으로 행정학과가 약간 많이 개설하였다. 전공의 특성을 살려 법률학과는 사법분야를, 행정학과는 공법분야와 법학 인접분야를 강조하고 있다. 학문성을 강조하여 법제사, 법철학, 외국법 강좌를 개설하였으며, 외국어교육을 중시하고 있다. 또 연습과목은 양과가 분명하게 구분되었다.

졸업학점이 160학점으로 축소되고 교양과목의 비중이 강화된 1954~1972년에는 큰 변동은 없다. 1959년에는 법률학과는 전공 개설교과목이 70과목 254학점으로 대폭 늘어났으며, 행정학과는 52과목 208학점으로 약간 늘어났을 뿐이어서, 1953년에 비해 역전되었다. 실험대학을 도입하고 교양교육이 강화되면서 졸업학점이 140학점으로 축소된 1974년 이후 입학생의 교과과정은 변동이 있었다(법대 150학점). 우선 교양필수, 전공필수/선택으로 세분화되었으며, 교양과정은 1학년 전부와 2학년까지 있었으며, 졸업학점의 감축으로 법률학과와 행정학과의 전공 개설교과목이 각각 51, 52과목 152학점, 154학점으로 축소되었으며, 헌법은 여전히 교양으로 4학점에 불과하였다. 법학과로 통합된 1975년도 2학기 진입생부터는 교양교육을 3학기 동안 실시하였으며, 전공은 40과목 119학점에 불과하였다. 이 때 처음으로 헌법이 전공교과에 편입되어 '기본권론(필수)'과 '통치기구론'으로 구분되었다.(68) 1977년도 진입생부터 또 변화가 있는데, 다시 2학년부터 전공교육을 하였으며 3년 동안 52개 강좌 156학점을 제공하였다. 그리고 학년을 구분하여 경제학, 경영학, 행정학 등의 일반선택교과목 18강좌 54학점을 제공하였다.

1982년에는 공법학과와 사법학과로 분리하면서 법대의 교육은 조금 달라졌다. 기본적인 교과과정에는 큰 변동이 없었지만, 교과목에서는 재정학, 재무회계, 화폐금융론, 경제발전론 등 경제학과목이

---

68) 헌법의 교양에서 전공으로의 편제변화는 1972년 유신헌법과 관련하여 일종의 아이러니(Irony)이다.

신설되었으며, 1985년에는 미시경제론, 거시경제론, 무체재산권법, 법사회학, 행정구제법, 입법학 등이 개설되었다. 공법학과의 신설은 행정학과의 단순한 부활을 넘어서 법률소양을 갖춘 행정관료를 양성하기 위함과 동시에 사법시험 중심에서 법학의 균형 있는 발전으로 국가 전체에 대해 책임을 지는 법학교육을 수행하려는 조처이기도 하였다.[69)]

　　1989년 정부의 교양교육 개편방침에 따라 1990년에는 법학교양과목이 늘어났는데, 법학외국어(영어, 독어, 불어)가, 법학원전에 접근할 수 있도록 라틴어까지 개설되었다. 법률문장론을 개설하여 법학도를 위한 글쓰기를 시도하였으며, 법과 문학, 법과 윤리 등 법학의 기초교육이 강화되어 세계화시대의 법학도 양성에 노력하였다. 학부제를 도입한 1996년에는 전공교과과정에는 변동이 거의 없이 종전의 공법학과 사법학과 교과목을 그대로 수용하였으며, 교양교과목에는 법사상사고전강독과 법학외국어(불어)가 추가되었다. 1990년대의 세계화의 추진에 따라 법학교육 국제화의 일환으로 2004년부터 외국인 교수를 계약제로 임용한[70)] 이후 매년 계속되었으며, 2009년부터 총 7명이 정규교수로 임용되어 2020년 현재 4명이 재직 중이다. 다만 비법학교과목은 대학 본부의 정책에 따라 점차 축소되었다.

　　법학교육의 다른 한 축을 담당한 사립학교인 고려대학교의 법학교육에 대해 살펴보자. 국립인 서울대학교보다 상대적으로 국가로부터 자유로울 것 같은 고려대학교 역시 교과과정은 <표 21>에서 보듯이 서울대학교와 크게 다르지 않다.

---

69) 편찬위원회 편, 『서울대 법대 백년사』, 341면.
70) 그레이스 강(영미법), 중국 政法大學의 李居遷 교수(아시아법), 독일 프랑크푸르트 대학의 페터 길레스 교수(대륙법) 교수이다. 이미 사법대학원에서 외국인 교수가 강의하였다.

〈표 21〉 고려대학교 법학교육 교과과정 변천

4년제 법률학과 시작. 4년 8학기 동안 총 185학점.			
	년	필수과목	선택과목
1949	1	국어, 국사, 서양사, 동양사, 논리학, 심리학, 자연과학개론, 제1외국어, 제2외국어, 체육	
	2	국어, 법학개론, 헌법, 민법1, 형법1, 국제법1, 경제원론, 철학개론, 문화사개론, 외국어 법률학, 체육	정치학, 사회학, 일반경제사, 논리학개론
	3	행정법1, 민법2, 상법1, 민소법1, 형법2, 형사소송법, 외국어법률학	행정법2, 국제법2, 외국법, 국가학, 서양법제사, 법률학연습, 재정학, 경제정책, 조선사상사
	4	민법3, 상법2, 경제법, 법철학, 외국어법률학	민소법2, 파산법, 국제사법, 노동법, 신탁법, 외국법, 형사정책, 조선법제사, 법률학연습, 법률학특강, 계획경제론, 사회정책
1955	법과대학 법학과로 개편 문교부 지시로 졸업학점이 180학점에서 160학점으로 감축. 교양과목 40학점 이상, 전공과목 80학점 이상, 선택과목 30학점 이내로 조정.		
1964	교양교육 강화로 교양학부 신설, 교양학부에서 1년, 법학부에서 3년 수업.		
1973	법학과 이수학점이 140학점 이상으로 조정.		
1995	법학사취득을 위한 졸업이수학점이 150학점 이상으로 상향 조정 전공 대 교양 비율에서 교양 우위로 전환. 교양 총 78학점(기본교양 19, 교양선택 8, 균형교양 6, 계열교양 45) 전공 총 72학점(필수 36학점, 선택 36학점) 계열교양과목: 법학통론, 헌법(2), 형법(2), 민법(4), 법철학, 사법입문, 경영원론(3), 경제원론(1), 행정학의 원리 등.		

1997	법학졸업이수학점이 140학점으로 하향 조정.
	  - 교양학점 37학점(학문의 기초, 인성의 기초, 자유교양, 언어 및 수리)
	  - 전공 57학짐, 일반선택 46학점(북한법입문[전공필수과목] 격학기 개설)
	교양과목 분류(학문의 기초, 인성의 기초, 자유교양, 언론과 수리)
	법학과의 교양과목 학문의 기초(법학통론 폐지, 사법입문·공법입문, 헌법 I, 민법 I, 형법 I 조정).		

1999	학부제 시행에 따른 개편 – 교양과목 '인성의 기초' → '정보화사회' 개설 – 학문의 기초 영역: 사법입문·공법입문 → 법학입문 개설
2002	법학과 학문의 기초 영역: 헌법총론, 민법총론, 형법총론 개명 전공필수과목: 국가론, 경찰법, 지방자치법, 교정학, 토지공법, 저작권법, 의료법, 경제형법, 국제환경·인권법, 민사집행법, 법조윤리 등 추가 개설 전공선택과목: 금융법, 증권법, 소송대체분쟁해결론, 정책학, 정보체계론 등 개설

출전:『고려대학교 법과대학 학술사』, 고려대학교 출판부, 2011, 58면.

1949년의 교과목은 1학년 교양필수, 2학년부터 전공교과목이 배치되어 있으며, 법학과목에서는 해방 전과 큰 차이를 보이지 않는다. 다만 수신, 교련, 일본어가 사라진 점에서 해방의 분위기를, 상업 관련 교과목이 보이지 않는 점에서 법률가양성을 목표로 하였다. 이후에는 국가의 정책에 따라 교양학점과 전공학점을 적절히 분배하고 있다. 5·31 교육개혁 이후에는 이전보다는 다양한 교과목이 보이며, 정보화 등에 따라 새 교과목이 신설되었다.

(3) 법학 교과과정의 특징

위에서 법학교과과정의 변천을 1895년 법관양성소에서부터 20세기말까지 살펴보았다. 첫 눈에 알 수 있는 것은 교과목이 크게 달라지지 않았다는 점이다. 보성전문학교(1907), 법학교(1909), 경성법학전문학교(1922) 그리고 서울대학교와 고려대학교(2000)의 그것은 큰 차이가 없다. 특히 경성법학전문학교는 3년 과정, 총 이수학점이 96학점인 점은 현재 법학전문대학원의 졸업학점 90학점 이상과 너무나 유사하다. 그 이유로는 다음을 들 수 있다.

첫째, 법의 보편성이다. 교과과정은 흔히 말하는 六法을 바탕으로 하고 있으며, 이 법체계는 자유주의와 자본주의를 바탕으로 하고 있다. 근대입헌주의와 산업혁명에 바탕을 둔 자본주의 시장경제 하에서는 법은 개인의 생명·자유·재산을 보호하고 개인은 이를 토대로 자기의지대로 살아가도록 하는 것이 목적이다. 즉 국가권력으로부터 개인의 보호하기 위한 '권력분립과 인권보장, 죄형법정주의' 등 공법의 원칙과, 교환관계를 통하여 살아가는 시장에서 개성의 발현을 위한 사법의 '사적자치의 원칙'은 시대가 달라져도 크게 변하지 않을 것이기 때문에 법은 크게 바뀌지 않고 따라서 법학도 마찬가지이다. 다만 부분적으로 새로운 법영역과 분야 — 사회법, 지적재산권법, 경제법 등 — 가 점진적으로 추가·보완되었을 뿐이다.

둘째, 법학의 역사성이다. 지난 120년 동안 우리의 역사는 크게 바뀌었다. 정치적으로 왕조국가에서 식민지를 거쳐 민주국가를 이루었으며, 경제적으로도 소농사회에서 자본주의사회로 편입되어 현재는 세계시장의 중심에 자리를 잡았다. 그렇지만 1894년 이후의 법제는 이념적으로는 서구근대사회의 '자유주의'와 '자본주의시장경제'를 지향하고 있으며 실천하였다. 따라서 이념적으로 법이 크게 변하지 않았으며 이를 대상으로 하는 법학 그리고 교육도 마찬가지이다. 특히 민법의 연원은 멀리는 기원 전후인 로마공화정까지 올라가며 직접적으로 연결되는 것은 1804년의 프랑스민법전과 1900년의 독일민법전이다. 우리의 법과 법학도 이러한 법의 역사성에서 자유로울 수 없다.

셋째, 강한 외부구속성이다. 앞서 본 것처럼 우리는 헌법의 대학의 자치와 학문의 자유가 무색하리만큼 국가가 대학 — 고등교육 — 에 강력하게 개입하여 졸업학점 등 큰 틀에서뿐만 아니라 세부적인 과정에까지 관여하였다. 법학은 이에 더하여 법률가자격 부여, 즉 사법시험 과목으로 사실상 국가가 직접 교육에 관여하였다. 법과대학생들의 대부분은 考試로 불리는 사법시험준비에 매달리며 학교로서도 이에 신경을 쓰지 않을 수 없다. 특히 사법시험 정원이 늘어난 이후에는 더욱 그러하다. 따라서 교과과정은 사법시험과목 중심으로 편성되고, 또 강의도 시험과목인 실정법과 판례의 결론을 상세히 설명할

수밖에 없었다. 국가에서 변호사시험 전부를 결정하는 현실에서 법학
교육은 국가시험에 구속될 수밖에 없었고, 이는 외부에서 법학교과목
의 편성을 강하게 구속하였다.71)

2009년 법학전문대학원제도의 도입에 따라 설치된 대학교에서는
시작과 함께 학부교육을 축소하였으며, 2017년 이후에는 학부교육을
폐지해야 하는 등 법학교육의 일대변화를 가져왔으며, 법학전문대학
원에서는 대학별로 다양성·특성화를 지향하였다. 그러나 합격률을
총정원 2천명의 75%인 1,500명으로 묶어둔 현재의 변호사시험제도
하에서는 핵심적 내용 중의 하나인 특성화 교육마저 제대로 수행되고
있지 않다.72)

Ⅳ. 맺음말

1895년 법관양성소의 개교와 함께 시작된 이 땅에서의 근대 법
학교육은 주권상실과 회복이라는 역사의 굴곡을 거치면서 현재까지
이어져왔고, 2009년 법학전문대학원제도의 도입에 따라 일대 변혁을
맞이하였다.

근대 법학교육은 법관양성소를 잇는 官學과 보성전문학교로 대
표되는 私學 그리고 경성제국대학 법문학부 세 갈래로 이루어졌으
며, 앞의 둘은 법률실무가를, 마지막은 법학자의 양성을 주목적으로
하였다. 그래서 교양 및 인접 학문의 교과목은 약간 다르지만, 대부
분은 유사하다. 그러나 식민지 상황에서는 조선인이 법학자 — 경성

---

71) 법학교육 개선에 관한 논의에서는 항상 사법시험의 문제가 제기되고 있다. 사법시
　　험과 관련하여 법학교육은 종속변수에 불과하며, 교육의 이념·목표와 관련된 자
　　주적인 논의는 거의 찾기 어렵다.
72) 특성화교과목의 폐강율은 전국 평균 16%, 최고는 64%를 차지하고 있으며, 특성화
　　교과목 수강인원이 전체의 10% 이상인 곳은 8곳에 불과하며, 50%를 넘은 곳은 1
　　개교에 불과하다(≪한겨레신문≫ 2015. 6. 23. 기사 참조).

제국대학 교수 — 가 될 수 없었으므로 모두 사실상 법률가양성기관
이 되었다.

1895년부터 1908년까지는 신속하게 법률가를 양성해야 하는 시
대적 과제에 부응하기 위해 법학과목을 중심으로 교과목이 구성되었
으나, 1909년 법학교의 출범과 함께 체계적으로 법학교과목이 갖추어
졌다. 그 결과 교양과 인접학문의 교과목이 등장하였다. 특히 1937년
보성전문학교의 교과목은 이전의 필수 일변도에서 선택과목을 인정
하는 등 고등교육기관인 대학으로 일신하려고 하였다. 그러나 법학교
육도 정치적 상황과 분리되지 않아 일본의 세력의 확장에 따라 일본
어가 강조되었으며, 특히 1940년도 이후에는 황민화정책을 추진하기
위한 교과목이 등장하였다. 경성제국대학은 기초법의 개설 등 전문학
교와는 다른 모습을 보이며 1935년 교과과정에서는 법학, 정치학, 경
제학 전공으로 나누었다.

해방 후에는 억압된 고등교육에 대한 욕구가 분출되어 대학이 빠
르게 늘었지만 이는 교육수준의 저하를 우려한 국가의 개입을 초래하
였다. 그 후 발전전략에 따라 국가는 대학교육의 구체적인 내용에까
지 개입하였으며, 법학교육 역시 이 틀에서 벗어날 수 없었다. 1995
년 세계화 정책을 추진하면서 국가의 대학에 대한 간섭은 줄어들었으
며, 대학은 자율적으로 발전전략을 수립하고 실천할 수 있었다.

그러나 법의 보편성, 법학의 역사성, 외부구속성 때문에 1995년
이후에도 법학교과목은 큰 변동이 없이 현재까지 존속되고 있다. 그
러나 고등교육 정책의 방향 — 교양교육·전문교육의 중시 — 에 따라
교과과정은 변화가 있었다. 초기에는 전문교육을 강화하였지만, 실험
대학의 도입 등으로 교양교육을 강화하여 법학교육기간이 단축되기
도 하였다. 특히 세계화를 추진한 1995년 이후에는 복수전공, 부전공,
복수학위제 등의 도입으로 법학교육이 법과대학 내지 법학과에만 제
한되지 않고 대학 전체로 확산되어 법학교육의 저변은 넓어졌지만 그

만큼 전문교육은 약화되었을 것이다. 2009년 법학전문대학원의 도입으로 법학교육은 변혁기에 있다. 분명 법률전문가를 양성하기 위한 전문교육이라는 원칙에는 모두가 동의하지만 구체적인 내용에 대해서는 합의가 없는 상태이며, 그 결과 실무교육에 대한 논의가 아직도 분분하다.[73] 또 민주시민에 대한 교양교육으로서의 법학교육, 중소기업 등 관련 분야의 법적수요 등 준법률전문교육에 대한 합의와 준비가 없는 실정이다.[74]

　　해방 후 법학교육에 대한 첫 논의는 1955년에 있었으며,[75] 2014년까지 총 864건이 검색된다.[76] 본격적인 논의가 있은 때는 사법개혁과 법학교육 개편을 정부차원에서 다룬 1995년부터이며, 2004년부터 증가하기 시작하여 2005년 91건으로 최고를 이루며 2009년까지는 50편 이상이다가 2010년부터는 줄어들었다. 이를 보면 법학교육에 대한 논의도 교육목표나 내용이 중심이 아니라 사법제도 개혁과 동반·부수된 종속적인 지위에 있다는 느낌을 지울 수 없다. 뿐만 아니라 법대 5년제의 개편은 1957년에 처음 나왔는데, 반세기가 지난 2007년에야 4＋3년의 형태인 법학전문대학원로 확정되었다. 어쩌면 간단한 이 사안에 대한 논의가 이렇게 오래 지속된 까닭은 법학교육의 이념과 목적과 그 세부내용에 대한 합의가 없었기 때문일 것이다.[77] 안팎에서 법학전문대학원을 흔들고 있는 이 때,[78] 법학교육의 이념과 목

---

73) 본서, 제2장 제3절 참조(박준 집필).

74) 본서, 제3장 제1절 참조(전종익 집필).

75) 강상운, 「法學敎育의 方法論: 法學大學의 改編論을 中心으로」, 『법정』 제10권 제6호, 법정사, 1955. 6 참조.

76) 이는 국회전자도서관에서 "법학교육, 로스쿨, 법학전문대학원"으로 검색한 결과이다. "사법개혁"은 포함하지 않았는데, 이것까지 하면 더 늘어날 것이다.

77) 「법학전문대학원 설치·운영에 관한 법률」 제2조에서 '교육이념'을 선언하고 있으나 추상적이기 때문에 현실에서 규범력을 갖기는 어렵다.

78) 2015년 8월에는 사법시험을 준비하는 고시생들이 사법시험 존치를 주장하여 관련 법률 조항에 대한 헌법소원을 제기하였으며(≪연합뉴스≫ 2015. 8. 27. 참조), 「변호사시험법」 부칙 제4조에 따른 2017년 마지막 사법시험의 연기가 일으킨 사회적

표 그리고 교육내용에 대한 합의를 바탕으로 새 시대의 새로운 법학
교육을 만들어가야 한다.

파장은 굳이 설명이 필요 없을 것이다.

▨ 참 고 문 헌

[1차 자료]

≪법관양성소규정≫, ≪법관양성소세칙≫, ≪조선총독부 관보≫, ≪朝鮮高
　　等法院 判決錄(1)≫
≪한겨레신문≫ 2015. 6. 23. ≪연합뉴스≫ 2015. 8. 27.

[국내 문헌]

고재호, 『법조반백년: 고재호 회고록』, 박영사, 1985.

교육50년사편찬위원회, 『교육50년사: 1948~1998』, 교육부, 1998[약칭: "교육
　　50년사"]

김창록, 「일본제국주의의 헌법사상과 식민지 조선」, 『법사학연구』 14, 한국
　　법사학회, 1993.

김효전, 『법관양성소와 근대 한국』, 소명출판, 2014.

김효전, 「양정의숙의 법학교육」, 『법사학연구』 45, 한국법사학회, 2012.

문준영, 「大韓帝國期 刑法大全의 制定과 改正」, 『법사학연구』 20, 한국법사
　　학회, 1999.

박 　준, 「법학전문대학원에서의 이론교육과 실무교육」, 『저스티스』 51, 한국
　　법학원, 2015[본서 제2장 제3절].

송석윤, 「법학전문대학원 제도의 성과와 발전방향: 그 도입논의 및 최근의
　　쟁점과 관련하여」, 『법교육연구』 10 - 3, 한국법교육학회, 2015[본서
　　제2장 제2절].

안병영 · 하연섭, 『5 · 31 교육개혁 그리고 20년』, 다산출판사, 2015.

이충우 · 최종고, 『다시 보는 경성제국대학』, 푸른사상, 2013.

이항녕, 『작은 언덕 큰 바람』, 나남, 2011.

장세윤,「경성제국대학의 한국인 졸업생과 고등문관 시험」,『향토 서울』69,
　　　서울특별시사 편찬위원회, 2007.

장　신,「일제하 조선에서 법학교육과 연구」,『향토 서울』85, 서울특별시사
　　　편찬위원회, 2013.

전병무,『조선총독부 조선인 사법관』, 역사공간, 2012.

전종익,「학부법학교육의 미래: 서울대학교를 중심으로」,『법교육연구』10-3,
　　　한국법교육학회, 2015[본서 제3장 제1절].

정근식 외,『식민권력과 근대지식: 경성제국대학 연구』, 서울대학교출판문화
　　　원, 2011.

정긍식,「근대 한국 법학교육 제도사」,『법교육연구』10-3, 한국법교육학
　　　회, 2015[본서 제1장 제2절].

정선이,『경성제국대학 연구』, 문음사, 2002.

정종휴,『역사속의 민법』, 교육과학사, 1994.

최종고,『한국의 서양법수용사』, 박영사, 1982.

편찬위원회,『고려대학교 100년사 I』, 고려대학교 출판부, 2008[약칭: "고려
　　　대 100년사 I"]

편찬위원회,『고려대학교 법과대학 학술사』, 고려대학교 출판부, 2011.

편찬위원회,『서울대법대백년사 자료집(2)』, 서울대학교 법과대학 동창회,
　　　1989[약칭: "자료집(2)"]

편찬위원회,『서울대학교 법과대학 백년사』, 서울대학교 법과대학 동창회,
　　　2004[약칭: "서울대 법대 백년사"]

편찬위원회,『연세대학교백년사: 1885-1985』, 연세대학교 출판부, 1981.

[외국 문헌]

手塚豊(1967),「司法省法學校小史(3)」,『法學硏究』40-11, 慶應義塾大学法
　　　学部法学研究会.

通堂あゆみ(2008),「京城帝國大學 法文學部の再檢討: 組織·人事·學生動向
　　　を中心に」,『史學雜誌』117-2, 日本 史學會.

[웹사이트]

국가법령정보센터(http://www.law.go.kr/LSW/main.html)

조선총독부 관보(http://theme.archives.go.kr/next/gazette/viewMain.do)

일본 위키피디아[ウィキペディア](https://ja.wikipedia.org/wiki)

이상 최종검색일: 2016. 3. 21.

제 4 절
근대법학교육 120년 — 지성사적 고찰

김 도 균

Ⅰ. 머리말

법학교육의 목표는 사회가 필요로 하는 법전문가를 양성하는 데 있다. 법학교육 첫 단계는 법률가처럼 사고하는 것(thinking like lawyers)이고, 최종 단계는 법률가로 활동(lawyering)할 수 있는 역량을 갖추게 하는 것이다.1) 리걸 마인드를 함양한 법률가가 사회의 분쟁을 합리적으로 해결하고 사회 각 분야에서 법치의 문화를 확립하여 사회적 자본의 증진에 기여하도록 하는 것이 법학교육의 일차적 목표이지만, 법학교육은 전문적 실무법률가 양성 외에도 학자법률가(academic lawyers)의 양성도 목표로 한다.2)

서구의 법학교육 시스템을 고찰하면, 법학교육의 내용과 방식은 사회가, 특히 법률가공동체가 바람직한 사회상을 어떻게 구상하는지, 법을 어떻게 바라보는지, 법률가의 바람직한 역할을 어떻게 이해하는지, 법적 추론 또는 법적 논증(legal reasoning)을 어떻게 바라보는지 등에 따라 정해져 왔다는 점을 알게 된다.3) 좀 더 구체적으로 보자

---

1) W. Sullivan et al., *Educating Lawyers*, California, 2007 참조.
2) 최대권, "미국 사회에 있어서 지적 흐름에 관한 연구: 법학교육을 중심으로", 미국학연구소 편, 『미국 사회의 지적 흐름: 법』, 서울대학교출판부, 1999, 307면 참조.

면, 법학자 및 법조인 집단의 의식, 유권적인 정책결정 집단의 목표, 사회 일반적 여론 등이 법학교육의 내용과 방식을 정하는 주요인이 된다. 법률가를 양성하는 전문교육기관의 학제 및 교과내용으로 나타나는 법학교육은 이러한 배경 요인들에 비추어 고찰할 때 그 변화과정의 동력을 파악할 수 있을 것이다. 한국의 근대법학교육을 지성사의 측면에서 고찰한다는 것은 바로 이러한 사상적 요인들의 형성과 변화가 법학교육에 어떻게 반영되었는지를 알아보는 것이다.

이하에서는 대한민국 근대 법학교육의 내용과 변화를 개화기, 일제강점하의 식민지 시기, 광복 후에서 1995년 전까지 법학교육, 1995년에서 2009년 법학전문대학원 출범을 거쳐 현재까지의 법학교육으로 구분하여 해당 시기의 법학교육이 어떤 지성사적 배경 아래 편제되고 이루어졌는지를 살펴보고자 한다.

Ⅱ. 대한민국 근대 법학교육의 지성사적 흐름

1. 개화기 근대 법학교육의 출발과 지성사적 배경: 법 도구주의와 법학교육

대한민국의 근대 법학교육은 1895년 설립되어 운영된 법관양성소에서 시작되었고, 보성전문학교(1905)를 비롯한 각종 신식학교에서의 교육을 통해 정착되었다고 평가되고 있다.[4] 당시 법학교육의 배경이 되었던 지성사적 배경은 어떤 것이었을까? 개화기 당시 조선에서 법을 바라보는 관점은 법 도구주의(legal instrumentalism)로 분류해도 좋을 듯싶다. 법 도구주의란 바람직하다고 여겨지는 국가적/사회적 목표를 달성하기 위한 수단으로 법을 바라보는 견해들을 총칭한다.[5]

---

3) 가령 P. S. Atiyah and R. S. Summers, *Form and Substance in Anglo-American Law*, Oxford, 1987, 384면 이하 참조.
4) 대표적으로 최종고, 『한국법학사』, 박영사, 1990, 81면 참조.

법을 목표달성의 수단으로 보는 관점은 법의 성격에 관한 설명에서, 법학교수들이 법을 가르칠 때의 태도에서, 법조인의 법실무에서, 소송을 대하는 사회구성원의 태도에서, 재판관과 재판을 바라보는 시민의 태도에서, 입법자와 행정기관의 인식 등 다양한 측면에서 다양한 방식으로 작동된다.6)

　1895년 <재판소구성법>에 따라 설립된 법관양성소, 그리고 그 이후 설립된 법률전문학교들은 법을 자주독립, 부국강병, 사회발전(문명화)의 중요한 도구로 인식하고, 서구법학의 주요 개념과 법리 습득 및 운용을 법학교육의 목표로 설정한 당대의 분위기에 영향을 받았다. 이러한 사고방식은 당시 전환기 동양이 서양문물 및 학문을 바라보던 주된 관점이라고 할 수 있는데, 대표적인 신학문 중의 하나로 꼽혔던 법학은 유럽 법학을 수용하여 자국의 상황에 맞게 변용한 일본으로 유학을 갔던 지식인들을 통해 조선으로 유입되었다.7) 당시 법률교육기관은 관료와 법률가 양성을 위해 필수불가결하다는 것이 통치층의 인식이었고, 지식인 사이에서는 자주독립과 문명화의 목표 달성의 수단으로 중요하게 평가되었다. 법이 통치의 수단이라기보다는 부국강병과 문명개화를 달성할 수 있는 수단으로 여기는 견해가 당시 조선 사회에 확산되기 시작하였던 것이다.8)

---

5) R. Summers, *Instrumentalism and American Legal Theory*, Ithaca/New York, 1982.

6) B. Tamanaha, *Law as a Means to an End: Threat to the Rule of Law*, Cambridge, 2006, 1면.

7) 일본 유학을 통해 당시 조선인이 법학을 배운 후 귀국하여 법학계와 법조계로 진출하는 과정을 상세하게 고찰한 문헌으로 요시카와 아야코, "근대 초기 민법학 수용과 판사에 대한 영향", 『법사학연구』 제46호, 한국법사학회, 2012, 349－385면 참조.

8) 이화여대 한국문화연구원, 『근대계몽기 지식개념의 수용과 그 변용』, 소명출판, 2004 참조.

  이러한 사고는 <독립신문>과 <매일신문>의 사설에서 잘 드러난다. 1894년 4월에 창간된 <독립신문>은 자주독립을 청과의 사대관계 청산으로 파악하면서 외국의 간섭이나 억압으로부터 벗어나 자립한 상태로서 다른 국가에 종속되지 않은 상태로 이해한다. '세계 사람들이 조선도 문명진보하고 자주독립하는 나라로 알게 하는 것이 조선 신민의 직분'(1896. 7. 28), '나라이 자주 독립이 되고 문명 개화하야 세계 각국과 같이 되야'(1897. 2, 27), '자주 독립을 하고 세계에 동등 대접을 받는 것'(1898. 3. 5) 등이 그 예이다. 자주 독립은 '문명'이라는 개념과 긴밀하게 연관되어 있었다. 동도서기의 관념에서 벗어나 서구문명을 보편적 길로 인식하는 단계로 접어들면서 '문명'이라는 개념이 확산되고 대중적으로도 통용되기 시작한다.[9] 유럽과 미국을 정의하는 개념이자 이미지가 '문명'으로 집약되었다.

  법의 측면에만 주목해 보자면 다음과 같다. 문명개화한 "세계 문명한 나라에서는 법률이 다같이 공정하여 어느 나라에 가든지 제 나라 사람과 같이 대접하며 제 나라 법률과 같이 다스리는 고로 다 같은 권리를 준다."(매일신보, 1898. 5. 9 논설), "개명한 나라가 다 부강한 까닭은 정부도 있고, 백성도 있어 각각 직업은 다르나 사람인즉 다 같이 한 종자요, 다 같은 평등권이라 하므로 정부와 백성이 일심(一心)되기가 쉽고 일심하므로 부강하다."(매일신문, 9. 20. 논설), "문명한 나라는 백성이 관장이 되어 나무 심기, 학교 설립하기, 법률 실시하기, 척도와 양형의 통일"(매일신문, 1898. 10. 4. 논설)이 행해지고, "구라파 정부에서는 법률 장정을 실시하고, 벼슬 시키는 데 돈도 아니 받고 문벌도 아니 보고 인재만 쓰며, 격물학 정치학 화학 이학 수학이 생겨나서 전일 보지 못하던 화륜선전기거와 철도광산 등 물과 만국공법이며 교린통상이니 하는 온갖 새법이 생겨났다."(매일신문, 1898.

---

  9) 이화여대 한국문화연구원, 『근대계몽기 지식개념의 수용과 그 변용』, 59면 이하 참조.

12. 24. 논설).

　문명은 교육을 통해 이루어지므로, 서양학문을 이루면 조선도 서양국과 같아질 수 있다는 것이 당시 계몽 지식인들과 언론의 주된 주장이었고, 문명의 한 상징이기도 한 법률교육에 대한 강조는 이러한 지성사적 배경 하에서 당연한 것이었다.

　관립학교로서 법관양성소는 1895년에서 1911년까지 실무법조인 양성의 목표에 충실하였는데, 이는 소수의 엘리트를 중심으로 하는 제도개혁의 노선을 반영한 것이다. 사립학교인 보성전문학교나 양정의숙 등은 법관양성소와는 달리 법률지식의 실용적 습득 외에도 학문으로서의 법학에도 주목하였고[10] 대중 계몽에도 의미를 부여하였다고 평가되지만[11] 교육내용의 측면에서 큰 차이는 없었던 것으로 보인다.

2. 일제 강점기 식민지 시대의 법학교육과 지성사적 배경: 국가주의와 법학교육

　일제 강점기 식민지 하의 법학교육은 경성제국대학 법문학부 (1926), 경성법학전문학교(1923), 보성전문학교에서 이루어졌다. 당시 조선총독부의 교육정책 하에서 법에 대한 고등교육은 제국대학에서 이루어지는 것으로 하고, 전문학교에서는 법률에 대한 일종의 직업전문교육만 이루어지도록 하였다. 일본에서도 제국대학은 1866년 공포된 <제국대학령>에 따라 국가운영에 필요한 관료와 학자 등 지식 엘리트 양성교육기관으로 설치되었는데, 제국대학 이외의 고등교육기관에도 대학의 지위를 부여한 1918년 <대학령> 이전까지는 제국대학이 일본 최고의 고등교육기관이자 연구기관이었으며 대학 그 자체로 인식되었다. 1897년 교토제국대학이 설립되기 전까지는 도쿄제국대학이 일본 내 유일한 대학이었고, 심지어 도쿄제국대학 총장은 법

---

10) 보성전문학교에서의 법학교육에 관해서는 최종고, 『한국법학사』, 439면 이하 참조.
11) 최종고, 『한국법학사』, 442면 참조.

과대학장 직무를 겸임하면서 일본 내 법률전문교육에 대한 감독권을 문부성으로부터 위임받았다. 1886년 6월 공포된 ＜사립법률학교감독규칙＞은 도쿄제국대학 총장에게 메이지법률학교(후일 메이지(明治) 대학), 도쿄전문학교(후일 와세다(早稻田) 대학), 도쿄법학교(후일 호세이(法政) 대학), 이기리스법률학교(英吉利法律學校, 후일 츄오(中央) 대학) 등 도쿄 내 5개 사립 법률전문학교를 감독할 권한을 부여하였다.12)

식민지 조선에 설립된 유일한 대학이었던 경성제국대학의 경우 일본제국의 총체적 지배전략구상 틀 내에서 결정되는 문부성의 교육 정책과 조선총독부의 지배정책에 큰 영향을 받지 않을 수 없었고,13) 법학교육도 마찬가지의 형편이었다.14)

일본제국의 통치정책과 조선총독부의 식민지지배정책의 틀 내에 있기는 했어도 총독부 관료와 동등한 지위를 누렸던 경성제대 교수진 개개인의 학문적 활동에 의해서 연구와 교육이 이루어졌기 때문에15) 당시 법학교수진의 의식과 견해도 법학교육의 내용에 일정정도 영향을 미쳤을 것이다.16) 이런 점에서 경성제대의 법학교육은 실무가 양성보다는 학자 양성에 중점이 있었다고 평가된다.17) 경성제대에서 강좌개설은 칙령(＜경성제국대학 각 학부에 있어서 강좌의 수 및 그 종류에 관한 건＞)으로 정하였는데, 대학당국은 강좌개설에 관한 구체적인 계획을 확정하여 총독부와 제국정부와의 협의를 통해 칙령으로 법제화하였다. 1926년 4월 칙령 제47호로 학부개설 첫해의 강좌를 보면 법

---

12) 이에 관한 종합적 연구문헌으로는 정근식 외, 『식민권력과 근대지식: 경성제국대학 연구』, 서울대학교출판문화원, 2010.
13) 일제 식민지 지배정책과 법에 관한 연구로는 이철우, "일제 지배의 법적 구조", 김동노 편, 『일제 식민지 시기의 통치체제 형성』, 혜안, 2006, 111면 이하 참조.
14) 정근식 외, 위의 책, 13면 이하, 307면 이하 참조.
15) 경성제대 교수집단의 학문적 경력과 연구지향에 관해서는 정근식 외, 위의 책, 325면 이하 참조.
16) 정근식 외, 위의 책, 308면에 제시된 견해를 법학교육에 적용해본 것이다.
17) 정긍식, "한국 근대법학 교육 — 제도사적 고찰 —"(발표문) 참조.

문학부의 23개의 강좌 중 법과계열에서는 경제학, 민법/민사소송법, 헌법/행정법, 형법/형사소송법, 로마법, 정치학/정치사 강좌가 개설되었다. 1927년 6월 칙령 제154호로 강좌가 증설되었는데, 헌법/행정법과 형법/형사소송법강좌는 2개 강좌, 민법/민사소송법 강좌는 3개 강좌로 나누어졌고, 상법(2개 강좌)과 국제공법강좌(1개 강좌)가 신설되었다. 1928년 법리학과 법제사, 국제사법 강좌가 신설되었다. 이와 같은 강좌 종류는 광복 이전까지 이어진 것으로 보인다.[18]

　경성제대 학생집단의 구성과 성향은 어떠했을까? 경성제대 교수진의 활동과 교육은 학문적 측면에 치중해 있었지만, 법학과를 선택한 학생들은 과연 무엇을 희망하고 있었을까? 학생들이 동기와 장래목표에 주목하면 법학교육의 실제를 입체적으로 알 수 있게 된다. 조선인, 재조 일본인, 본국 일본인으로 범주화해보면, 1929–42년을 보면 예과입학자 중 총 865명이 법문학부를 졸업하였는데, 그중 조선인 339명, 재조 일본인이 385명, 본국 일본인이 141명이었다. 구성비율로 보자면 각각 39.19%, 44.51%, 16.30%이다. 주목할 점은 법문학부 졸업생 중 법학사의 비율이 높았다는 것이다. 법문학부 첫 졸업생이 배출된 1929년 전체 졸업생의 60%가 법학과이지만 1942년에는 92.19%가 법학과였다. 1932년까지는 법학과에서 일본인 학생의 비율이 압도적으로 높았으나 1933년 이후로는 조선인 학생의 비율이 대폭 증가하였다.[19] 법문학부 내부에서도 법학과 편중이 시사하는 바는 무엇일까? 제국대학의 설립취지와 성격에 맞게 국가 관료로 진출할 수 있는 기회가 학생들에게는 매력적이었을 것이다. 경성제대 초기 입학한 조선인 학생들은 관료로서의 입신보다는 학문연구를 지향하는 경향이

---

18) 법학 분야 강좌 내역과 담당 교수의 성명과 학문활동에 관한 분석은 정근식 외, 앞의 책, 351면 이하 참조.
19) 1929–32년까지 조선인 학생 비율은 37% 정도였다면, 1933년 이후에는 65%를 상회하고 1935년에는 총 33명 중 18명으로 78%의 비율을 보였다. 상세한 분석은 정근식 외, 앞의 책, 487면 이하 참조.

두드러졌다고 하는데, 시간이 지날수록 고등문관시험을 통해 관료로 진출하려는 성향이 점차 강해졌다.[20]

법학연구와 교육이 일본인에 의해 수행되었다는 점, 관료가 되기 위해 학생들이 법학과를 선호했던 경향은 이후 대한민국에서 행해지는 법학교육의 실제에 상당 기간 동안 큰 영향을 미쳤다고 평가된다.[21]

3. 광복 후에서 1995년까지의 법학교육과 지성사적 배경: 법 형식주의와 법학교육

광복 후 1960년대 초반까지는 법제도와 법전의 체계적 정비과정 시기로 이해된다. 남북분단과 동족상잔의 전쟁 와중에서, 정치적 혼란 속에서도 이루어진 법전화 작업과 법률체계의 정비, 법제도의 확립은 법에 대한 형식주의적 관점이 성장하는 데 큰 영향을 미쳤다. 일제 식민지 시기의 국가주의 경향도 온존하고, 조국 근대화나 부국강병, 경제성장의 수단이라는 측면에서 법을 바라보는 법 도구주의의 경향도 여전히 병존하였지만, 법 형식주의(legal formalism)가 서서히 자리 잡게 되면서 법학교육에도 반영되어 간다.[22]

이 글에서는 법 형식주의에 대한 가치평가를 배제하고 중립적으로 이해하고자 한다. 법을 법규범 간의 논리적 연관성, 법률적 개념들

---

20) 이에 대한 시사점은 정준영, "경성제국대학과 식민지 헤게모니", 서울대학교 박사학위논문, 2009 참조. 1929–41년 법문학부 졸업생 취직상황을 분석한 결과를 보면, 조선인 학생 총 323명 중 108명이 관공서, 71명이 학교, 71명이 은행과 회사로 진출했다(정근식 외, 앞의 책, 562면 참조).

21) 양승두, "우리나라 법학과의 현황 및 문제점과 발전방향", 한국법학교수회 편, 『법학교육과 법조실무』, 교육과학사, 1992, 34면 이하 참조.

22) 이러한 가정은 M. Horwitz, *The Transformation of American Law, 1780–1860*, Cambridge/Massachusetts, 1977, 253면 이하 개진된 견해를 적용해 본 것이다. 영국 식민지 시대를 거쳐 남북전쟁 이후 정비된 법전화와 선례모음집을 바탕으로 확립된 법리와 법률 간의 논리적 연관성에 대한 확신이 자라나면서 미국 법학계와 법조계의 견해는 종래의 법 도구주의에서 법 형식주의로 전환된다는 것이 호르비츠 견해의 요지이다.

간의 논리적 연관성을 강조하고 법적 판단을 일종의 연역적 삼단논법
으로 파악하면서, 법적인 틈들(gaps in law)은 그와 같은 논리적 작업
과 치밀하게 확립된 법리들(legal doctrines)의 적용을 통해 메꾸어 가
능한 한 법외적인 가치판단을 차단하고 결과고려적 입장에 비판적인
견해로 법 형식주의를 정의하겠다.[23]

(1) 광복 후 1961년까지: 식민지 시기 법학교육의 암영

광복 직후 법학교육을 담당할 수 있는 법학교육기관은 구 경성제
국대학 법문학부 법학과와 보성전문학교 2개 학교 외에는 없었고, 조
선인 법학교수는 보성전문학교의 5-6명, 연희전문학교와 이화전문
학교 각 1명 정도였다.[24] 1946년 국민대학, 1947년 성균관대학교와
단국대학교, 국제대학교(야간), 1949년 신흥대학(경희대학교 전신)과 중
앙대학교, 1950년 연세대학교와 이화여자대학교에 법학과, 국립대학
교 내 법과대학들이 신설되는 등 법학교육기관이 증가하기 시작하였
다.[25] 그리하여 경성제대나 동경제대, 일본 내 대학을 갓 졸업한 청
년학자들, 법조실무가 등이 법학교수진으로 충원되기 시작한다. 배우
면서 공부하는 "지식의 행상"에 바빴던 법과대학 교수들은 법적 문제
를 장시일을 두고 깊이 이론적으로 연구할 여유가 없는 상황에 처해
있는데다 전쟁의 발발로 체계적인 법학연구와 교육은 그야말로 불가
능한 처지에 있었다. 또한 미군정 시기 영미법제도와의 조우도 법학
계의 혼란을 가중시키는 요인이 되었다.[26]

---

23) 개념법학(Begriffsjurisprudenz)이나 기계적 법학(mechanical jurisprudence)이라
　　는 표현도 법 형식주의를 나타내는 용어이다. 법 형식주의에 관해서는 A. Sebok,
　　Legal Positivism in American Jurisprudence, Cambridge, 1998, 48면 이하.
24) 최종고, 『한국법학사』, 469면.
25) 그 이후의 추세를 보면, 동국대학교 법학과(1953), 숭실대학교 법학과(1954), 건국
　　대학교 및 한양대학교 법학과(1959), 경기대학교 법학과(1963), 한국외국어대학교
　　법학과(1965), 명지대학교 법학과(1969), 그리고 1980년대 이후 법학과가 많은 대
　　학교에서 신설된다.
26) 최종고 교수에 따르면, 형사소송법과 노동법 분야에서는 미국의 법제도에 상당한

그러나 이렇게 어려운 상황에서도 민법, 형법, 헌법, 행정법, 민사소송법, 형사소송법, 노동법, 국제법, 법철학 분야에서 법학교과서가 출간되기 시작하고[27] 기본육법전이 정비되면서부터는 본격적으로 법학교과서 출간이 증대하기 시작한다.[28] 1960년대 이후 외국 유학, 특히 독일 유학을 통해 외국 법이론을 공부하고 귀국한 학자들이 늘어나면서 "학설의 전개도 진보를 보아 법학도의 기본 육법에 대한 면학에 불편이 없는 지경"[29]에 도달하게 되었다고 평가된다.

그러나 법학교과서의 출간과 새로운 세대의 법학자들의 등장에도 불구하고 법학교육은 이전의 방식과 달라진 점은 없었던 것으로 보인다. 독일의 법학교육과 사법제도를 받아들인 일본식 법학교육제도와 고등고시의 성격을 가진 사법시험제도의 부작용이 컸다.[30] 법학교육과 법조교육이 완전히 분리되어 진행되었고, 대학 내의 법학교육도 여전히 일제 시대의 영향에서 벗어나지 못한 상태였다. 1961년까지 법조실무교육체계는 고등고시 사법과 합격자를 사법관시보로 임명하여 1년간 판·검사 실무수습을 하게 한 뒤 실무시험을 거쳐 판·검사·변호사 자격을 부여하는 방식으로 이루어졌다. 이에 대해 일정한 고급법학교육기관에서 체계적이고 전문적인 법률지식을 습득하고 법조 윤리교육도 정식으로 이수하면서 판·검사·변호사로 진출케 하는 것이 국가적으로 바람직하다는 사회적 공감이 형성되고 있었다.[31]

영향을 받았다(『한국법학사』, 471면).

27) 구체적인 저서명과 저자명은 최종고, 『한국법학사』, 477면 이하 참조.

28) 최종고, 『한국법학사』, 472면 참조.

29) 이희봉, "법률학", 『한국현대문화사대계』 I, 1976, 351면(최종고, 『한국법학사』, 473면에서 재인용).

30) 이에 대한 비판은 유기천, "민족중흥과 법조교육의 근본문제", 『법정』 제24권 5호 (1969. 6) 참조. 이 글은 유기천교수 기념사업회 편, 『유기천 전집 I: 자유사회의 법과 정의』, 지학사, 2003, 177–190면에 전재되었다.

31) 이시윤, "한국형법학계의 거성, 개혁·개방의 세계인", 이시윤 외, 『유기천과 한국법학』, 법문사, 2014, 5면 참조.

(2) 유기천 교수의 사법대학원 실험과 법학교육(1962~1971): 새로운 법학교육 모델의 태동

당시의 한국 법학계와 법실무계가 일본 법문화에 대해 여전히 식민지인 근성을 탈피하지 못하고 있다고 지적하면서 유기천 교수는 법학교육의 후진성을 극복하고 사회의 요구에 부응하는 법학교육 모델을 제창하고 사법시험 합격자를 입학생으로 하는 2년제 사법대학원을 도입하는 데 지대한 역할을 하였다. 1962년에 도입된 사법대학원 모델은 "복잡하고 급변하는 사회에서 법조인 일반이 형식적으로 사회의 존경을 받을 뿐만 아니라 실질적으로 여러 가지 충돌되는 가치 안배의 문제를 원만히 해결할 수 있어야 하고 사회적 정의가 이 사회의 구석구석까지 실현되어야 할 의무"를 수행하기 위한 것이었다.[32] 유기천 교수는 종전 판·검사·변호사에 국한되었던 법조인상을 정책결정자(policy−maker)로서 사회정의를 입법에 반영시키는 입법기능과 법정신을 집행하는 행정기능까지 수행하는 데까지 확대하였다.[33]

유기천 교수는 법률가는 "먼저 그 참된 사명이 무엇인지를 깨닫는 데서부터 그의 직업이 시작"되는데도, 그런 노력을 하지도 않으면서 "부스러기 법률지식"을 가졌다는 이유로 사회의 엘리트를 자처하는 당시 법조인들의 인식에 매우 비판적이었다.[34] 법학을 전공하려는 사람은 사회학, 행정학, 정치학, 경제학, 철학, 윤리학, 심리학 등 풍부한 교양공부를 해야 한다는 점을 역설한 유기천 교수는 사법대학원 원장 시절(1962~65) 학제적 교육과정을 도입하였고, 법학 분야에서도 민사법, 형사법, 공법과 같은 전통적인 법학과목 외에도 법의학, 사실인정법, 영미증거법, 국제관계, 비교국제사법, 외국판례연구, 법과 문

---

32) 유기천, "민족중흥과 법조교육의 근본문제", 189면.
33) 유기천, "민족중흥과 법조교육의 근본문제", 186면.
34) 유기천, 『형법학(총론강의)』, 전정판, 일조각, 1979, 서문(인용은 유기천기념사업회 편, 『유기천전집 I』, 352면).

화 등의 과목을 개설하게 하였다.35) 강의도 미국의 로스쿨처럼 case method 위주의 방식으로 이루어지게끔 하였다.36)

법학사이면서 사법시험에 합격한 이들에게 2년간 법학이론 및 법조실무를 교육시킨 후 법조인의 자격을 부여하고 석사논문을 제출하여 통과되면 법학석사의 학위까지 수여하던 사법대학원은 교양과 풍부한 관련지식을 가진 법조실무가양성 뿐만 아니라 우수한 법학연구자의 양성도 목표로 하여 법학계와 실무계의 유기적 결합을 도모하고자 하였다.37) 또한 유능한 학문후속세대의 양성을 목표로 하여 미국과 독일 등으로 사법대학원 출신 학생들을 유학을 보내는 프로그램도 시행하였다.38)

고등고시 사법과 합격생들의 불만, 대학 내의 비판, 법학계 및 법조계의 비협조 등으로 사법대학원 제도는 어려움에 처했으나 유기천 교수는 사법대학원 제도의 안착을 위해 노력을 다 하였다. 7년간의 실험으로 끝나버린 사법대학원 제도를 평가하면서 유기천 교수는 "한번 실패했다고 사법대학원의 중요성이 사라지지 않는다. 얼핏 보면 사법대학원제도는 현재 죽은 것이나 마찬가지이다. 그러나 나는 참으로 믿는다. 때가 되면 사법대학원의 설립이념이 비슷한 교육기관을 통해 되살아 날 것을. 단지 지식기능공이 아닌 민주발전의 가치에 대해 깊이 관심을 두고 있는 참된 법관이라면 그 필요성을 깨달을 것이니까."라는 확고한 믿음을 회고록에서 피력하고 있다.39)

---

35) 최공웅, "유기천과 한국법학교육 ― 사법대학원을 중심으로 ― ", 이시윤 외, 『유기천과 한국법학』, 162면.
36) 최종고, "유기천의 법사상", 『유기천전집 I』, 412면 참조.
37) 종합적인 분석으로 최종고, "유기천의 법사상", 384 ― 422면 참조.
38) 이시윤, "한국형법학계의 거성, 개혁·개방의 세계인", 이시윤 외, 『유기천과 한국법학』, 5면 이하 참조.
39) 유기천, "나와 박정희와 학문의 자유", 『신동아』(1988년 8월호), 387면.

(3) 1970년대와 1980년대

유기천 교수의 사법대학원 실험이 좌절되고 대학교에서의 법학교육은 사법시험에 맞추어 이루어지고, 법조실무는 사법연수원(1970~)에서 담당하였다. 법학과 법실무의 융합이라는 법학교육의 목표 실현은 요원한 상태로 1980년대가 지나갔다. 공법학과 사법학과로 나누어 법학교육을 실시하려는 움직임도 전문법률가(판사, 검사, 변호사)만이 아니라 입법 및 행정 분야의 인재도 양성하겠다는 목표 하에서 이루어졌지만 그에 맞는 구체적인 법학교육과정도 사법시험제도의 변화도 동반되지 않았기에 탁상공론에 그치고 말았다고 평가된다.40) 법학교육에 관한 개선안이 본격적으로 논의되기 시작하는 1995년 전까지 법학교육은 본질적 변화 없이 이루어졌고41), 법 형식주의 경향이 대체로 이 시기 법학교육의 지성사적 배경이 되었다고 생각한다.42) 간헐적으로 법학교육 개선방안에 관하여 논의도 이루어졌지만43) 그 결과가 실제 법학교육과정에 반영되었는지는 불분명하다.

4. 1995년에서 현재까지의 법학교육: 법 실용주의의 등장과 법학교육

1990년대 법학교육에 관한 논의가 활발하게 일어난다. 사법제도

---

40) 1970년대와 1980년대의 법학교육에 관한 전반적인 진단과 개선방안은 서울대학교 법학연구소 편, 『법학교육과 사법제도개혁』, 서울대학교출판부, 1989 참조. 최종화, "법과대학의 학과체계와 교과과정의 재검토", 『서울대학교 법학』 제33권 1호, 서울대학교 법학연구소, 1992, 42–64면.

41) 이에 관한 적절한 지적으로 대통령자문 새교육공동체위원회, 법학교육제도 개선 연구 — '학사 후 법학교육'의 도입(1999. 8)이 있고, 이는 최대권, 『법학교육 · 법학방법론: Law School을 중심으로』, 박영사, 2003, 289면 이하에서 전재되어 있다.

42) 법 형식주의라는 틀로 표현하고 있지는 않지만 유사한 견해로 최종고, 『한국법학사』, 474면 이하 참조. 최대권, 『법학교육 · 법학방법론: Law School을 중심으로』, 15면 이하, 39면 이하, 276면 이하 참조.

43) 가령 서울대학교 법과대학, "법학교육의 개선방향", 『서울대학교 법학』 제16권 2호, 서울대학교 법학연구소, 1974.

개혁과 맞물려서 진행된 법학교육 개선논의는 1995년 본격적으로 진행되었고, 1999년을 거쳐 2009년까지 계속되었다. 법학교육 개선의 논의는 사회변화에 적절하게 대응하는 법학교육, 국가경쟁력의 강화를 위한 법학교육, 국제 환경의 변화에 적극적으로 대응하는 법학교육을 중심으로 진행되었다. 법소비자의 수요에 적극적으로 대응하고 변화된 법환경에서 새롭게 등장하는 법적 문제들의 해결능력을 드높이는 방향으로 법학교육이 개선되어야 한다는 요구는 국내 법률시장의 변화와 법률가집단 내부의 구조 변화에 민감하게 반응하는 국내 로펌으로부터 제기되었고, 법조 집단의 공감을 얻었다. 또한 법학계도 그와 같은 요구를 진지하게 고려하기 시작하였다. 그렇다면 현실의 법적 문제 해결능력에 초점을 맞추는 법 실용주의가 90년대 이후 진행된 법학교육 개선 논의와 시도의 배경이라고 보아도 좋지 않을까 싶다.[44]

  이론과 학설 중심의 법학교육에서 사례해결중심의 법학교육으로 전환되어야 한다는 요구는 법학교육제도의 개선을 위한 각종 위원회에서 진지하게 고려되어 경쟁력 있고 책임 있는 법률가 양성을 목표로 하는 법학교육체제의 구상으로 나타난다. 경쟁력 있고 책임 있는 법률가란 "인간과 사회에 대한 폭넓고 세련된 인식, 다양한 분야에 대한 전문적인 지식과 문제해결능력, 국제적인 감각, 투철한 서비스 정신과 민주적 책임윤리를 갖춘 법률가"를 의미하며, "민형사 업무 외에도 행정－상사－의료－조세－특허－공정거래－소비자보호－입법－ 정책기획 등 다양한 전문영역의 소송 및 비소송 업무에 진출하는 데 필요한 전문지식"과 "창조적 법적 사고능력"을 함양시키는 법학교육, "국가간 협상이나 통상 문제 등에서 역량을 갖춘 법률가"를 양성하는 법학교육이 필요하다는 것이 제도개선의 요지였다.[45] 이후 이러한 구

---

44) 법 실용주의에 관해서는 R. Posner, *Law, Pragmatism, and Democracy*, Cambridge/MA., 2003 참조.
45) 최대권, 『법학교육 · 법학방법론』, 346면.

상이 법학전문대학원 체제 하의 법학교육에서 반영되도록 하였으나
여전히 미흡한 실정이다.

Ⅲ. 맺음말: 법학전문대학원 체제 이후의 법학교육이 나아갈 방향

법학교육의 목표는 법전문가의 양성에 있다. 법전문가는 실무법
률가뿐만 아니라 학문법률가도 포함한다. 대한민국 근대 법학교육의
역사를 살펴보면 이 양 법률가집단의 양성을 위해 어떤 법학교육이
필요하고 적절한지를 깨닫게 된다. 당시의 한국 법문화에 낯설었고
너무 일찍 시도한 실험이기는 했지만 유기천 교수의 사법대학원 제도
가 지향했던 이상이 그 한계에도 불구하고 지성사적으로 볼 때 매력
적이기는 하다. 물론 현재의 상황에서 그 기획을 그대로 실현하려고
하는 것은 법학교육의 환경 변화를 고려하지 않는 태도이겠지만, 그
근본적인 문제의식은 앞으로 법학교육 논의에서 소중한 지표가 되지
않을까 생각한다. 여러모로 사회의 수요에 부응하고 문제해결능력을
갖춘 법률가들을 배출할 수 있는 내용과 방식으로 법학전문대학원 하
에서의 법학교육이 이루어지고 있는지 깊이 성찰할 때이다. 현재의
법학교육이 심각한 도전에 직면해 있기는 하지만, 지독히도 척박한
환경에서 대한민국 근대법학교육이 생장해서 현재의 단계에 도달했
다는 것에 자부심을 가져도 좋지 않을까 싶다.

로스쿨 법학교육의
현황과 전망

제1절

법학전문대학원 제도의 성과와 발전방향

- 그 도입논의 및 최근쟁점과 관련하여 - *

송 석 윤

Ⅰ. 머리말

법률가양성제도에 대한 오랜 논의 끝에 2007년에『법학전문대학원 설치·운영에 관한 법률』이 제정됨으로써 법학전문대학원이 설치되고 2009년에 처음으로 신입생을 선발하였다. 우리나라에서의 법학교육 및 사법제도 전반을 관통하는 가장 커다란 변화가 시작된 후 7년여의 시간이 지났다. 그동안 7회의 신입생이 입학했으며 4회의 졸업생이 배출되었다. 기존의 사법시험제도가 점진적인 폐지를 앞둔 시점에서 법학전문대학원제도의 장단점 및 시법시험제도의 존치와 관련된 논쟁이 재점화되어 왔다. 그런데 지난 12월초 법무부가 2017년으로 예정되어있는 사법시험 폐지를 4년간 유예하자는 견해를 제시함으로써 하면서 갈등은 폭발적인 양상을 띠게 되었다.

필자는 법학전문대학원제도의 기본모델을 형성하는데 관여한바

---

* 이 글은 2015년 9월 4일 서울대학교 법학전문대학원과 법학연구소가 공동주최한 학술대회인『근대법학교육 120년』에서의 발표문을 수정·보완하여『법교육연구』제10권 제3호(2015년 12월) 23－62면에 게재한 것인데, 가능한 한 발표시점에 이루어지던 논쟁의 분위기를 살리려 했다.

있고 서울대학교 법학전문대학원이 출범하던 시점에 학장단의 일원으로 교육행정의 말단현장을 경험했었다. 또한 법률가양성제도가 변화하는 과정에서 기존의 제도와 새로운 제도를 선생으로서 경험하고 다양한 직역으로 진출하고 있는 제자들과 일상적으로 함께해온 입장에 있다. 법학전문대학원과 사법시험 제도를 둘러싼 논쟁과 갈등의 정도가 심각한 수준에 이르고 있지만 근거로서 제기되는 논거들이 적절한지에 대해서는 비판의 여지가 적지 않다. 이 글에서는 근대법학교육과 서울법대 개학(開學) 120주년을 기념하면서 법학전문대학원제도의 도입논의 과정을 돌아보고(Ⅱ), 그 특성을 정리한 후(Ⅲ), 현재 논의되고 있는 쟁점(Ⅳ)에 대해 생각해보려 한다.

Ⅱ. 법학전문대학원 도입논의의 과정

1. 이전 법률가양성제도의 기본구조

법률가 양성제도의 논의가 활발해지기 이전인 1990년대 법조인이 되는 기본요건은 사법시험에 합격하고 사법연수원을 수료하는 것이었다(참고로 당시 법조인양성제도의 기본구조와 법조시험의 역사에 대해서는 김창록, 2013, 97면 이하; 송석윤, 2007, 260면 이하). 1995년의 법원조직법 제42조 제2항은 판사의 자격으로 1. 사법시험에 합격하여 사법연수원의 소정 과정을 마친 자이거나 2. 변호사의 자격이 있는 자로 하였고 검찰청법과 변호사법 역시 이에 상응하는 규정을 두고 있었다. 법원조직법은 또한 사법연수원에 대해 자세히 규정하였는데 사법연수생의 자격은 사법시험을 합격한 자로 했으며 사법연수생은 국가공무원의 지위를 지녔다(동법 제72조). 사법시험에 대해서는 1963년에 제정된 『사법시험령』이 규율했는데 사법시험령은 1972년 개정되면서 응시자격의 학력제한이 완전히 폐지되고 그 대신 응시자의 일반교양수준을 측정하기 위해 기존에 헌법, 민법 및 형법으로 국한되었던 1차시험 필수과목에 경제학개론과 문화사가 추가되었다. 이러한 법조인 양성제도는 사법시험 합격과 사법연수원의 수료를 모든 유형의 법조인에게 통일적으로 요구했다는 점, 법조인이 되기 위한 필수과정인 사법연수원이 법원에 의해 운영되는 국가주도의 모델이었다는 점, 사법시험이 그 이전의 교육과정과 연계되어있지 않다는 점, 그리고 사법연수원 입학시험인 사법시험이 정원제를 채택했다는 점에서 그 특징을 지녔다(송석윤, 2007, 262면).

이러한 기본구조에 대해서는 지속적으로 문제가 제기되었고 1980년대 말부터 본격적인 논의가 이루어졌다. 당시에 발간된 『서울대학교 법학』을 일별할 때 개별 투고논문이나 번역자료를 제외한 특집만을 보아도 제29권 제1호(1988. 4.)에서 "법조선진화와 법조인구", 제29권 제2호(1988. 9.)에서 "한국의 법조제도의 현황 및 개선책", 제30권 제1/2호(1989. 5.)에서 "국가시험제도의 개선방안", 제33권 제1호(1992. 3.)에서 "한국의 법학교육 – 반성과 개혁", 제34권 제2호(1993. 8.)에서 "국제화시대에서의 아시아 법학교육", 제35권 제1호(1994. 5.)에서 "사법개혁과 법조양성" 등의 주제가 다루어졌으니 논의의 봇물이 터졌다고 해도 과언이 아니다(서울대학교 법학연구소, 2009, 42면 이하; 이를 분석한 것으로 특히 이재협, 2009, 149면 이하 참고).

2. 김영삼 정부와 세계화추진위원회에서의 논의

이러한 논의에 기초하여 법률가양성제도의 개혁에 대한 분위기가 무르익으면서, 김영삼 정부가 들어서자 마침내 정부의 차원에서 본격적인 논의가 이루어지게 되었다(이하의 내용은 권오승, 1996, 11면 이하; 권오승, 2000, 112면 이하; 김창록, 2013, 21면 이하; 심희기, 2002, 6면 이하에 기초). 1995년 1월 『세계화추진위원회』(이하 '세추위'라고 함)가 발족하여 각종 개혁정책을 추진하는 과정에서 사법개혁 역시 주요 목표의 하나로 포함되었다. 그 핵심적인 내용은 '법률서비스 및 법학

교육의 세계화'라는 표어가 보여주듯이 법률서비스의 양적·질적 개
선을 위한 법률가의 증원과 법학교육제도의 개혁이었다.

(1) 세추위와 대법원의 협의 및 합의

이러한 개혁구상에 대해 법조계의 비판이 제기되자 같은 해 3월
에는 세추위의 소위원회에 전문가위원회를 구성하기로 하고 여기에
대법원, 법무부 및 변협의 대표가 참여하도록 하였다. 그럼에도 불구
하고 사법개혁의 추진주체에 대해 법조계로부터 문제가 제기되자 세
추위와 대법원이 공동으로 사법개혁을 추진하도록 합의하였다.

광범위하고 근본적인 사법제도 개혁의 아젠다가 설정된 것은 당
시의 전반적인 분위기를 감안할 때 적지 않은 충격이었다. 또한 당시
법조계의 입장에서 '법률서비스'라는 표현 자체가 낯설 수도 있었을
것이다. 이러한 상황에서 입장과 관점의 차이에도 불구하고 세추위와
대법원이 공동으로 사법제도의 개혁을 논의하기로 결정한 것은 이후
전개된 논의상황을 바탕으로 되짚어볼 때 매우 의미있는 결정이었다
고 볼 수 있다.

당시 논의의 핵심쟁점은 사법시험 정원의 확대와 법학교육제도
의 개선이었는데 사법시험 합격자의 증원에 대해서는 1995년 4월에
세추위와 대법원이 합의에 이르게 되었다. 그 내용의 핵심은 1996년
부터 1999년까지는 사법시험제도의 골격을 유지하면서 선발인원을
1996년 500명에서 1999년 800명까지 해마다 100명씩 늘리고, 2000년
이후에는 새로운 법률가양성제도에 따라 해마다 1,000명에서 2,000명
사이의 법률가를 배출하도록 하는 것이었다(권오승, 1996, 69면 이하).
이에 따라 1981년부터 300명 내외로 증원된 후 정체되어있던 사법시
험의 합격자수는 1996년에 500명 내외가 된 후 점진적으로 늘어서
2001년에는 1천명 선에 이르게 되었다(김창록, 2013, 111면 이하의 표
참고).

당시 세추위와 대법원은 사법시험의 합격자수의 증가를 넘어 법학교육제도를 포함하는 법률가양성제도의 전반적인 개혁이 불가피하다는 점에 인식을 같이 하여 법학교육의 학제개편을 위해 다음과 같은 기본방향을 제시하였다(권오승, 2000, 112면).

- 시험보다는 교육의 비중을 높이면서, 법학교육의 정상화·충실화를 도모하기 위해 기초소양교육 및 전문영역교육을 강화해 나감.
- 다양한 학문적 배경을 갖춘 사람이 법조인이 되는 기회를 충분히 제공함.
- 이를 위하여 새로운 학제를 마련하고, 1997년부터 시행할 수 있도록 함.

(2) 법조학제위원회에서의 논의

법률가양성제도의 개혁을 위해서는 대학에서의 법학교육, 법률가가 되기 위한 시험제도 및 실무연수 등에 대한 전반적인 검토와 논의가 필요하였다. 이를 위해 세추위와 법조계가 각각 3인씩 추천하는 전문가로 구성된 법조학제위원회가 설치되었다.

대학에서의 법학교육을 전문교육의 수준으로 강화하기 위해서는 새로운 학제의 도입이 불가피했는데 이와 관련해서는 2+3안, 2+4안, 4+2안, 4+3안, 3+3안 등 다양한 방안이 검토되었다. 이는 대체적으로 두 가지의 방향으로 대별될 수 있다. 하나는 기존 4년의 법대학부교육을 1~2년 정도 연장하여 2년의 교양과정과 3년 또는 4년의 전문법학교육과정을 운영하는 방안(법대학제 연장안)이었다. 다른 하나는 기존 4년의 학부과정 위에 2년제 또는 3년제의 법학전문대학원 과정을 신설하자는 생각(전문대학원 설치안)이었다. 법조계는 대체적으로 법대학제 연장안을, 세추위는 전반적으로 전문대학원 설치안을 선호했던 것으로 알려지고 있다(권오승, 1996, 17면 이하; 권오승, 2000, 113면).

법조학제위원회에서는 법학교육제도의 개선방안을 도출하기 위해 1995년 말까지 집중적으로 논의했음에도 불구하고 합의에 이르지 못하였다. 이에 법학교육, 시험제도 및 연수제도의 세 논점 중 사법시험제도의 개선방안에 대해서만 구체적인 합의안을 발표하고 법학교육의 개선방안에 대해서는 교육개혁위원회에서, 그리고 사법연수제도의 개선문제는 대법원에서 계속 논의하기로 하였다.

당시의 논의에 주도적으로 참여했던 권오승 교수는 각 모델의 장단점을 다음과 같이 정리하였는데 당시 법학교육제도 개혁과 관련하여 제시되었던 방안들에 대해 제기되었던 장단점을 살펴보는 것은 오늘의 상황에 시사하는 바가 크다. 단, 전문대학원 설치안 중 학부에서 법학을 전공한 자 또는 법학전공 필수과목을 이수한 자를 대상으로 2년제 대학원을 설치하는 4＋2안은 논외로 한다(권오승, 1996, 80면 이하; 권오승, 2000, 106면 이하).

1) 법대학제 연장안
장점
가) 법률가를 지망하는 학생을 대학입학 당시에 이미 선발할 수 있음
나) 기존 교육체제의 골격을 유지하면서 교육기간을 연장하는 것이므로 제도변화에 따른 충격이 크지 않음
다) 2＋4안을 도입한다면 전공교육을 보다 충실하게 할 수 있음
단점
가) 다양한 분야에서의 전문지식을 전제로 한 법률가를 양성하기 어려움
나) 학부입시부터 법률가를 지향하는 학생들을 대상으로 법과대학에서 교양교육이 이루어지므로 충실한 교양교육을 기대하기 어려움

다) 현재의 학제를 5년 또는 6년으로 연장하는 것은 상대적으로 어렵지 않은 일이어서 대부분의 법과대학이 전환하려 할 것인데, 그렇게 되면 5, 6년의 교육을 받고도 변호사자격을 취득하지 못하는 학생이 다수 발생하는 문제가 발생함

2) 전문대학원 설치안

장점

가) 학부졸업자를 대상으로 법학교육이 이루어지므로 학습동기가 뚜렷하여 높은 성과를 기대할 수 있음

나) 학부과정에서 직업선택에 대한 부담 없이 자신의 분야를 전공한 후 대학원과정에서 전문적인 법학교육을 받으므로 폭넓은 소양을 갖춘 자를 법률가로 양성할 수 있음

다) 학부에서 다양한 전공을 한 학생들을 대상으로 법학교육이 이루어짐으로써 이후 다양한 분야에서 활동할 수 있는 전문법률가를 양성하고 이로써 법률가의 직역을 확대할 수 있음

라) 이 과정을 이수한 자는 학부에서의 학사학위에 법학 전문석사학위를 취득할 수 있음

단점

가) 교육제도의 급격한 변화에 따른 충격이 크므로 적응과정이 필요할 것임

나) 교육기간이 장기화됨으로써 교육비가 많이 들어 학생과 학부모의 부담이 커질 우려가 있음

현재의 시점에서 돌아볼 때 법대학제 연장안이 지녔던 현실적인 어려움은 기존의 법과대학이 모두 교육기간을 연장하려 할 때 장기간의 법학교육을 받고도 법률가자격을 취득하지 못하는 학생들이 다수 발생할 것이라는 점이었다. 이는 기본적으로 법률가 자격시험의 정원을 증가시킬 수는 있지만, 정원제 자체를 폐지하여 대학에서 법학교육을 이수하고 최소한의 학력을 증명한 학생에게는 기본적으로 법률가자격을 부여하자는 생각이 관철되기에는 현실적인 어려움이 있음

을 전제로 하는 것이었다. 전문대학원 설치안의 단점과 관련해서는 법학전문대학원 제도의 도입 후 7년이 지나 어느 정도 안정기로 들어서고 있는 현재에도 교육기간의 장기화와 학비부담에 대한 문제제기가 계속되고 있다.

(3) 법학교육개혁을 위한 특별위원회에서의 논의

법학교육의 개선방안에 대해서는 교육개혁위원회에서 계속 논의하기로 한 법조학제위원회의 합의내용에 따라 1995년 12월 교육개혁위원회 산하에 『법학교육개혁을 위한 특별위원회』를 구성하였다(권오승, 1996, 20면 이하; 권오승, 2000, 113면 이하). 특별위원회는 법학교육을 민주시민의 자질향상을 위한 일반교육과 법률가를 양성하기 위한 전문교육으로 이원화하여 전자는 학부과정에서, 그리고 후자는 전문대학원과정에서 이루어지는 것이 바람직할 것이라는 결론에 도달하였다. 이에 기초하여 교육개혁위원회는 1996년 2월에 발표한 교육개혁방안(Ⅱ)에서 법학전문대학원의 도입을 그 중점과제로 선정하였다. 법학교육을 전문대학원 과정에서 실시하자는 방향이 힘을 얻은 중요한 배경에는 당시 교육부가 학부교육에서 다전공 복합학문체계를 강력하게 추구하고 있었다는 것을 간과할 수 없다. 당시 교육부의 정책기조에 따르자면 법학 역시 다전공 복합학문체계로 편입되게 될 터인데 이러한 구조 속에서 법률전문가의 양성을 위한 법학교육을 실시하는 것은 기대할 수 없기 때문이었다. 법학교육개혁과 관련하여 주장되던 다양한 방안 중에 전문대학원을 설립하자는 주장이 힘을 얻게 된 것은 대학교육 개혁 전반을 관장하는 교육부 정책의 기본방향과 무관하지 않았다.

1996년 3월 교육부는 법학전문대학원의 도입을 비롯한 교육개혁과제를 발표하고 그 추진일정을 제시하였다. 법학교육개혁과 관련해서는 법학전문대학원의 설립기준, 교육과정, 운영방안 등을 마련하기

위한 『법학교육위원회』를 설치하기로 하고 이 위원회에서의 논의를
사전에 준비하기 위해 4월에 준비위원회를 구성하였다. 같은 해 6월
에 법학교육위원회가 구성되기는 했지만 대법원을 중심으로 한 법조
계가 법학전문대학원 제도의 도입을 강하게 반대하여 논의가 심도 있
게 진행될 수는 없었다.

(4) 평가

당시 세추위가 사법제도의 개혁을 위해 제시한 의제는 범위와 강
도의 측면에서 일반국민들과 법조계에서 지녔던 기존의 관행과 사고
방식에 대해 적지 않은 충격을 줄만큼 새로운 것이었다. 그 내용의
상당부분은 법학계에서 지속적으로 논의되어 온 바이지만 정부가 직
접 주도했다는 점에서 그 추진력은 이전과 비교할 수 없었다.

당시 세추위가 추진했던 사법개혁의 방향은 법조인 수의 확대나
사법서비스의 향상을 넘어 법률가양성제도의 인풋(input) 자체를 바꾸
려는 것이었으므로 강력한 저항에 부딪힌 것은 어쩌면 당연한 일이었
다. 하지만 20여년이 흐른 오늘의 관점에서 돌아볼 때 이는 이해관계
자들 사이의 진지하고도 치열한 소통의 시작이었다고 평가할 수 있다.

3. 김대중 정부와 새교육공동체위원회에서의 논의

우리나라의 사법제도가 지니고 있는 문제점을 개선하기 위해서
는 대학에서의 법학교육을 강화할 필요가 있다는 인식은 김대중 정부
에서도 이어졌다(이하 김창록, 2013, 22면 이하; 송석윤, 2007, 273면 이하;
심희기, 2002, 10면 이하에 기초함).

(1) 새교육공동체위원회에서의 논의

1998년 7월에 교육제도 전반의 개혁을 담당할 대통령자문기구인
『새교육공동체위원회』(이후 새교위라고 함)가 설치되었고, 같은 해 11
월에 새교위 산하의 대학교육위원회는 법학교육제도연구위원회를 구

성하였다. 법학교육제도연구위원회는 제도개혁의 초안이 마련된 이후
에는 사회 각 분야의 여론을 청취하는 다양한 장을 마련하였다. 1999
년 4월에는 2차에 거쳐 전국법과대학학장 간담회를 개최하여 각 대
학의 의견을 듣는 기회를 가졌고, 5월에는 교육부 출입기자 간담회,
각 신문방송사의 논·해설위원 간담회, 시민사회단체 대표와의 연석
회의, 법조계의 의견청취 등을 통하여 개혁안에 대한 여론수렴작업을
하였다. 이어서 개선안에 대한 공청회를 서울, 대구, 광주에서 세 차
례에 걸쳐 개최하였는데 여기서 학계, 법조계, 언론계, 시민단체 등을
대표하는 토론자들의 다양한 견해가 개진되었다. 이러한 과정은 일반
국민들에게는 낯설 수밖에 없는 법학전문대학원 제도를 홍보하고 또
한 다양한 의견을 수렴하는 중요한 쌍방소통의 과정이었다.

　　새교위의 법학교육제도연구위원회는 1999년 8월에 『법학교육제
도개선연구: ‘학사 후 법학교육’의 도입』이라는 제목으로 최종보고서
를 제출하였다. 이 보고서의 ‘학사 후 법학교육’안의 핵심내용은 다음
과 같다[1]:

1) ‘학사 후 법학교육’의 도입

　　법학교육의 기본축을 학사과정의 법학교육에서 전문대학원법학교
육으로 전환한다. 이의 기본 목적은 다양한 전공의 학부졸업자를 대
상으로 대학원수준에서 전문법률가양성 및 심화된 학문연구를 위한
법학교육을 시행하려는 데에 있다. 이러한 제도개혁은 법률가양성제
도의 정상화를 의미하며, 이를 통하여 ‘전 대학의 고시학원화’, ‘고시
낭인’ 등으로 상징되는 현재 법률가양성제도의 문제를 해결하고 나
아가 고부가가치를 창출하는 전문법률가 양성의 토대가 마련될 것이
기대된다.

---

1) 이는 대통령자문 새교육공동체위원회(1999. 8.). 『법학교육제도 개선 연구 — ‘학사
　　후 법학교육’의 도입』, 서울: 새교육공동체위원회, 68-97면의 내용을 필자가 요약
　　한 것임(송석윤, 2007, 273면 이하 참고).

2) 교육기관의 명칭과 학위

'학사 후 법학교육' 기관의 명칭은 '법학대학원'으로 하고 학사 후 법학교육을 이수한 자에게는 법무박사 학위를 부여한다. 이는 학술학위인 법학박사와는 구별되는 일종의 전문학위이다.

3) 기존 학사과정의 법학교육단위

'학사 후 법학교육'으로 전환하는 기존의 학사과정의 법학교육 단위는 폐지한다. 하지만 이것이 이러한 대학에서 학사과정에서의 법학교육이 전혀 이루어지지 않음을 의미하는 것은 아니다. 각 전공영역과 연계되어 필요한 법학과목(예를 들어 정치외교학에서 헌법과 국제법, 행정학에서 행정법, 사회복지학에서 사회법, 경영학에서 상법 등)은 여전히 다루어 질 필요가 있을 것이다. 즉 폐지되는 것은 학사과정의 법학교육 단위이지 법학교육 자체는 아닌 것이다.

4) 학부법학교육의 방향

대학원체제로 전환하지 아니한 학사과정 법학교육의 위상과 방향을 새롭게 모색하여 필요한 범위에서 특성화를 시키는 방향으로 유도한다. 전문교육이 아닌 법학교육의 필요성은 여전히 존재하고 학사과정 법학교육에서 이를 담당하여야 한다. 그러므로 학부제 하에서의 법학교육은 여전히 존재하게 된다. (그리고 사회과학 분야의 효과적인 교육을 위해서 타전공분야와 법학교육과 연계될 필요가 있다. 예를 들어 법률사무소의 사무원, 법원·검찰 사무관, 교정·보호관찰·출입국관리직 공무원, 세무공무원, 경찰공무원, 일반공무원, 기업의 법무담당, 법률구조기관 및 단체의 활동가, 사회복지제도 관련자, 시민단체(NGO) 활동가, 사회과목 교사, 변리사, 노동분야 전문가 등을 양성하기 위한 특화된 법학교육을 생각해 볼 수 있을 것이다.) 이러한 사회적 수요에 부응하는 학부졸업 수준의 법전문가의 양성을 위해서는 다양한 연계 프로그램의 개발이 필요하다.

5) 법학대학원의 설립대상

법학대학원의 설립대상은 설립기준을 충족한 기존의 학부법학교육기관이며, 단설 법학대학원 및 기존 법과대학의 컨소시엄 형태의 설립도 가능하다. 법학대학원의 총입학정원은 사법시험합격자 수와 연계하여 결정하게 될 것이다.

6) 법학대학원의 설립기준

학생 수는 학년당 200명 이하이며, 전임교수 대 학생비율은 1: 12
가 넘어야 하고, 전임교수의 최소인원은 학생규모와 상관없이 25명
이상이 되어야 한다.

이 기준은 현재 우리나라의 현실을 감안하면 상당히 높은 기준으
로서 법학교육의 질을 근본적으로 향상시키는 효과를 가져오게 될
것이다.

7) 법학대학원의 입학자격과 입학시험

입학자격은 학사 또는 이에 준하는 자격으로 하고 입학시험은 [학
부성적＋외국어＋사회경력 및 사회봉사실적＋기타 법학대학원이 정
하는 사항]으로 한다. 또한 같은 학교의 학부졸업자가 60% 이상 초
과할 수 없으며 학부에서 법학을 전공하지 않은 자의 비율이 최소한
30% 이상이 되도록 하고 있다.

법학대학원의 입학시험에 법학과목을 두지 않는 것은 학사과정의
교육이 법학대학원 입학시험준비로 파행화하는 것을 방지하려는 의
도이다. 또한 비법학 전공자에게 30% 이상의 자리를 할당하는 것은
이 제도가 정착되기 전까지의 과도기에 일부 법학대학원에서 사법시
험합격자 수에 연연하여 학부 법학전공자를 선호할 것에 대비한 것
이다. 나아가 같은 학교졸업자의 비율을 정한 것은 몇몇 대학이 우수
한 자원을 독점하는 것을 방지하기 위함이다.

8) 법학대학원의 수업연한

수업연한은 6학기(3년)이며, 이수학점 수는 96학점 이상이다.

9) 법학대학원의 교수요원 충원과 법학교수요원 양성

법학대학원의 교수요원은 박사학위소지자 이외에 법률가로서 실
무경력이 있는 자를 충원할 수 있다. 그 비율은 각 법과대학원이 자
율적으로 결정할 문제이다. 또한 판·검사나 그 밖의 법률전문가
를 교수요원으로 충원하기 위하여 「파견교수제도」를 도입할 필요가
있다.

교수요원양성을 위해서 법학대학원에 박사과정 및 전문학위과정
과 학술학위과정을 연계하는 복합박사학위과정을 둘 수 있게 한다.

10) '학사 후 법학교육'의 주관기관

'학사 후 법학교육'의 주관기관으로 교육부 산하에 '법학교육위원회'(가칭)를 설치한다. 법학교육위원회는 법학대학원 설립기준의 구체적인 내용을 설정하여 설립기준 충족여부를 심사하며, 법학대학원의 수와 정원을 조정하는 역할을 하게 될 것이다. 나아가 법학대학원으로 전환하지 않는 학부 법학교육 프로그램의 개발도 중요한 업무의 하나가 될 것이다.

11) 사법시험과의 연계

법학교육과 법률가선발의 연계를 위해서 사법시험 응시자격을 학사과정에서 법학을 전공한 자 및 법학대학원 졸업자(법무박사)로 제한한다. 법학대학원 졸업자에게 사법시험 1차 시험을 면제한다. 사법시험 응시자격을 법학교육 이수자로 제한하는 제도의 실시에 있어서는 현재 수험생들의 신뢰를 보호하기 위해서 일정한 경과기간을 두게 될 것이다.

학사 후 법학교육제도가 기본적으로 추구하는 방향은 시험을 통한 법률가의 선발에서 교육을 통한 법률가의 양성으로의 전환이다. 이는 주어진 교육과정을 성실하게 수료한 사람은 법률가가 될 수 있다는 기대가능성을 의미하는 것으로 사법시험의 기본성격이 사법연수원입학시험에서 법률가자격시험으로 바뀌는 결과를 가져올 것이다. 이를 위해서는 2차 사법시험의 시험방식과 시험내용이 새로운 법학교육제도와 연계되도록 바뀌어야 할 것이다.

12) 사법연수제도의 개선

학사 후 법학교육제도가 정착된다면 현재 사법연수원이 지니고 있는 일반 법률가 양성기능은 폐지되고 실무연수는 각 직역별로 이루어지는 것이 바람직 할 것이다.

사법연수원은 판사임용대상자의 실무교육을 담당하는 기능과 법원공무원의 교육기능 및 법관의 재교육기능 등을 담당하게 될 것이다. 검사임용대상자에 대한 실무연수는 법무부의 판단에 따라서 법무연수원에서 또는 사법연수원에 위탁하여 실시할 수 있을 것이다. 사법시험 합격자 중 판검사 임용대상자가 아닌 자는 대한변호사협회

등 변호사단체에서 실시하는 변호사 실무교육을 받도록 하는데 변호
사단체는 이를 직접 수행하거나 사법연수원 또는 법학교육기관에 위
탁할 수 있을 것이다.

현재의 안은 사법시험 합격 후에 각 직역별로 행하여지는 실무교
육을 받은 사람에게 법률가의 자격을 부여하는 것으로 하고 있다.

이밖에도 '학사 후 법학교육'안은 법학전문대학원생의 병역문제,
법학교육연구의 진흥방안, 법학교육의 지역적 편중 해소방안 등에 대
한 제안을 했었다.

(2) 사법개혁추진위원회에서의 논의

교육개혁를 대상으로 하던 새교위와는 별도로 1999년 5월 사법
개혁의 문제를 논의하기 위해 대통령자문위원회인『사법개혁추진위
원회』(이하 사개추)가 구성되었다. 사개추에서는 사법개혁과 관련하여
다양한 안건을 채택하였고 여기에는 법조인 양성제도의 개선 역시 핵
심주제로 포함되었다. 법률가 양성제도와 관련하여 사개추는 1999년
11월에 공청회를 개최하여 개선방안을 제시했는데 그 핵심내용은 다
음과 같다.[2]

1) 선발시험제도의 개혁방안
① 시험의 성격

사개추는 우선 현재의 사법시험의 성격을 장기적으로 자격시험으
로 전환하는 방안을 제시하였다. 하지만 단기적으로는 법조인의 증
원을 위해 정원제를 유지할 필요가 있다고 하고 있다.

② 시험의 근거법령

사개추는 사법시험의 법적 근거를 현재의 사법시험령에서 법률로

---

2) 이는 사법개혁추진위원회, 사법개혁추진공청회 — 법조인 양성제도 및 법학교육
— , 1999. 11. 29.에서 발표된 내용을 필자가 요약한 것임(송석윤, 2007, 288면 이
하 참고).

대체할 것을 제안한다.

③ 선발인원

여론의 관심이 집중되는 사법시험 선발인원은 2000년에는 800명, 2001년부터는 1,000명으로 증원하는 것으로 하고 있다.

④ 응시자격 제한

사법시험의 응시자격을 일정 학점 이상의 법학과목 이수자에게 제한하여 대학의 법학교육과 법조인양성과정을 연계시킴으로써 대학 법학교육제도의 문제점을 극복하려 하고 있다.

⑤ 응시횟수 제한

응시횟수는 1차시험을 4회까지 볼 수 있는 현재의 제한을 유지한다.

⑥ 관장기관

시험의 관장기관을 현재의 행정자치부에서 법무부가 주관하는 시험관리위원회로 옮긴다.

2) 선발 후 교육제도의 개선방안

① 한국사법대학원의 신설

현재의 실무연수기관인 대법원 산하의 사법연수원을 폐지하고, 학문과 실무연수를 병행하는 독립법인 형태의 한국사법대학원을 신설한다.

② 교육연수기간

한국사법대학원의 교과과정은 2년으로 하며, 대학원 수료 후 1년간 직역별 연수를 별도로 실시한다.

③ 운영주체

한국사법대학원은 법조계와 법학계가 공동으로 참여하는 운영위원회 또는 이사회를 중심으로 운영하되, 대법원이 이를 관장한다.

④ 대학원생의 지위

한국사법대학원생의 지위는 공무원신분이 아닌 학생신분으로 하며 학비와 생활비보조를 위한 장학제도를 운영한다.

⑤ 학위수여

한국사법대학원 졸업자 등 학위과정 이수자에 대해서는 석사학위를 수여한다.

(3) 평가

새교위의 '학사 후 법학교육'안은 오늘날의 법학전문대학원 제도와 크게 다르지 않다는 점에서 제도의 기본틀이 구체적인 부분까지 고안되었던 것이라고 볼 수 있다. 사개추가 구성되던 시점에는 이미 새교위의 안이 완성되었으므로 사개추가 제안했던 '한국사법대학원' 안은 법학전문대학원 제도의 도입에 대한 법조계의 대안이었다. 이는 법률가 양성제도의 개선에서 교육의 관점과 법조의 관점이 여전히 평행선을 긋고 있었음을 보여준다.

하지만 사법시험제도의 개선과 관련하여 일단 정원제를 유지하되 시험의 성격을 장기적으로 자격시험으로 전환할 필요가 있음을 인정한 것은 주목할 만하다. 또한 사법시험의 법적 근거인 사법시험령을 법률로 대체할 것을 제안함으로써 2001년에 사법시험법이 제정되었고, 시험의 관장기관을 행정자치부에서 법무부로 이관할 것, 응시자격으로 일정 이상의 법학과목 이수를 요구할 것 등과 같은 내용은 동법에 반영되었다.

4. 노무현 정부와 사법제도개혁추진위원회

노무현 정부가 출범한 후 대법관의 인사문제와 관련하여 발생한 사법파동을 계기로 기존에 논의되어 온 사법개혁의 과제를 계속 수행하기 위해 사법부가 중심이 되어 개혁의 기본방향을 마련하고 이를 행정부가 구체적으로 실현하자고 대통령과 대법원장이 2003년 8월에 합의하였다(김창록, 2013, 438면 이하). 이에 2003년 10월 대법원 산하에 『사법개혁위원회』가 설치되었다. 사법개혁위원회는 대법원장이 부의한 안건인 (1) 대법원의 기능과 구성, (2) 법조 일원화와 법관 임용방식 개선, (3) 법조인 양성 및 선발, (4) 국민의 사법참여, (5) 사법서비스 및 형사사법제도 개선에 사개위 위원들이 제안한 안건들을 추가하여 토론하면서 최종 건의안을 확정하였다.

대통령과 대법원장이 합의한 바처럼 사개위의 건의안을 실행하기 위해 2005년 1월『사법제도개혁추진위원회』(이하 사개추위)가 구성되었다. 사개추위는 2006년 12월까지 의욕적으로 활동하여 다양한 사법개혁의 사안에 대해 의결하였다. 사개추위가 의결한 법안들은 정부 입법안으로 국회에 제출되었고 그중에는 법학전문대학원과 관련된 법안도 포함되었다.

『법학전문대학원 설치·운영에 관한 법률』안은 2005년 10월에 제출되었는데 국회에서도 장시간의 논란을 겪은 후인 2007년 7월에 전격적으로 통과되었다. 같은 해 10월 이 법률에 근거하여 법학교육위원회가 구성되고 총 입학정원이 2천명으로 확정되었다. 이후 41개 대학이 인가신청을 하였고 법학교육위원회가 이를 심사한 끝에 2008년 2월 25개 법학전문대학원에 대한 예비인가가 이루어졌다.

5. 이명박 정부와 법학전문대학원제도의 출범 및 보완

이명박 정부가 들어선 이후인 2008년 8월에 제1차 법학적성시험이 시행되고 이듬해인 2009년 3월에 처음으로 신입생이 입학함으로써 법학전문대학원 제도가 정식 출범하게 되었다. 하지만 법학전문대학원 제도의 핵심적인 요소인 변호사시험법은 2009년 5월에야 제정되었다. 그 이후에도 변호사시험 합격자의 병역 문제, 실무연수 문제 등이 하나하나 해결되어야 했다.

하지만 법학전문대학원의 총정원제에 이어 변호사시험 합격률을 입학정원의 75%로 고정하는 추세 속에서 법학전문대학원에서의 교육의 정상화는 과제로 남아있다(자세한 내용은 김창록, 2013, 235면 이하).

6. 소결

우리나라에서의 법학전문대학원 제도에 대한 논의는 법학계에서의 오랜 토론을 논외로 하더라도 김영삼 정부에서의 쟁점화, 김대중 정부에서의 구체화, 노무현 정부에서의 도입결정, 이명박 정부에서의 출범과 보완이라는 장기간의 과정을 거친 것이었다. 근간에 흐르는 이러한 힘이 여러 가지 어려운 상황 속에서도 새로운 제도를 안정적으로 정착시켜 왔다. 법학전문대학원 제도가 졸속으로 도입되었다는 주장은 이러한 전개 과정의 일부만을 강조하는 것으로 설득력이 떨어진다.

Ⅲ. 한국형 법학전문대학원 제도의 특징과 성과

법학전문대학원 제도가 정착되어가고 있으며 예정한대로 사법시험의 폐지가 가까워지고 있는 시점에서 법학전문대학원 제도에 대한 논쟁이 다시 확산되고 있다. 여기에서는 세간에서 독일과 일본의 경우에 빗대어 제기되는 비판을 평가하는 것으로 논의를 풀면서 우리나라 법학전문대학원 제도의 특징과 성과에 대해 논하려 한다.

1. 독일과 일본에서의 실패라는 주장과 관련하여

우리나라에서 법학전문대학원 제도가 적절하지 않다는 논거로 세간에서 독일에서는 1971년에 로스쿨제도를 도입하였다가 1984년 이를 폐지하고 다시 사법시험제도로 회귀했다든지(그 전형적인 예로는 김태환 외 9인, 2015, 249면), 아니면 일본에서의 로스쿨제도는 이미 실패한 것이라든지 하는 주장이 제기되고 있다. 독일의 경우는 사실과 부합하지 않고 일본의 경우는 우리나라와는 크게 다름에도 불구하고, 주장되던 내용이 마침내 헌법재판소의 결정에서도 나타났다. 2015년 6월 25일 헌법재판소는 변호사시험의 합격자에게 시험성적을 공개하지 않도록 규정한 변호사시험법 제18조 제1항이 청구인들의 알 권리를 침해한다고 결정한 바 있다(헌재 2015. 6. 25, 2011헌마769 등). 조용호

재판관은 법정의견에 대한 보충의견에서 "1971년에 로스쿨제도를 도
입하였다가 1984년 이를 폐지하고 다시 사법시험제도로 회귀한 독일
의 사례와 우리와 유사한 법학전문대학원 – 신사법시험체제가 이미 실
패한 제도라는 평가가 내려지고 있는 일본의 경우"라고 표현하였다.

(1) 독일에서의 이른바 "1단계 법률가양성제도"(einstufige Juristen-ausbildung)

1) 독일의 국가시험제도

먼저 독일에서는 1971년에 로스쿨제도라는 것을 도입한 적이 없
다. 독일의 법과대학은 전통적으로 대학입학 이전에 13년의 교육을
받고 대학에 입학하는데 대학에는 교양과정이라는 개념이 없으며 대
학의 교과과정은 우리나라에서 학부 전공과정과 석사과정을 합친 것
에 상응한다고 이해하면 된다. 전통적으로 대학을 졸업하면 석사학위
(Magister나 Diplom)를 취득하는 것이며 법률가, 의사, 교사나 개신교
성직자와 같은 전문직의 경우는 국가시험(Staatsexamen)의 합격이 이
를 대신하게 되어 있었다.

독일에서의 법률가 양성제도는 대학에서 이루어지는 법학교육과
그 이후의 실무연수라는 2단계로 이루어진다. 따라서 제1차 국가시험
(Referendarexamen)은 법과대학의 졸업학위인 동시에 실무연수에의
입학시험이라는 의미를 지니게 된다. 실무연수를 마치고 제2차 국가
시험에 합격하면 전통적인 의미의 법조직역(독일에서는 변호사, 판사,
검사 및 행정공무원이 이에 해당함)에서 활동할 수 있는 자격을 지니는
이른바 완전법률가(Volljuristen)가 된다(송석윤, 2007, 237면 이하).

2) 독일 법률가양성제도의 약사

제1차 국가시험이 처음부터 법학교육의 수료를 의미했던 것은
아니다. 독일에서는 15세기부터 로마법이 수용되고 초기 근대국가가
형성되면서 대학에서의 법학교육을 통해 로마법의 세례를 받은 사람

들이 신분귀족들이 행사하던 사법권을 대체하는 경향이 강해졌다.

　　하지만 근대국가의 절대주의화가 진행되고 군주의 권력이 강화되면서 계몽절대군주들은 사법 및 행정공무원을 직접 선발하고 양성하려 하였다(참고로 독일에서의 근대적 국가시험제도의 형성과 관련된 자세한 내용은 송석윤, 2007, 210면 이하). 프로이센의 프리드리히 1세는 18세기 중반부터 상급법원의 법관이 되려는 자는 예비시보와 시보라는 2단계의 연수와 세 차례의 국가시험을 합격할 것을 요구하였다. 1781년에 제정되어 계몽절대주의 시대의 법관 및 국가공무원 양성제도의 기준을 제시했던 프리드리히법전에 따르면 실무연수 입학의 기준으로 우수한 천부의 능력과 건전한 판단력, 법이론에 대한 자세하고 포괄적인 지식, 오랜 교육기간동안 생계를 유지할 수 있는 경제력, 품행방정 등을 요구할 뿐 실무교육 이전의 대학교육을 명시적으로 요구하지 않았다. 실무연수에의 입학시험인 국가시험에 합격한 자는 이후 1년의 예비시보 연수와 두 번째의 국가시험, 그리고 4년의 시보 연수와 세 번째의 최종국가시험인 이른바 "대국가시험(große Staatsprüfung)"을 거쳐서 법관의 자격을 얻게 되었다.

　　이러한 기본틀은 입헌주의의 도입 이후에도 유지되다가 1869년부터 시보기간을 한 단계 줄여서 4년으로 하고 3년 이상 대학에서 법학을 수학했음을 요구하기 시작하였다(송석윤, 2007, 218면 이하). 이러한 프로이센 모델은 1870년 독일통일과 함께 1877년 제정된 제국법원기본법에 반영되면서 전독일로 확산되었다. 하지만 이것은 법과대학에서의 수학을 요구한 것이었지 수료를 의미하는 것은 아니었다.

　　이후 19세기말에 법학교육과 법실무가 서로 접근하면서 점차 제1차 국가시험은 동시에 대학수료시험으로 인식되었다(송석윤, 2007, 223면 이하). 그 배경에는 한편으로 실정법을 해석이 아닌 적용의 대상으로 보았던 절대주의적 관점의 극복 및 다른 한편으로는 독일민법전 등 통일된 실정법의 제정으로 인한 대학의 이론편향의 극복이 있었다. 1908년부터 제1차 국가시험의 응시요건으로 법과대학에서 특정한 학점을 이수할 것을 요건으로 하면서 대학법학교육과 제1차 국가시험이 제도적으로 연결되었다. 1961년에는 독일법관법이 제정되어 법관의 자격에 관한 법원기본법의 조항을 대체하게 되었는데 독일법관법 제5조 제1항은 "대학에서의 법학교육을 제1차 국가시험으로 수료하고 이어지는 실무교육을 제2차 국가시험으로 수료한 자에게는 법관직을 수행할 자격이 주어진다."고 규정하였다.

이를 정리하자면 독일에서는 계몽절대주의에서는 대학에서 법학교육을 받을 것을 요구하지 않다가 입헌군주제 후반에 들어서 법과대학에 3년 이상의 수학을 조건으로 하였고 이후 20세기에 들어 대학에서의 법학교육과 국가시험이 제도적으로 완전히 연결되었다.

백여년 전부터 정착된 오늘날 독일의 법률가양성제도를 정리하자면 법과대학의 졸업시험인 제1차 국가시험을 합격한 자가 실무연수를 받은 후에 제2차 국가시험을 보는 체계이다. 독일의 법과대학은 우리의 기준으로 보자면 학사와 석사과정을 통합한 것이고 법률가가 되기 위해서는 누구나 이 과정을 이수해야 한다. 1, 2차 국가시험은 정원제가 아니고 자격시험이다. 미국과 다른 점은 완전법률가가 되려면 법과대학 졸업(즉, 제1차 국가시험 합격) 후에 2년의 실무연수를 해야 한다는 점인데 우리나라의 사법연수원과 같은 집체교육은 존재하지 않는다.

3) 개혁논의와 1단계 법률가양성제도의 실험

대부분의 국가에서 그렇듯이 독일에서도 20세기초 이래로 법률가양성제도에 대한 다양한 개혁논의가 있었다(송석윤, 2007, 243면 이하). 라트브루흐는 법철학자이자 사법개혁론자였다. 그는 법무부장관으로 재직하던 1920년대 초에 법학교육제도와 사법제도의 광범위한 변화를 추구하기도 하였다. 라트브루흐의 사법개혁론에는 실무연수제도도 포함되어 있었다. 그는 제1차 국가시험에 합격하면 1년 동안 변호사로서의 실무수습을 받고 그 이후에 계속 변호사로서 종사할 것인지 국가가 주도하는 법관연수를 받을 것인지를 결정하면 되고 제2차 국가시험은 불필요하다는 입장을 피력하였다.

이러한 개혁논의는 제2차 세계대전 이후에도 계속되어 1971년 독일법관법 제5b조에 각 주에서 10년의 기간 동안 1단계 법률가양성제도를 실험적으로 실시할 수 있다는 조항을 도입하였다(송석윤, 2007, 249면 이하). 이는 제1차 국가시험 전후로 대학교육과 실무연수로 나뉘어 있던 법률가양성제도를 하나로 통합하려는 시도였다. 각 주별로 대학을 선정하여 대학법학교육과 실무연수를 교차하여 실시하든지 지리적 여건이 허락하면 양자를 동시에 병행하는 등 다양한 방식이 시도되었다. 한 번의 국가시험으로 완전법률가가 양성되는 모델이었다. 1단계 법률가양성제도를 실험했던 독일법관법 제5b조는 한 차례 1984년까지 연장되었지만 이후에는 지속되지 않았다.[3]

독일에서는 이미 백여 년 전부터 대학교육과 법률가 자격시험이 연계되었다는 점에서 이미 독일식 로스쿨이었다. 단지 1971년에 몇몇 대학에서 실무연수과정을 대학교육과정으로 통합하는 실험을 했고 이후 원래의 독일식 로스쿨로 회귀한 것이다. 독일에서는 미국식 로스쿨이 존재한 적도, 이를 도입한 적도, 따라서 실패한 적도 없다.

(2) 독일 법률가양성제도의 현황

독일의 법률가양성제도와 우리나라의 제도를 비교할 때 기본적으로 주목할 부분은 오히려 법률가 자격시험의 정원제에 있다고 보인

---

3) 2015년 7월에 서울대학교 법학전문대학원의 여름계절강좌를 위해 방문했던 독일 함부르크대학의 마리온 알버스(Marion Albers) 교수는 필자와의 대담에서 1단계 법률가양성제도를 통해 법학교육을 받은 자신의 경험을 피력하였다. 그는 2단계 법률가양성제도에 비해 교과정의 밀도가 높아서 힘들기는 했지만 학업 중간의 적절한 시점에서 실무연수를 함으로써 "재미없는" 실용학문인 법학을 공부하는 데 있어 동기부여가 되었다고 하면서 이 제도가 교육재정의 압박으로 확대되지 못했음을 아쉬워했다.

다. 미국의 제도이든 독일의 제도이든 우리나라에 그대로 도입하기 어려운 근본원인은 법률가의 수요에 대한 합의의 부재에서 출발한다.

독일에서 법률가로서의 완전한 자격을 취득하여 시장에 진출하는 제2차 국가시험의 합격자수의 추이를 살펴보면 정원제가 실시되는 우리나라와의 차이를 쉽게 알 수 있다.[4] 독일에서 제2차 국가시험 합격자수는 1960년 2,137명, 1970년 2,758명, 1980년 4,123명, 1990년 6,835명으로 꾸준히 증가하다가 독일통일 10년이 지난 2000년까지는 10,366명으로 대폭 늘었고 이후 다소 감소하여 2013년에는 7,491명을 기록하였다. 독일에서는 대입 수능시험인 아비투어에 합격하면 누구나 법과대학에 진학할 수 있고 국가시험 합격률 역시 제1차 70% 내외, 제2차 80% 정도의 수준에서 정해지므로 이러한 신규법률가의 수치는 시장의 장기적 수요공급의 관계를 반영하는 것이다.

참고로 2014년 1월을 기준으로 독일에서 활동하는 변호사의 수는 약 162,700명이다. 이는 2003년도에 비해 약 50%정도 증가한 수치이다. 이에 공증인을 주업으로 하는 법률가 1,500명, 판사 22,400명, 검사 5,600명, 기타 행정공무원 28,000명을 추가하면 약 220,000명의 법률가가 독일에서의 전통적 의미의 법조직역에서 활동하고 있다. 2012년을 기준으로 독일에서 법과대학을 졸업한 후 직업에 종사하는 사람의 수는 약 340,000명에 달한다. 따라서 전체 법률가의 3분의 1정도는 변호사나 국가공무원은 아니지만 법률지식이 필요한 영역(기업체, 사회단체 등)에 종사하고 있음을 알 수 있다.

만일 독일의 제도를 인구차이를 감안하여 우리나라에 도입한다면 다음과 같은 모습일 것이다.

---

4) 이하의 내용은 독일 연방 사법성 산하 사법청의 자료를 정리한 내용임.
https://www.bundesjustizamt.de/DE/SharedDocs/Publikationen/Justizstatistik/Juristenausbildung_2013.pdf?__blob=publicationFile&v=2 (2015. 8. 14. 최종검색)

(1) 대학의 학비가 거의 또는 전혀 없고, 경제적으로 어려운 학생
    들에게는 생활비를 장기대출함.
(2) 법과대학 또는 법학전문대학원의 입학정원을 9천 명 정도로 하
    고 70%가 제1차 국가시험에 합격함으로써 석사학위를 취득함.
(3) 집체교육 없이 국가와 사회의 다양한 영역에서 2년 동안 실무
    연수를 함.
(4) 실무연수 기간 중 국가가 생활비를 지급함.
(5) 실무연수를 마친 사람 중 80%가 제2차 국가시험에 합격하여
    매년 5천명내외의 법률가를 배출함.

이것이 대표적인 대륙법 국가인 독일의 법률가양성제도를 우리
나라에 적용한 것이다. 우리나라에서 로스쿨의 정원을 9천명으로 했
다면 법학전문대학원 출범이전의 법과대학 및 법학과의 입학정원에
상응하는 숫자여서 대학의 관점에서는 가장 자연스러운 모습이었을
것이다. 하지만 이러한 제도가 이상적인지의 여부와는 별개로 법학전
문대학원과 변호사시험의 정원제조차도 벗어나지 못하고 있는 우리
나라에서 당장 실현가능하다고 기대할 수는 없는 상황이다.

한편 유럽통합의 과정 속에서 유럽각국의 학생들간의 교류가 활
발해지고 이를 촉진할 필요가 커지고 있다. 이러한 배경 속에서 유럽
적 차원에서 통일된 고등교육의 기준을 확보하려는 노력이 볼로냐-
프로세스를 중심으로 진행되고 있다. 독일의 대학교육제도도 커다란
변화를 겪고 있다. 독일에서는 대학입학까지의 교육연한을 12년으로
줄이려는 시도가 있는데 연방제에서 교육에 대한 권한을 기본적으로
개별주가 지니므로 다양한 양태로 나타나고 있다. 또한 대학교육의
수료가 기본적으로 석사과정의 수료에 준하던 상황이 변하여 학사학
위제도를 도입하고 있다. 법학교육제도는 큰틀에서는 기존의 모습을
유지하고 있지만 이러한 분위기에서 자유롭지 않다. 그중 주목할 내
용은 2003년에 독일법관법 제5조 제1항 후단에 "제1차 국가시험은

대학의 중점영역 시험과 국가의 의무과목 시험으로 구성된다"라는 내용이 추가되었다는 점이다. 예비법률가 시절부터 공법, 민법, 형법 등 기본과목 이외의 중점과목을 선택하게 하여 법조인의 전문화를 지향한다는 취지로 이해된다. 이에 따라 제1차 국가시험 총점의 30%정도에 해당하는 중점과목 시험을 개별대학에서 실시하고 있다. 전반적으로 법률가양성에서 대학이 차지하는 비중이 늘어나는 추세라고 평가할 수 있다(자세한 내용은 Kison, 2014; Matthias, 2010; Deutscher Juristen Fakultätentag, 2007; Münch, 2004; 신옥주, 2008, 25-60면; 신옥주, 2010, 67-89면 등).

3) 일본의 경우

우리나라에서 법학전문대학원과 관련된 논의가 정부차원에서 본격적으로 이루어지기 시작한 것은 김영삼 정부가 세추위를 구성한 1995년부터라고 할 수 있다. 일본에서는 1990년대 중반부터 경제계와 정계에서 사법제도의 전반적인 개혁에 대한 요구가 제기되자 1999년에 사법제도개혁 심의회가 출범하였다(일본에서 로스쿨제도가 도입되는 과정에 대해서는 김창록, 2013, 311면 이하). 심의회는 최종보고서에서 법과대학원 제도를 도입하고 이에 상응하여 사법시험 제도와 실무연수제도를 개선할 것을 제안하였다. 이러한 기본방침은 이후 범정부적 기구인 사법제도개혁추진본부의 법조양성검토회와 문부과학성의 중앙교육심의회를 중심으로 구체화되었다.

법과대학원 인가신청 첫해인 2003년에 72개의 법과대학원 인가신청이 접수되었고 그중 68개 법과대학원이 인가를 받아서 2004년에 출범하였는데 총 정원은 5,430명이었다. 2005년에는 74개교, 정원 5,825명으로 증가하였다(김창록, 2013, 373, 411면; 赤松 秀岳(AKAMATSU Hidetake), 2012, 29면). 일본에서는 법과대학원을 설립한 대학에도 학부 법과대학을 그대로 존치하였다. 또한 사법시험의 응시자격을 법과대학원을 수료한 자로 제한하지 않고, 예비시험을 통해 법과대학원 수료자와 동등한 학력과 소양을 증명한 자에게도 개방하였다. 한편 일본 정부 는 법조인수를 대폭 증원할 필요가 있다고 보아 2010년경에는 사법 시험 합격자가 연간 3천명에 이르는 것을 목표로 하였다. 하지만 실 제로 합격자수는 2011년에도 2,063명에 머무르고 있다.

이러한 배경 속에서 사법제도개혁 심의회의 보고서가 법과대학 원 수료자의 70~80%가 사법시험에 합격하는 제도를 제안했음에도 불구하고 2011년의 사법시험 합격률은 23.5%에 머물렀다. 이러한 상 황에서 일본의 문부과학성은 법과대학원의 정원을 삭감하도록 노력 하여 2012년 현재 4,493명으로 줄었다고 한다. 그런데도 2013년 신입 생을 모집한 69개 법과대학원 중 64개교가 정원을 채우지 못했으며 입학생수 역시 전체정원 4,261명 가운데 2,698명에 머물렀다(곽창신, 2013, 639면). 상황이 이러함에도 불구하고 일본정부는 2013년에 사법 시험의 연간 합격자수를 3,000명 선으로 늘리는 목표를 제시하는 것은 현실성을 결여하는 것이라는 입장을 발표하였다(곽창신, 2013, 641면).

일본에서는 법과대학원에 설치되는 대학에서도 학부 법과대학이 존치되었고, 법과대학원의 설립에서 준칙주의를 채택하여 비교적 낮 은 인가기준을 충족하면 법과대학원을 설립하도록 하였다. 법과대학 원이 설치되었음에도 불구하고 응시자격의 제한이 없는 예비시험제 도5)가 도입되고 사법시험의 합격자가 수험생의 증가에 상응하지 못 하는 제도에서는 처음부터 실패가 예견될 수밖에 없었다. 일본의 현 황과 문제점은 일본대학의 학생회관에 넘쳐나는 각종 고시학원의 광 고전단을 통해 쉽게 파악할 수 있다.

---

5) 일본 사법시험법 제5조는 "사법시험예비시험(이하 「예비시험」이라 한다)은 사법 시험을 받으려는 사람이 전조 제1항 1호에 해당하는 자(필자 주: 법과대학원을 수 료한 자)와 동등한 학식, 그 응용능력 및 법률과 관련된 실무의 기초적 소양을 갖 추고 있는지 여부를 판정할 목적으로, 단답식 및 논문식에 의한 필기와 구술의 방 법으로 시행한다"라고 규정하고 있다.

2005년 우리나라 사법개혁추진위원회의 집행부가 일본에서 법과
대학원의 운영실태 등을 살핀 후 제출한 보고서 따르면 법부성과 문
부성간에 긴밀한 협력과 소통이 이루어지는지에 대한 우리측의 질문
에 대해 이를 위한 제도적 장치까지 마련되어 있다고 답변했지만(사
법제도개혁추진위원회(기획추진단실무추진1팀), 2005, 4면) 결과적으로 이
는 구두선에 그친 것이었다.

따라서 "우리와 유사한 법학전문대학원 – 신사법시험체제가 이미
실패한 제도라는 평가가 내려지고 있는 일본의 경우"라는 표현은, 일
본의 법과대학원 제도는 우리가 도입한 제도와 핵심적인 면에서 차이
가 있으므로 그 전제가 타당하다고 볼 수 없다. 오히려 안정적으로
정착하고 있는 제도를 "실패한" 일본의 제도에 가까워지도록 바꾸려
는 우리사회 일각의 시도가 문제라고 보인다.

2. 법학전문대학원 제도 형성과정의 특징과 성과

필자는 새교위 시절에 법학교육제도 연구위원회의 위원으로 제
도 설계에 참여하였다. 법학전문대학원에 대한 논의를 우리나라보다
늦게 시작한 일본의 학계와 법조계에서는 우리나라에서 이루어지고
있던 논의에 커다란 관심을 보였고 1999년과 2000년 사이에 적지 않
은 교류를 통한 의견교환이 있었다. 그럼에도 불구하고 일본에서는
처음부터 실패가 예정되어 있는 방안이 제시된 것을 보고 놀라지 않
을 수 없었다.

앞에서 소개한 바처럼 법학전문대학원 제도는 '전 대학의 고시학
원화', '고시낭인' 등으로 상징되는 기존제도의 문제를 해결하기 위해
시험을 통한 법률가의 선발에서 교육을 통한 법률가의 양성으로의 전
환을 목적으로 하였다. 하지만 제도설계에서는 이상을 추구하기보다
는 다양한 입장과 복잡한 이해관계 속에서 다른 입장을 설득하여 실
현가능한 방안을 찾으려 하였다. 새교위의 안이 제시했던 로스쿨 전

환대학의 학부 법학교육 단위의 폐지, 사법시험합격자수와 연계된 총
정원제와 그로 인한 실질적 인가주의, 같은 대학 학부졸업자 및 학부
법학전공자의 제한 등은 제도의 실현가능성에 기초한 매우 구체적인
고민을 통해 제시된 것이고 그렇기 때문에 설득력을 지닐 수 있었다.

그런데 새교위안이 발표된 이후에 이를 참고했던 일본에서는 사
법시험의 정원에 대한 합의가 전제되지 않은 상태에서 준칙주의에 기
초한 법과대학원의 인가가 이루어지고 거기에 학부가 존치되고 예비
시험이 도입되었다. 이는 교육을 담당하는 대학, 대학정책을 정하는
문부성, 사법시험을 관장하는 법무성, 실무연수를 주관하는 최고재판
소 등 관련당사자들 사이에 유기적 소통이 이루어지지 않은 채 법과
대학원 체제가 출범한 것으로 이해할 수밖에 없다.

(1) 특징: 현실주의적 접근

1) 장기간의 광범위한 논의

한국형 로스쿨이라고 부를 수 있는 법학전문대학원 제도가 여러
가지 어려움에도 불구하고 정착되어 가고 있는 중요한 원인으로 우선
장기간에 걸친 폭넓은 논의가 선행되었음을 들고 싶다. 우리나라에서
의 논의는 시민사회와 학계에서 문제가 제기되었던 배경에서인지 김
영삼 정부 이래 세 개의 정부에서 구성되었던 다양한 위원회에 행정
부와 사법부 뿐 아니라 시민단체, 언론, 학계 및 경제계를 대표하는
인사들이 함께 참여하여 논의하였다. 이러한 논의구조 속에서 국가와
시민사회의 다양한 영역에서 문제의식을 공유하는 과정이 진행된 것
이다. 장황하지만 사법제도개혁 추진기구의 참여자 명단을 소개하는
이유이다.6)

---

6) 이는 2005년 사개추위의 기획추진단장이었던 김선수 변호사가 정리한 내용에 기
초함(김선수, 2008, 11면 이하).

김영삼 정부, 95년 '세추위'

세추위원장 김진현,

- 사법개혁 담당 소위원회 주관위원 박동서(행정쇄신위원장), 서경석(전 경실련 사무총장), 이각범(교수), 이석희(교육개혁위원장), 이세중(부패방지대책위원장), 연구간사 권오승(교수)
- 전문가회의 구성원 손지열(판사), 김수장(법무부 법무실장), 김창국(변호사), 오경자(공익문제연구원 부원장), 권태준(시민단체협의회 사법개혁운동본부장), 김형배·양건·조병륜(교수), 유승삼(중앙일보 논설위원)

김대중 정부, 98년 '새교위'

새교위원장 김덕중 → 이돈희

- 법학교육제도 연구위원회 위원장 최대권(교수)
- 위원 박길준(연세대 법대학장), 양건(한양대 법대학장), 윤대규(경남대 교수), 오수근(인하대 교수), 김재원(동아대 교수), 송석윤(성신여대 교수), 황수익(서울대 교수)

김대중 정부, 99년 '사개추'

- 위원장 김영준(변호사)
- 위원 최대권·정성진·김일수(교수), 최동호(방송기자클럽회장), 석영철(전 행자부차관), 고학용(조선일보 논설위원), 김성남·노경래·곽동헌(변호사), 차명희(여성특별위원회 사무처장), 이재정(성공회대 총장), 최인기(경찰개혁위원장, 여수대 총장), 신승남(대검 차장검사), 송보경(소비자문제연구시민의 모임 회장, 교수), 양승태(서울지법 수석부장판사), 김황식(대법원 선임재판연구관), 한부환(법무부 검찰국장), 이민화(주식회사 메디슨 대표), 간사 김학근(법무부 송무과장)
- 전문위원 강일원(판사), 강종구(변호사), 김준호(검사), 신종원(서울YMCA 시민중계실장), 이정수(시단체협의회 사무국장), 하태훈·한상희(교수)

노무현 정부, 2003년 '사개위'

- 위원장 조준희(변호사), 부위원장 이공현(법원행정처 차장)

- 위원 법원 2명(이인재, 유원규 → 목영준), 법무부 2명(박상길 → 김회선, 문영호 → 문성우), 대한변호사협회 2명(김갑배, 박홍우), 법학교수 2명(신동운, 이은영 → 한인섭), 행정부 2명(서범석 → 김영식 교육인적자원부 차관, 박주범 국방부 법무관리관), 시민단체 대표 2명(박원순, 박상기), 언론계 2명(박동영 한국방송공사 해설위원, 이혁주 조선일보 판매국장), 국회 1명(임종훈 → 김종두 법사위 수석전문위원), 헌법재판소 1명(서상홍 사무차장), 경제계 1명(박삼구 금호아시아나 회장), 노동계 1명(김선수 노사정위 실무위원), 여성계 1명(곽배희 한국가정법률상담소장), 간사 대법원측(이광범), 청와대측(박범계 → 이용철), 1분과 간사 홍기태(법원행정처), 2분과 간사 석동현(서울고등검찰청 검사)
- 전문위원 대법원 5명(강일원, 김상준, 유승룡, 이영진, 홍승면), 법무부 5명(김영종, 김학근, 김주형 → 김호철, 이완규, 안태근 → 노명선 → 최교일), 대한변협 5명(김인회, 김진욱, 이광수, 정미화, 장주영 → 차지훈), 교수·시민단체 9명(김창록, 문재완, 박성호, 서보학, 임지봉, 정병석, 조성혜, 하태훈, 한상훈), 교육인적자원부(김원창 학술연구진흥과장 → 장기원 대학지원국장), 국방부(최재석 법무과장)

노무현 정부, 2005년 '사개추위'
- 본위원회 공동위원장 국무총리·한승헌(변호사), 정부위원 교육인적자원부장관·법원행정처장·법무부장관·국방부장관·행정자치부장관·노동부장관·기획예산처장관·법제처장·국무조정실장·대통령비서실 민정수석비서관, 민간위원 김금수(노사정위원장)·송상현(교수)·장명수(한국일보이사)·박재승 → 천기홍(변호사)·신인령(이화여대 총장)·박삼구(금호아시아나그룹 회장)·채이식(고려대 법대학장)·김효신(경북대 교수)
- 실무위원회 위원장 국무조정실장, 정부위원 교육인적자원부차관·법원행정처차장 → 수원지방법원장·법무부차관·국방부차관·행정자치부차관·노동부차관·기획예산처차관·법제처차장·법원행정처 사법정책실장·대검찰청 기획조정부장, 민간

위원 신동운·박상기(교수), 진봉헌 → 이정희·정미화(변호사),
남인순(한국여성단체연합 대표), 신종원(서울YMCA 시민중계실
장), 김이택 → 김현주(언론계)

- 기획추진단은 단장(김선수)과 간사(장낙원 → 김인회) 각 1명, 판
사 4명(홍기태, 김현석, 이승연, 유승용), 검사 4명(이석수 → 김수
창, 박균택 → 박경춘, 김호철 → 최정순, 권익환), 변호사 6명(정한
중, 김진욱, 이동원, 최수령, 이은, 미국변호사 김행선), 교수 6명(하
태훈, 서보학, 문재완, 박광배, 한상훈, 정인섭), 교육인적자원부 공
무원 2명(김홍구, 신인섭), 군법무관 1명(최필재), 경찰 1명(마석
우), 법제처 1명(김성웅) 등

이처럼 다양한 분야를 대표하는 사람들이 모여서 세 정권을 거쳐
10년여를 논의하다 보니 생각과 입장의 차이에도 불구하고 상호 이
해가 촉진되었다. 각자 추구하는 제도 모델이 있지만 다른 입장에서
도 받아들여서 우리나라의 현실 속에서 실현가능한 방안을 모색하게
되었던 것이다.

2) 관련당사자간의, 특히 법조계의 이해와 협조

특히 법학전문대학원의 도입과 관련해서 주목할 부분은 김영삼
정부 이래 반대하던 대법원과 법무부가 과감하게 입장을 바꾸었다는
점이다. 현대산업사회가 고도로 복잡해지면서 사회의 각 하부체계사
이에서 소통이 단절되고 이것이 정부의 각 분야에도 영향을 미치는
것이 문제점으로 지적된다. 법률가양성제도의 개혁은 기본적으로 법
체계와 교육체계가 중첩되는 문제이고 경제계나 소비자와도 밀접하
게 연결되어 사회의 각 영역사이의 긴밀한 소통이 전제되어야 하는데
우리사회에서 그것이 가능했다는 것은 자부할 만한 일이다. 대법원이
법학전문대학원 제도 도입안을 전격적으로 수용하여 법학교육개혁을
사법개혁의 중요안건으로 받아들인 것은 우리나라와 일본사이의 커
다란 차이이며 제도의 성패가 갈리는 중요한 분기점이었다고 볼 수

있다.

(2) 성과

1) 대학교육의 정상화

이는 또한 대학과 교육부 이외의 분야에서 종사하는 사람들이 이른바 '전 대학의 고시학원화'라는 문제를 심각하게 받아들인 결과이기도 하다. 최근 법학전문대학원 제도의 장점보다는 문제점이 부각되어서 크게 주목받고 있지 못하지만 법학전문대학원이 도입된 후 대학교육이 정상화되고 있다는 점은 이 제도가 도입된 이후 나타난 가장 긍정적인 변화 중 하나이다. 서울대학교 법과대학의 한 학년 정원이 200여명 정도였는데도 불구하고 세 강좌가 개설되는 헌법학수업의 수강생이 강좌당 2백명이 넘는 상황이었고 그 밖의 많은 학부생이 자신의 전공과 무관하게 사법시험 준비를 위한 사교육에 의존하였다. 법학전문대학원 제도의 틀을 만들면서 입학시험에 법학과목을 두지 않은 것은 대학학부교육이 법학전문대학원 입시준비학원이 되는 것을 방지하기 위해서였다. 대학생들이 학부과정에서 자신의 전공에 집중함으로써 사회의 인재가 법률분야로 편중되는 것을 방지할 수 있으며 또한 학부의 전공을 기초로 법학을 배움으로써 법률가가 된 이후에 다양한 분야로 진출하여 전문화될 수 있는 기반이 마련된다. 하지만 법학전문대학원에 입학하려는 학생이 학부에서 몇 개의 법학과목을 수강하여 법학이 자신의 적성에 맞는지를 탐색하는 것은 권장되어야 할 것이다.

2) 법학교육의 정상화

법학전문대학원이 도입된 후 교수들이 놀라는 일 중 하나는 학부에서 법학을 전공한 학생과 그렇지 않은 학생 사이의 학력의 격차가 그리 크지 않다는 점이었다. 사법시험 응시생의 대다수가 1차시험에서 걸러지다보니 1차 사법시험의 경쟁률이 매우 높아서 법대생들은 재학시절의 대부분을 객관식시험 준비에 매달릴 수밖에 없었다. 필자는 객관식 1차시험에서 필수과목인 헌법학이 전공이므로 법학강의를 처음 듣는 저학년생에게 헌법1, 2를, 그리고 졸업을 앞둔 학생들을 대상으로 헌법연습을 강의했었다. 헌법1을 수강하는 학생들의 호기심에 가득 찬 눈빛과 헌법연습을 수강하는 고학년 학생들의 고단하고 지친 모습, 주어진 시간내에 지문을 다 읽기도 어려워서 반복을 통한 고도의 숙련을 요구하는 시험, 1차시험의 준비를 위해 판례의 요약문이나 결론만을 암기하다가 헌법연습 시간에 발표를 준비하면서 판례를 처음으로 제대로 읽어보았다는 다수의 학생들, 시험에 대한 불안으로 사교육에의 유혹을 뿌리칠 수 없는 상황. 이러한 현상은 사법시험 정원이 늘어날수록 완화되기는커녕 오히려 심화되었다.

새로운 제도의 도입으로 인해 수험생과 출제자가 함께 소외되는 1차시험의 질곡으로부터 자유로워진 것은 다행스러운 일이다. 또한 이러한 소외현상이 법학전문대학원 제도에서 되풀이되지 않으려면 적정한 합격률이 보장되어야 한다.

3. 평가: 예측가능성을 부여하는 점진적 개혁

법학전문대학원 제도를 도입하는 것은 사법제도의 인풋 구조를 전면적으로 개편하는 큰 폭의 제도변화였다. 매우 복잡한 현대산업사회에서 이처럼 커다란 변화가 상대적으로 무리 없이 진행되어 온 이유로는 앞에서 지적한 충분한 논의와 합의 뿐 아니라 교육개혁의 특성에서도 찾을 수 있다. 교육제도의 변화는 그 특성상 상당한 준비기와 과도기가 있을 수밖에 없다.

2007년에 결정되었지만 법학전문대학원이 첫 졸업생을 배출한 것은 5년이 지난 2012년이었다. 또한 사법시험을 폐지하기로 결정한 것이 2009년이지만 이는 2017년까지 단계적으로 진행되고 있다. 법학전문대학원 제도가 도입되는 과정에서 기존의 법과대학 재학생을 비롯하여 사법시험을 준비하던 학생들은 법학전문대학원과 사법시험 중 선택할 수 있었고, 후자를 선택한 사람에게는 충분한 기간이 부여되었던 것이다. 이러한 점진적인 진행과정 속에서 행위주체의 생각과 행동방식이 바뀌게 되어 개혁에 대한 저항은 줄어들게 된다.

이러한 방식은 단지 법률가양성제도의 개혁에 국한되지 않는다. 사회가 점점 다원화되고 복잡해지는 속에서도 커다란 방향에 대한 합의와 점진적인 실시를 통해 행위주체의 생각과 행동의 변화를 유도하는 개혁의 방식을 택한다면 우리사회는 정체되지 않고 개혁가능한 사회로 그 역동성을 유지할 수 있을 것이다.

Ⅳ. 제기되는 문제들

우리나라 법학전문대학원 제도가 지니는 문제의 상당부분은 이 제도의 도입과 정착을 가능하게 했던 현실주의적 접근에서 비롯된다. 그 핵심은 법학전문대학원의 총 입학정원제와 여기서 비롯되는 엄격한 인가주의였다. 또한 이로써 변호사시험을 명실상부하게 자격시험화하여 법학전문대학원에서의 교육을 정상화하려 했던 것이다.

이하에서는 학부에 남은 법과대학의 문제, 로스쿨 전환 대학에서의 학부 법학교육 문제, 학문후속세대 양성의 문제, 비용문제, 공정성 문제, 직역확대의 문제의 순으로 점검해 보려 한다.

1. 학부에 남은 법과대학에서의 법학교육 문제

총 정원을 정한 상태에서 심사를 했으므로 법학전문대학원의 설치인가를 받을 수 있는 대학의 수는 제한될 수밖에 없었다. 법학전문대학원 설치 예비인가를 받지 못한 대학들이 제기한 헌법소원심판 사건에서 헌법재판소는 이를 기각결정한 바 있다.7) 법학전문대학원의

---

7) "이 사건 법률 제5조 제2항, 제6조 제1항, 제7조 제1항은 수급상황에 맞게 법조인

총 정원을 정한 것은 법조인의 수를 제한해야 한다는 불가피한 현실을 배려한 때문이었지 일반적으로 정당화될 수 있는 사유라고 보기는 어렵다. 또한 법학전문대학원 제도 도입 이전의 대학학부 법학전공자 수가 입학시 전공기준으로 1만 명에 가까웠다는 점을 고려할 때 법학전공자에 대한 우리사회의 다양한 수요가 사법연수원 수료자와 변호사시험 합격자에 의해 충족될 수도 없다.

법학전문대학원의 설치인가를 받지 못한 법과대학들이 나아갈 방향에 대해서 적지 않은 논의가 이루어지고 있다. 법학을 전공한 사람이 많아서 사회의 각계각층에서 활약해야 법치주의가 실현될 수 있다. 또한 학부차원에서 법과대학이 뿌리를 내려야 법학자들이 지속적으로 연구할 수 있는 공간이 마련된다. 오늘날 대학에서 법학을 연구하고 교육하는 것 역시 중요한 법조직역의 하나임을 인식하고 학계와 실무계가 함께 노력해야 할 것이다.

2. 로스쿨 전환 대학에서의 학부 법학교육 문제

법에 대한 지식은 전공자 뿐 아니라 타전공 대학생들에게도 일반교양의 측면이 있다. 또한 전공에 따라서는 전공과 연관된 법학과목을 이수해야 할 필요가 있다. 법학전문대학원이 설치된 대학에서 학부 법학교육이 소홀해서는 안 되며 학부에서도 제한된 범위에서나마

력의 배출규모를 조절하고 이를 통해 국가인력을 효율적으로 운용하고자 함에 그 목적이 있는바, 위 조항에 의한 인가주의 및 총입학정원주의는 이러한 목적을 달성함에 있어 적절한 수단이며, 현재 법학전문대학원 설치인가를 받지 못한 대학이 법학전문대학원을 설치할 수 있는 기회를 영구히 박탈당하는 것은 아니며 학사과정운영을 통해 법학교육의 기회를 유지할 수 있으므로 위 조항들이 피해최소성의 원칙에 위배되지도 아니한다. 또한 위 조항들로 인해 각 대학 및 국민이 입는 불이익이 인력 배분의 효율성, 질 높은 법학교육의 담보, 양질의 법률서비스 제공에 의한 사회적 비용절감, 법조직역에 대한 국민의 신뢰회복 등의 공익에 비해 결코 크다고 할 수 없으므로 법익의 균형성 요건도 충족한다. 따라서 이 사건 법률조항은 대학의 자율성과 국민의 직업선택의 자유를 침해하지 아니한다."(헌재 2009. 2. 26, 2008헌마370 등)

충실한 법학교육이 이루어지는 여건을 마련해야 할 것이다.

3. 학문후속세대 양성의 문제

사법시험 합격자수가 늘고 이후 법학전문대학원 제도가 도입되면서 학문후속세대의 양성에서 그 환경이 크게 변하고 있다. 제도의 변화에도 불구하고 법학을 학문으로 연구하려고 일반대학원에 진학하는 학생들은 다수 존재한다. 하지만 이들 중 전업대학원생의 비율이 대폭 감소하고 실무에 종사하는 법률가들이 석사 및 박사학위과정에 진학하고 있다. 법학은 실용학문의 성격이 강하므로 실무경험에 기초하여 학문을 익히는 것은 바람직한 일이다. 연구자로서의 길을 가려는 학생들이 연구에 전념하도록 지원할 수 있는 지원방안을 강구할 필요가 있다.

4. 비용문제

법률가가 되려는 희망은 누구나 가질 수 있다. 다만 사법시험제도에서는 법학 관련 학점을 35학점 이상 이수하는 조건이고, 법학전문대학원 제도에서는 학사학위를 지님을 전제로 한다. 후자가 조금 더 어려운 조건이지만 우리나라의 대학진학률은 세계적으로 가장 높은 수준에 이르고 있다. 또한 학사학위를 취득하기 위해 반드시 정규대학을 졸업하지 않아도 된다. 방송통신대·독학사·학점은행제 등 큰 비용을 들이지 않고 학사학위를 취득할 수 길이 열려있으며 이를 통해 법학전문대학원에 입학하는 경우도 적지 않음은 물론이다.

사법시험 합격자의 평균 연령이 30세정도이고 합격자의 수험기간은 평균 5년 정도라고 한다. 이러한 조건 속에서 합격률이 극히 낮은 사법시험이 누구에게나 열려있는 희망의 사다리라고 하는 것은 현실과 동떨어진 주장이다. 또한 문제의 핵심은 희망의 사다리가 아니라 튼튼한 계층이동의 사다리다. 사법시험제도 하에서는 일 년에 1천명까지 법률가가 될 수 있었는데 법학전문대학원 제도를 도입하면서 해마다 1천 5백 명 이상에게 문호가 개방되어 있다.

최근의 연구는 2009년부터 2011년에 법학전문대학원에 입학했던 로스쿨 1-3기 출신 법률가들과 2009년부터 2012년에 사법연수원에 입소한 연수원 40-43기 출신 법률가들의 사회경제적 배경을 비교한 결과 양 집단 사이에 유의미한 차이가 없음을 보여주고 있다(이재협 · 이준웅 · 황현정, 2015, 383면 이하). 하지만 사법연수원 출신이든 법학전문대학원 출신이든 부모의 학력이 우리나라 전체 평균에 비해 매우 높다는 점을 간과할 수 없다(이재협 · 이준웅 · 황현정, 2015, 384면). 우리 사회는 19세기말 이후 격변의 역사를 겪고 1950~60년대 거의 모든 국민이 평등한 빈곤에서 출발하여 고도의 경제성장과 헌정의 민주화를 이룩하였다. 어쩌면 유소년기와 청년기를 빈곤과 권위주의 하에서 보냈던 이른바 베이비붐세대에게 백여 년 만에 처음으로 사회경제적 지위를 대물림할 수 있는 안정적인 조건이 주어진 것일 수도 있다. 이러한 새로운 상황에서 튼튼한 계층이동의 사다리를 마련하는 일은 국가사회적으로 매우 중요한 이슈가 아닐 수 없다.

저소득층에게 교육의 기회를 부여한다는 측면에서 공교육제도인 법학전문대학원은 장학금과 학비장기대여 등 다양한 제도적 방안을 마련할 수 있다. 2013년을 기준으로 모든 로스쿨에서 등록금 대비 장학금 지급비율은 39.3%이며 그 대부분이 경제사정을 기준으로 배분되고 있다. 로스쿨 전체 등록금의 액수가 약 960억인데 정부가 기존에 사법연수원생들에게 지급되던 비용인 약 800억(1,000명×4,000만원×2년) 중 일부만 지원해도 이러한 비용문제는 어렵지 않게 해결될 수 있다(서울대학교 법학전문대학원, 2015). 법학전문대학원에서도 자체적으로 학생들의 다양한 경제사정에 적합한 맞춤형 장학제도를 보다 세밀하게 개발할 필요가 있을 것이다.

학생들을 직접 상담하고 개별적으로 지도하면서 가정형편상 사법시험 준비를 생각하기 어려웠던 학생들이 법학전문대학원에 진학하고 있음을 경험하고 있다. 소수자보호정책은 제도교육의 틀 안에서 가능한 것이다.

　　법학전문대학원 제도에 대한 비판은 누구나 할 수 있다. 하지만 객관적인 근거에 기초해야 한다. 로스쿨이 마치 유복한 배경을 지닌 자들만이 갈 수 있는 곳이라는 오해와 편견이 사회에 퍼져서 형편이 어려운 학생들이 처음부터 자신의 진로계획에서 이를 배제하는 분위기가 형성될까 걱정된다.

5. 공정성과 투명성, 그리고 획일성

　　법학전문대학원 제도에 대해 제기되는 비판 중 입시제도가 공정하지 못하다는 지적이 있다. 법학전문대학원 입시제도는 법학지식을 기준으로 삼지 않는다. 이는 대학교육의 정상화에 기여하고 있다. 또한 자교출신의 비율 및 법학전공자의 비율을 제한하고 있으며 입학정원의 5% 이상의 인원을 경제적, 사회적, 신체적 취약계층에 할당하고 있다. 나아가 2014년에『지방대학 및 지역균형인재 육성에 관한 법률』이 제정되어 지방 소재 법학전문대학원은 해당지역 대학을 졸업한 학생을 10% 또는 20%씩 선발하게 되었다.[8]

　　입시제도에서의 다양한 기준은 사법시험제도에 비해서 보다 다양한 배경을 지닌 법률가를 배출하는데 기여하고 있다(이재협·이준웅·황현정, 2015, 380면 이하). 이러한 범위 내에서 법학전문대학원들이 법학수학에서의 잠재능력이 강한 학생을 신입생으로 선발하려고 노력

---

8) 지방대학 및 지역균형인재 육성에 관한 법률 제15조 제4항은 "지방대학의 장은 지역의 우수인재를 선발하기 위하여 법학전문대학원, 의학전문대학원, 치의학전문대학원 및 한의학전문대학원 입학자 중 해당 지역의 지방대학을 졸업한 사람(졸업예정자를 포함한다)의 수가 학생 모집 전체인원의 일정비율 이상이 되도록 노력하여야 한다"고 규정하고 이에 따라 동 시행령 제10조의 별표는 구체적인 지역의 범위와 학생 모집 비율을 정하고 있다.

하는 것은 당연한 일이다.

기존의 관점에서 보면 법학전문대학원의 이러한 입시제도가 불투명하고 불공정한 것으로 보일 수도 있다. 하지만 투명성과 공정성은 구별되어야 한다. 하나의 획일적인 기준으로 한 줄로 세우면 그 결과는 투명할 수 있다. 하지만 그 획일적인 기준이 공정한 것이고 특히 교육적으로 바람직한지는 깊이 생각해 볼 필요가 있다. 대학입시에서 320개의 객관식문제와 20점 만점의 체력장 성적만으로 모든 수험생을 한 줄로 세웠던 1980년대의 입시제도는 매우 투명했었다. 그런데 그것이 공정한 입시제도였던지에 대해서는 다양한 의견이 있을 수 있다.

법학전문대학원 제도의 공정성과 관련해서 최근 그 졸업생의 취업에서 드러나는 문제점이 지적되고 있다. 취업시장에서 본인 자신의 현재적, 잠재적 능력만이 기준이 되어야 하는 것은 건강한 사회의 중요한 지표이다. 법률시장에서 법률가의 공급이 확대되고 취업분야가 확대되면서 채용하는 측의 기준 역시 다양해지고 여기서 공정성과 관련된 논란이 발생하고 있다. 공적 영역에서는 물론이고 사적 영역에서도 다양성과 공정성이 공존할 수 있도록 사회전반의 깊은 관심과 활발한 토론이 있어야 할 것이다.

헌법재판소가 변호사시험의 성적을 공개하도록 결정한 것은 이러한 상황과 무관하지 않다. 하지만 변호사시험 성적이 채용경쟁에서 보다 다양한 기준을 제공하는 것을 넘어 획일적인 잣대가 된다면 이는 바람직하지 않다. 법학전문대학원에서는 "교육을 통한 양성"이라는 취지에 따라 각기 다른 학업능력과 취향을 지닌 학생들이 자신의 능력을 최대한 계발할 수 있도록 다양한 교과과정을 개발하고 기회를 제공하려 노력하고 있다. 그중에는 변호사시험과 직접 관련되지 않는 경우도 적지 않다. 서울대학교 법학전문대학원의 경우에는 3인의 외국인 전임교수가 미국법, 독일법, 중국법, 일본법을 강의하고 있으며 여름방학에는 외국대학의 저명교수를 초빙하여 여름강좌를 실시하고 있다. 학생들은 또한 방학 중에 관심 분야에서 실무연수를 하면서 자신의 진로를 탐색하고 있으며 때로는 외국대학의 강좌에 참여하여 국제경쟁력을 확보하고 있다. 변호사시험 성적의 공개로 인해 이처럼 변호사시험 성적에 직접 도움 되지 않는 부분이 등한시될까 우려된다.

필자는 독일 학술교류처(DAAD)의 재정지원으로 독일 뮌헨대학에서 주관하는 서울대학, 뮌헨대학 및 일본 리츠메이칸대학의 대학원생 교류 프로그램을 한국측 지도교수로서 함께 조직한 바 있다. 이 프로그램의 일환으로 2012년에는 독일 뮌헨대학에서, 2013년에는 일본 리츠메이칸대학에서 대학원생들의 공동 학술대회가 개최되었는데 서울법대에서는 대학원 박사과정생과 함께 2012년에는 2명, 2013년에는 5명의 법학전문대학원 1, 2학년생이 참여하여 몇 달 동안 준비한 주제를 영어로 발표하였다. 모든 법과대학과 로스쿨이 고시학원화되어 있는 일본에서는 상상도 할 수 없는 일이었다. 또한 뮌헨대학에서 개최하는 여름방학 프로그램에 참여하는 학생들도 있는데 서울대 재학생에게는 학비를 면제해주고 있다. 이 학생들은 우수한 성적으로 법학전문대학원을 졸업했거나 재학 중이다. 그런데 이러한 활동을 통해 학생들이 얻은 경험, 자신감, 자극은 변호사시험 성적에 반영되지 않는다.

6. 법률가의 직역확대

1981년에 300명 선으로 늘어난 후 정체되었던 사법시험 합격자 수가 1995년부터 점진적으로 증가하여 2001년부터 사시합격자 1천명 시대가 시작되었다. 이미 이러한 수는 법원, 검찰 및 송무 중심의 변호사시장이 감당할 수 있는 범위를 훨씬 넘는 것이었다. 사시합격자 수의 증가는 법률가의 직역이 확대되어 우리사회의 모든 분야에서 법치주의가 확립될 것을 지향했던 것이다. 이러한 목표는 법학전문대학제도가 도입되면서 더욱 강화되었고 또한 학부에서의 다양한 배경을 지닌 로스쿨출신 변호사들은 전통적인 법조영역 이외의 직역에서 활동할 준비도 되어있다.

법률가의 직역확대는 다양한 영역에서 일어나고 있다. 지방자치단체에서 활동 중인 변호사는 16곳에 40명, 그중 서울시는 2011년에 2명에 불과했던 소속 변호사수가 현재 24명에 이른다. 법무부는 법률홈닥터제를 실시하기 위해 2012년에 20명의 변호사를 신규 채용했고 경찰청 역시 지난해에 이어 올해에도 20명의 변호사를 채용할 계획이다.[9] 특히 주목할 부분은 18대 국회에서 3－4명의 사법시험 출신 변호사가 국회의원보좌관으로 진출했는데 19대 국회에서는 로스쿨출신 변호사만도 20여명에 이르고 있다.[10] 국회사무처와 입법조사처에서도 적지 않은 변호사가 활동하고 있다.

최근 1년간(2014. 9.~2015. 8.) 대한변호사협회 취업정보센터에 게시된 채용공고 중 공공기관 관련 내역을 살펴보아도 중앙정부의 행정부처(법무부, 국방부, 보건복지부 등) 및 각종 위원회, 경찰청, 국세청, 국회사무처, 국회의원 비서관, 광역 및 기초지방자치단체, 지방 교육청, 공기업, 연구기관, 금융기관, 각종 협회, 법학전문대학원 교수, 대학병원, 방송사 등 다양한 영역에서 전문법률가의 수요가 발생하고 있음을 알 수 있다.[11] 또 다른 가까운 예로 현재 서울대학교에서 근무하는 변호사는 교수를 제외하고도 본부 기획처에 4명, 인권센터에 3명, 서울대 산학협력단에 1명, 공과대학 공학교육컨설팅센터 1명, 법학전문대학원 법무교육지원실 3명 등 12명에 이른다. 이중 10명이 법학전문대학원을 졸업하고 변호사자격을 취득한 경우이다. 이들은 대

9) 서울경제 2015. 3. 16.(http://economy.hankooki.com/lpage/society/201503/e20150316202336117980.htm, 2015. 8. 23. 최종검색)
10) 뉴스퀵 2013. 6. 10.(http://www.newsquick.net/news/articleView.html?idxno=33146, 2015. 8. 23. 최종검색)
11) http://career.koreanbar.or.kr/main/main.asp

학 학사업무의 전문화와 대학사회에서의 인권보장에 크게 기여하고
있다. 서울대 이외에도 현재 전국의 6개 대학에서 8명의 변호사가 근
무하고 있으며 계속해서 채용공고가 나오고 있다.[12]

사법연수원 수료자와 변호사시험 합격자가 동시에 배출되는 몇
년의 과도기 동안은 연 2천명 이상의 변호사가 한꺼번에 시장에 진입
하기도 하였다. 하지만 조만간에 법률시장에서의 수요와 공급이 안정
될 것이다. 또한 우리나라의 법률가 시장은 직역확대의 가능성이 열
려있으므로 공급이 수요를 창출하는 측면이 있다.

법률가의 활동분야, 수입 등을 포함하는 취업현황에 대한 공신력
있는 자료가 제공될 수 있다면 학생들의 진로선택에 도움이 될 것이다.

7. 소결

법학전문대학원 제도에 대해 제기되는 문제점들은 기본적으로
법률가 배출의 수를 인위적으로 제한하는 총정원제에 근거하고 있다.
그럼에도 불구하고 법학전문대학원 제도를 통해 배출된 법률가들은
새로운 활동영역을 개척하여 우리사회의 법치주의 실현에 기여하고
있다. 현행 법학전문대학원 제도는 신규법률가 배출 수에 대한 법률
수요자인 국민과 기성법조인 사이에서 어렵게 도출된 합의에 기초하
고 있는데 사법시험을 존치하자는 주장은 이러한 합의를 처음으로 되
돌리려 하고 있다.

2014년에 실시된 제56회 사법시험 합격자수는 204명이었는데 합
격자를 배출한 대학은 모두 31개교였다. 그중 상위 7개 대학의 합격
자수가 146명이었다. 또한 법학전문대학원을 설치하지 않은 대학의
합격자수는 경찰대 6인을 제외하면 19명으로 전체 합격자의 10%에도
미치지 못한다. 합격자 중 고졸 이하는 물론, 3년제 이하 대학 졸업,

---

12) 이는 서울대학교 법무팀이 수합한 자료에 따른 것으로 구체적인 정보를 알려준 서
   울대학교 인권센터의 박찬성 변호사께 감사드린다.

중퇴 또는 재학의 학력을 지닌 자 역시 한명도 없고 전원 4년제 대학 재학 이상의 학력을 지닌 자였다.13) 한국사회의 대학서열 구조 속에서 사법시험제도를 부분적으로 존치했을 때의 모습을 쉽게 짐작할 수 있다.

Ⅴ. 결론에 대신하여

사법시험의 폐지를 앞두고 법학전문대학원 제도의 장단점에 대한 논의가 뜨겁게 이루어지고 있다. 현행 법학전문대학원 제도가 완벽하지 않고 부분적으로 보완이 필요한 것은 사실이다. 로스쿨에 대한 토론이 생산적으로 진행되어 앞에서 언급한 쟁점들이 발전적으로 해결되는데 기여하기 바란다. 동시에 소프트웨어적인 문제에 역량을 집중하려면 하드웨어적 부분의 안정이 필요하다는 점을 지적하고 싶다.

선진국은 문자 그대로 앞서나가는 나라, 즉 더 이상 모방하여 쫓아갈 국가가 없는 나라를 의미한다. 물론 다른 나라의 경우도 잘 살펴야 하지만 선진국은 자신의 문제를 스스로 파악하여 나아갈 바를 찾아내야 한다. 이것이 선진국에서 창조적 연구가 존중받고 우대되는 이유이다. 또한 대학이 발전하여 외국으로부터 유학생이 찾는 이유이기도 하다. 물질적인 측면에서 선진국에 속하는 일본에서 사람들이 여전히 "서구선진국에서는 …"이라는 표현을 사용하는 배경은 무엇일까.

근대법학 120주년과 광복 70주년을 맞는 시점에서 우리나라의 법학과 법학교육, 그리고 서울법대의 미래에 대해 생각해 본다.

---

13) http://www.veritas-a.com/news/articleView.html?idxno=32189의 자료를 기초로 작성함.

⊠ 참 고 문 헌

[국내 문헌]

곽창신, "한국 로스쿨(법학전문대학원)제도의 개선방안에 관한 연구 ― 일본 로스쿨(법과대학원)제도의 운영 경험을 중심으로 ― ", 『법학논총』, 제37권 제4호, 단국대학교 법학연구소, 2013, 625-671면.

권오승, 『사법도 서비스다』, 미래미디어, 1996.

권오승, "법학교육개혁의 과제와 추진", 『법과사회』, 제18권, 법과사회이론연구회, 2000, 101-119면.

김선수, 『사법개혁 리포트』, 박영사, 2008.

김창록, 『로스쿨을 주장하다 ― 한국로스쿨 탄생의 기록 ― 』, 유니스토리, 2013.

김태환 외 9인, 『그들이 말하지 않은 로스쿨의 진실』, 알에이치코리아, 2015.

사법제도개혁추진위원회(기획추진단실무추진1팀), "일본의 법과대학원 운영 실태 등 사법제도 개혁에 대한 출장 보고", 2005. 5.

서울대학교 법학연구소, "『서울대학교 법학』 총목록", 『서울대학교 법학』, 제50권 제2호, 서울대학교 법학연구소, 2009, 713-817면.

서울대학교 법학전문대학원, "사시존치 주장 및 로스쿨 비판에 대한 해명자료", 2015. 5. 8.

송석윤, 『헌법과 사회변동』, 경인문화사, 2007.

신옥주, "EU의 대학교육통합과정인 볼로냐-프로세스 연구", 『유럽헌법학회 연구논집』, 제3호, 유럽헌법학회, 2008, 25-60면.

신옥주, "독일 법조인교육 개혁논의에 관한 고찰", 『법학연구』, 제31집, 전북대학교 법학연구소, 2010, 67-89면.

심희기, "1990년대의 사법제도개혁의 동향과 전망", 『인권과 정의』, 제308호, 대한변호사협회, 2002, 1-16면.

이재협, "『서울대학교 법학』 50년의 회고: 법학교육과 법조", 『서울대학교 법학』, 제50권 제2호, 서울대학교 법학연구소, 2009, 145-157면.

이재협·이준웅·황현정, "로스쿨 출신 법률가, 그들은 누구인가? — 사법연수원 출신 법률가와의 비교를 중심으로", 『서울대학교 법학』, 제56권 제2호, 서울대학교 법학연구소, 2015, 367-411면.

[외국 문헌]

赤松 秀岳(AKAMATSU Hidetake)(2012), "일본 법과대학원(로스쿨) 현황과 과제", 『비교법연구』, 제12권 제1호, 23-35면.

스즈키 켄(2010), "일본의 법과대학원은 성공하였는가?", 『법학논고』, 제32집, 43-62면.

Deutscher Juristen Fakultätentag(Hg.)(2007), *"Bologna—Prozess" und die Juristenausbildung in Deutschland*, Boorberg, R; 1. Aufl.

Kison, Christiane(2014), *Juristenausbildung in der Europäischen Union: Einfluss der europäischen Bildungspolitik auf die Regelungen der Mitgliedstaaten unter besonderer Berücksichtigung der Rechtslage in der Bundesrepublik Deutschland*, Deutscher Anwaltverlag & Institut der Anwaltschaft GmbH; 1. Aufl.

Matthias, Kilian(2010), *Modelle der Juristenausbildung in Europa: Studien Stiftung zur Juristenausbildung*, Band 2, Deutscher Anwaltverlag & Institut der Anwaltschaft GmbH; 1. Aufl.

Münch, Joachim(2004), *Die neue Juristenausbildung: Chancen, Perspektiven und Risiken*, Boorberg, R; 1. Aufl.

제 2 절

법학전문대학원의 교육과 변호사시험*

천 경 훈

Ⅰ. 서 설

1. 법학전문대학원의 출범 이후 그 순기능과 부작용에 관해 여러 논의가 진행되고 있다. 선발과정에서의 공정성이 여론의 비판을 받기도 했고, 등록금이 과다하다거나 장학금 지급 비율이 당초 약속에 미치지 못하다는 점 등도 반복하여 문제로 제기되었다. 물론 이들 문제도 법률가 양성 제도의 안착과 사회적 신뢰 확보에 큰 영향을 미치는 중요한 문제이다. 그러나 이들에 가려서 오히려 더 근본적이고 어찌 보면 더 해결하기 어려운 문제가 소홀히 취급되어서는 안 된다. 그것은 법학전문대학원에서 무엇을 어떻게 가르쳐야 하는지의 문제, 즉 교육의 내용·방식과 그 질에 관한 문제이다. 사법시험을 대체한 법학전문대학원 제도의 가장 큰 취지가 "시험을 통한 선발이 아닌 교육을 통한 양성"에 있음을 고려하면, 이는 법학전문대학원의 성패를 가르는 핵심문제라고 할 수 있다.

일반적으로 대학의 교육성과와 내용을 좌우하는 변수로는 교원의 자질·열정, 효과적인 교과과정, 학생들의 자질·적극성, 교육시설

---

* 상사법연구 제36권 제1호(통권 제94호, 2017년 5월)에 "변호사시험이 법학전문대학원의 교육에 미치는 영향"이라는 제목으로 발표된 논문을 다소 수정한 글이다.

과 기자재 등을 들 수 있을 것이다. 법학전문대학원의 경우 이에 더하여 변호사시험이라는 강력한 외생변수가 존재한다. 법학전문대학원은 근본적으로 교양교육 기관이 아닌 전문가양성 기관이므로 졸업해도 변호사시험에 불합격하여 법률가 자격을 얻지 못한다면 修學의 의미가 미미해진다. 따라서 학생은 물론 교수들도 변호사시험의 성패에 민감할 수밖에 없고, 변호사시험의 난이도, 내용, 형식 등은 법학전문대학원의 교육과정, 교수방법, 학습태도 등에 큰 영향을 미치게 된다.[1]

 2. 법학전문대학원 제도의 문제점과 개선방안에 관하여는 이미 많은 선행연구가 발표되었다. 이러한 논의 중에는 (i) 법학전문대학원 제도의 당초 도입취지를 더 강하게 관철해야 한다는 입장[2], (ii) 법학전문대학원 및 변호사시험을 단일한 법률가 배출 통로로 하는 제도의 근간을 유지하되 법학부의 병행적 부활 등 보완조치를 제안하는 입장[3], (iii) 법학전문대학원 이외의 법률가 선발제도의 병행을 주장하는 입장[4], (iv) 법학전문대학원의 폐지와 사법시험 존치를 지지하는 입장[5] 등이 모두 발견된다.

---

1) 박준, "법학전문대학원에서의 이론교육과 실무교육", 『저스티스』 제151호, 한국법학원, 2015, 342면.

2) 예컨대 김창록, "한국 로스쿨의 의의와 과제 ― '로스쿨 시스템'을 로스쿨답게 만들어야", 『저스티스』 제146-2호, 한국법학원, 2015, 190-228면(로스쿨 시스템의 성과를 긍정적으로 평가하면서, 총입학정원 제도의 폐지와 '정원제 선발시험'으로 운용되고 있는 변호사시험의 자격시험화를 주장함).

3) 예컨대 박찬운, "영국 법학교육의 현실과 그것이 한국 로스쿨 교육에 주는 함의", 『저스티스』 제159호, 한국법학원, 2017, 398-428면(로스쿨 체제를 유지·발전시켜 나가되 로스쿨을 설치한 대학에도 법학부를 부활하여 법학교육의 충실화를 도모하자고 제안함).

4) 예컨대, 곽창신·박영준, "한국 법조양성시험제도의 현황 및 개선방향에 관한 연구", 『법학논총』 제39권 제4호, 단국대학교 법학연구소, 2015, 349-392면(기회균등을 위하여 사시 존치 또는 일본식 예비시험 신설 등 로스쿨을 통하지 않고도 법조인이 될 수 있는 방법을 마련할 필요가 있다고 주장함).

5) 예컨대 이호선, "현행 로스쿨 운영 및 성과에 관한 실증적 분석과 그 시사점", 『법

변호사시험에 관한 선행연구로는 현행과 같이 법학전문대학원 졸업자에게만 응시를 허용하는 변호사시험 자체가 위헌이라는 견해6) 부터 변호사시험의 자격시험으로서의 성격을 강조하여 더 쉽게 출제할 것을 주장하는 견해7)까지 스펙트럼이 다양하고, 변호사시험의 합격자 결정방법에 관하여도 다양한 견해가 발표되었다.8) 출제방식 및 문항구성에 관하여도 공법9), 형사법10), (협의의) 민사법11), 상사법12),

---

과 정책연구』제15집 제2호, 한국법정책학회, 2015, 497－531면(최선의 방안은 로 스쿨의 폐지와 정원 2,000명의 사법시험으로의 전면 복귀이나, 현실적 대안은 사 법시험을 존치시키고 소형 로스쿨들이 갖고 있는 정원 550명을 사법시험 정원으 로 받아서 법학사들만 응시토록 하는 것이라고 함).

6) 김민섭, "현행 변호사시험법의 위헌성", 『법학논총』제29권 제3호, 국민대학교 법 학연구소, 2017, 51－81면(변호사시험법은 평등권, 직업선택의 자유, 공무담임권 을 침해하여 위헌 무효라고 함).

7) 진홍기, "변호사시험제도의 현황과 과제", 『법조』제60권 제3호, 법조협회, 2011, 237－269면(변호사시험은 응시자를 줄 세우기 위한 시험이 아닌 부적격자를 탈락 시키는 시험이 되어야 하고, 변호사시험에 얽매인 교육은 지양하여야 한다고 주장 함); 김창록, "변호사시험을 '자격시험'으로 만들어야 한다", 로스쿨을 주장하다 ― 한국 로스쿨 탄생의 기록, 유니스토리, 2013, 273－281면(합격률이 다른 자격시험 의 경우와 마찬가지로 90% 전후가 되도록 운영해야 한다고 주장함).

8) 자격시험으로서의 성격을 강조한 위 각주 7의 논문 외에, 김용섭, "변호사시험 합 격자 결정방법의 현황과 과제", 『저스티스』제142호, 한국법학원, 2014, 188－214 면(입학정원 75퍼센트라는 합격기준 대신 일정 점수를 넘으면 합격시키는 절대평 가제도를 도입하되, 그 절대평가의 기준은 최근 3－5년간 입학정원의 60－80% 범 위 내에서 커트라인의 평균치로 정하여 상대적 요소를 반영하자고 제안함).

9) 이종수, "변호사시험의 방법과 범위: 공법의 경우", 『연세 공공거버넌스와 법』제3 권 제1호, 연세대학교 법학연구원 공공거버넌스와 법센터, 2012, 81－128면; 김용 섭, "변호사시험 공법 기록형 문제의 바람직한 출제방향", 『법학연구』제53권 제3 호, 부산대학교 법학연구소, 2012, 285－309면; 박종보, "변호사시험에서 헌법판례 의 출제방식", 『법학논총』제31집 제2호, 한양대학교 법학연구소, 2014, 283－308 면; 정재황, "변호사시험의 공법형의 개선방안", 『세계헌법연구』제21권 제3호, 국 제헌법학회 한국학회, 2015, 1－38면.

10) 원혜욱, "변호사시험 형사법 선택형 시험의 출제방향", 『형사법연구』제23권 제3 호, 한국형사법학회, 2011, 413－428면; 김재봉, "변호사시험 형사법 사례형 시험 의 출제방향", 『형사법연구』제23권 제3호, 한국형사법학회, 2011, 429－452면; 이호중, "변호사시험 형사법 기록형 문제에 대한 검토", 『형사법연구』제23권 제3 호, 한국형사법학회, 2011, 467－476면; 김태명, "변호사시험제도의 개선방안 ―

선택과목13) 등 과목별로 기존 문항을 분석하고 타당한 출제방향을
제시하는 다수의 선행연구가 발표되었다.

　다만 개별 과목의 문항 분석을 넘어, 이제 10회까지 실시된 변호
사시험이 전반적으로 어떠한 경향성을 보이고 있는지에 대한 실증적
분석은 아직 이루어지지 않은 것으로 보인다. 또한 이러한 경향이 학
생들의 학습태도, 행동양식 및 법학전문대학원의 교육에 미치는 영향
에 관하여도 좀 더 연구와 분석이 필요한 것으로 보인다. 특히 그러
한 영향이 당초 법학전문대학원의 도입취지에 과연 부합하고 있는지
에 대해 냉철한 분석이 필요한 시점이다.

　3. 이상과 같은 문제의식에서 이 글은 "변호사시험은 법학전문대

　형사법 시험내용과 방법을 중심으로 — ", 『연세 공공거버넌스와 법』 제3권 제1호,
　연세대학교 법학연구원 공공거버넌스와 법센터, 2012, 33 – 80면; 차정인, "변호사
　시험 형사법 기록형 · 통합사례형 문제 출제방향", 『법학연구』 제53권 제3호, 부산
　대학교 법학연구소, 2012, 335 – 364면; 윤태석, "변호사시험 형사법 기록형의 출
　제 방향에 관하여", 『법조』 제719호, 법조협회, 2016, 310 – 334면; 이창현, "변호
　사시험에서의 형사법 선택형 문제의 적합성 연구: 제4회 변호사시험 형사법 선택
　형 시험의 1책형 21문과 40문을 중심으로", 『외법논집』 제39권 제4호, 한국외국어
　대학교 법학연구소, 2015, 187 – 205면; 이창현, "변호사시험 형사법 기록형시험에
　대한 분석과 개선방안 연구", 『외법논집』 제40권 제4호, 한국외국어대학교 법학연
　구소, 2016, 313 – 332면.
11) 지원림, "변호사시험의 방법과 범위: 민사법의 경우", 『연세 공공거버넌스와 법』
　제3권 제1호, 연세대학교 법학연구원 공공거버넌스와 법센터, 2012, 1 – 32면; 이
　연갑, "변호사시험과 민사법 교육 — 민사법 기록형 문제를 소재로", 『법학연구』
　제53권 제3호, 부산대학교 법학연구소, 2012, 311 – 333면; 이진기, "사법시험과 변
　호사시험 민법 사례형의 예시적 분석과 평가", 『민사법학』 제76호, 한국민사법학
　회, 2016, 269 – 301면.
12) 전형배, "변호사시험과 상법 교육방법론", 『저스티스』 제118호, 한국법학원, 2010,
　277 – 303면; 최준선, "변호사시험과 상법교육의 방향", 『상사법연구』 제30권 제3
　호, 한국상사법학회, 2011, 175 – 197면.
13) 김인재, "전문법률 과목의 정상적 교육을 위한 변호사시험제도 개선방안", 『법학
　연구』 제18집 제2호, 인하대학교 법학연구소, 2015, 267 – 298면(변호사시험 선택
　과목 시험의 폐지와 전문법률 과목의 학점이수제의 도입을 제안함); 유사한 취지
　로, 임성권 · 이미현, "변호사시험 선택과목의 적정성", 『법학연구』 제18집 제3호,
　인하대학교 법학연구소, 2015, 117 – 142면.

학원에서의 교육에 어떤 영향을 미치고 있고, 이는 당초의 법학전문
대학원 도입취지에 비추어 정당한가"라는 물음에 답하고자 한다. 이
를 위해 우선 법학전문대학원 도입 당시의 교육목표와 이상을 회고하
여 원래의 지향점을 재확인하고(Ⅱ), 현재까지 실시된 변호사시험의
현황을 가능한 한 구체적으로 파악하여 몇 가지 경향성을 도출한다
(Ⅲ). 이러한 변호사시험이 법학전문대학원의 교육에 미치고 있는 영
향을 분석하고, 당초의 교육목표와 이상에 비추어 이를 평가한다(Ⅳ).
마지막으로 몇 가지 개선방향을 간략히 언급한다(Ⅴ).

Ⅱ. 법학전문대학원 교육의 목표와 이상

1. 사법개혁의 일환으로서의 법학전문대학원 제도 도입

법학전문대학원 체제는 "사법개혁"의 일환으로 논의되고 도입되
었으므로, 그 교육의 목표와 이상을 이해하려면 13년에 걸친 사법개
혁의 대장정을 일별할 필요가 있다.[14] 권위주의 정권하에서 기성 법
조계가 드러낸 문제점에 대한 비판과 반성에서 비롯된 사법개혁은 김
영삼 정부 때인 1993년의 사법제도발전위원회를 시작으로, 1995년
세계화추진위원회, 김대중 정부 때인 1999년 사법개혁추진위원회의
활동으로 이어졌다. 노무현 정부에 들어선 2003년에는 대법원 산하에
사법개혁위원회가 설치되어 1년 이상 사법개혁의 기본방향을 논의한
후 2004년 말에 사법개혁을 위한 건의문을 채택하였고, 이를 구체적
으로 추진해나갈 기구로서 2004년 말에 국무총리와 민간인을 공동위
원장으로 하는 사법제도개혁추진위원회를 설치하였다.
    이 사법제도개혁추진위원회는 왕성한 활동과 방대한 결과물로

---

14) 사법개혁을 위한 다양한 추진기구의 변천과정에 관한 설명으로는 김선수, 『사법개
    혁리포트』, 박영사, 2008, 10－27면.

사법개혁의 피날레를 장식한 기구라 할 수 있다. 2005년 1월부터 2006년 12월까지 국선변호제도 개선, 범죄피해자보호 강화, 공판중심주의 강화, 양형제도 개선, 국민참여재판 실시, 군사법원과 군검찰 중립성 강화, 변호사 윤리 강화, 법학전문대학원 제도 도입 등 다양한 분야에 걸쳐 방대한 분량의 개혁방안을 의결하였다. 의결사항 중 정부안으로 국회에 제출된 법률안만 해도 25개에 달한다.[15]

　　법조인 양성 문제는 이러한 사법개혁 논의의 단골 주제였다. 최초의 사법개혁기구인 1993년 사법발전위원회에서는 이 주제가 등장하지 않았으나, 1995년 세계화추진위원회에서는 '법률서비스 및 법학교육의 세계화'라는 주제가 중요하게 다루어졌고, 3년 또는 4년의 학부교육에 이어 3년간의 전문교육을 실시하는 '한국형 전문법과대학원'을 그 대안으로 제시하였다. 1999년 사법개혁추진위원회에서는 사법연수원을 2년제 한국사법대학원으로 전환하는 안을 제시하기도 하였다. 미국 로스쿨에 훨씬 근접한 현행 법학전문대학원 제도, 즉 학부에 법학과를 두지 않은 대학교에 한하여 3년제 대학원 과정으로 운영하는 구조는 노무현 정부의 사법제도개혁추진위원회에서 마련되었다.

　　이처럼 기존의 법조인 양성제도가 사법개혁의 대상으로 빠짐없이 논의된 이유는 무엇인가? 기존의 법조인 양성제도는 "경쟁률이 매우 높은 사법시험을 통해 소수정예의 예비법조인을 선발하여, 사법연수원에서 2년간 엄격한 실무교육을 시킨다"는 것으로 요약될 수 있다. 이 제도는 ① 법조인의 실무능력을 기본 수준 이상으로 균질하게 유지할 수 있고, ② 이로 인해 사법제도 운용상의 통일성과 효율성을 기할 수 있으며, ③ 무엇보다도 모든 응시자들에게 균등한 기회를 부여하여 적어도 외형적으로는 법률가가 되는 과정에서의 절차적 공정성을 달성하는 등 무시할 수 없는 장점을 가지고 있었다.

---

15) 사법제도개혁추진위원회의 활동에 관한 설명으로 김선수, 앞의 책(주 14), 28-40면.

그러나 이에 대한 다양한 비판도 제기되었다. <표 1>은 사법개혁위원이었던 김선수 변호사의 『사법개혁리포트』에서 당시 사법시험＋사법연수원 제도의 문제점으로 기술한 것을 요약한 것이다.[16] 법학전문대학원은 이들 문제점에 대한 일종의 반명제로서 제시된 것이므로, 당시 사법개혁 추진론자들이 구체적으로 무엇을 문제로 인식하였는가는 법학전문대학원의 설립취지를 이해하는 데에도 큰 도움이 된다.

〈표 1〉 과거 법률가 양성제도의 문제점

1. 법학교육의 문제점
① 대학교육과 법률가 양성이 단절되어 법학교육이 표류하고 법과대학이 고시학원화함 ② 대학 법학교육 파행화의 결과 경쟁력 있는 전문법조인의 부족을 초래하여 우리 사회의 다양한 분야의 법률수요에 부응하지 못함 ③ 상당수 대학이 영세한 규모와 미흡한 학사관리, 낮은 전공과목 이수학점 등으로 인하여 내실 있고 다양한 법학교육을 하지 못하고 있는 실정임 ④ 법조인 양성교육의 지역간 불균형 문제가 심각함
2. 사법시험제도의 문제점
① 사법시험은 원칙적으로 법률가 자격시험이어야 함에도 불구하고 실질적으로 판검사 채용시험의 성격으로 운용되어 왔음 ② 응시자격 및 응시횟수에 제한이 없으므로 과다한 응시생이 장기간 사법시험에 빠져 있는 폐해가 발생하였다는 점 ③ 법학 뿐만 아니라 다른 분야의 대학교육에까지 파행적인 결과를 초래하고 있다는 점 ④ 법학교육 이외의 인문교양 및 전공지식이 결여된 상태에서 선발된 법조인이 응용력, 창의성이 부족하다는 점 ⑤ 1차 시험의 경우 객관식 시험만으로 미리 정해진 정원에 맞추어 합격자를 선발하는 데 치중하여 지엽적인 암기식 문제로 집중되어 있다는 점
3. 사법연수원 제도의 문제점
① 사법연수생 1,000명 중 700명이 변호사로 개업하는 상황에서 국가의 재정적인 부담으로 변호사를 양성하는 것이 옳은 것인가 하는 의문이 제기되고 있다는 점

---

16) 김선수, 앞의 책(주 14), 88-89면.

② 유일한 법률가 양성 교육기관으로서의 사법연수원은 실무가를 위한 연수기능과 법률전문가로서의 소양을 위한 일반 교육기능이 혼재되어 있고, 실무가 중에서도 판검사를 위한 연수에 치우쳐 있다는 점
③ 사법연수생들의 판검사 선호경향으로 말미암아 사법연수원이 또 다른 고시학원화하고 있고, 교육내용과 대다수 수료생의 진로가 불일치하며, 법원 및 검찰실무에 치우쳐 국제화, 전문화된 법조인을 충분히 양성하지 못하고 있다는 점
④ 법조인들끼리의 동류의식 및 폐쇄적 집단의식을 형성하고 있다는 점

사실 사법개혁의 긴 기간 동안 법조인양성제도에 대한 비판의 중점은 그때그때 차이가 있었다. 1995년 세계화추진위원회에서는 법조인들이 사법시험에 매달리느라 외국어 실력 등 국제적 경쟁력을 갖추지 못하고 있다는 점이 주된 문제로 제기되었던 반면, 2003~2004년 사법개혁위원회 논의 과정에서는 전관예우를 가능케 하는 토양으로서의 획일성·폐쇄성이 더 큰 주목을 받았던 것으로 보인다. 다만 사법제도개혁추진위원회에서는 이런 종래의 문제점이 모두 논의되었고, 이것은 법학전문대학원 설치·운영에 관한 법률(이하 법전원법) 제2조의 교육이념에 반영되기에 이른다.

2. 법학전문대학원의 교육이념

사법제도개혁추진위원회의 원안에 터 잡은 법학전문대학원 설치·운영에 관한 법률(이하 법전원법) 제2조는 그 교육이념을 다음과 같이 선포하고 있다.

법학전문대학원의 교육이념은 국민의 다양한 기대와 요청에 부응하는 양질의 법률서비스를 제공하기 위하여 풍부한 교양, 인간 및 사회에 대한 깊은 이해와 자유·평등·정의를 지향하는 가치관을 바탕으로 건전한 직업윤리관과 복잡다기한 법적 분쟁을 전문적·효율적으로 해결할 수 있는 지식 및 능력을 갖춘 법조인의 양성에 있다.

미사여구를 모아놓은 느낌이 없지 않지만 대체로 다음 요소들로 분석할 수 있을 것이다.

첫째, "풍부한 교양, 인간 및 사회에 대한 깊은 이해"라는 인성적 측면이다. 이는 종래 사법시험 준비생들이 지식인에게 요구되는 교양과 인문적 소양을 쌓을 기회를 갖지 못한 채 다년간 시험 준비에만 몰두하는 경우가 많았다는 반성에서 비롯된 것이다. 다만 이는 새로운 제도에 의하여 양성되는 법률가가 교양과 인성을 갖추어야 한다는 의미이지 법학전문대학원 교육과정 자체에서 반드시 교양교육과 인성교육에 많은 시간을 할애해야 한다는 의미는 아닐 것이다. 사람의 일반적인 발달 단계에 비추어 보면 '교양 및 인성'은 대학원 단계에서 새삼스럽게 많은 시간을 들여 교육할 사항이라기보다는, 초·중등교육을 거쳐 학부 졸업에 이르는 과정에서 형성되는 요소이기 때문이다. 즉 이 요소는 고등교육을 마친 학부 졸업생을 상대로 전문대학원에서 법학을 교육하기로 결단한 이유를 설명해 주고 있다. 물론 법학전문대학원에서도 압축된 교육과정에서 이러한 교양 및 인성적 측면이 손상되지 않도록 노력해야 한다.

둘째, "자유·평등·정의를 지향하는 가치관"이라는 가치관적 측면이다. 이것은 법률가로서 가져야 할 근본적인 직업적 신념 내지 가치관에 관한 것으로서, 물론 그 바탕은 법학전문대학원 입학 전에 형성되겠지만, 그 완성은 법학전문대학원에서 담당해야 할 것이다. 이 점에서 위 첫째 요소인 일반적 '교양 및 인성'과는 다소 구분된다. 이를 위해서는 실정법에 대한 법리 학습과 아울러, 법철학·법제사 등의 기초법학을 통한 근본적 문제에 대한 고민의 기회, 리걸클리닉·법률봉사 등을 통한 예비법률가로서의 자기 정체성의 발견 등이 중요할 것이다.

셋째, "건전한 직업윤리관"이라는 윤리적 측면이다. 이를 위해 모든 법학전문대학원에서 1학점 법조윤리 과목이 법정 필수과목으로

부과되어 있고 법조윤리 시험에 통과해야 변호사시험 응시 자격이 주어진다. 그러나 이를 통해 윤리관을 비약적으로 형성할 수 있다고 보기는 어렵다. 오히려 현재의 법조윤리 시험은 변호사법 및 각종 하위 규정에 대한 기계적인 암기를 요구하는 방식으로 운영되고 있어 진정한 윤리의식의 함양에 큰 도움이 되지 않는다는 지적도 많다. 그보다는 법학전문대학원 3년 과정을 통해 끊임없이 직업윤리에 관한 주의를 환기하고, 스스로 이를 고민하고 깨우칠 수 있는 기회를 제공하며, 좋은 역할 모델을 제시해야 한다.

넷째, "복잡다기한 법적 분쟁을 전문적·효율적으로 해결할 수 있는 지식 및 능력"이다. 현재 법학전문대학원에서의 교육은 거의 이 요소만을 염두에 두고 이루어지고 있다. 법적 분쟁의 해결에 필요한 지식과 능력은 다시 다음 요소들로 분석해 볼 수 있을 것이다: (i) 사실관계를 정확하고 신속히 이해하고 요약 또는 재구성할 수 있는 능력, (ii) 사실로부터 쟁점을 파악하는 능력, (iii) 법리, 즉 조문, 학설, 판례에 대한 지식, (iv) 법리를 조사하고 기존 법리가 없는 영역에서 새로운 법리를 유추하는 능력, (v) 법리를 사실에 적용하여 결론을 이끌어내는 논리적이고 건전한 추리력, (vi) 고객 또는 당사자의 말을 잘 듣고 말과 글로 잘 표현할 수 있는 소통능력, (vii) 이 모든 과정을 다른 사람과의 협업을 통해 원만히 이루어내는 리더십 내지 협동심.

이상과 같은 요소들을 효과적으로 교육하고 그 능력을 증진시키는 것이 법학전문대학원 교육의 이상적인 모습이라 할 것이다. 이를 위해서는 훌륭한 실력과 열정을 가진 교원, 양질의 교재, 교원에 대해 신뢰를 갖고 배움에 응하는 우수한 학생이 모두 불가결한 요소가 된다. 또한 실정법의 철저한 교육과 기본적 법리의 암기, 실정법의 이면에 위치한 대립되는 법이념에 대한 근본적인 재음미, 적나라한 인간상이 만들어내는 분쟁에 대한 현실적 인식, 엄밀한 분석능력, 유연하고 전략적인 사고, 기존 판례에 대한 전반적인 이해와 비판적 분석력

등을 담아내는 교과과정이 필요하다.

그러나 이러한 교원, 교재, 교과과정이 모두 다 갖춰진다고 해도 변호사시험이라는 강력한 외생변수에 따라 그 교육의 내용과 질은 매우 달라질 수 있다. 앞서 설명했듯이 법학전문대학원 3년 과정을 졸업한 후 변호사시험에 합격하지 못하면 법률가로서의 자격을 취득하지 못하여 "3년 積功이 徒勞"인 형국이 되기 때문이다. 이 강력한 외생변수의 실상에 관해 절을 바꿔 살펴본다.

Ⅲ. 변호사시험의 분석

1. 현행 변호사시험의 형식과 범위

현행 변호사시험은 공법, 형사법, 민사법, 선택법의 네 영역에서 기록형, 선택형, 사례형의 세 가지 유형(선택법은 사례형만 출제됨)으로 실시된다. 사법시험 1차에서 평가했던 선택형, 사법시험 2차에서 평가했던 사례형, 사법연수원 1년차 시험에서 평가했던 기록형을 한꺼번에 나흘 동안 치르는 형태이다. <표 2>는 과목별 배점, <표 3>은 시험 일정을 보여준다.

〈표 2〉 변호사시험 과목별 배점

	공 법	형사법	민사법	선택과목
선택형	100	100	175	-
사례형	200	200	350	160
기록형	100	100	175	-
계	400	400	700	160
총 계	1660			

〈표 3〉 변호사시험 시행 일정[17]

시 험 일 자	시험 과목	시험시간 및 시험과목			
		오 전		오 후	
		시간	문형(배점)	시간	문형(배점)
제1일	공 법	10:00 – 11:10	선택형(100점)	13:30 – 15:30	사례형(200점)
				17:00 – 19:00	기록형(100점)
제2일	형사법	10:00 – 11:10	선택형(100점)	13:30 – 15:30	사례형(200점)
				17:00 – 19:00	기록형(100점)
제3일	휴 식 일				
제4일	민사법	10:00 – 12:00	선택형(175점)	14:30 – 17:30	기록형(175점)
제5일	민사법 · 선택법	10:00 – 13:30	민사법 사례형 (350점)	16:00 – 18:00	선택법 사례형 (160점)

    공법에서는 헌법과 행정법을, 형사법에서는 형법과 형사소송법을, 민사법에서는 민법(총칙, 물권법, 채권법, 친족법, 상속법), 민사소송법, 상법(총칙, 상행위법, 회사법, 어음수표법, 보험법)을 다룬다. 선택과목으로는 현재 국제법, 국제거래법, 세법, 노동법, 환경법, 경제법, 지적재산권법 등 7개 과목 중 하나를 선택하게 되어 있는데, 그 구체적 범위는 <표 4>와 같다.

---

17) 2020.11.20. 제10회 변호사시험 일시·장소 등 공고에 따른 것으로서 제1회 때부터 큰 변동 없이 실시되고 있다.

〈표 4〉 선택법과목 출제범위[18]

과 목	출 제 범 위
국제법	국제경제법을 포함한다.
국제거래법	「국제사법」과 「국제물품매매계약에 관한 유엔협약」으로 한다.
노동법	사회보장법 중 「산업재해보상보험법」을 포함한다.
조세법	「국세기본법」, 「소득세법」, 「법인세법」 및 「부가가치세법」으로 한다.
지적재산권법	「특허법」, 「실용신안법」, 「디자인보호법」, 「상표법」 및 「저작권법」으로 한다.
경제법	「소비자기본법」, 「전자상거래 등에서의 소비자 보호에 관한 법률」, 「독점규제 및 공정거래에 관한 법률」, 「약관의 규제에 관한 법률」, 「할부거래에 관한 법률」 및 「방문판매 등에 관한 법률」로 한다.
환경법	「환경정책기본법」, 「환경영향평가법」, 「대기환경보전법」, 「물환경보전법」, 「폐기물관리법」, 「토양환경보전법」, 「자연환경보전법」, 「소음·진동관리법」 및 「환경분쟁조정법」으로 한다.

이상을 사법시험과 비교해 보면 시험 범위는 오히려 늘어났다. 종래 사법시험 2차 시험의 7개 과목(민법, 헌법, 형법, 상법, 행정법, 민사소송법, 형사소송법)이 모두 포함되어 있고, 사법시험에서는 1차 시험에서 선택형으로만 출제되었던 선택법이 사례형으로 출제된다. 또한 사법시험에 없던 기록형 시험이 도입되면서 기록형의 소재가 되는 형사특별법, 민사특별법, 개별행정법령 등이 대거 출제범위에 들어갔고, 특히 형사특별법[19]의 수험상 중요성이 매우 커졌으며, 사법시험

---

18) 2020.9.18. 법무부 제10회 변호사시험 실시계획 공고 참조. 역시 제1회 시험부터 큰 변동 없이 유지되고 있다.

19) 도로교통법, 교통사고처리 특례법, 폭력행위 등 처벌에 관한 법률, 성폭력방지 및 피해자보호 등에 관한 법률, 성폭력범죄의 처벌 등에 관한 특례법, 아동·청소년의 성보호에 관한 법률, 정보통신망 이용촉진 및 정보보호 등에 관한 법률, 특정범죄 가중처벌 등에 관한 법률, 특정경제범죄 가중처벌 등에 관한 법률, 부정수표단속

에서 범위에 속하지 않던 민사집행법도 사실상 포함되게 되었다.

2. 현행 변호사시험의 유형별 검토

(1) 선택형

선택형은 다섯 개의 선택지에서 하나를 고르는 방식으로 출제된다. 선택형의 문제유형은 그 질문형식에 따라 (i) 옳은 진술 또는 틀린 진술을 하나 고르게 하는 단순택일형, (ii) 여러 개의 진술을 나열하고 그중에서 옳은 것들의 조합 또는 틀린 것들의 조합을 고르게 하는 OX조합형, (iii) 복수의 진술이 기재된 묶음을 두 개 제시하고 각 묶음 내에서 서로 관련된 진술을 고르도록 하는 지문조합형으로 구분해 볼 수 있다. 즉 단순택일형은 "다음 중 옳은/잘못된 것은?"의 질문형식을 취하고, OX조합형은 "다음 중 옳은/잘못된 진술끼리 묶인 것은?"이라는 질문형식을 취하며, 지문조합형은 "<보기1>과 <보기2>가 .... 관계로 옳게 짝지어진 것은?"의 질문형식을 취한다. 지문조합형에서 두 묶음의 관계는 주장-논거, 법리-예시 등 다양하게 설정될 수 있다. 실제 변호사시험에서는 세 유형이 모두 발견된다.

다만 지금까지 출제된 선택형 문제들은 과목 및 문제유형에 관계없이 판례나 법조문에 관한 구체적인 지식을 묻는 문제가 주종을 이룬다. 특히 단순택일형, OX조합형 등은 결국 진술의 옳고 그름을 판단하는 것인데, 그 진술의 출처는 대부분 조문 또는 판례(판결요지)이고, 그중에서도 법조문보다는 판례(판결요지)의 비중이 압도적으로 높다. 또한 정답에 관한 시비를 피하기 위하여 거의 모든 문제에 "(다툼이 있는 경우 판례에 의함)"이라는 문구가 붙어 있다.[20]

법 등이 그 예이다.

[20] 간혹 "다툼이 있는 경우에는 판례에 의함"이라는 지시문구가 없는 문제는 문제 자체에서 판례의 태도를 묻고 있기 때문에 그런 것이다(예: "다음 중 부당이득에 관한 판례의 입장과 다른 것은?"). 따라서 사실상 모든 문제에 그런 조건이 붙어 있다고 보아도 무방하다.

이를 예시하기 위해 2016년 실시된 제5회 변호사시험 민사법 선택형 문제 중 가장 짧은 단순택일형 한 문제를 전재하고, 각 문제의 지문 별로 그 근거가 되는 것으로 보이는 판결의 요지 또는 조문을 각주에 표시하였다. 각주에 열거된 판결의 전문에서는 그러한 결론에 이르게 된 근거를 함께 제시하고 있는 경우가 많으나, 아래 선택지에는 그 요지 내지 결론만이 기재되어 있기에 편의상 각주에서도 요지 내지 결론만 적시하였다.

[민사법 1책형 60번]
소송상 상계 항변에 관한 설명 중 옳지 않은 것은? (다툼이 있는 경우 판례에 의함)
　① 소송상 상계 항변은 상대방의 동의 없이 이를 철회할 수 있고, 그 경우 법원은 이에 대하여 심판할 수 없다.[21]
　② 소송상 상계 항변이 제출되었으나 소송절차 진행 중 조정이 성립됨으로써 수동채권의 존재에 관한 법원의 실질적인 판단이 이루어지지 않은 경우, 상계 항변의 사법상 효과는 발생하지 않는다.[22]
　③ 甲이 乙을 피고로 3,000만 원의 손해배상청구의 소를 제기하여 제1심에서 승소판결을 받았으나 乙의 항소 제기로 그 항소심 계속 중에 乙이 甲을 피고로 하여 대여금반환청구의 소를 제기한 경우, 甲은 그 소송에서 위 3,000만 원의 손해배상채권을 자동채권으로 하는 소송상 상계 항변을 할 수 있다.[23]

---

21) "소송상 방어방법으로서의 상계 항변은 그 수동채권의 존재가 확정되는 것을 전제로 하여 행하여지는 일종의 예비적 항변으로서 상대방의 동의 없이 이를 철회할 수 있고, 그 경우 법원은 처분권주의의 원칙상 이에 대하여 심판할 수 없다" (대법원 2011. 7. 14. 선고 2011다23323 판결).
22) "당사자 사이에 조정이 성립됨으로써 수동채권의 존재에 관한 법원의 실질적인 판단이 이루어지지 아니한 경우에는 그 소송절차에서 행하여진 소송상 상계항변의 사법상 효과도 발생하지 않는다" (대법원 2013. 3. 28. 선고 2011다3329 판결).
23) "피고가 이 사건에서 위와 같은 상계의 항변을 제출할 당시 이미 피고는 위 자동채권과 동일한 채권[..]에 기한 소송을 별도로 제기하여 [...] 이러한 경우 [...] 특

④ 피고의 소송상 상계 항변에 대하여 원고가 다시 피고의 자동채
권을 소멸시키기 위하여 소송상 상계 재항변을 하는 것은 특별
한 사정이 없는 한 허용되지 않는다.24)

⑤ 피고가 소송상 상계 항변과 소멸시효 완성 항변을 함께 주장한
경우, 법원은 상계 항변을 먼저 판단할 수 있다.25)

(2) 사례형

사례형은 공법, 형사법, 민사법 1500점 중 절반인 750점을 차지
하고 있어 가장 비중이 높다. 사법시험과 같은 7법 체제가 아니라 3
법 체제로 출제과목을 변경한 데에는 실체법과 절차법, 헌법과 행정
법, 민법과 상법 등 과목 간 융합출제가 바람직하다는 사고가 깔려
있었고, 특히 사례형이 그와 같은 융합출제의 모범을 보여 줄 것으로
기대되었다.

그러나 변호사시험 단계에서 과연 무리해서 융합출제를 시도하
는 것이 꼭 바람직한지 의문이 있을뿐더러, 실제로 그것이 달성되고
있는지도 의문이다. 민사법의 경우 민법, 상법, 민사소송법의 융합출
제를 추구하는 것으로 보이는데, 지금까지의 경향을 보면 사례형 1문
과 2문은 민법을 주로 하되 민사소송법 쟁점을 다룬 소문항이 섞여
있고 3문은 상법, 그 중에서도 회사법을 위주로 하여 출제되고 있다.
다만 제6회 시험 이후로는 3문에서 상법총칙, 상행위 편 및 어음수표

별한 사정이 없는 한 별소로 계속 중인 채권을 자동채권으로 하는 소송상 상계의
주장이 허용되지 않는다고 볼 수는 없고[...]" (대법원 2001. 4. 27. 선고 2000다
4050 판결).

24) "피고의 소송상 상계항변에 대하여 원고가 다시 피고의 자동채권을 소멸시키기 위
하여 소송상 상계의 재항변을 하는 [...] 것은 다른 특별한 사정이 없는 한 허용되
지 않는다" (대법원 2014. 6. 12. 선고 2013다95964 판결).

25) "상계항변이 먼저 이루어지고 그 후 대여금채권의 소멸을 주장하는 소멸시효항변
이 있었던 경우에, 상계항변 당시 채무자인 피고에게 수동채권인 대여금채권의 시
효이익을 포기하려는 효과의사가 있었다고 단정할 수 없다" (대법원 2013. 2. 28.
선고 2011다21556 판결).

법의 쟁점도 출제되었다.

이처럼 설문 단위로 '융합'의 외관을 추구하다보니, 여러 분야의 법을 포함시키기 위해 다수의 '소문항'이 등장하는 경향이 강화되고 있다. <표 5>는 제1회부터 제6회까지 실시된 사례형 문제의 소문항 수와 문제의 글자 수[26]를 정리한 표이다. 이에 의하면 민사법 사례형 은 3문제로 구성되어 있으나, 실제 이를 구성하는 소문항의 수는 15 → 17 → 19 → 20 → 25 → 21개로 제6회에서 다소 완화되기까지는 매 년 증가하였다. 공법과 형사법도 각 2문제로 구성되어 있으나 실제 소문항의 수는 7개(제6회 공법)에서 13개(제6회 형사법)에 이른다. 제5 회의 경우 민사법 사례형 25 문제에 210분이 배정되었으므로 소문항 당 8.4분이 주어진 셈이고, 공법 11 문제와 형사법 12 문제에 배정된 시간은 각 120분이므로 소문항당 공법 10.9분, 형사법 10.0분이 주어 진 셈이다.

소문항이 늘어나다 보니 문항도 대체로 길어지는 추세이다. <표 5>에 나온 제1회와 제6회 시험 사례형 문제의 글자 수를 비교해보 면 민사법(5,876자 → 6,993자), 형사법(2,148자 → 3,045자)은 크게 늘어 났고, 다만 공법은 제6회에서 줄어들었다(1,755자 → 1,393자). 글자 수 의 합계는 제3회에서 정점을 찍은 후로는 오히려 다소 줄어들었으나, 여전히 11,000 내지 12,000자에 달한다.

---

26) 총괄 지문과 사례, 개별 소문항을 모두 통산하였으며 띄어쓰기는 포함하지 않았다.

〈표 5〉 변호사시험 회차별 사례형 문제 글자 수 및 소문항 수

물음		1회(2012) 글자수	1회(2012) 문항수	2회(2013) 글자수	2회(2013) 문항수	3회(2014) 글자수	3회(2014) 문항수	4회(2015) 글자수	4회(2015) 문항수	5회(2016) 글자수	5회(2016) 문항수	6회(2017) 글자수	6회(2017) 문항수
민사법	1문	1,770	7개	3,293	9개	3,302	10개	3,512	10개	2,604	13개	3,442	10개
	2문	2,933	5개	2,526	4개	3,156	6개	1,450	6개	2,332	6개	2,222	6개
	3문	1,173	3개	1,419	4개	1,108	3개	1,183	4개	1,432	6개	1,329	5개
	계	5,876	15개	7,238	17개	7,566	19개	6,145	20개	6,368	25개	6,993	21개
형사법	1문	888	4개	1,034	5개	1,280	5개	1,017	5개	958	4개	1,260	5개
	2문	1,260	6개	1,380	4개	954	4개	1,182	6개	1,785	8개	1,785	8개
	계	2,148	10개	2,414	9개	2,234	9개	2,199	11개	2,743	12개	3,045	13개
공 법	1문	845	3개	894	5개	1,329	5개	977	5개	1,072	4개	750	3개
	2문	910	9개	1,414	5개	1,248	6개	702	5개	1,236	7개	643	4개
	계	1,755	12개	2,308	10개	2,577	11개	1,679	10개	2,308	11개	1,393	7개
계		9,779	37개	11,960	36개	12,377	39개	10,023	41개	11,419	48개	11,431	41개

(3) 기록형

기록형은 공법의 경우 헌법소원심판청구서, 행정소송에 관한 소장 및 집행정지신청서 등을 작성하게 하고, 민사법의 경우 소장, 반소장, 준비서면, 검토의견서 등을 작성하게 하며, 형사법은 사건에 관한 검토의견서, 변론요지서, 항소이유서 등을 작성하게 한다.

이러한 시험용 기록들은 수많은 실체법, 절차법적 쟁점을 집어넣어서 실제 동일 분량의 사건기록에 비하여 훨씬 법리적 쟁점이 많은 "인위적 쟁점과다형" 기록의 형태를 띠고 있다. 특히 민사법의 경우 통상적인 서증만으로는 충분히 많은 쟁점이 포함된 복잡한 분쟁을 한정된 지면에서 표현해 내기 어려우므로, 변호사와의 상담록 또는 당사자 간의 내용증명 우편에서 각종 쟁점을 포함한 분쟁의 스토리와 당사자의 주장을 서술하는 방식을 즐겨 사용한다. 비유적으로 말하

면, 영화에서 줄거리를 대사로 형상화하지 못하고 자막으로 설명하는
셈이다. 그러다보니 기록형 시험이 사실상 주요 법리에 관한 지식을
묻는 사례형 시험과 비슷해지는 경향이 발견된다. 공법 및 형사법 기
록의 경우에도 유사한 현상이 있는 것으로 보인다.

또한 현재 민사법 기록형 시험은 "가능한 한 패소하는 부분이 없
게 하라"는 단서를 달고 있어, 피고 등 상대방이 제기할 수 있는 항
변, 재재항변까지 미리 고려하여 마치 판결문의 주문을 작성하듯이
승소가 확실한 범위로 청구를 최소화하여 청구취지 및 청구원인을 작
성하도록 하고 있다. 이것이 가지는 문제점에 관하여는 후술한다.

3. 현행 변호사시험의 장점

후술하듯이 현행 변호사시험에는 많은 문제가 있지만, 현재까지
치러진 변호사시험은 하나의 뚜렷한 성과를 가지고 있다. 그것은 평
가결과가 상당히 정확하고, 특히 정규 교육과정에서의 학업 성과와
상당히 높은 동조 현상을 보인다는 점이다.

필자가 재직하는 서울대학교 법학전문대학원의 경우 변호사시험
합격/불합격 여부와 학교 성적의 상관관계는 매우 높았다. 특히 3년
통산 성적보다 3학년 학교 성적과의 상관관계가 더 높게 나타났는데,
(i) 3학년이 되면 법학 선행학습 효과가 사라져서 오히려 진정한 법
학실력은 3학년 성적과의 관련성이 높고, (ii) 3학년생들이 주로 수강
하는 실무연습과목27)들은 정해진 시험 범위의 지식을 암기하는 것으
로 대처하기 어렵고 종합적 응용 능력을 요구하는 점 등이 그 원인으
로 추측된다. 구체적인 통계자료는 없지만 다른 법학전문대학원의 경
우에도 변호사시험 합격/불합격 여부는 학교 성적과 상관관계가 매우

---

27) 서울대학교 법학전문대학원의 경우 3학년 1학기에 형사법실무연습, 민사법실무연
습, 2학기에 헌법실무연습, 행정법실무연습, 상사법실무연습을 개설하여 해당 법
분야의 쟁점을 개관하며 기록형 및 사례형 시험 대비를 겸하고 있다.

높다는 것이 정설로 보인다. 이는 변호사시험 선발결과가 우연적으로 결정되는 것이 아니라, 적어도 3년의 교육과정 동안 그 학생이 보여 준 성취를 잘 반영한다는 점을 보여 준다.[28]

그 이유는 무엇일까? 변호사시험이 짧은 시간에 매우 다양한 요소들을 다양한 방식으로 측정하다 보니, 일종의 다면평가이자 대수의 법칙(rule of large number)이 적용되기 때문인 것으로 보인다. 민사법을 예로 들면, 70문제의 5지선다형 문제를 풀고, 장문의 사례형 문제 3개(소문항 기준으로 20-25개)를 풀고, 민사기록을 1권 검토하여 소장 등 실무문서 작성까지를 마쳐야 한다. 그러다 보니 합격할 실력을 가진 사람이 약간 실수한다고 불합격할 가능성도 낮고, 합격할 실력이 부족한 사람이 운이 좋았다고 합격하기는 매우 어려운 것이다.

물론 다른 가설도 생각해 볼 수 있다. 즉 법학전문대학원의 교과과정 및 정기고사가 변호사시험으로부터 강력한 영향을 받다보니 변호사시험과 정기고사의 동조화가 발생하고, 따라서 후자의 성과와 전자의 성과가 일치한다는 가설이다. 그런 측면도 있겠으나, 변호사시험과 평가내용과 방식이 전혀 다른 과목, 예컨대 보고서나 논문을 제출하게 하는 과목이나 기초법 과목 등에서의 성과 역시 변호사시험 당락과 매우 관련성이 높아 보이는 점을 보면,[29] 현행 변호사시험이 학업성취도를 상당히 정확히 평가한다는 점은 부정하기 어려울 것이다. 종래 사법시험 체제의 문제로 지적되었던 정규 교육과정과 시험 준비의 분리 현상이 개선되었다고도 할 수 있다.[30] 이는 결코 경시할

---

28) 물론 변호사시험을 잘 치를 수 있게 된 그 '성취'가 이들이 살아갈 시대가 요구하는 변호사로서의 자질을 잘 반영하는지는 전혀 별개의 문제이다.

29) 이에 관한 정량적 조사결과는 가지고 있지 않다. 다만 발표자가 2014~2016년 서울대학교 법과대학/법학전문대학원 학생부원장으로 재직하면서 검토한 바에 의하면, 변호사시험 과목이든 그렇지 않은 과목이든 학교 교과과정에서의 성과가 변호사시험 결과와 강한 상관관계가 있다는 점에는 큰 차이가 없었던 것으로 보인다.

30) <표1>의 1번 항목 참조.

수 없는 현행 변호사시험의 큰 장점이다.

4. 현행 변호사시험의 문제점

(1) 개관

그러나 현행 변호사시험은 심각한 문제점도 가지고 있다. 우선 현재 출제 방식은 너무 많은 양의 정보를 얕고 넓게 암기하고 있을 것을 요구한다. 특히 정답 오류의 가능성을 배제하기 위해 판례의 태도, 더 정확히는 명제로 요약된 판결요지를 절대시하다 보니, 법리적 견해의 차이와 미묘한 사실관계의 차이에 따라 결론이 달라질 수 있다는 법학 및 법실무의 본질이 망각되고 있다. 현재의 기록형 시험도 결국 판결 요지에 관한 지식을 묻는 시험으로 운용되고 있어 실제 변호사로서의 실무능력을 제고하는 데에 그리 큰 도움이 되지 못하는 것으로 보인다.

이러한 출제 경향은 단편적 정보를 무비판적으로 머릿속에 채워 넣는 학습태도를 야기하여 장기적 의미에서의 실무능력을 오히려 저하시키고, 인공지능 시대에 요구되는 법률가 상과는 반대방향으로 유도할 위험이 있다. 이상의 문제점에 관하여 항을 바꾸어 상술한다.

(2) 피상적 지식의 과다한 암기

2016년 기준으로 법학전문대학원 3학년생들은 변호사시험에 대비하기 위해 몇 개 정도의 판례를 알아야(더 정확히는 요지를 암기하고 있어야) 할까? 이를 파악하기 위해 시중에 유통되는 과목별 주요 수험서에서 사건일자와 번호가 언급된 판결의 수를 조사하였다. <표 6>은 과목별 판결례의 수이고, <표 7>은 조사의 대상이 된 수험서의 목록이다.

<표 7>에 나온 바와 같이 수험생들은 과목별로 수험서와 함께 최근 약 3년간의 판례를 정리한 이른바 '최신판례'라는 제목이 붙은 교재들을 많이 활용한다. 일반 수험서가 지금까지의 중요한 판례를

선별하여 수록한다면, 최신판례 교재는 최근 3년간의 '변시 적합적' 대법원 판례를 대부분 수록한다. 선택형, 사례형, 기록형을 불문하고 출제자의 입장에서 정답 시비를 피하면서도 기출문제를 피하려면, 최신 대법원 판결의 요지를 선택형 지문에 등장시키거나 그 사실관계를 활용하여 문항을 구성하게 된다. 이는 사법시험에서도 마찬가지였고, 이를 포착한 수험가에서는 사법시험 때부터 최신판례 특강 및 교재를 개발하여 왔다. 이 최신판례와 일반판례를 합하면, 발표자가 조사한 변호사시험 수험서에 판결번호가 언급된 판례만 해도 민사법, 형사법, 공법을 합하여 무려 12,581개에 달한다.

물론 수험서 수록 일반판례와 최신판례 중에 일부 중복이 있고, 어느 한 과목에 언급된 판례가 다른 과목에서 중복 언급된 경우도 있으며, 동일한 취지의 판시가 여러 판결례에서 반복되는 경우도 많으므로, 실제 학습해야 할 숫자는 이보다는 적다. 그러나 어쨌든 이러한 숫자는 로스쿨 교수나 실무가들이 막연히 생각하는 것보다 훨씬 많을 것이다.[31) 더욱 심각한 문제는 매년 새로운 판례가 나올수록 이 숫자는 끝없이 늘어갈 것이라는 점이다.

〈표 6〉 주요 수험서에 언급된 학습대상 판례 수

구분	과목명	요약서판례	최신판례	합계
민사법	민법	2,887	673	3,560
	민사소송법	959	–	959
	상법	649	315	988
	민사법계			5,507

---

31) 특히 법학자들은 자신의 전공 분야만을 연구·교육하기 때문에 학생들이 다른 전공에도 많은 시간을 들여 공부해야 한다는 점을 잘 의식하지 못하는 경향이 있다. 필자가 주위의 교수들에게 수험생들이 공부해야 하는 판례 개수의 추측치를 물었을 때에도 대체로 자신의 과목에 관해서는 상대적으로 정확한 수치를 제시했으나 전체 숫자는 그보다 훨씬 더 과소평가하는 경향이 나타났다.

형사법	형법	2,766	365	3,131
	형사소송법	1,108	326	1,434
	형사법계			4,565
공 법	헌법	1,364	395	1,759
	행정법	505	245	750
	공 법 계			2,509
총계				12,581

〈표 7〉 학습대상 판례 수 계산에 이용된 수험서 목록

구분	과목명	요약서 및 최신판례집
민사법	민법	박승수, 민법정리, 에듀비, 2016. 1. 1.
		윤동환, 최근 3년간 민법판례의 맥, 우리아카데미, 2016. 7. 19.
	민사소송법	이창한, 핵심정리 민소, 헬리오스, 2015. 11. 16.
	상법	김혁붕, 상법신강(14판), 여울, 2016. 4. 27.
		이종모, 최근 3개년 상법 최신판례, 2016. 8. 1.
형사법	형법	이용배, 팝형법, 우리아카데미, 2015. 12. 31.
		이용배, 최근 3년간 형법판례, 2016. 7. 13.
	형사소송법	정주형, 최종정리 형사소송법(제4판), 제이앤제이, 2016. 3. 18.
		정주형, 최근 3개년 형사소송법 판례 정리, 윌비스, 2016. 7. 21.
공 법	헌법	김유향, 로스쿨 핵심강의 헌법(2판), 윌비스, 2016. 2. 22.
		선동주, 최근 3개년 헌법 판례 정리, 윌비스, 2016. 7. 10.
	행정법	정선균, 행정법 엑기스(5판), 2014. 5. 17.
		박도원, 최근 3개년 행정법 판례 정리, 윌비스, 2016. 7. 18.

이처럼 사례형만 해도 세 과목 합계 11,000자가 넘는 문제를 읽고, 읽는 시간과 쓰는 시간을 모두 포함하여 소문항 당 10분 내외의 한정된 시간 내에, 세 과목 합계 40여 개의 소문항에 대한 답을 써내려가기 위해서는 어떻게 수험준비를 할 것인가? 학생들 입장에서 이

런 유형의 문제에 대비하는 효과적인 방법은, 가능한 한 짧고 간결한 명제를 많이 암기해서, 그때그때 논점에 맞춰 조건반사적으로 답안지에 쏟아 놓을 수 있도록 훈련하는 것이다. 대립되는 입장의 논거를 비교·대조하고 근거를 들어 논리적으로 추론하는 것은 어차피 소문항당 10분도 안 되는 시간 내에 불가능하므로, 논점에 해당하는 피상적인 지식을 답안지에 쏟아 놓는 것이 수험생의 1차적인 목표가 된다. 물론 매우 우수한 극소수 학생들은 이러한 시간의 압박 속에서도 나름대로의 논거제시와 추론을 간결하고 효과적으로 해내기도 하지만, 이는 매우 예외적이다.

이처럼 현행 변호사시험은 3년의 교육과정 동안 법학의 기초를 다지고, 사례형 문제를 해결할 수 있는 응용력을 키우며, 소장이나 준비서면 등을 작성할 수 있는 기본적 실무 능력까지 닦을 것을 요구하면서, 그러한 능력의 평가를 위해 수천 개의 판결요지를 소재로 삼는 것이다. 이는 결국 학생들에게 법적인 사고를 연마하기보다는 판례요지를 얇고 넓게 암기하라는 메시지를 매우 강력하게 보내고 있는 셈이다.[32]

(3) 기록형 시험의 문제점

변호사시험에서 기록형을 출제하고 평가하는 취지는, 교육과정이 지나치게 이론에 치우쳐 실제로 이러한 법지식이 어떻게 활용되는지에 둔감하게 되는 것을 방지하고, 향후 각자가 진출한 영역에서 실무적인 법률문서 작성 능력을 함양할 기초를 다지는 데 있다고 할 것이다.

법학전문대학원 졸업생들이 앞으로 작성해야 할 법문서는 실로 다양하다. 판결문, 소장, 준비서면, 공소장, 불기소장, 변론요지서 등 종래 사법연수원에서 교육하던 문서는 그 예일 뿐이고, 그 외에도 각

---

32) 민사법에 관하여 비슷한 문제의식으로 이진기, 앞의 논문(주 11), 299-300면(세세하게 분화된 질문사항은 법률제도와 법이론의 본체에 대한 이해 없이 즉답을 위하여 길러진 '잔 법률가'의 양성에나 적합할 것이라고 함).

종 의견서, 보고서, 신청서, 계약서, 프리젠테이션 자료, 서신, 규정안, 법률안, 고소장, 탄원서 등등 이들이 수행하게 될 영역에 따라 수없이 다양한 유형의 문서가 있는 것이다. 법학전문대학원에서 이러한 개별 문서작성 능력 배양에 집중할 여유도 없고 그래서도 안 된다. 오히려 이들이 다양한 직역에 진출하여 그 직역에 특유한 문서작성 방식을 빨리 익힐 수 있는 기초 실력을 다져주는 것이 교육의 목적이고, 기록형 출제의 취지도 이러한 교육을 촉진하는 것이어야 한다.

이는 기본적인 리걸마인드와 논리적 추론능력, 문장력을 갖춘 사람이라면, 필요에 따라 얼마든지 다양한 유형의 문서작성 능력을 단시일 내에 함양할 수 있기 때문이다. 필자의 변호사로서의 실무경험에 비추어 보아도, 변호사로서 업무를 수행하려면 본안소송 외에도 가처분, 중재, 조정, 수사, 감사, 세무조사, 상담 및 자문, 행정청에서의 각종 절차, 국회에서의 입법절차, 기업인수합병, 경영권분쟁, 사내변호사로서의 준법시스템 구축 등 실로 다양한 국면에서 다양한 문서작성이 필요하지만, 기술적인 작성 방식은 그때그때 선례를 참조하면 되므로 그리 중요한 문제가 아니다. 정작 중요한 것은 쟁점을 파악하는 센스, 독자의 눈높이를 고려한 소통능력, 독자를 설득하는 논리와 문장력이다. 오히려 과거의 기재례에 지나치게 집착하는 것은 변호사로서의 창조적인 업무 추진을 방해하는 경우도 적지 않고, 법무사 등 인접 직역에 비해 변호사가 가지는 탄력성이라는 장점을 스스로 퇴색시키는 처사가 될 수 있다.

이런 점을 고려하면 변호사시험에서 기록형이 필요한지에 관해 의문이 있을 뿐 아니라, 현재의 요구 수준과 배점은 과도하다고 생각된다. 특히 변호사시험 기록형에서 "사법연수원 1년차 수준"의 기안 능력을 요구하는 것은 판검사 내지 송무변호사로서의 업무능력을 갖춰 주는 것을 중요한 목적으로 하였던 사법연수원의 교육 목표와 변호사로서의 소양을 기반으로 사회 각계각층에 진출하여 법치주의의 확산에 기여하는 인재의 양성을 목적으로 하는 법학전문대학원의 교육 목표의 차이를 충분히 이해하지 못한 데에 기인한다고 본다. 오히려 법학전문대학원 제도는 기술적인 문서작성 능력은 각자 진출한 영역에서 선례를 참조하거나 별도 교육을 통해 추가로 익힐 것을 전제로 하고 있는 것이다.

이러한 차이를 무시하고 사법연수생 수준의 기안 능력을 요구하는 경우 필연적으로 법학전문대학원이 의도한 다른 교육목표의 희생을 가져올 수 있다. 예컨대 변호사시험에서 상대방의 잠재적인 항변, 그에 대한 재항변 등을 미리 감안한 복잡한 청구취지 작성 능력을 평가한다면 수험생들은 유형별 청구취지 기재례를 암기하는 데 많은 시간을 들일 수밖에 없고, 그 결과 3년의 한정된 교과과정이 의도하는 다른 목적을 희생하게 될 것이기 때문이다.33)

더구나 변호사시험에서 출제되는 기록에는 같은 분량의 실제 사건기록에 비해 과도하게 많은 수의 법리적 쟁점이 포함되어 있어, 실제 분쟁 양상과는 매우 다른 "인위적 쟁점과다형" 기록이라 부를 수 있다.34) 사법연수원 교육에서 중요한 평가 요소였던 "인위적 쟁점과다형" 기록의 효율적인 처리 능력은 단기간 훈련으로 일시적으로 상승시킬 수 있는 하나의 기술적 능력에 불과하고, 실제 실무능력으로 직접 이어지는 것도 아니므로, 이것이 3년이라는 짧은 교육과정의 중요한 목표가 되어서는 안 된다. 한정된 교육과정상 이러한 능력의 향

---

33) 실무적으로도 복잡한 청구취지를 작성할 때에는 각종 실무편람 등의 책자 및 선례를 참고하여 작성하는 것이 통례이고, 자신이 암기한 기재례를 믿고 작성하는 경우는 드물 것이다.

34) 형사법에서 이에 관한 지적으로, 이창현, 앞의 논문(주 10, 형사기록형), 331 – 332면(현재 변호사시험에서의 기록형시험은 법률규정과 다양한 법리에 대한 평가를 위주로 하는 바람에 기록형 시험으로서의 역할을 제대로 수행하지 못하고 있다고 지적하며, 2시간이라는 제한된 시간을 고려하여 지나치게 많은 쟁점을 요구하는 것은 자제해야 하고, 법률규정과 법리 등은 기본적으로 사례형이나 선택형시험에 맡기고 기록형 고유영역에 적합한 문제를 계속 개발하여야 한다고 주장함).

상에 노력을 기울이면 필연적으로 다른 교육이 부실해지는 트레이드
오프(trade-off) 관계가 있다. 따라서 기록형에 과도하게 많은 쟁점을
포함시키는 출제방식은 피하는 것이 옳다고 본다.[35]

또한 현재 민사법 기록형 시험은 "가능한 한 패소하는 부분이 없
게 하라"는 단서를 달고 있어, 피고가 제기할 수 있는 항변, (그에 대
한 원고의 재항변에 대한 피고의) 재재항변까지 미리 고려하여 마치 판
결문의 주문을 작성하듯이 승소가 확실한 범위로 최소화한 청구취지
및 청구원인을 작성하도록 하고 있다. 예컨대 "이에 대해 피고는 (....)
채권으로 상계한다고 주장할 것입니다. 그러나 (....)" 등과 같이 상대
방이 할 항변을 소장에서 미리 언급하여야 그 부분에 할당된 배점을
받을 수 있는 것이다.

이러한 출제 및 평가방식은 채점의 편의를 위한 것이기도 하고,
사법연수원의 판결문 작성실무의 영향을 받은 것으로 생각되는데, 판
사 선발시험이 아닌 변호사시험에서의 기록형이 이를 따라가서는 안
된다. 물론 변호사가 증거와 법리로 뒷받침되지 않는 주장을 일삼는
것도 큰 잘못이지만, 아직 제기되지도 않은 상대방의 항변은 물론 '그
에 대한 가상적인 재항변에 대한 상대방의 가상적인 재재항변'까지
감안하여 딱 승소할 만큼만 청구하는 것은 변호사의 직무를 다한 것
이라 보기 어렵고, 변론주의에도 부합하지 않으며, 소송실무와도 전
혀 다르다.[36] 공법 기록형 문제에서 소의 적법성에 관한 부분을 소장

---

35) 기록형 시험을 어렵게 출제할 경우, 학생들은 기껏 공들여 마련한 특성화 과목을
비롯한 법학전문대학원 교육과정은 소홀히 하고 기재례 암기에 골몰하게 될 가능
성이 높다. 그 결과로서 전통 송무 영역 이외의 다양한 분야로 진출을 독려해야
할 법학전문대학원 졸업생들을 다시 송무 영역에 집중하게 함으로써, 전통적인 송
무 영역의 포화상태를 악화시키는 방향으로 작용할지도 모른다. 그리고 어차피 당
장의 기안능력을 배양함에 있어서는 사법연수원보다 떨어질 수밖에 없는 법학전
문대학원이 장점을 발휘하지 못하고 어설픈 연수원 흉내 내기에 그치게 될 위험도
있다.

36) 같은 취지: 박준, 앞의 논문(주 1), 344-345면(이는 오히려 재판실무와 유사하고,

에 기재하도록 요구하는 것도 응시자의 법적 분석력을 파악하기 위한 것으로 이해되나, 실제 변호사가 작성하는 소장과는 거리가 있다.[37] 이런 능력을 파악하기 위한 것이라면 굳이 기록형이 아닌 사례형으로도 족할 것이고, 기록형이라도 소장보다 검토보고서를 작성하게 하는 것이 옳을 것이다.

(4) 수기시험의 비효율성

　수험자와 채점자의 입장에서 또 하나의 문제는 사례형, 기록형의 방대한 답안을 극히 짧은 시간 내에 "손으로" 작성하고, 그 손 글씨를 읽고 채점해야 한다는 것이다. 유아기부터 컴퓨터 등 전산기기를 다뤄온 요즘 수험생들은 긴 문장을 손으로 쓴 경험도 드물고 그럴 필요도 없었다. 따라서 이들의 글씨는 매우 느리고 악필이어서 판독이 어려울 뿐 아니라, 평소 사용하지 않던 근육부위를 급격히 사용함에 따라 관절염 등을 호소하는 경우도 많다. 이들이 변호사시험 이후 실무에서 손으로 긴 글을 쓸 일이 거의 없다는 점을 고려하면, 손 글씨 쓰기 훈련이 이들의 장래에 일말의 도움이 될 가능성도 거의 없다. 그럼에도 엄청난 양과 속도의 손 글씨를 요하는 현행 평가방식 하에서 수험자와 채점자 모두 무용한 스트레스와 비효율에 시달리고 있다.

　이 점은 미국 등에서 이미 오래 전부터 시행하고 있는 컴퓨터 입력방식 시험을 통해 간단히 해결할 수 있다. 미국의 경우 이미 15−20년 전부터 많은 대학과 많은 주의 변호사시험 당국이 수험용 소프트웨어[38]를 미리 설치한 응시자의 개인 랩탑 컴퓨터를 이용하여

　실제 소장과는 큰 차이가 있는 내용으로 소장을 작성하도록 하므로 학생들에게 혼선을 초래할 우려가 있다고 함). 실제로 필자는 변호사들로부터 "왜 요즘 신입변호사들은 소장에서부터 상대방이 할 얘기를 미리 다 쓰는가?"라는 불평을 여러 번 들었다. 이에 대해 "패소하는 부분이 없게 하라"라는 기록형 시험 지침의 영향으로 추측된다고 설명하면, 그들은 이구동성으로 변호사실무와는 동떨어진 지침이라는 반응을 보였다.

37) 박준, 앞의 논문(주 1), 345면.

중간, 기말고사 및 변호사시험을 치르도록 허용하고 있다.[39] 우리나라에서도 수험생들이 각자 지참한 휴대용 컴퓨터에 이러한 프로그램을 설치하게 할 수도 있고, 관리기관에서 수험용 컴퓨터를 단기 임차하여 시험장에서 제공할 수도 있을 것이다. 현재는 변호사시험에서 손 글씨를 요구하므로 학교에서의 중간, 기말고사도 손 글씨로 실시되고 있는데, 변호사시험이 컴퓨터 입력방식으로 바뀌면 학교에서의 중간, 기말시험도 바뀔 수 있을 것이다.

Ⅳ. 현행 변호사시험이 법학전문대학원 교육에 미치는 영향

1. 긍정적 영향

변호사시험의 이와 같은 경향이 법학전문대학원 교육에 미치는 영향에는 긍정적인 면도 있다. 그것은 압축적 교육과정과 압박적 변호사시험의 존재로 인해 학생들이 열심히 공부하고 기본적인 법 지식을 상당히 신속히 익힌다는 것이다. 발표자가 재직 중인 서울대의 경우 학부 시절의 법학과와 법학전문대학원을 비교하면, 최상위층 학생들의 수준에는 큰 변화가 없거나 오히려 학부 과정이 더 우수했던 면이 있으나, 중하위권끼리 비교하면 법학전문대학원생의 성취가 낮다는 것이 교수들의 대략적인 평가인 것으로 보인다. 서울대 법학전문대학원의 경우 대부분의 과목에서 결석하는 학생이 드물 정도로 출석율이 높고, 3학년 2학기에 이르면 대략 60-70% 이상의 학생들이 사례형 문제에서도 납득할만한 수준의 답안을 작성해낼 능력을 보유하

---

38) 이를 실행하면 답안 작성을 위한 간단한 워드프로세서 화면이 열리고, 부정행위를 막기 위해 컴퓨터 내외부의 모든 정보에의 접근이 차단된다.

39) 대학의 예로 http://www.law.columbia.edu/registration/exams/laptop-exams (컬럼비아 로스쿨의 교내 시험에서 랩탑 컴퓨터 이용에 관한 공지). 변호사시험의 예로 New York State Board of Law Examiners, New York State Bar Exam Information Guide, 2016, pp. 5-6 (https://www.nybarexam.org/thebar/thebar.htm).

게 되는 것으로 보인다. 법학전문대학원이 전문직 양성기관임을 고려하면 이것은 결코 가볍게 보지 못할 중요한 성과이다.

2. 부정적 영향

그러나 다른 한편 현행 변호사시험은 법학전문대학원 교육과정에 다음과 같은 부정적인 영향을 미치고 있다. 앞서 변호사시험의 문제점으로 지적했던 것들과 일맥상통하지만 교육 현장에의 영향이라는 측면에 주목하여 다시 언급해 본다.

(1) 피상적 지식 암기에의 치중

학생들이 기존 지식의 피상적 암기에 치우치다보니 근본적으로 깊게 사고하는 습관 및 비판적으로 생각하는 능력을 기르는데 소홀해진다. 실제로 짧은 시간에 답안지에 표현해 낼 수 있는 내용은 매우 한정되어 있으므로, 그와 같이 현출할 수 있는 짧은 명제 위주로 법을 이해하고 학습하게 되는 것이다. 물론 이는 변호사시험 자체의 문제라기보다는, 시험으로 평가하는 체제에서는 불가피한 측면으로서 사법시험에서도 존재하였던 한계이다. 그러나 사법시험의 한계를 극복하고자 했던 법학전문대학원 체제에서 동일한 문제가 발생하고 있다는 것은 재고를 요한다. 오히려 사법시험보다 변호사시험의 사례형 문제가 더 길고 더 많은 논점(소문항)을 내포하고 있으므로, 역설적으로 학생들은 더 피상적이고 더 안전지향적인 학습으로 대응할 우려가 있다.

(2) 판례의 무비판적 수용

이와 관련된 문제로서, 판례에 대한 무비판적 추종 현상, 더 정확히는 '판결요지'를 절대시하는 현상이 심해지고 있다. 이 역시 변호사시험에 특유한 현상은 아니고 사법시험 시절, 특히 판례의 수가 폭발적으로 증가하고 정답 오류로 쟁송이 벌어지던 2000년대 초반부터

심화되어 온 현상이다. 원래 판례라는 것은 해당 사실관계에서 내려
진 판결이 어느 정도 축적되어 일반적인 법리로 형성된 것을 의미하
고, 개개의 판결은 어디까지나 개별 사안의 사실관계에 관하여 선언
된 것에 불과하므로, 이른바 "판례"라고 일컬어지는 판결요지를 명제
처럼 암기하여 다른 사안에 적용하는 데에는 극도의 주의를 요한다.
또한 판례는 불변의 것이 아니라 시대의 변화에 따라 끊임없이 수정
되어 왔고 마땅히 그래야 한다. 그러므로 사안에 따른 미묘한 차이를
감별해 내고, 기존 판례 법리의 규범적 의미를 음미하여 다른 사안에
서의 기계적 적용을 자제하며, 경우에 따라서는 판례의 변경을 추구
하는 것이야말로 수준 높은 법률가의 미덕이라고 할 수 있다.[40]

　그러나 변호사시험의 압박에 시달리는 학생들은 판례를 비판하
거나 판례와 다른 견해는 '공부'에 방해가 되는 것으로 치부하게 된
다. 수업 과정에서 판례의 이면을 들여다보려는 진지한 시도에 동참
하는 학생의 수는 여전히 적지 않기는 하지만 법학전문대학원 도입
초기보다는 줄어들고 있다. 오히려 개별 판례의 특수한 사정에 주목
하거나 유사 판례와의 차별성을 분석하는 등 깊이 공부한 학생이 판
결요지만을 외운 수험생들보다 답안작성에 혼란을 겪을 수 있기 때문
에[41] 이러한 학생들의 경향을 비난하기도 어렵다.

　판결요지를 절대시하는 것은 판례의 중요성을 강조하는 것과는
전혀 다르다. 판례법 국가로 불리는 영미의 경우 교육과정에서 판례
를 주된 학습소재로 삼아 사실관계와 주요 쟁점 등을 검토하지만, 판
결요지를 암기의 대상으로 삼아 평가하는 예는 드물다. 예컨대 미국
에서도 변호사시험 준비 과정에서는 학교 교과과정과 달리 암기할 사
항들이 늘어나지만, 합격에 요구되는 지식의 양이 한국 변호사시험에
비교할 수조차 없이 적어서 보통 1개월에서 2개월 사이에 시험 준비

---

40) 아주 현실적으로 얘기하면 이것이 더 몸값이 높은 변호사들의 특징이다.
41) 이진기, 앞의 논문(주 11), 296면.

전체를 끝낼 수 있고, 선택형 문제조차도 판례의 입장을 묻는 것이 아니라 적절한 추론에 해당하는 선택지를 고르는 것이 대부분이므로, 판례를 무비판적으로 추종하는 습성이 익혀질 겨를이 없다.

결국 현재의 변호사시험은 판례법 국가에서도 전례가 없을 정도로 판례를 맹신하는 특이한 시험이라고 할 수 있다.[42] 그리고 이는 학습자들의 시야를 현행 대법원 판결에 국한시키고, 새로운 사건을 만났을 때에 사건의 본질을 음미하기보다 기존의 판결요지에 끼워 맞추려는 매우 나쁜 실무 습관을 기르게 될 우려가 있으므로, "실무적" 이지도 않다.

(3) 변시 과목 일변도의 학습 편향

학생들이 변호사시험 과목에 치중하게 되면서 다양한 선택과목이나 심화과목을 소홀히 하는 경향이 심화되고 있고, 이런 경향은 변호사시험 합격률의 감소 및 성적 공개와 맞물려 더 심화될 것으로 예상된다. 많은 법학전문대학원에서 기초법을 비롯한 이른바 비변시과목은 폐강 위기에 몰려 있다. 상대적으로 상황이 나은 서울대에서도 학생들의 변시 과목, 실무과목 쏠림 현상은 갈수록 심해지고 있어서, 졸업학점 90학점 중 전공필수 학점[43]과 변호사시험 대비를 위해 다수가 수강하는 학점[44]을 제외하면 실제로 학생들이 변호사시험과 무

---

42) 이진기, 앞의 논문(주 11), 272면은 이런 현상을 비판하여 "영미법계보다 더 영미법스러운 보통법교육"이 법학전문대학원의 강단을 점령하였다고 하는데, 문제의식에는 동의하지만 이러한 판결요지 추종적 태도는 보통법적인 것도 아니고 영미법적인 것도 아니라고 생각된다.

43) 서울대의 경우 공법 1, 2, 3, 민법 1, 2, 3, 민사소송법, 형법 1, 2, 법정 필수과목 5과목 (법률정보의 조사, 법조윤리, 법문서작성, 모의재판, 법무실습) 등 32학점의 전공필수 과목이 있고, 이에 더하여 기초법(로마법, 법사상사, 법사회학, 법인류학, 법정책학, 법철학, 한국법제사, 법경제학) 1과목을 반드시 수강해야 하므로 35학점의 필수학점으로 운영된다.

44) 서울대의 경우 민사재판론(민사소송법 2에 해당), 민사집행법, 형사소송법, 형사증거법, 행정구제법, 회사법, 상거래법(상법총론과 어음수표법에 해당), 민사재판실무, 형사재판실무, 검찰실무 1, 임상법학, 민사법실무연습, 형사법실무연습, 헌법

관하게 선택하는 과목은 매우 적다.

물론 이른바 변시 과목인 헌법, 민법, 형법, 행정법, 상법, 민사소송법, 형사소송법 등은 학문적으로나 실무적으로나 가장 기본적이고 중요한 법이므로, 한정된 교육기간 동안 이들 과목에 우선순위를 두는 것은 자연스러운 현상이다. 다만 이들 과목에 관하여는 수천 개의 판결요지를 외울 정도로 많은 양을 학습하면서 다른 법 과목에 관하여는 들어본 적도 없고 기본적인 개념조차 알지 못한다면 균형을 잃었다고 할 수 있을 것이다. 예컨대 변호사시험의 영향 하에 놓인 현재의 수강 및 학습 패턴 하에서 법학전문대학원생들은 민법에 관한 대법원 판례 약 3,500개, 헌법에 관한 헌법재판소 결정례 약 1,500개를 학습하면서도, 변호사시험에서 해당 과목을 선택하지 않는 한 저작권/특허권, 소득세/법인세, 단체협약/취업규칙, 공익채권/회생채권 등의 뜻도 모른 채 졸업할 가능성이 높다.

더구나 대부분 학교의 교과과정에서 법학개론이 사라지고 법철학, 법제사 수강생도 줄어들면서 법실증주의와 자연법, 구체적 타당성과 법적 안정성, 관습의 법제화와 외국법의 계수 등 근본적인 문제에 대한 성찰의 기회도 급격히 줄어들고 있다. 이는 단순히 이론으로서의 법학의 약화에 그치는 것이 아니라, 다음 항에서 보는 바와 같이 궁극적으로는 실무능력의 약화를 초래하게 된다고 본다.

(4) 궁극적인 실무능력의 약화 우려

1) 위와 같은 현상, 즉 피상적인 암기, 판례 요지의 절대시, 맹목적인 기재례 암기, 수험과목 편중 등은 장기적으로 졸업생들의 실무능력에도 부정적인 영향을 끼치지 않을지 우려된다.

현재는 물론 과거에도 변호사의 실무능력이란 단순히 기존 판례를 맹종하고 기존 기재례를 답습하는 것을 의미하지 않았다. 쟁송업

실무연습, 행정법실무연습, 상사법실무연습 등이 수강비율이 높다.

무를 하는 이른바 송무변호사는 "때로는 기존 판례의 부당성을 설득력 있게 주장하여 새로운 판례를 만들 수 있는 개방적 사고"를 해야 하고, "소송이 아닌 방법으로 분쟁을 해결하기 위[한] 창의력"을 갖춰야 한다.[45] 쟁송 이외의 업무를 수행하는 변호사, 즉 이미 발생한 분쟁의 해결에 그치지 않고 새로운 사업이나 거래를 검토하여 의뢰인에게 조언하거나 입법·정책 등의 업무를 수행하는 경우에는 "법리와 판례에 대한 지식과 분석력에 추가하여 대안과 새로운 해결책을 제시할 수 있는 개방적 사고와 창의성"을 필요로 한다.[46] 이런 것들이 모두 진정한 실무능력이다.[47]

2) 이러한 개방적, 창의적 실무능력은 세계화와 정보화라는 이미 진부하게 들리는 두 흐름 속에서 급격히 더 중요해지고 있다.

첫째, 세계화는 단순히 국가 간의 교류가 활발해지는 차원을 넘어 각국의 법과 사법제도가 일종의 상품처럼 상호 경쟁하면서 이용자들의 선택을 기다리는 차원으로 진화하였다. 예컨대 세계 각국 사람들이 회사 설립 시에 네덜란드법을 즐겨 준거법으로 선택하고, 계약 체결 시에 영국법을 즐겨 준거법으로 선택하며, 분쟁해결 방법을 정할 때에 싱가포르를 즐겨 중재지로 선택한다면, 네덜란드, 영국, 싱가포르의 법률산업과 연관 산업이 번창하게 된다. 이러한 법 시장(law market)[48]에서 한국 법률가들이 제 몫을 확보하려면 한국의 현행법과

---

45) 박준, 앞의 논문(주 1), 324면.
46) 박준, 앞의 논문(주 1), 324면.
47) 박동진, "법조인 양성을 위한 법학전문대학원의 교육 방향", 『저스티스』 제124호, 한국법학원, 2011, 47면의 다음 진술도 참조: "법의 기초이론에 대한 이해가 전제되지 않은 상태에서 실무교육을 강조하면 단순한 기술적 능력만 교육하게 될 여지가 많다. 오히려 이는 유능한 법조인이 되기 위한 전제조건인 창의적인 법적 사고 능력을 저해할 수 있다".
48) 이는 법률시장(legal market)과 다른 개념으로서 각국의 법과 사법제도가 상품처럼 선택받기 위해 경쟁하는 시장을 말한다. Erin A. O'Hara, Larry E. Ribstein(2009), *The Law Market*, Oxford University Press 참조.

판례에 관한 지식에 통달한 것을 넘어 그것을 더 좋게 만들거나 최소한 더 잘 포장하고 선전하는 노력이 중요하게 되었다.[49]

둘째, 정보화의 영향으로 판례와 법령 등 수많은 법률정보를 손쉽게 인터넷에서 얻을 수 있게 된지는 이미 오래 되었고, 그리 멀지 않은 미래에는 법률 분야에서도 인공지능의 폭발적 성장이 예상된다. 현행 변호사시험이 요구하는 작업, 즉 유사 사안에 적용될만한 판례와 조문을 찾아내는 작업은 앞으로 인공지능이 가장 먼저 인간을 대체할 분야라 할 수 있다. 사람이 아무리 열심히 판결요지와 조문을 암기하더라도 정보의 검색(search and retrieval) 영역에서는 인공지능에 도저히 승산이 없기 때문이다.[50] 따라서 미래의 법률가는 인공지능과 다른 국면에서 경쟁해야 한다. 그 '다른 국면'으로 생각해 볼 수 있는 것은 ① 인공지능의 앞단에서 전략을 세우고 인공지능에게 주어질 과제와 정보를 설정하는 역할과 ② 인공지능의 뒷단에서 인공지능의 작업물을 자연인인 정보이용자에게 효과적으로 설명하고 전략적으로 조언하여 현명한 결정을 이끌어내는 역할이다. 즉 미래의 법률가는 인공지능으로 대체 가능한 분야에서 인공지능과 경쟁할 것이 아니라, 인공지능을 서비스 생산과정의 도구로서 사용하는 지위를 점하여야 할 것이다.[51]

---

49) 한국은행 서비스 무역 세분류 통계에 의하면 2016년 법률서비스 輸出(국내변호사의 비거주자로부터의 인바운드 收入)은 약 7.9억 달러(약 0.9조원), 같은 해 법률서비스 輸入(국내거주자의 외국로펌에 대한 아웃바운드 支出)은 약 14.2억 달러(약 1.6조원), 무역수지적자는 약 6.3억 달러(약 0.7조원)에 달하였다. 대형로펌을 포함한 국내 변호사들의 총매출(인바운드, 아웃바운드 포함)이 약 4.5조원으로 추정되는 것을 생각하면 이미 국경 간 법률서비스 규모는 결코 무시할 수준이 아니다.

50) 비슷한 시각으로, 법률신문 2017.4.24.자 "법의 날 특집: '인공지능과 4차 산업혁명 — 법조계 미칠 영향' 좌담" 중 이기리 판사의 발언 부분("연차가 낮은 법조인들이 수행하는 리걸 리서치 분야는 효율적인 면에서 AI를 이길 수 없다. 때문에 이런 것이 아닌 고차원적인, 판례변경을 시도한다든지 전체 사건의 맥락을 짚어 전략을 세운다든지 하는 AI가 하지 못하는 일들을 시도해야 한다.").

51) 인공지능 시대에서 전문직의 생존방식에 관하여는 Richard Susskind, Daniel

3) 이런 상황에서는 법실무 자체가 법적 지식의 활용보다는 현명한 조언 내지 전략 제공으로 무게를 옮겨갈 수밖에 없다.[52] 즉 미래의 법실무에서는 쟁점을 인지하고 적확한 질문을 제기할 수 있는 능력, 고객의 정서와 수요를 정확히 이해하는 공감능력, 인공지능의 작업물을 고객의 눈높이에 맞추어 전달할 수 있는 구두 및 문서상의 소통능력, 인공지능의 작업물을 포함한 여러 정보에 기초하여 전략적으로 판단하거나 고객의 판단을 도울 수 있는 판단력 등이 더욱 중요한 능력으로 부각될 것이다. 미래세대 변호사들, 특히 엘리트 변호사들의 진정한 '실무능력'은 판례를 많이 암기하고 관행대로 법률문서를 기안하는 능력이 아니라 바로 이러한 능력이 될 것이다. 그런데 앞서 본 변호사시험의 출제 경향은 그 반대방향으로 질주하고 있는 것이 아닌지 우려된다.

이러한 쟁점 인지력, 공감능력, 소통능력, 판단력을 3년의 법학전문대학원 교육과정에서 획기적으로 신장시키기는 어려울 것이나, 적어도 이런 능력을 저해하거나 위축시키지는 말아야 한다. 그러나 끊임없이 머릿속에 정보를 입력하는 방식의 교육과 학습, 10,000여 개의 판결요지를 의문 없이 외우는 방식의 학습은 이런 능력의 함양을 오히려 방해하지는 않을지 우려된다. 적어도 일부 과목에서라도 생각거리와 시간을 주고 스스로 무언가를 고민하게 하는 교육이 이루어질 필요가 있는데, 현재의 변호사시험은 그럴 시간적, 정신적 여유를 완전히 앗아갈 수 있다는 점이 문제이다. 이것이 역설적으로 학생들의 미래 경쟁력을 해치는 것은 아닌지 모두가 고민할 필요가 있다.

Susskind(2016), *The Future of the Professions: How Technology Will Transform the Work of Human Experts*, Oxford University Press.

52) Richard Susskind(2013), *Tomorrow's Lawyers – An Introduction to Your Future*, Oxford University Press에서도 법률시장의 급격한 변화를 예측하며, 미래의 법률가 교육은 법률지식의 전수가 아니라 새로운 기술을 흡수하고 프로젝트를 관리할 수 있는 탄력성을 길러주는 것이어야 한다고 강조한다.

발표자가 업무상 경험한53) 영미권 변호사들 중에는 외국법은 물론 자국법에 대한 지식도 부족하고 부정확하지만, 쟁점 인지력, 추리력, 소통능력, 리더십 등을 발휘하여 고객의 신뢰를 얻고, (자기보다 법을 더 많이 아는) 다른 여러 나라의 변호사들을 종합적으로 조정하고 지휘하는 고부가가치의 역할을 수행하는 경우가 많았다. 법조문과 판례를 더 많이 아는 아시아와 유럽 각국의 '우수한' 변호사들이, (협소한 자신의 전문분야 이외에는) 실체법적 지식은 떨어지는 영미 로펌 파트너 변호사의 아웃소싱 내지 하도급 사업자에 불과한 것처럼 보이는 경우도 있었다. 실제로 이러한 영미 로펌 파트너들은 금전적으로도 압도적인 보수를 받았고, 그러면서도 고객의 신뢰를 얻었다. 그들의 법률지식이 덜 완벽하고 법률가 특유의 논리에 덜 젖어있다는 점이 오히려 고객들과 같은 눈높이에서 프로젝트를 이끌고 소통하는 힘이 되는 것으로 보이기도 했다.

물론 그들이 누리는 영향력은 세계 비즈니스의 공용어가 영어라는 점, 영미법 자체가 가진 영향력, 영미 로펌의 오랜 전통과 시스템 등에 주로 힘입은 것이지만, 실제 그들의 (법지식이 아닌) 자유로운 사고와 거리낌 없는 소통력도 인상적인 경우가 많았다. 그들 이상으로 활개를 치며 성장할 수 있는 우리 청년들을 우리가 너무 많은 지식과 선례와 기재례로 질식시키고 있는 것은 아닌지 고민할 필요가 있다.

3. 법학전문대학원 교육목표와의 관련성

여기서 다시 한 번 법학전문대학원법 제2조를 본다.

---

53) 발표자는 약 10년 4개월간 서울의 대형로펌에서 회사자문, M&A, 독점규제 등의 실무에 종사하였는데, 외국 고객의 업무를 많이 담당하였고 그 과정에서 영미 및 유럽의 유수 로펌 소속 외국 변호사 및 국내외 회사들의 사내변호사들과 협업하는 경험을 많이 가졌다.

    법학전문대학원의 교육이념은 국민의 다양한 기대와 요청에 부응
하는 양질의 법률서비스를 제공하기 위하여 풍부한 교양, 인간 및 사
회에 대한 깊은 이해와 자유·평등·정의를 지향하는 가치관을 바탕
으로 건전한 직업윤리관과 복잡다기한 법적 분쟁을 전문적·효율적
으로 해결할 수 있는 지식 및 능력을 갖춘 법조인의 양성에 있다.

    "풍부한 교양, 인간 및 사회에 대한 깊은 이해"라는 인성적 측면
은 법학전문대학원에서 새로 교육할 사항이라기보다는 학부교육을
정상적으로 마친 이들에게 법학교육을 함으로써 달성되는 가치라고
보았다(Ⅱ. 참조). 변호사시험이 너무 어렵고 경쟁적이 되면 법학전문
대학원 지망생들은 그들이 초·중·고교 때 익숙했던 방식대로 학부
때부터 사교육 등을 통해 선행학습을 하게 될 가능성이 높다. 이는
결국 학부과정에서 각자의 전공공부를 충실히 하는 가운데 독서, 교
우, 사회봉사 등을 통해 인성을 연마한 후에 본격적으로 법학공부를
하도록 한 당초의 취지를 퇴색시키게 될 것이다.

    "자유·평등·정의를 지향하는 가치관"이라는 가치관적 측면 및
"건전한 직업윤리관"이라는 윤리적 측면은, 학생들에게 훌륭한 법조
선배들을 직·간접적으로 경험하게 하여 좋은 역할모델을 제시하고,
리걸클리닉, 실무수습 등을 통해 각자 고민할 기회를 제공함으로써
달성할 수 있다고 보았다(Ⅱ. 참조).54) 요컨대 공부 외의 활동을 통해
견문을 넓힐 기회와 여유가 있어야 가치관과 직업윤리관을 다듬을 수
있을 터인데, 변호사시험의 부담이 너무 커지면 그런 기회에 시간과
노력을 할애하기 곤란해질 것이다.

    "복잡다기한 법적 분쟁을 전문적·효율적으로 해결할 수 있는 지
식 및 능력"과 관련하여 현행 변호사시험은 짧은 시간 내에 학생들이

---

54) 발표자 개인적으로도 사법연수원 시절 온라인 법률상담 활동, 구치소 접견을 포함
    한 국선변호와 민사조정 활동, 검사직무대리로서의 수사 및 사체부검 등을 수행하
    면서 인간의 적나라한 본성과 법률가의 사명에 관해 고민했던 기억이 있다.

기본 법과목의 주요 법리와 판례를 습득하게 한다는 점에서 분명히 큰 공헌이 있다. 그러나 앞서 언급했듯이 전통적인 송무를 넘어 사회 각계에서 법치주의를 확산시키는 일을 하는 데에 필요한 문제인식력, 소통능력, 리더십 등을 계발하는 데에는 도움이 되지 못한다. 특히 기존 판례를 무비판적으로 암기하는 학습태도를 일반화시킴으로써 창의적이고 비판적인 사고능력을 오히려 퇴화시키는 면은 없는지 우려된다.55)

V. 결어: 몇 가지 제안

지금까지 살펴본 것처럼 현행 변호사시험은 법학전문대학원에서의 법학교육에 긍정적 기여도 하고 있지만 경시할 수 없는 문제가 있고, 이는 법학전문대학원의 교육을 당초의 도입 목표에서 동떨어진 모습으로 왜곡시키지 않을까 우려된다. 근본적으로 시험에 대한 우리 사회의 맹목적 신앙이 유지되는 한 변호사시험이 법학교육을 압도적으로 지배하는 현상은 해소하기 쉽지 않을 것이고, 사회 전체적으로 충분한 신뢰자본이 축적되지 않는 한 '공정하고 어려운' 시험에 대한 갈구는 쉽게 달래지지 않을 것이다. 이러한 한계에서나마 지금까지의 논의를 정리하여 사소하면서도 가능한 것 중심으로 몇 가지 개선방향을 생각해 본다.

1. 일단 변호사시험에서 요구되는 조문과 판례의 암기량을 지금보다 훨씬 줄여야 할 것이다. 그럼으로써 근본적인 내용을 똑바로 이해하고 있으면 잡다한 지식을 잔뜩 암기하지 않고도 풀 수 있는 문

---

55) 비슷한 취지: 박준, 앞의 논문(주 1), 343면("변호사시험 준비에 과도한 시간과 노력을 투입하면, 실제 발생하는 다양하고 복잡한 사건에 부딪혀 전문성과 열린 사고를 기초로 사건을 분석하고 관계자들의 이해관계를 파악하여 균형 잡힌 법적인 판단을 할 수 있는 교육과는 거리가 멀어지게 되는 셈이다.")

제, 다른 한편 근본적인 내용을 정확히 이해하지 못하면 판례를 많이 외우고 있더라도 풀기 어려운 문제를 출제하여야 할 것이다. 발표자의 경험으로는 그렇게 출제하더라도 하위권을 가릴 수 있는 정도의 변별력은 충분하다고 본다.

2. 암기할 판례의 수를 획기적으로 줄이는 방법으로서, 필수판례 또는 중요판례를 과목에 따라 일정 수 지정하여 판례의 내용 자체를 묻는 문제는 그 범위에서만 출제하는 방안("중요판례 지정제")을 제안한다. 민·상사법은 물론 형사, 행정, 헌법까지 1만개가 넘는 판례를 암기하는 현재의 시험 준비 방식은 세계적으로 유례가 없을 정도로 지나치게 소모적이다. 중요판례 지정제는 학생들이 법률문제를 피상적인 판결요지의 암기 및 적용으로 치환하여 논리적인 추론을 하지 못하는 부작용을 방지함으로써 오히려 학생들의 장기적인 실무능력 향상에도 도움이 될 것이다. 그 이외의 판례는 실무 또는 연구를 하면서 찾아보면 족하다.

3. 선택형의 경우 판례에 관한 지식을 묻는 문제에서 벗어나 출제 방식을 다양화할 필요가 있다. 그러려면 사후적인 관점에서 객관자적 지위에서 답을 고르도록 하는 지금의 문제유형 외에 예컨대 (i) 대립되는 견해를 제시하고 각 견해를 뒷받침할 수 있는 논거를 고르게 하는 문제, (ii) 사안을 제시하고 그 사안에서 특정 당사자가 승소하기 위해 취할 전략이나 논거를 고르게 하는 문제 등도 시도해 볼 수 있을 것이다. 그러한 문제유형이 개발되면 중요판례 지정제를 실시해도 충분히 실력을 평가할 수 있을 것이고, 이것이 다양한 직역에서 활동할 변호사 양성이라는 새로운 제도의 취지에도 더 부합할 것이다.

4. 이를 위해서는 특히 선택형의 경우 수준 높은 다수의 문제 풀을 평소에 구성하여 관리할 필요가 있다. 명망 있는 실무가와 교수들에게 충분한 시간과 대가를 제공하고 출제를 의뢰하여 풍부한 문제

풀을 마련하여야 할 것이다. 그렇지 않고 매번 시간에 쫓겨 문제를 만들다보면 어쩔 수 없이 조문 및 판례 위주의 출제에 의존하게 될 것이기 때문이다. 실제로 많은 교수들이 판결요지 위주의 출제 방식에 찬성하지 않으면서도 실제로는 그와 같은 출제에 이르게 되는 것은 축적된 양질의 문제와 시간이 부족하다는 점, 그런 한계 내에서는 판결요지를 그대로 문제화해야 정답 시비가 없다는 점 등에 기인한 것인데, 충분한 문제 풀이 마련된다면 이러한 문제가 다소 완화될 것이다.

5. 사례 및 기록형의 경우 한 문제에서 다루는 쟁점 내지 소물음의 숫자를 줄이는 것이 타당하다고 본다. 때로는 10개도 넘는 쟁점을 억지로 하나의 사안에 우겨넣어 비현실적이거나 모순된 사실관계를 만들어내는 경우도 있는데, 이는 바람직하지 않다고 본다. 출제자는 짧은 시간 내에 여러 쟁점에 걸쳐 응시자들의 지식과 이해도를 테스트해 보고 싶은 유혹을 느끼기 마련이나, 이런 출제방식은 출제자의 의도처럼 학생들이 여러 쟁점을 성실히 공부하게끔 유도하는 것이 아니라, 학생들이 여러 쟁점을 "아는 것처럼 보이도록" 하는 기술을 습득하도록 유도하게 된다. 이런 학습태도가 일반화되면 대략 들어맞는 법리를 현출하는 기술은 증가하는 반면, 현실에서 실제 쟁점을 만났을 때 끝까지 분석해내는 힘은 현저히 떨어질 것이다. 이것이 법학전문대학원의 교육목표와 상반됨은 물론이다.

6. 기록형을 지금과 같은 비중과 형식으로 유지할지는 심각한 재고를 요한다고 본다. 앞서 언급하였듯이 미래의 변호사들이 작성할 문서의 종류는 그가 진출하는 직역에 따라 실로 다양할 터인데, 그 중 특정한 몇몇 문서의 작성요령을 3년의 교육과정에서 익히도록 하여 평가하는 것은 지나치게 지엽으로 흐르는 일이라 생각되기 때문이다. 더구나 앞서 보았듯이 현재의 기록형은 실제로 있기 어려운 '인위적 쟁점과다형'으로서 오히려 학생들의 현실감각을 해하는 측면마저

있어 보인다.

7. 마지막으로 사례형 및 기록형은 컴퓨터로 응시할 수 있도록 하여 손 글씨 작성에 따른 수험생과 채점자의 무용한 수고를 덜어줄 필요가 있다. 미국의 다수 주처럼 각자 위험 부담 하에 자신의 노트북 컴퓨터에 수험용 소프트웨어를 설치하여 가져오도록 할 수도 있을 것이고, 주무부서에서 응시자에게 노트북 컴퓨터를 당일 임대하는 방안도 있을 것이다.

▨ 참 고 문 헌

[국내 문헌]

김민섭, "현행 변호사시험법의 위헌성", 『법학논총』 제29권 제3호, 국민대학
　　교 법학연구소, 2017.

김선수, 『사법개혁리포트』, 박영사, 2008.

김용섭, "변호사시험 합격자 결정방법의 현황과 과제", 『저스티스』 제142호,
　　한국법학원, 2014.

＿＿＿, "변호사시험 공법 기록형 문제의 바람직한 출제방향", 『법학연구』
　　제53권 제3호, 부산대학교 법학연구소, 2012.

김인재, "전문법률 과목의 정상적 교육을 위한 변호사시험제도 개선방안", 『법
　　학연구』 제18집 제2호, 인하대학교 법학연구소, 2015.

김재봉, "변호사시험 형사법 사례형 시험의 출제방향", 『형사법연구』 제23권
　　제3호, 한국형사법학회, 2011.

김창록, 『로스쿨을 주장하다 - 한국 로스쿨 탄생의 기록』, 유니스토리, 2013.

＿＿＿, "한국 로스쿨의 의의와 과제 - '로스쿨 시스템'을 로스쿨답게 만들
　　어야", 『저스티스』 제146-2호, 한국법학원, 2015.2.

김태명, "변호사시험제도의 개선방안 - 형사법 시험내용과 방법을 중심으로
　　-", 『연세 공공거버넌스와 법』 제3권 제1호, 연세대학교 법학연구원
　　공공거버넌스와 법센터, 2012.

박동진, "법조인 양성을 위한 법학전문대학원의 교육 방향", 『저스티스』 제
　　124호, 한국법학원, 2011.

박종보, "변호사시험에서 헌법판례의 출제방식", 『법학논총』 제31집 제2호,
　　한양대학교 법학연구소, 2014.

박　준, "법학전문대학원에서의 이론교육과 실무교육", 『저스티스』 제151호,
　　한국법학원, 2015.

박찬운, "영국 법학교육의 현실과 그것이 한국 로스쿨 교육에 주는 함의", 『저스티스』제159호, 한국법학원, 2017.

원혜욱, "변호사시험 형사법 선택형 시험의 출제방향", 『형사법연구』제23권 제3호, 한국형사법학회, 2011.

윤태석, "변호사시험 형사법 기록형의 출제 방향에 관하여", 『법조』제719호, 법조협회, 2016.

이연갑, "변호사시험과 민사법 교육 – 민사법 기록형 문제를 소재로", 『법학연구』제53권 제3호, 부산대학교 법학연구소, 2012.

이종수, "변호사시험의 방법과 범위: 공법의 경우", 『연세 공공거버넌스와 법』제3권 제1호, 연세대학교 법학연구원 공공거버넌스와 법센터, 2012.

이진기, "사법시험과 변호사시험 민법 사례형의 예시적 분석과 평가", 『민사법학』제76호, 한국민사법학회, 2016.

이창현, "변호사시험에서의 형사법 선택형 문제의 적합성 연구: 제4회 변호사시험 형사법 선택형 시험의 1책형 21문과 40문을 중심으로", 『외법논집』제39권 제4호, 한국외국어대학교 법학연구소, 2015.

_____, "변호사시험 형사법 기록형시험에 대한 분석과 개선방안 연구", 『외법논집』제40권 제4호, 한국외국어대학교 법학연구소, 2016.

이호선, "현행 로스쿨 운영 및 성과에 관한 실증적 분석과 그 시사점", 『법과 정책연구』제15집 제2호, 한국법정책학회, 2015.

이호중, "변호사시험 형사법 기록형 문제에 대한 검토", 『형사법연구』제23권 제3호, 한국형사법학회, 2011.

임성권·이미현, "변호사시험 선택과목의 적정성", 『법학연구』제18집 제3호, 인하대학교 법학연구소, 2015.

전형배, "변호사시험과 상법 교육방법론", 『저스티스』제118호, 한국법학원, 2010.

정재황, "변호사시험의 공법형의 개선방안", 『세계헌법연구』제21권 제3호, 국제헌법학회 한국학회, 2015.

지원림, "변호사시험의 방법과 범위: 민사법의 경우", 『연세 공공거버넌스와 법』제3권 제1호, 연세대학교 법학연구원 공공거버넌스와 법센터, 2012.

진홍기, "변호사시험제도의 현황과 과제", 『법조』 제60권 제3호, 법조협회, 2011.

차정인, "변호사시험 형사법 기록형·통합사례형 문제 출제방향", 『법학연구』 제53권 제3호, 부산대학교 법학연구소, 2012.

최준선, "변호사시험과 상법교육의 방향", 『상사법연구』 제30권 제3호, 한국 상사법학회, 2011.

[외국 문헌]

Erin A. O'Hara, Larry E. Ribstein(2009), *The Law Market*, Oxford University Press.

New York State Board of Law Examiners, New York State Bar Exam Information Guide, 2016.

Richard Susskind(2013), *Tomorrow's Lawyers — An Introduction to Your Future*, Oxford University Press.

Richard Susskind, Daniel Susskind(2016), *The Future of the Professions: How Technology Will Transform the Work of Human Experts*, Oxford University Press.

제 3 절

법학전문대학원에서의 이론교육과 실무교육*

박 준

Ⅰ. 서 론

법학전문대학원 제도는 종전 제도에서는 법학교육과 사법제도의 연계가 부족하여 대학에서 충실한 법학교육이 이루어지기 어렵고 복잡다기한 법적 분쟁을 전문적 효율적으로 예방·해결하는 능력을 갖춘 법조인 양성도 미흡하다는 지적에 따라 이를 개선하기 위하여 도입되었다.[1][2] 법학전문대학원은 "양질의 법률서비스를 제공하기 위하

『저스티스』 제151호, 한국법학원, 2015. 12.에 게재된 논문임.

1) 법학전문대학원 설치·운영에 관한 법률안(2005. 10. 27.) 제안이유. 또한 사법개혁위원회도 "사법시험제도는 우수한 법조인력의 양성이라는 기능을 나름대로 수행"하여 왔으나, "일회의 시험결과에 의존하는 현 제도는 시대 상황이 요구하는 바람직한 법조인을 선발하기에는 많은 문제점과 한계를 드러내고 있"다고 지적하였다. 사법개혁위원회, 사법개혁을 위한 건의문, 2004. 12. 31, 17면. 또한 종전의 법학교육과 법조인 양성제도에 대한 비판은 김건식, "법학전문대학원 어떻게 살려 나갈 것인가", 김건식 외, 『로스쿨과 법학교육』, 아카넷, 2008, 16-20면; 한상희, "법학전문대학원의 교육방향과 교육이념", 김건식 외, 『로스쿨과 법학교육』, 아카넷, 2008, 79-82면; 구상진, "새 법학교육체제의 운영방안: 법학전문대학원 교육의 지향점과 실무교육방안을 중심으로", 『저스티스』 제117호, 한국법학원, 2010. 6, 252-253면. 법학전문대학원 제도 도입과정의 요약은 김창록, "한국 로스쿨의 의의와 과제: '로스쿨 시스템'을 로스쿨답게 만들어야", 『저스티스』 제146-2호, 한국법학원, 2015. 2, 191-197면.

2) 최근의 헌법재판소 결정은 다음과 같이 종전의 법조인 양성제도의 문제점을 잘 지

여 건전한 직업윤리관과 복잡다기한 법적 분쟁을 전문적 · 효율적으로 해결할 수 있는 지식 및 능력을 갖춘 법조인의 양성"을 교육이념으로 삼아(법학전문대학원 설치 · 운영에 관한 법률 제2조), "법조인의 양성에 필요한 전문적인 법률이론 및 실무에 관한 교육 및 연구"를 주된 목적으로 설립되었다(같은 법률 제4조).3)

　이와 같이 법조인 양성의 기본 틀이 "사법시험을 통한 선발"과 국가가 전담하는 사법연수원 교육을 통한 양성에서 "법학전문대학원에서의 교육을 통한 양성"으로 바뀌게 됨에 따라, 법학전문대학원은 종전의 법과대학과는 달리 학문으로서의 법학을 가르치는데 그치는 것이 아니라 법조인 양성을 위한 이론교육과 실무교육을 해야 한다는 사회적으로 매우 무거운 짐을 지고 있다.4) 이 글은 이론교육과 실무

적하였다{헌재 2015. 6. 25, 2011헌마769,2012헌마209 · 536(병합)}.
　"사법시험 제도를 통한 기존의 법조인 양성제도는 사법시험 응시횟수에 아무런 제한이 없고, 사법시험 응시자격에도 실질적으로 제한이 없다시피 하여 법조인 선발 · 양성과정과 법과대학에서의 법학교육의 연계가 부족한 측면이 있었다. 그러다 보니 법학교육을 체계적으로 받았는지 여부와 상관없이 사법시험에만 합격하면 법조인이 될 수 있으므로, 법조인이 되기를 원하는 우수한 인력들이 대학에서의 법학교육을 도외시하고 고시학원으로 몰리는 현상이 나타났고, 충분한 인문교양이나 체계적인 법학지식보다는 시험위주의 법률지식의 습득에 치중하는 경향이 강하였다. 또한 실질적으로 사법시험 응시자격과 응시횟수에 제한이 없다 보니, 많은 사법시험 준비생이 장기간 사법시험 준비와 응시에 빠져있는 폐해가 나타남과 더불어 법학 이외의 인문사회계열, 이공계열의 우수한 인재까지도 전공학과 공부보다는 사법시험에 매달리게 되어 법학뿐만 아니라 다른 분야의 대학교육에까지 파행적인 결과를 초래하여 국가인력의 극심한 낭비 및 비효율적 활용이라는 지적이 계속되어 왔다."
　3) 2014년 미국변호사협회(American Bar Association)의 '법학교육의 미래에 대한 대책위원회(Task Force on the Future of Legal Education)'는 법학교육프로그램이 (i) 법 또는 관련분야에 관한 지식 · 업무수행능력(skill)을 개발하기 위한 것이고 (ii) 피교육자들이 법률서비스제공자가 되도록 준비시키는 교육프로그램이라고 하여 법학전문대학원 설치 · 운영에 관한 법률 제2조와 유사한 내용을 제시하였다. American Bar Association Task Force on The Future of Legal Education, Report and Recommendations (January 23, 2014), p. 5.
　4) 법학전문대학원 제도가 법학교육의 개혁과 법률가 양성제도의 개혁을 동시에 지

교육이란 무엇이며 어떠한 관계에 있는가, 이론교육과 실무교육은 누가 어떻게 해야 하는가, 특히 실무교육과 관련하여 현재의 교육상황에서 재고해야 할 점들은 무엇인가에 대한 문제의식에서 출발하였다. 국내의 선행연구와 법학전문대학원 제도의 모태라고 할 수 있는 미국의 로스쿨 실무교육에 관한 논의를 참고하여 이 문제들을 분석하였으나 변호사로 활동했던 필자의 개인적 경험에 기초한 주관이 반영되어 있음을 부정할 수 없다. 아래 Ⅱ.에서는 법학전문대학원이 행할 이론교육의 의미와 교육방법을, Ⅲ.에서는 실무교육의 의미와 교육주체 및 방법을, Ⅳ.에서는 변호사시험제도가 법학전문대학원 이론교육과 실무교육에 미치는 영향을 살펴보며 위에서 언급한 문제들을 검토하기로 한다.

Ⅱ. 이론교육

1. 이론교육에서 다루는 "이론"의 의미

이론 교육에서 말하는 이론의 의미는 명확하지 않다. 권영준 교수는 "이론(theory)은 법이 무엇인가, 또는 법이 어떠해야 하는가에 관하여 특정한 관점에서 가공된 포괄적인 논리체계 내지 가치체계"로, "법리(doctrine)는 법을 해석하고 적용하는 과정에서 활용할 수 있도록 실정법과 판례 또는 학설을 소재로 만들어진 구체적 법명제들의 체계적 집합"으로, "실무(practice)는 법률가가 실제 사건을 대상으로 하여 이에 관한 법을 해석하고 적용하는 업무수행과정"으로 정의하였다.[5] 실무에 관한 교육에 대응하는 의미에서의 이론에 관한 교육에서

향하여 사법 서비스의 질적 확대(법률전문가의 양성), 법조의 경쟁력 강화 및 국가 경쟁력 증진 및 사법서비스의 확산(법률가 수의 확대와 사법의 실천)을 이루어 내고자 한다는 의견도 제시되고 있다. 한상희, 앞의 논문(주 1), 82-85면.

5) 권영준, "민사재판에 있어서 이론, 법리, 실무", 『서울대학교 법학』 제49권 제3호, 서울대학교 법학연구소, 2008. 9, 314-315면.

다룰 이론은 위의 이론과 법리를 포함하는 개념이라고 볼 수 있다.

미국에서도 이론의 개념이 명확하지 않고 "판례법을 설명하는 법리", "법을 조사하고 이해하는 관점"등을 의미하는 것으로 사용되고 있으나, 이론교육과 실무교육의 맥락에서 이론교육이란 대체로 "학생이 법리분석을 할 수 있도록 가르치거나 법률가처럼 생각하는 것(think like a lawyer)을 배우도록 하는 것"을 의미하는 것으로 설명되고 있다.[6] "법률가처럼 생각하는 것"이 무엇인지도 잘 정의되어 있지는 않으나 대체로 "법을 이해하기 위하여 사고하고 분석하는 특정한 방법"을 의미한다고 설명되고 있다.[7]

법학전문대학원에서의 이론교육과 실무교육의 맥락에서 이론교육이 다룰 이론이 무엇인지를 파악하기 위해서는 실무와 대비하여 생각해 볼 필요가 있다. 법조인 양성 교육에서 다룰 사항을 가장 이론적인 것으로부터 가장 실무적인 것으로 스펙트럼을 만들어 보면 다음과 같이 단계를 나누어 볼 수 있다.

① 권영준 교수가 언급한 이론(theory)과 법리(doctrine)

② 이론과 법리를 실제 사례에 적용하는데 필요한 사고력 훈련 (미국에서 말하는 "법률가처럼 생각하도록" 하는 훈련을 포함함)

③ 실제 사례(또는 실제 사례와 유사한 상황)에 이론과 법리를 적용해 보는 훈련

④ 변호사로서 실제로 의뢰인을 면담하고 의뢰인으로부터 사건을 수임하여 사건을 처리해 가는데 필요한 사항으로서 ③을 제외한 사항[8]

---

6) Peter Toll Hoffman, "Teaching Theory versus Practice: Are We Training Lawyers or Plumbers?", 2012 *Mich. St. L. Rev.* 625, p. 627.

7) id., p. 628.

8) 법관·검사등 다른 직역에서 필요한 실무적인 사항도 있을 것이나 아래 III.1.(1)에서 논의하는 바와 같이 법학전문대학원의 실무교육은 기본적인 법률가인 변호사의 실무교육에 치중해야 할 것이므로 여기서는 변호사로서 필요한 실무적인 사항

〈그림 1〉 이론 · 실무 스펙트럼

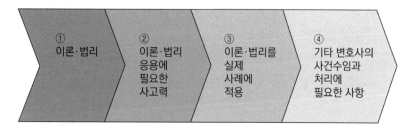

① 이론 · 법리

② 이론 · 법리 응용에 필요한 사고력

③ 이론 · 법리를 실제 사례에 적용

④ 기타 변호사의 사건수임과 처리에 필요한 사항

　법학전문대학원 제도의 도입 이전의 법과대학에서의 교육은 대체로 ①을 위주로 하고 사법시험에 합격한 사람들을 대상으로 한 사법연수원 교육이 ②와 ③에 해당하는 부분을 담당하였다. 또한 사법연수원 연수중 법관 · 검사 · 변호사의 각 직역 실무수습을 통하여 ③을 보완하고 ④는 사법연수원 연수의 마지막 학기인 제4학기에 행하는 2개월의 변호사 실무수습 기간 중 각 담당 지도변호사로부터 지도를 받는 것으로 되어 있다.9) ①을 다루는 교육이 이론교육이고 ③과 ④를 다루는 교육이 실무교육이라는 점에 대하여는 논란이 없을 것이다. 미국 로스쿨에서 강조하는 ②는 이론과 실무를 연결하는 역할을 하기 때문에 ②를 다루는 교육은 이론교육과 실무교육의 성격을 모두 가지고 있다고 할 수 있다.

　법학전문대학원 제도 하에서 법학전문대학원이 ①, ②, ③, ④를 어떠한 범위까지 어떠한 방법으로 교육해야 할 것인가에 대하여는 그렇게 상세하게 논의되지 않은 것 같다. 또한 법학전문대학원 설치 · 운영에 관한 법률 제정시 논의되고 언급된 이론교육이 위의 ①, ② 중 어느 것을 의도한 것인지는 분명하지 않다. 종전의 법과대학에서

　만을 언급하였다. 이론 · 실무 스펙트럼 ④의 구체적인 내용은 아래 Ⅲ.1.(3)에서 논의한다.

9) 사법연수원 연수과정 안내 — 교과과정 안내 — 사법연수원 제42기 사법연수생 연수계획 — 제4학기 연수.

의 법학교육이 대체로 ①에 해당하는 부분에 치우쳐 있었다는 점에
비추어 법학전문대학원 설치·운영에 관한 법률에서 언급한 이론교육
은 ①을 의미하는 것으로 본 견해가 있다10). 이 견해에 따르면 실무
교육은 ②, ③, ④의 전부 또는 일부를 의미하는 것이 될 것이다.11)
이와는 달리, 미국 로스쿨들이 이론교육에 치중하지 말고 실무교육과
법률가로서의 전문가정신과 윤리 교육을 더 강화하여야 한다는 2007
년 미국 카네기재단 보고서의 주장12)에서 말하는 이론교육은 위의
②에 해당하는 것이고 위의 ③과 ④에 해당하는 부분을 실무교육으
로 본 것이라고 할 수 있다.

　②는 이론과 실무를 연결하므로 그 성질에 대하여 견해가 나뉠
수는 있으나, 아래 Ⅱ.2.(1)에서 논의하는 바와 같이 이론교육도 법조
인 양성의 맥락에서 필요한 이론을 가르쳐야 한다는 점에서 이론교육
의 범위를 ①로 볼 것인가, ①과 ②로 볼 것인가의 논의는 그렇게 중
요하지 않다.13) 마찬가지로 판례 강의 또는 연습과목을 이론교육과

---

10) "법이론교육은 전통적으로 법과대학에서 사용하였던 교육방법으로 법질서에 대한
　　논리적 체계 및 법규의 구조 및 법적 인식의 획득에 관한 방법론에 관한 이론을
　　중심으로 교육하는 것을 말한다"고 본 견해로 김용섭, "법학전문대학원에서의 송
　　무교육과 법이론교육", 『저스티스』 통권 제99호, 한국법학원, 2007. 8, 182면.
11) 위 견해의 문제점에 대하여 박동진, "법조인 양성을 위한 법학전문대학원의 교육
　　방향", 『저스티스』 통권 제124호, 한국법학원, 2011. 6, 47면은 이론교육의 의미를
　　명확하게 제시하지는 않았으나, "이론교육의 의미를 개념법학 중심의 강단법학만
　　을 의미하는 것으로 잘못 이해하면 실무교육의 영역을 너무 광범위하게 설정하게
　　되어, 이론교육의 영역에서 이루어져야 할 법적 사고를 전제로 한 법적 추론과정
　　의 교육까지 실무교육에 포섭되게 된다"고 지적하였다.
12) William M. Sullivan, Anne Colby, Judith Welch Wegner, Lloyd Bond, Lee S.
　　Shulman(2007), *Educating Lawyers: Preparation for the Profession of Law,*
　　Summary (이하 "카네기 보고서 요약") pp. 6, 8.
13) 지원림, "바람직한 민법학 교육방법 ─ 개인적인 경험을 기초로 한 극히 주관적인
　　모델의 제시", 『저스티스』 통권 제132호, 한국법학원, 2012. 10, 85면도 "실무를
　　법률가가 법적 지식을 이용하여 분쟁해결을 하기 위하여 수행하는 구체적 과정 전
　　체를 의미하는 것으로 이해한다면, 실무교육과 이론교육의 구별은 무의미하고, 오
　　히려 실무, 즉 구체적인 분쟁모습을 시야에 넣은 이론의 전개가 필요하다"고 지적

실무교육 중 무엇으로 분류할 것인가의 논의도 그렇게 중요하지 않다. 그 내용 중 법리를 다루는 부분이 이론교육이고 실제 사례에 적용하는 능력을 키우는 부분이 실무교육이라고 보면 된다.

2. 이론교육의 범위와 방법

(1) 이론교육의 중요성 및 실무교육과의 관계

어떠한 직역에서 활동하는 법조인이라도 법체계 및 관련 법적 쟁점에 관한 법리 이해 없이 실무를 수행할 수는 없고, 법리에 대한 교육이 선행되지 않은 상태에서 실무에 관한 교육을 해서는 체계적인 교육이 될 수 없다. 어렵고 복잡한 문제에 부딪힐수록 여러 다양한 분야의 법리를 정확하게 이해하고 그 법리의 상호관계를 통찰할 수 있는지 여부가 실무수행능력에 큰 영향을 미친다. 이러한 점에서 이론교육의 중요성은 아무리 강조하여도 지나치지 않다.[14] 법학전문대학원의 목적이 법조인 양성에 있고 실무수행능력이 중요한 의미를 가진다고 하더라도, 실무수행능력의 기초는 법적인 이론의 이해, 분석과 응용에 있으므로 이론교육은 매우 중요하고 실무처리 기술이나 실무적 지식의 습득으로 대체할 수 있는 것이 아니다.[15]

하였다.

14) 박동진, 앞의 논문(주 11), 38면은 "법의 기초이론에 대한 이해가 전제되지 않은 상태에서 실무교육을 강조하면 단순한 기술적 능력만 교육하게 될 여지가 많다. 오히려 이는 유능한 법조인이 되기 위한 전제조건인 창의적인 법적사고능력을 저해할 수 있다"고 지적하였다. American Bar Association Task Force on The Future of Legal Education, 앞의 보고서(주 3)에 대하여 Jeremy Paul, "Theory Makes Successful Lawyering Possible", *New York Law Journal* (April 21, 2014)는 이론을 잘 알아야 성공적인 법률가 활동을 할 수 있음을 강조하고 로스쿨에서 법이론을 어떻게 더 명쾌하게 그리고 더 효과적으로 가르치는가가 중요하다고 주장한다.

15) 문재완, "법학전문대학원의 교육방향 및 교육과정", 법학전문대학원 제도 도입방안에 관한 공청회 주제발표 및 토론자료, 사법제도개혁추진위원회, 2005, 12면도 법조인에게 필요한 전문기술의 강조가 법이론 교육에 대한 경시로 이어져서는 안 된다는 점을 강조하였다.

하지만, 법학전문대학원에서의 이론교육은 법학전문대학원의 설립 목적에 맞추어 행해야 한다. 양질의 법률서비스를 제공할 수 있는 지식과 능력을 갖춘 법조인을 양성하는 것이 목적인 이상 이론교육도 법조인 양성의 차원에서 행하여야 한다. 법학전문대학원에서 가르치는 법학이론이 이론을 위한 이론에 그쳐서는 안 되고 졸업생이 법조인으로서 법률사무를 처리할 수 있는 능력을 갖추도록 하는데 필요한 이론이어야 한다.16) 그렇다고 하여 법철학이나 법제사 등 기초법학을 법학전문대학원에서 교육할 필요가 없다고 오해하여서는 안 된다. 이러한 기초법학은 각 개별 법분야의 법리의 기초를 이루고 법률가로서 필요한 전문가 정신을 함양하기 위한 바탕이 된다는 점에서 법조인 양성에서 매우 중요한 역할을 담당한다.

Ⅱ.1.의 이론·실무 스펙트럼 ①에 해당하는 부분의 교육은 ②의 사고력 훈련과 함께 이루어지는 것이 바람직하다. 이론교육이 이와 같이 이루어진다면 편의상 이론과목이라 부르는 과목도 법이론에 대한 이해와 더불어 법률사무를 처리하는 능력을 배양하는 역할을 하게 되고, ①, ②에 대한 교육은 ③, ④ 교육과 자연스럽게 연결될 수 있다.17)18) 이론·실무 스펙트럼 ①에 해당하는 부분 중 전적으로 또는

---

16) 지원림, 앞의 논문(주 13), 85−86면은 아울러 "자설의 강요"가 사라져야 하고 "외국법에 관한 해박한 지식을 이론과 혼동해서도 안 된다"는 점을 적절히 지적하였다.

17) 이론과 실무의 융합교육이 필요하다는 견해{박동진, 앞의 논문(주 11), 56−57면}, 사례중심으로 이론교육을 실시할 필요가 있다는 견해{김용섭, 앞의 논문(주 10), 183면} 및 실무교육을 법학에서의 이론과 실무의 가교 차원의 교육으로 파악하는 견해{김용섭, "법조직역 진출의 관점에서 본 법실무교육의 내실화와 지향점",『인권과 정의』통권 제428호, 대한변호사협회, 2012. 9, 113면}도 같은 맥락의 견해로 보인다.

18) 최근 미국변호사협회는 법률가 양성이 공공적 가치와 사적 사치를 제공한다고 보고 양자중 어디에 중점을 두는가에 따라 로스쿨에서의 이론교육과 실무교육의 비중도 달라질 수 있음을 지적하였다. 즉 (i) 법조인이 법제도의 올바른 운영의 중심에 있고 국민에게 법률서비스를 제공한다는 점에서 사회는 법조인의 양성에 깊은 관심을 가지게 되고, 법학교육으로 업무수행능력과 국민의 접근가능성 및 전문가

주로 학문적으로만 관심을 둘 사항의 교육은 학문후속세대를 양성하는 전통적인 석사·박사 과정 또는 법학전문박사 과정에서 다루는 것이 바람직하다. 만약 법조인 양성을 목적으로 하는 법학전문대학원 석사과정에서 그러한 교육을 한다면 심화과목 또는 특성화 과목으로 개설하는 것이 바람직하다. 그러나 아래 Ⅳ.2.에서 논의하듯이 변호사시험을 중시하는 풍토가 조성될 우려가 있는 상황이라 그러한 과목 개설이 학생들의 호응을 얼마나 받을 수 있을지는 의문이다. 결국 앞으로 학문후속세대는 법학전문대학원 졸업생 중 학문적 관심이 많은 사람들을 대상으로 법학전문박사 또는 종전의 전통적인 석사·박사 과정을 통하여 양성하여야 한다. 법조인 양성을 목적으로 하는 법학전문대학원 제도 하에서 학문후속세대의 양성은 새로운 도전이고 이를 어떻게 극복할 것인가는 별도로 검토할 필요가 있다.

(2) 전문분야 이론교육

학부에서 다양한 분야를 전공한 학생들이 법학전문대학원에 진학할 수 있도록 한 새로운 법조인 양성 제도의 목적 중 하나는 현대사회에서 발생하는 복잡다기한 법률문제를 해결할 수 있는 전문성을 갖춘 법률가의 양성일 것이다.[19] 25개 법학전문대학원이 각자 특성을 살려 교육하면 다양한 분야에 걸쳐 전문성을 갖춘 법률가를 양성할

정신을 갖춘 법조인을 양성해야 한다는 점에서 법조인 양성은 공공적 가치를 제공하고 (ii) 법학교육이 직업활동을 할 수 있는 법조인을 양성하고 법학교육도 시장경제의 일부를 이루어 법률서비스 수요자들의 선호도를 반영하여 교육한다는 점에서 법조인 양성은 사적 가치를 제공한다고 보았다. 공공적 가치부여를 중시하는 입장에서는 로스쿨의 학술적인 면이 지적 능력이 있는 법조인을 양성하여 법질서 시스템의 향상시킴으로써 공공적 가치를 증대시킨다는 입장을 취하게 된다. 그러나, 반대로 사적 가치의 제공을 중시하는 입장에서는 학술적인 면의 강조는 로스쿨 유지비용과 법학교육 비용을 증가시키고 법학교육에의 접근이 제한되는 문제를 야기한다고 비판한다. American Bar Association Task Force on The Future of Legal Education, 앞의 보고서(주 3) pp. 6−7.
19) 사법개혁위원회, 앞의 건의문(주 1), 22면.

수 있을 것이다. 이러한 점에서 각 법학전문대학원이 특성화 교육 분야를 선정하여 그 분야에 관한 전문성 있는 교과목을 개설하는 것은 매우 바람직하다.[20]

법학전문대학원은 전문성을 가진 변호사로 도약할 수 있는 발판을 제공하는 역할을 하여야 한다. 법학전문대학원에서의 전문분야 교육만으로 그 분야에 대한 전문성을 갖춘 변호사가 되는 것은 아닐 것이다. 일정한 분야에 대한 전문성을 가진 변호사가 되기 위해서는 그 분야에 대한 지속적인 관심을 가지고 그 분야의 비법적인 부분과 법적인 부분 양자를 모두 연구하고 그 분야 법실무를 연마하여야 한다.[21] 물론 법률가 활동을 하는 기간 동안 끊임없이 이론과 실무를 연마하여야 한다는 점은 반드시 전문분야를 가진 변호사에게만 요구되는 것은 아니다. 전문분야를 가지고 있건 그렇지 않건, 변호사를 포함한 법률가는 항상 새로운 판례와 법리의 발전에 신경쓰고 어떻게 더 나은 법률서비스를 제공할 것인가를 끊임없이 생각하고 실행함으로써 국민에 대한 법률서비스를 개선하고 이를 통하여 법의 지배의

---

20) 미국변호사협회는 실무교육에 관하여 미국 로스쿨 졸업생들이 효과적인 변호사활동을 하기 위한 핵심적인 업무수행능력 특히 의뢰인을 대리하고 의뢰인에 대한 서비스제공과 관련된 능력의 개발이 불충분하다는 지적을 하고 있음을 언급하고, 로스쿨 졸업생들이 일정한 법률서비스를 제공할 어느 정도의 업무수행능력을 갖추도록 로스쿨 교육프로그램이 짜여야 한다고 지적하면서, 로스쿨들이 일률적이지 않고 다양한 교육프로그램을 갖추고 이론교육과 실무교육의 비중에서도 로스쿨들의 다양성이 추구되어야 함을 강조하였다. American Bar Association Task Force on The Future of Legal Education, 앞의 보고서(주 3), pp. 23-26.

21) 헌재 2015. 6. 25, 2011헌마769,2012헌마209·536(병합)결정은 법학전문대학원생들의 전문화 능력의 측정이 사실상 불가능하다고 하면서 "의료, 기업, 세무, 지식재산권 등에서 말하는 이른바 '전문성'은 학부에서의 관련 전공이나 법학전문대학원에서의 특성화 교육을 통하여 쉽게 성취하거나 획득할 수 있는 것이 아니며, 법조계 내지 법률분야 역시 다른 전문분야 못지않게 매우 전문적인 영역이라는 점에서 변호사의 전문성은 일단 변호사가 된 다음 자신이 관심 있는 분야를 상당 기간 다양한 실무경험을 쌓음과 동시에 학문적·이론적으로 깊이 연구·천착함으로써 비로소 달성할 수 있는 것이다"고 판시하였다.

정착에 기여한다는 의식이 있어야 한다.

Ⅲ. 실무교육

"실무에 관한 교육"의 의미에 대하여는 법적 사고와 추론에 중점을 두는 견해, 소송문서의 작성과 소송기술 훈련에 중점을 두는 견해, 판사·검사·변호사의 실제적 업무처리에 관한 교육으로 보는 견해, 소송뿐 아니라 법치주의 실현을 위해 수행하는 다양한 업무를 자력으로 감당해 낼 수 있는 능력을 배양하는 교육으로 보는 견해 등이 제시되고 있고,[22] "실무란 소송에서 법을 적용하는 과정을 포함하여 법률가가 법적 지식을 이용하여 분쟁해결을 하기 위하여 수행하는 구체적 과정 전체를 의미하고, 실무교육이란 — 이론교육을 통하여 법원칙 또는 법원리를 습득하였음을 전제로 — 그러한 과정을 이해하고 비판적으로 분석할 수 있는 능력을 기르는 것"이라고 하여 이론교육과 실무교육의 관계를 유기적으로 설득력 있게 설명하는 견해도 있다.[23]

이 글에서는 기존 논의와 달리 "실무에 관한 교육"의 구성요소를 분석하여 실무교육의 의미와 실무교육을 담당할 주체 및 교육방법을 검토하고자 한다. "실무에 관한 교육"은 법조인의 실무수행능력을 배양하는 교육으로 보아 (i) "법조인의 실무", (ii) 실무를 "수행하는 능력", (iii) 이를 배양하는 "교육"의 세 가지 요소로 나누어 검토한다.

---

22) 이러한 견해의 대립을 잘 정리한 문헌으로는 구상진, 앞의 논문(주 1), 260–263 면과 박동진, 앞의 논문(주 11), 45–47면.
23) 지원림, 앞의 논문(주 13), 80–81면.

1. 실무교육의 대상으로서의 "법조인의 실무"

(1) 어떠한 법조직역의 실무인가

법학전문대학원에서 행할 실무에 관한 교육에서 말하는 실무는 법조인이 직업적 법률가로서 행하는 실무를 이야기 할 것이다. 법조인의 실무를 추상적으로 정의하는 것[24] 보다는 실제 법조인들이 행하는 활동에 비추어 실무의 내용과 범위를 판단하는 편이 "실무에 관한 교육"이 어떻게 되어야 하는지를 파악하기 쉬울 것이다. 법조인은 다양한 직역에서 활동하고 있고, 그 직역마다 직무의 내용이 다르다. 변호사와 변호사 이외의 직역으로 나누어 볼 수 있고 변호사 이외의 직역의 대표적인 경우가 법관과 검사라고 할 수 있다.[25] 변호사의 직무는 아래 Ⅲ.1.(2)에서 살펴보는 것과 같이 기본적으로 의뢰인의 법적인 문제에 대해 의뢰인에게 조언하고 소송 등 쟁송에서 의뢰인을 위하여 대리·변호하는 것인데 반하여, 변호사 이외의 직역에서는 (i) 법관 등 심판업무를 수행하는 경우와 (ii) 검사, 경찰, 기타 수사 또는 조사기관에서 수사·조사업무를 수행한다. 심판업무는 당사자·변호사의 주장에 대한 판단을 한다는 점에서, 수사·조사는 변호사와는 대립당사자로서의 업무이고 궁극적으로 기소여부를 결정하는 단계에서는 심판업무적 성격도 있다는 점에서 변호사업무와 구별된다.

법학전문대학원 졸업생의 기본 경력은 일단 변호사시험을 거쳐 변호사로 활동하는 것이다. 법조인이 활동할 모든 직역의 실무에 관하여 법학전문대학원이 교육하는 것은 시간을 포함한 한정된 자원을

---

24) 김동호, "법학전문대학원에서의 이론교육과 실무교육의 조화 및 변호사시험", 『인권과 정의』 통권 제406호, 대한변호사협회, 2010. 6, 50-51면은 "법률가가 법적인 업무를 처리하는데 있어서 법적인 사안에 법률지식을 적용하여 실제에 활용하는 활동"을 법적인 실무로 보고 있다.

25) 사내변호사는 물론 입법부·행정부·공공기관에서 법률가로 활동하는 경우도 기본적으로 변호사 활동의 한 유형이다.

사용하여 교육해야 한다는 점에 비추어 볼 때 바람직하지 않고 법학전문대학원 졸업생들이 주로 활동할 영역과도 부합하지 않는다.[26] 법학전문대학원 제도의 도입을 논의하는 초기부터 적절하게 지적되었듯이,[27] 법학전문대학원에서의 실무에 관한 교육은 기본적으로 변호사 실무에 초점을 맞추어야 한다.

(2) 변호사실무의 유형 – 쟁송관련 업무와 비쟁송 업무
1) 쟁송 업무

전통적으로 쟁송업무 특히 재판에서 소송대리인 · 변호인으로 활동하는 송무업무가 변호사가 하는 주요한 일이 되어 왔다. 현재도 전체 변호사 업무중 송무가 차지하는 비중이 가장 크다는 점에 대하여는 별다른 이의가 없을 것이다. 쟁송업무는 일반적인 민사 · 형사 · 행정재판에서 당사자를 대리 · 변호하는 업무이다. 중재 · 조정등 재판에 의하지 않은 분쟁해결절차에서의 변호사 업무도 기본적으로 쟁송관련 업무의 일부라고 할 수 있다. 또한 전문분야에서의 쟁송(예컨대, 지식재산권 관련 쟁송, 의료관련 쟁송, 세무관련 쟁송, 공정거래 쟁송)은 그

---

26) 법학전문대학원 졸업생들의 취업 분포를 보면, 2012년과 2013년 변호사시험 합격자중 취업자 2,723명중 법원 재판연구원으로 152명(5.58%), 검사로 78명(2.86%)이 취업되었다. 한편, 법무법인, 공동법률사무소, 단독사무소로 개업한 변호사 1,464명(53.76%) 이외에도 지방자치단체 · 공공단체 · 공공기관 · 공기업 · 사기업 · 금융기관 · 시민단체 · 협회 등에 취업한 사람 557명(20.45%)도 대부분 변호사 활동을 할 것이라고 보이므로 변호사로 취업한 사람이 2,021명(74.21%)에 해당한다. 이진국 · 백윤기 · 김상호, 법학전문대학원생의 취업분야별 교육과정 개발 기초연구, 2014. 5, 32–34면.

27) 문재완, 앞의 발표문(주 15), 9면은 법학전문대학원에서 필요한 교육 내용에 대하여 "법학전문대학원은 실무 법조인을 직접 양성하는 기관이라는 점에서, 이 곳에서의 교육 내용은 기존 법과대학에서의 그것과 크게 달라져야 함. 그 핵심은 실무 교육의 실시임. 그러나 법학전문대학원에서의 실무 교육은 현재 사법연수원의 판사 · 검사 양성 중심에서 벗어나, 변호사 양성 중심으로 바뀌어야 함. 즉, 우리 사회의 분쟁해결사로서 변호사로 활동하는데 필요한 기술적인 내용이 실무 교육의 주축이 되어야 함. 법원과 검찰은 필요시 신규 임용자에 대한 실무 연수를 별도로 시행하게 됨."이라고 제시하였다.

실체적인 면이 일정한 전문성을 필요로 한다는 점에서 특수성이 있을 뿐 일반적 쟁송업무와 본질적으로 같은 성질의 업무라고 할 수 있다.

변호사의 송무업무는 의뢰인－변호사－법원의 구조 하에서 이루어지는데 반하여, 형사사건의 경우 법원에서 형사재판을 받기 이전의 수사단계에서의 변호사실무는 의뢰인－변호사－수사기관의 구조로 이루어지고 수사기관은 대립당사자의 지위에 있다는 점에서 법원과는 차이가 있다. 그러나 형사사건에서의 수사는 궁극적으로 형사재판과 연계하지 않을 수 없다는 점에서 수사단계에서의 변호사 업무는 기본적으로 재판절차에서의 변호사 업무 유형에 속하는 것으로 볼 수 있다.

대표적인 쟁송업무인 송무업무에서 법원의 재판절차에 중점을 두는 것이 자연스러운 일이지만, 변호사의 송무 업무의 기본구조는 의뢰인－변호사－법원으로 되어 있으므로 법원과의 관계에서 일어나는 변호사 업무 뿐 아니라 의뢰인과의 관계에서 일어나는 변호사 업무(의뢰인 면담과 의뢰인에 대한 조언 등)도 송무업무의 중요한 일부에 해당한다.

2) 비쟁송 업무

우리나라의 변호사는 전통적으로 민사·형사·행정 등의 소송사건을 처리하여 왔으나, 법치주의가 점차 뿌리내리면서 사회에서 기대하는 법조인의 역할이 다양해지고, 분쟁예방적 기능이 중요해짐에 따라 비쟁송 업무의 비중이 점차 커지고 있다. 현재의 변호사 업무에서 송무가 차지하는 비중 및 비쟁송 업무 처리 시에도 최종적으로 소송을 통하여 결말이 날 수 있다는 점을 염두에 두어야 한다는 점등에 비추어 변호사의 실무에 대한 교육이 기본적으로 송무업무에 중점을 두는 것이 자연스럽다고 할 수 있다. 그러나 변호사들이 법치주의의 확산과 법적인 분쟁의 사전 예방에 더 활발히 활동해야 할 필요가 있다는 점에서 비쟁송 실무에 대한 교육도 소홀히 할 수는 없다.[28]

---

28) 김용섭, "법조직역 진출의 관점에서 본 법실무교육의 내실화와 지향점", 『인권과

비쟁송 업무는 (i) 의뢰인의 법적인 문제에 대한 조언(예: 법적 위험에 대한 평가 및 조언)(이하 "제1유형 비쟁송업무"), (ii) 의뢰인과 상대방간의 법적인 사항 처리시 의뢰인에 대한 조언·조력(예: 계약서 작성, 계약 협상 등)(이하 "제2유형 비쟁송업무")의 두 가지 유형으로 나누어 볼 수 있다. 비쟁송 업무도 전문분야 별로 나누어 볼 수 있겠지만 그 분류는 결국 조언의 내용의 전문성에 따른 것이다. 사내변호사의 업무는 회사의 경영진 또는 다른 부서에게 법적 조언·조력을 제공한다는 점에서 대체로 비쟁송업무의 범주에 속한다고 할 수 있다.

(3) 변호사실무의 구성요소 — 법적인 분석과 해결, 의사소통, 기타

변호사가 담당하는 업무수행은 ① 수임한 사건·거래 등에서 제기되는 법적인 쟁점의 파악·분석 및 해결책 탐구(법적으로 의미 있는 사실관계의 파악 포함)(이하 "실무구성요소①"), ② 업무 수행과정에서 요구되는 의뢰인과의 면담과 조언을 비롯한 여러 관계자와의 의사소통(이하 "실무구성요소②") 및 ③ 기타 법률사무소의 운영에 관한 것(이하 "실무구성요소③")으로 구성된다(실무구성요소①이 위 Ⅱ.1.에서 언급한 이

〈그림 2〉 이론·실무 스펙트럼과 실무구성요소의 관계

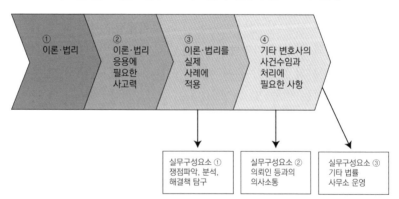

정의』통권 제428호, 대한변호사협회, 2012. 9, 113−115면도 비쟁송업무에 관한 실무교육의 중요성을 강조하였다.

론·실무 스펙트럼③에 대응하고 실무구성요소②와 ③이 이론·실무 스펙트럼④에 대응한다).

실무구성요소①은 쟁송관련 업무이건 비쟁송 업무이건 변호사가 법률전문가로서 제공하는 법률서비스의 핵심을 이룬다고 할 수 있다. 쟁송관련 업무에서는 사실관계를 파악하고 쟁송의 실체법적인 면에 대한 지식과 분석력과 절차에 대한 법적 지식을 기초로 이를 구체적인 쟁송 사안에서 활용하게 된다. 재판 등 쟁송처리절차에 관한 법률과 실무관행을 파악할 필요가 있겠으나, 그러한 절차적 지식과 경험만으로 행하는 것은 아니고 어디까지나 사실관계 속에서 쟁송의 실체를 파악하고 법적인 쟁점을 추출하여 의뢰인의 입장에서 법원·중재인에게 설득력 있는 법적인 주장을 하여야 한다는 점에서 실체법적인 지식과 분석력을 바탕으로 행하게 된다. 법적인 문제에 대한 조언·조력을 하는 비쟁송 업무에서도 법에 관한 전문지식을 필요로 하고 실무구성요소①에 해당하는 부분이 핵심을 이룬다.

실무구성요소②도 실무구성요소①에 못지않게 중요하다. 아무리 법적인 분석력과 사고력을 갖추고 있어도 의뢰인·법관·기타 관계자와 그 내용을 효과적으로 소통하지 않으면 변호사로서의 역할을 다할 수 없다. 분쟁관련 업무 수행 시에는 법관·중재인·배심원 등에 대하여 문서·구두로 법적인 쟁점에 대한 자신의 주장을 논리적으로 설득력 있게 제시할 수 있어야 하고, 비쟁송 업무 중 제2유형 비쟁송 업무에서도 상대방 및 상대방 변호사와의 관계에서 유사한 의사소통이 이루어진다. 또한 어떠한 내용의 사건을 수임하건 의뢰인과의 의사소통이 변호사 업무 중 매우 중요한 부분이다. 의뢰인과의 사이에서 변호사가 할 일의 범위를 정하는 것부터 시작하여 의뢰인과의 사이에서 사실관계와 법적인 쟁점 및 이에 대한 조언 등 의뢰인과는 지속적인 의사소통이 이루어지게 된다. 비쟁송 업무중 특히 제1유형 비쟁송 업무에서는 변호사의 의사소통의 상대방이 의뢰인으로 국한되는 경우가 많으므로 의뢰인과의 의사소통이 더욱 중요하다. 또한 상대방이 있는 사건을 다루는 경우에는 상대방 및 상대방 변호사와의 관계를 어떻게 할 것인가도 변호사실무에서 중요한 사항이다.

실무구성요소 ③은 특히 단독으로 개업하는 변호사에게 중요한 사항이겠으나, 실무구성요소①과 ②에 비하면 변호사 업무중 차지하는 비중이 상대적으로 작은 부분이라고 할 수 있다.

2. 실무를 "수행하는 능력"

(1) 수행능력의 의미

2005년 「법학전문대학원 제도 도입방안」에 관한 공청회의 주제 발표에서 언급된 법조인으로서 필요한 기술(skills)의 교육[29]이나, 2010년 사법연수원 심포지엄에서 언급된 "실무에 투입하여 활용할 수 있는 법률적 지식 내지 능력(lawyering skills)의 교육"[30]에 비추어 보면, 실무에 관한 교육이라는 말은 대체로 "법조인으로서 필요한 업무수행능력의 교육"을 의미하는 것으로 사용되고 있다. 법학전문대학원은 법조인 즉 직업적 법률가를 양성하는 교육기관이므로 직업적 법률가가 법률사무를 처리할 수 있는 능력을 키울 수 있는 교육을 하여야 하고 실무교육도 이와 같은 내용의 교육을 의미한다고 보아야 할 것이다. 그런데 과연 "법조인으로 필요한 업무수행능력"이란 어떠한 능력을 말하는 것인가에 대하여는 국내에서 별로 논의가 없다.[31] 아

---

29) 문재완, 앞의 발표문(주 15), 9－12면.
30) 김홍엽, "로스쿨 실무교육 운영의 현황과 지향점", 2010 법조인 양성 실무교육의 새로운 패러다임 모색 심포지엄, 사법연수원, 2010, 4면. 이 견해는 법학전문대학원 설치·운영에 관한 법률시행령 제13조 제1항에 열거된 필수 실무과목을 좁은 의미의 실무교육으로 부른다. 위 발표문 6면.
31) 이상원, "로스쿨에서의 형사실무 교육방법", 『형사법연구』제20권 제3호, 한국형사법학회, 2008. 6, 59면은 MacCrate보고서의 내용을 참고하여 "법률실무교육이란 (i) 법률의 이해, (ii) 사실의 확인, (iii) 법률을 사실에 적용하여 결론을 이끌어내는 논리적 사유등을 기본내용으로 하게 된다"고 보고 있다. 박영규, "로스쿨의 현

래에서는 영미에서의 논의를 참고하여 우리나라에서 필요로 하는 실무수행능력이 무엇인지를 생각해 보기로 한다.

(2) 미국 MacCrate 보고서

1989년부터 미국변호사협회의 '법학교육과 변호사자격 위원회'가 구성한 특별위원회가 3년에 걸친 검토 끝에 1992년 작성한 이른바 MacCrate 보고서[32]에서는 ① 유능한 수임사무처리, ② 정의, 공정성 및 도덕성을 향상하고자 하는 노력, ③ 법조를 개선하고자 하는 노력, ④ 전문직으로서의 자기계발이라는 네 가지의 법조인이 추구할 기본 가치(fundamental values of the profession)[33]와 더불어 다음 열 가지의 변호사가 갖추어야 할 기본적 업무수행능력(fundamental lawyering skills)[34] 을 제시하고 약 80쪽에 걸쳐 상세한 주석을 붙였다.[35]

① 문제해결[36]

황, 진실과 거짓", 로스쿨출범 6년의 현황과 과제, 한국법학전문대학원협의회 등 주최 공청회 자료집, 2014. 10. 17, 27면은 변호사의 업무능력에 관하여 "더욱 중요한 것은 오히려 다양한 분야의 전문지식과 성실성, 창의성 등일 것"이라고 주장하였다.

32) American Bar Association Section of Legal Education and Admissions to the Bar, 「Legal Education and Professional Development — An Educational Continuum, Report of The Task Force on Law Schools and the Profession: Narrowing the Gap」 (July 1992)(이하 "MacCrate 보고서").

33) MacCrate 보고서(주 32), pp. 140 – 141.

34) 통상 기술이라고 번역하지만 그 내용을 보면 단순히 기술이라고 하기 보다는 업무수행능력이라고 하는 편이 더 정확히 의미를 전달할 수 있을 것으로 생각된다

35) MacCrate 보고서(주 32), pp. 141 – 221.

36) 능력 1: 문제를 해결하고 목표를 달성하기 위한 전략을 개발하고 평가하기 위하여, 변호사는 다음 사항에 관련된 처리능력과 개념에 정통하여야 한다.
1.1 문제의 파악과 진단
1.2 대체적(代替的)인 해결 방안과 전략의 도출
1.3 행동계획의 개발
1.4 계획의 수행
1.5 계획 설정 과정을 새로운 정보와 새로운 아이디어에 대해 개방적으로 유지
MacCrate 보고서(주 32) p.138.

② 법적인 분석과 추론[37]

③ 법적인 연구조사

④ 사실조사

⑤ 구두 및 서면 의사소통

⑥ 상담

⑦ 협상

⑧ 소송 기타 분쟁해결절차의 이해

⑨ 법률사무의 조직과 관리

⑩ 윤리적 딜레마의 인식과 해결

(3) 미국 Best Practices for Legal Education 보고서

미국의 Clinical Legal Education Association(이하 "CLEA")의 주도로 2001년부터 시작된 Best Practices Project의 결과로 나온 2007년 Best Practices for Legal Education 보고서는 로스쿨 졸업생이 변호사 업무를 개시할 수 있는 자격을 취득하는 시점에 갖추어야 할 '효과적이고 책임 있는 변호사의 속성'으로 다음 사항들을 들고 있다.[38]

① 자아성찰과 일생동안 배우는 능력(skill).

② 지적이고 분석적인 능력(skill). 여기에는 실제적인 판단, 임무 수행능력에 대한 자신의 평가가 포함된다.

---

37) 능력 2: 법규와 법원리를 분석하고 적용하기 위하여 변호사는 다음 사항에 관련된 처리능력과 개념에 정통하여야 한다.
　2.1 법적 쟁점의 파악과 체계적 정리
　2.2 관련 법률 이론의 체계적 정리
　2.3 법률 이론의 면밀한 검토
　2.4 법률 이론에 대한 평가
　2.5 법적인 주장에 대한 비판과 종합
　MacCrate 보고서(주 32), p. 138.

38) Stuckey, Roy, et al.(2007), *Best Practices For Legal Education: a Vision and a Road Map*, Clinical Legal Education Association(이하 "Best Practices 보고서"), pp. 48-61.

③ 기본 법지식과 이해

④ 전문직업인으로서의 업무수행능력(professional skills). 여기에
　는 다음 사항들이 포함된다.

　(i) 의뢰인·동료·다른 전문직과 효과적으로 의사소통하는
　　 기법의 적용

　(ii) 의뢰인의 재정적, 상업적, 개인적 제약과 선호를 인식하
　　 는 능력

　(iii) 타인을 변호하는 능력

　(iv) 정보를 저장·추출·분석하고 법과 사실에 대한 조사를
　　 수행하는 기술과 전략의 효과적 활용

　(v) 법률서비스시장 등 법률사무처리의 상업적 환경의 이해

　(vi) 윤리적 딜레마를 인식하고 해결하는 능력

　(vii) 의뢰인과의 관계를 효과적으로 관리하는 능력과 의뢰
　　 인이 조언과 서비스에 불만족하는 경우의 행동에 관한
　　 지식

　(viii) 위험관리능력

　(ix) 자신의 개인적 장단점과 전문직으로서의 장단점을 인식
　　 하고, 개인적 지식과 능력의 한계를 파악하며, 전문직으
　　 로서의 성과를 높이는 전략을 개발하는 능력

　(x) 개인적 일 부담을 관리하고, 다수의 수임 사건을 효율
　　 적, 효과적으로 동시에 관리하는 능력

　(xi) 팀 구성원으로서 효과적으로 일하는 능력

⑤ 전문가정신(professionalism). 이는 다음의 다섯 가지 가치를 추
　구하여야 한다.

　(i) 정의의 추구

　(ii) 법의 지배의 존중

　(iii) 명예, 염결성, 정정당당한 행동, 진실, 정직의 구현

(iv) 다양한 의뢰인과 동료와 민감하고 효과적으로 상대할 것

(v) 삶의 질의 향상

(4) 영국 사무변호사규제기관의 기준

영국 사무변호사규제기관(Solicitors Regulation Authority, 이하 "SRA")
은 변호사가 활동을 개시하는 첫날 갖추어야 할 사항(Day One Outcome)
들을 6개의 그룹으로 나누어 정하고 있다.[39] 20페이지에 달하는 상세
한 사항을 요약하면 다음과 같다.

① 그룹 A(잉글랜드 및 웨일즈 법에 대한 핵심적인 지식과 이해)는 영국
과 EU의 법체계(A1), 헌법(A2), 변호사윤리규범(A3), 금융법 및
세법(A4), 계약법(A5), 불법행위법(A6), 형법(A7), 물권법(A8), 형
평법(A9), 인권법(A10), 회사법(A11)에 대한 지식을 요구한다.

② 그룹 B(지적, 분석적 문제해결 능력)는 지식과 이해를 검토, 통합,
확장, 적용하는 능력(B1), 의뢰인의 문제와 목표를 파악하고 필요
한 정보를 얻을 수 있는 적절한 질문을 만드는 능력(B2), 정보,
주장, 전제와 개념을 평가하는 능력(B3), 해결책의 범위를 파악하
는 능력(B4), 해결책의 장점과 위험을 평가하는 능력(B5), 정보,
아이디어, 문제와 해결책을 의뢰인, 동료 및 다른 전문직과 소통
하는 능력(B6), 사건을 주도하고 진행할 수 있는 능력(B7)을 요구
한다.

③ 그룹 C(거래와 분쟁 해결 능력)는 기업의 구조를 세우고 기업을 양
도하는 능력(C1), 민·형사 사건 해결을 추구하는 능력(C2), 물권
의 설정과 이전을 할 수 있는 능력(C3), 유언장을 공증 받고 유산
을 관리하는 능력(C4), 위 거래와 사건을 처리하기 위한 법적인

---

39) 2005년 7월 영국사무변호사 협회에서 승인하였고 그 후 수차 개정되어 2012. 7.
12. 발표된 것이 최신본이다. Andrew Boon and Julian Webb, Legal Education
and Training in England and Wales: Back to the Future?, *Journal of Legal
Education*, Vol. 58, No. 1 (March 2008) p. 103, Solicitors Regulation Authority,
Qualified Lawyers Transfer Scheme Outcomes (Updated on 22 May 2015)
http://www.sra.org.uk/solicitors/qlts/day-one-outcomes-table.page

서류를 작성하는 능력(C5), 위 거래와 사건을 신속하고 적정하게
처리하도록 계획하고 진행하는 능력(C6)을 요구한다.

④ 그룹 D(법적, 전문적 의뢰인관계에 관한 지식과 능력)는 법률서비스
시장에 대한 지식(D1), 법률사무 처리에 영향을 주는 상업적 요소
에 대한 지식(D2), 문서와 전자미디어를 사용한 사실 조사 및 법
적인 조사 수행 능력(D3), 정보를 저장, 추출하고 분석하는 기술
을 사용하는 지식(D4), 의뢰인, 동료 기타 전문직과 구두 및 서면
으로 효과적으로 의사소통할 수 있는 지식(D5), 의뢰인을 대리하
여 변론하는 능력(D6), 사무변호사의 법정변론권을 행사하는 능
력(D7), 의뢰인의 재정적 상업적 개인적 선호도와 제약을 인식하
는 능력(D8), 효과적인 의뢰인 관계 관리 능력(D9), 변호사의 조
언이나 서비스에 대해 의뢰인이 만족하지 않는 경우 적절하게 행
동하는 능력(D10)을 요구한다.

⑤ 그룹 E(자기계발과 일 관리 능력)는 개인적 장단점과 전문직으로서
의 장단점을 인식하는 능력(E1), 개인적 지식과 능력의 한계를 파
악하는 능력(E2), 전문직으로서의 성과를 높이는 전략을 개발하
는 능력(E3), 개인적 일 부담을 관리하는 능력(E4), 위험관리 능력
(E5), 다수의 의뢰인 사건을 효율적, 효과적으로 동시에 관리하는
능력(E6), 팀 구성원으로서 효과적으로 일하는 능력(E7)을 요구한다.

⑥ 그룹 F(법조인으로서의 가치, 행동, 태도와 윤리)는 변호사윤리규범
의 기초가 되는 가치와 원칙에 대한 지식(F1), 프로페셔널하고 정
직하게 행동하는 능력(F2), 문화, 장애, 다양성의 문제를 파악하는
능력(F3), 다양한 사회적 경제적 인종적 배경을 가진 의뢰인, 동
료 기타 다른 사람과 일하며 위의 문제들에 대하여 적절하고 효
과적으로 대응하는 능력(F4), 윤리적 딜레마를 인식하고 해결하
는 능력(F5)을 요구한다.

(5) 영미에서 제시하는 기준의 시사점

미국의 MacCrate 보고서와 Best Practices 보고서 및 영국 SRA의
기준에서 제시하는 실무수행능력은 대부분 우리나라의 법조인의 실

무에도 그대로 적용할 수 있는 내용이다. 실무수행능력의 교육의 관점에서 위 보고서와 기준의 내용을 참고할 때 각국의 법조인 양성과정의 특성을 고려할 필요가 있다.

MacCrate 보고서는 1992년에 변호사가 갖추어야 할 실무수행능력을 상세히 기술하고 이를 로스쿨 교육 및 로스쿨 졸업 후 계속 교육을 통하여 연마해야 함을 지적하여 미국의 로스쿨 교육의 기본 참고서가 되었다. MacCrate 보고서는 특히 모든 새로운 변호사들에게 민간부분, 정부 또는 지방변호사회가 제공하는 전문가로서의 실무수행능력과 가치(professional skills and values)에 대한 핵심적인 훈련을 받을 수 있는 기회를 부여할 것을 권고하였다.[40] 15년 후 Best Practices 보고서는 이를 더 발전시키면서 영국의 이른바 "성과중심의 교육 (Outcome-Focused Education)" 접근 방법을 반영하였다. 그래서 Best Practices 보고서에 제시된 실무수행능력의 내용이 영국 SRA 기준에 제시된 내용과 겹치는 부분이 많다.[41] Best Practices 보고서는 실무

---

40) MacCrate 보고서는 아래 주 43의 본문에 언급된 델라웨어와 버몬트의 변호사 자격취득 전 실무수습의무 제도를 뉴저지, 펜실베이니아, 로드아일랜드 등 미국의 다른 주에서도 채택하였다가 폐지했다고 하면서, 실무수습의 성과가 지도변호사에 따라 크게 차이가 나고 지도내용을 모니터 하기 어려운 점등을 들어 델라웨어와 버몬트의 실무수습의무 제도에 회의적이었다. 또한 MacCrate 보고서는 그러한 실무수습의무 제도 대신 미국의 대부분의 주에서 실시하는 자발적 실무교육프로그램(bridge-the-gap program)에 대하여도 프로그램에 대한 재정적 지원 부족, 많은 로스쿨 졸업생, 중앙집중 관리의 부재 등으로 인하여 다른 영미법국가의 실무수습에 비하여 미흡하다고 평가하였고, 로펌 등이 자체적으로 신입변호사를 훈련시키는 프로그램에 대하여도 실무수행능력과 법조인의 가치에 중점을 두지 않는다거나 교육기회가 예측가능하지 않다는 점 등에 대하여 우려를 표명하였다. MacCrate 보고서(주 32), pp. 287-300.

41) 심희기·박용철, "형사법에서의 이론교육과 실무교육의 조화", 『서강법학』 제10권 제2호, 서강대학교 법학연구소, 2008. 12, 13-15면은 대한변호사협회가 영국의 Day One Outcome과 같은 핵심능력과 기술의 일람표를 만들어 법학전문대학원에 제시하는 방안과 교과목의 학습목표를 보다 구체적으로 기술하는 방안 등 영국의 성과중심의 교육 접근 방법의 채택을 주장하였다.

수행능력 중 면담, 조언, 협상, 변론, 법률서류 작성, 법률사무 관리
등을 모의연습과정, 임상법학과목, 외부 실무수습 등 실습과정
(Experiential Courses)을 통하여 습득하도록 하였다.[42] Best Practices
보고서는 누가 교육을 담당할 것인지에 대한 상세한 기준을 제시하지
는 않았으나 미국의 버몬트주와 델라웨어주에서 변호사시험에 합격
하더라도 일정기간 경험 있는 변호사로부터 수습을 받아야 완전한 변
호사 자격을 취득한다는 점을 언급하고 다른 주들도 버몬트와 델라웨
어의 제도를 따를 것을 권고하였다.[43]

  영국의 법조인 양성은 미국과 상당히 차이가 있다.[44] 영국에서는
학부에서의 법학교육을 마친 후, 별도의 직업교육기관에서 1년간의
직업교육{사무변호사의 경우에는 Legal Practice Course(LPC), 법정변호사
의 경우에는 Bar Vocational Course(BVC)}을 받는다. 직업교육도 주로
법지식에 대한 교육이고, 사무변호사의 경우에는 2년의 실무수습을
받아야 한다. SRA가 위와 같이 제시한 상세한 실무수행능력에 대한
기준은 이러한 다단계 법조인 양성 교육제도를 반영한다. SRA가 제
시한 실무수행능력 중 그룹 A는 주로 대학 교육, 그룹 B는 대학 교육
및 직업교육기관에서의 교육, 그룹 C와 그룹 D의 D1부터 D6까지는
직업교육기관에, 각각 의존하므로 이들 교육기관에서 교육할 내용을
정해 놓았다. 한편 D7부터 D10과 그룹 E, F는 실무수습기간에 배양
하는 것으로서 SRA기준에서 대학 또는 직업교육기관에서의 교육 내
용에 대한 요구사항을 정해 놓지 않았다.

---

42) Best Practices 보고서(주 38), pp. 58, 121－152.
43) Best Practices 보고서(주 38), p. 8. 델라웨어주는 변호사 자격 부여 요건으로 변
   호사시험 합격과 5개월의 실무수습(clerkship) 수료를 요구한다. 이 제도는 영국의
   4대 법학원(Inns of Court)에서 새 변호사를 멘토링하는 데 뿌리를 두고 있다.
   Holland, Randy J., "The Delaware Clerkship Requirement: A Long－Standing
   Tradition", *The Bar Examiner* (November 2009), p. 28.
44) 이 단락에 적은 내용은 Boon and Webb, 앞의 논문(주 39), pp. 80－82.

우리의 법조인 양성 과정은 대학 졸업생들이 법학전문대학원에 입학하여 3년의 교육을 받고 변호사시험에 응시한다는 점에서는 기본적으로 미국의 로스쿨 제도와 차이가 없고 영국의 법학교육 제도와는 다르다. 그런데, 우리는 법학전문대학원 졸업 및 변호사시험 합격 후 6개월의 법률사무종사·연수 기간을 두고 있다는 점에서 미국의 대부분의 주와는 차이가 있고 델라웨어주와 유사한 제도를 가지고 있는 셈이며, 직업교육기관 및 실무수습기간을 둔 영국의 법조인 양성 제도의 일부가 반영된 것과 마찬가지라고도 할 수 있다. MacCrate 보고서와 Best Practices 보고서 모두 학교에서의 공부를 실제 변호사 업무수행으로 이행하는 과정의 필요성을 역설하는데서 알 수 있듯이, 6개월의 법률사무종사·연수 기간을 둔 것은 학교 교육을 보완하여 실제 업무를 수행할 수 있는 능력을 키울 수 있도록 한다는 점에서 바람직한 제도이다. MacCrate 보고서, Best Practices 보고서와 SRA 기준에서 제시한 실무수행능력을 법학전문대학원 교육과 법률사무종사·연수 기간 중 훈련이 적절히 분담한다면 양질의 법률서비스를 제공할 수 있는 지식과 능력을 갖춘 법조인을 매우 효과적으로 양성할 수 있을 것이다.

3. 실무교육에서 다룰 실무 및 실무수행능력의 범위와 수준

(1) 실무교육에서 다룰 실무 및 실무수행능력의 범위

먼저 법학전문대학원의 실무교육을 어느 범위에서 어느 수준으로 할 것인지를 생각해 볼 필요가 있다. 법학전문대학원에서 변호사로서의 모든 실무에 대하여 그 수행능력을 배양할 수 있도록 해야 하는가 아니면 일정한 범위의 실무에 관한 교육에 집중해야 하는가의 문제이다.

Ⅲ.1.에서 언급한 바와 같이 변호사실무의 범위는 넓지만, 일의 성격을 기준으로 하면 Ⅲ.1.(3)에서 언급한 세 가지 실무구성요소(①

법적으로 의미 있는 사실관계의 파악과 법적인 쟁점의 파악·분석 및 해결책 강구, ② 의뢰인, 법원 기타 관계자와의 의사소통 및 ③ 기타 법률사무소의 운영)로 구성된다. 변호사가 법률전문가로서 제공하는 법률서비스의 핵심을 이루는 실무구성요소①이 법학전문대학원의 교육의 대상이 되어야 함에 대하여는 아무런 이의가 없을 것이다. 변호사실무를 처리하기 위해서는 관련 분야에 대한 법이론을 확실히 이해하고 그 이론을 실제 사례에 적용, 응용하고 올바른 판단을 내릴 수 있어야 하므로 이에 대한 교육이 필요하다.

실제 변호사실무에서 사실관계의 파악은 매우 중요한 사항이겠으나 실무구성요소① 가운데 사실관계에 관한 부분에 대한 교육은 간단한 문제는 아니다.[45] 이미 사실관계가 정해져 있는 상황 하에서 법적으로 의미 있는 사실관계를 파악하는 것은 법이론을 잘 이해하고 응용할 수 있는 능력을 갖춤으로써 할 수 있는 일이고 법학전문대학원 교육에서 담당하는 것이 바람직하다. 그러나 사실관계가 무엇인지 명확하지 않은 상황 하에서 사실관계를 파악하는 것은 또 다른 문제다. 엄격한 증거원칙이 적용되는 형사법 분야에서는 법학전문대학원에서도 모의기록을 통하여 각종 증거의 증거능력과 증명력을 판단하고 이를 통하여 사실관계를 파악하는 훈련을 할 수 있을 것이다. 또한 임상법학이나 실무수습과정에서도 이를 다룰 수 있을 것이다. 그러나 모의기록을 통한 교육에는 한계가 있고, 실제 살아있는 사건을 다루면서 연마하여야 할 사항이므로 6개월의 법률사무종사·연수 과

---

45) 윤지현, "법학전문대학원에서의 '법률문장론' 수업에 관하여 — 실제 수업을 통하여 얻은 경험과 느낌을 중심으로", 『저스티스』 통권 제116호, 한국법학원, 2012. 4, 309면도 "사실 확정 역시 극히 어려운 작업이다. 다만 '자유심증주의'라는 말로 대표되듯이, 이는 학교에서 쉽게 가르쳐질 수 있는 성질의 것은 아니라고 할 수 있다."라고 지적하였다. 이와는 달리 사실인정 교육을 강화해야 한다는 주장도 있다. 김홍엽, 앞의 발표문(주 30), 11면; 이용구, "형사실무교육의 개선방향", 2010 법조인 양성 실무교육의 새로운 패러다임 모색 심포지엄, 사법연수원, 2010, 189면.

정에서 분담하는 것이 바람직하다.

실무구성요소②도 실무구성요소①에 못지않게 중요하다는 점에서 법학전문대학원 교육에서도 관심을 기울일 필요가 있다.[46) 소장 등 송무 관련 서면에 대하여는 대부분의 법학전문대학원에서 큰 비중을 두고 교육하고 있고, 그 밖에 변호사의 법률의견서 등 각종 서면을 통한 의사소통은 어느 정도 교육하고 있다.[47) 그러나 구두로 하는 의사소통은 상대적으로 비중을 적게 두고 있는데 이는 그것이 보다 실무에 가까운 사항이므로 학교에서 교육하는데 한계가 있을 수밖에 없기 때문이라고 할 수 있다. 의사소통에 대하여는 법학전문대학원 교육에서 전적으로 담당하는 것은 합리적이지 않고 실무수습과 6개월의 법률사무종사 · 연수에서 분담하는 것이 바람직하다. 실무구성요소③ 중 법조윤리에 관한 사항은 기본적으로 법학전문대학원 교육에서 다루어야 할 것이고 그 이외의 부분은 실무수습과 법률사무종사 · 연수에서 다루는 것이 바람직하다.

Ⅲ.2.에서 언급한 바와 같이 변호사는 다각도의 실무수행능력을 갖출 필요가 있다. 이러한 실무수행능력은 변호사시험에 합격하여 변호사 자격을 취득한다고 해서 모두 갖추어지는 것은 아니고 변호사 활동을 하면서 실무수행능력을 계속 배양해야 한다. 이 점은 우리나라 뿐 아니라 미국과 영국에서도 마찬가지이다. 모두 일생동안 계속 법리와 실무수행능력의 배양에 힘써야 한다는 점을 강조하고 있다.[48) Ⅲ.2.에 언급된 모든 실무수행능력을 법학전문대학원에서 배양한다는 것은 3년이라는 기간 동안 교육한다는 점에서 현실적이지도 않고 바람직하

---

46) 법정 변론능력과 의사소통능력 교육에서는 법학전문대학원이 사법연수원에 비하여 강점이 있다는 견해도 있다. 이용구, 앞의 발표문(주 45), 191면.

47) 변호사가 작성하는 리서치메모와 법률의견서 작성을 중심으로 교육한 사례로는 윤지현, 앞의 논문(주 45) 314 – 329면.

48) MaCrate 보고서(주 32), pp. 305 – 317; Best Practices 보고서(주 38), p. 8; Boon and Webb, 앞의 논문(주 39), p. 80.

지도 않다.[49] 법학전문대학원은 제한된 시간과 에너지를 사용하여 가장 효과적으로 실무교육을 하는 방안을 강구할 필요가 있다.[50]

이러한 관점에서 볼 때, MacCrate보고서에서 제시한 열 가지 업무수행능력 중 "① 문제해결, ② 법적인 분석과 추론, ③ 법적인 연구조사, ⑧ 소송기타 분쟁해결절차의 이해, ⑩ 윤리적 딜레마의 인식과 해결"은 주로 법학전문대학원이 교육할 사항이다. "⑤ 서면 의사소통"에 대하여는 법학전문대학원은 서면의 내용을 중심으로 법적인 연구조사 후 법적인 분석과 추론을 할 수 있는 능력을 배양하는 관점에서의 교육을 중심으로 하되 소장과 같은 가장 기본적인 문서에 관한 확립된 관행도 교육에 포함시킬 수 있다. 그 밖의 서면의사소통의 실무적 관행은 실무수습과 법률사무종사·연수를 통하여 습득하는 것이 바람직하다. "⑦ 협상"은 일부 법학전문대학원에서 과목을 개설하고 있으나 가정적인 상황을 설정하고 이론적인 바탕 하에서 교육하게 되므로 실제 상황에서의 협상에 관한 교육과 훈련은 법률사무종사·연수 및 그 이후에 이루어지는 것이 바람직하다. "④ 사실조사, ⑤ 구두 의사소통, ⑥ 상담(의뢰인 면담과 의뢰인에 대한 조언 포함), ⑨ 법률사무의 조직과 운영"은 법학전문대학원 재학중 실무수습을 통하여 일부 습득할 수 있겠으나 주로 법률사무종사·연수 및 그 이후 변호사 활동을 하면서 교육·연수·훈련해야 사항이다.

영국 SRA 기준을 중심으로 살펴보면 그룹 A, B, C, D3, D4에 해당하는 부분과 그룹 F중 법조윤리에 해당하는 부분은 기본적으로 법

---

49) 박동진, 앞의 논문(주 11), 40면도 동일한 문제를 제기하였다.

50) 문재완, "로스쿨 제도도입에 따른 교육내용의 변경", 『법학논총』 제27집, 단국대학교 법학연구소, 2003, 75면은 "법의 원리를 이해하지 못한 초보자에게 실무 교육만 강조할 수는 없다. 실무의 범위는 무한하기 때문에 그 모든 것을 로스쿨에서 가르치려고 하는 것 자체가 무리다. 또 실무는 직접 실무를 하면서 익히는 것이 가장 효율적이다. 로스쿨에서의 교육은 실무에의 가교를 맡아야지, 직접 실무 교육을 담당해서는 곤란하다"고 지적하였다.

학전문대학원 교육을 통하여, D5, D6은 법학전문대학원 교육과 실무수습과정을 통하여, D8, D9, D10, E, F에 해당하는 부분은 실무수습과 6개월의 법률사무종사·연수 기간을 통하여 배양하는 것이 바람직할 것이다.

(2) 실무교육을 통하여 배양할 실무수행능력의 수준

법조인의 실무수행능력은 일생을 통하여 연마해야 하므로, 실무수행능력에 관한 법학전문대학원의 역할은 졸업생이 실무수행능력의 가장 기본적인 사항을 갖출 수 있도록 하는데 있다. 실무를 구성하는 세 가지 요소 중 실무구성요소①(법적으로 의미 있는 사실관계의 파악과 법적인 쟁점의 파악·분석 및 해결책 강구)이 법학전문대학원이 행할 가장 중요한 부분인 점에 대해서는 앞서 언급한 바 있다. 영국 SRA 기준 중 그룹 A와 B 그리고 C의 일부가 Ⅲ.1.(3)의 실무구성요소①에 관한 실무수행능력이다.

아래에서는 법학전문대학원이 실무구성요소①에 관한 교육에서 어느 정도의 수준을 목표로 해야 하는가를 살펴보자. 우선 생각해 볼 수 있는 것이 변호사시험에 합격할 수 있는 수준이 있을 것이다. 법학전문대학원 제도 도입 초기 변호사시험 문제유형 연구 태스크포스에서 변호사시험은 사법연수원 1년차 정도의 실무능력을 갖추었는지 여부를 검증하는 것으로 제시하였고 그 의미가 무엇인지, 그 수준 요구가 적정한지 등에 대하여 논란이 있었다.51) 법학전문대학원의 교육

---

51) 지원림, "변호사시험의 바람직한 방향 ― 민사법", 변호사시험의 바람직한 방향, 법학전문대학원협의회 주최 법학전문대학원 현안관련 토론회(2014. 12. 5), 50−51면; 이은기, "법학전문대학원에서의 실무교육과 '실습과정' 과목의 운용방향", 『인권과 정의』 통권 제406호, 대한변호사협회, 2010. 6, 69면은 법학전문대학원에서 사법연수원 교육의 1/3 정도는 해야 한다고 주장한다. "변호사시험에서의 실무능력이라고 하면 판례의 내용과 판례를 비판할 수 있는 능력, 즉 학설을 이해하고 논리적으로 전개할 수 있는 능력과 이를 바탕으로 실제에서 기록을 볼 수 있는 능력과 관련된 기본적 자질을 의미"하는 것으로 보고 "졸업후 로펌 등에 취직하였을 때 곧바로 소송실무를 담당할 수 없을 지라도 어느 정도의 수습과정을 거친다면

체계는 법과대학 졸업 후 사법연수원 연수하는 종전의 체제와는 근본
적으로 다르기 때문에 사법연수원 교육을 기준으로 하는 것이 적합한
지는 의문이 있다. 오히려 "변호사시험은 법률가로서의 기본소양 및
자질을 평가하는 시험으로 법학전문대학원의 교육과정을 충실하게
이수한 경우 비교적 어렵지 않게 합격할 수 있는 시험이 되도록 할
필요"가 있다고 한 사법개혁위원회의 지적52)에 충실하게 운영하는
것이 바람직하다. 변호사시험을 사법개혁위원회의 지적과 같이 운영
한다면 변호사시험에 합격할 수 있는 수준은 법학전문대학원에서 추
구할 목표수준의 최소한이라고 할 수 있고, 법학전문대학원은 각 학
교의 특성에 맞추어 교육수준을 설정할 필요가 있다.

　　변호사의 쟁송업무와 비쟁송업무를 모두 생각해 볼 때, 실무구성
요소①에 관한 실무수행능력은 다음과 같이 두 단계로 나누어 생각
해 볼 수 있다.53)

　　1단계(일반적 수준): 해당 분야 법원리의 분석적 적용
　　－ 사안을 분석하고 그 사안에 법원리를 적용하여 결론을 도출한다.
　　2단계(상위 수준): (1단계 수준에 추가하여) 관련 분야 법원리의 예방
　　　　　　　　　　적 응용 및 기존 법제도의 개선
　　－ 1단계 수준의 법원리 적용시 발견되는 법적 리스크의 발생을 사
　　　전에 예방하거나 최소화하기 위한 대안을 제시하고, 기존의 법제

능히 실무가로서의 활동을 할 수 있는 수준"으로 설명하는 견해도 있다. 신동룡,
"법학전문대학원 교과과정에 대한 연구",『연세대학교 법학연구』21권 2호, 연세
대학교 법학연구원, 2011, 182면.
52) 사법개혁위원회, 앞의 건의문(주 3), 24면.
53) 법률사무의 범위는 넓고 사회에서 필요로 하는 법률사무 가운데 위의 1단계 수준
(법원리의 분석적 적용)보다 낮은 단계의 법률사무도 있을 수 있다. 이 낮은 단계
의 법률사무수행은 관련 법분야의 지식을 단순 적용하는 수준이라고 할 수 있다.
학부 법학교육을 받았으나 법학전문대학원 교육 또는 종전 제도상의 사법연수원
교육을 받지 않고 예컨대 회사원으로 일정 분야에 종사하면서 그 분야의 법적인 업
무를 반복적으로 처리하는 경우에 필요한 수준이다. 박준, "우리나라 상사법 교육
의 방향과 과제",『상사법연구』제30권 제1호, 한국상사법학회, 2011. 5, 16－20면.

도의 문제에 대한 해결책을 제시하는 등의 기능을 수행한다.54)

　　법률전문가로 활동하는 법조인이라면 그가 다루는 사건 또는 사안을 분석하여 법리를 적용할 능력이 요구된다는 점에서 1단계 수준의 실무수행능력은 법학전문대학원 교육과정을 통하여 길러져야 한다. 대부분의 쟁송 업무는 1단계 수준의 실무수행능력으로 처리할 수 있을 것이다. 역사적으로 이미 발생한 사실관계에 대한 분쟁을 다루는 경우에는 사실관계가 확정되어 있으므로55) 사실관계의 입증 및 분석과 더불어 사실관계에 법리를 적용하여 법적인 결론을 얻게 된다. 물론 이 때 변호사는 혼란스러운 사실관계에서 법적으로 중요한 사실관계가 무엇인지를 파악하고, 법적인 쟁점을 분석하여 설득력 있게 주장을 펴야 한다는 점에서 법관의 분석력과 판단력에 추가하여 더 적극적인 사실관계의 파악과 법적인 논리구성 능력을 갖출 필요가 있다.

　　쟁송 업무를 처리하는 변호사도 때로는 기존 판례의 부당성을 설득력 있게 주장하여 새로운 판례를 만들 수 있는 개방적 사고를 해야 하고, 소송이 아닌 방법으로 분쟁을 해결하기 위해서는 창의력이 요

---

54) 문재완, 앞의 논문(주 2), 73-74면도 "우리나라의 법학교육이 법률의 해석, 적용만 가르쳤지, 분쟁의 해결능력을 키워준 적이 없기 때문에 사법연수원을 졸업한 법률전문가도 기업이 외면하고 있음을 직시해야 한다.... 복잡한 사안을 분석하고, 부족한 부분은 추론해서 문제의 원인을 발견하고, 그 해결을 위해 필요한 법률적 지식을 조사 연구해서 해결방안을 도출하고, 이를 문서나 구두로 상대방에게 설득력 있게 제시할 수 있는 사람이 유능한 법률가이며, 이렇게 생각하는 훈련이 필요한 것이다."라고 지적한 바 있다.

55) 물론 실제 소송에서는 입증에 따라 역사적으로 실제 발생한 사실관계와 법원이 인정하는 사실관계 사이에 괴리가 발생할 수도 있다. 법률가 특히 법관과 검사의 경우에는 실제 발생한 사실관계가 무엇인지를 파악하는 것이 매우 중요한 일이 된다. 법관은 양 당사자가 법적으로 정리하여 제시하는 주장과 입증에 기초하여 사실관계를 판단하면 되겠으나, 변호사는 정리되지 않은 혼란스러운 사실관계 속에서 법적으로 의미 있는 것들을 추출해야 한다는 점에서 변호사의 사실관계 파악은 법관보다 더 어려운 작업이 된다.

구된다. 2단계 수준의 실무수행능력이다. 나아가 변호사가 이미 발생한 분쟁의 해결에 그치지 않고, 새로 추진하는 사업과 거래를 검토하여 의뢰인에게 조언하거나, 입법·행정입법·정책입안 등의 업무를 처리하는 경우56)에는 이미 발생한 사실에 대한 분석과 법리 적용만으로는 부족하다. 이러한 업무를 수행하기 위해서는 변호사는 의뢰인이 부담할 법적 리스크57)를 예방하고 최소화하며 법적 분쟁을 방지하기 위한 대안을 제시할 수 있어야 하고, 기존 법제도 내에서 분석하고 해결책을 찾는데 그치지 않고 기존 법제도의 문제점을 파악하고 개선하는 방안을 제시할 수 있어야 한다. 이러한 업무를 수행하기 위해서는 법리와 판례에 대한 지식과 분석력에 추가하여 대안과 새로운 해결책을 제시할 수 있는 개방적 사고와 창의성이 필요하다.

　1단계 수준이건 2단계 수준이건 실무수행능력을 갖춘다는 것은 변호사 및 법조인으로서의 직무를 수행할 때 지켜야 할 윤리와 전문가 정신 및 공공성에 대한 인식과 실행을 전제로 한다. 이 점에 대하여는 아래 Ⅲ.3.(3)에서 항을 바꾸어 별도로 논의한다.

　일반적인 수준의 실무수행능력도 법학전문대학원의 교육만을 통하여 완벽히 갖출 수는 없고, 법조인으로 활동하면서 연구, 훈련, 경험을 통하여 계속 연마하여야 한다. 법학전문대학원에서는 기본법에 관하여 법학전문대학원 졸업시점에는 1단계 수준의 실무수행능력의

---

56) 김건식, 앞의 논문(주 1), 18면은 사회의 변화에 따라 "기존 법령도 새로운 환경에 적합하게 해석, 적용하는 융통성과 창의력이 필수적이고", "현실세계의 작동원리에 대한 관심이 오늘날의 법률가에게 특히 절실한 덕목"임을 강조하고 "기존의 법률의 해석 적용에 그치지 않고 한 걸음 더 나아가 입법을 포함한 새로운 대안을 모색하는 일"이 법률가와 전혀 무관하다고는 할 수 없다고 지적하였다.

57) 법적 리스크 (legal risk)의 개념에 대하여는 여러 견해가 있으나 이 글에서는 계약 등의 법률행위의 효력이 인정되지 않을 위험과 법률행위이건 사실행위이건 그 행위로 인하여 형사 처벌, 행정 제재, 민사 책임 등을 부담하게 될 위험을 의미하는 용어로 사용한다. Roger McCormick(2010), *Legal Risk in the Financial Markets* (Second Edition), Oxford University Press, pp. 263-284.

기본을 갖출 수 있는 것을 목표로 삼을 필요가 있다. 사례 또는 모의
기록을 통한 학습은 실무수행을 위한 분석력을 키우는데 크게 기여한
다. 학교, 교수와 학생 모두 법학전문대학원 교육에 필요한 시간 등
자원이 한정된다는 점을 감안할 때, 각 법학전문대학원이 특성화를
위하여 개설하는 과목들에 관하여는 기본법에 준하는 정도의 실무수
행능력을 목표로 삼기 보다는 오히려 그 특성화 전문분야에 관한 이
론교육(Ⅱ.1.의 이론·실무 스펙트럼의 ①과 ②)에 비중을 두는 것이 바람
직할 것이다.

　종전의 법학교육 체제에서는 2단계 수준의 실무수행은 크게 고
려하지 않았기 때문에 변호사들은 실무 경험을 통하여 스스로 이러한
실무수행능력을 키워왔다. 교육기간의 제약과 학교교육이라는 점 때
문에 법학전문대학원에서 2단계 수준의 실무수행능력을 충분히 키우
기는 쉽지 않다. 법학전문대학원의 교육은 학생들이 변호사 활동에서
2단계 수준의 실무수행이 필요함을 일깨워주고 강의에서도 이를 위
한 사고력 증진을 할 수 있는 내용을 반영하면 좋을 것이다.58)

　Ⅲ.1.(3)에서 언급한 실무구성요소①(법적인 쟁점의 파악·분석 및
해결책 강구)이 법학전문대학원 교육의 핵심이 되지만 실무구성요소②
(의사소통)에 대하여도 법학전문대학원에서 관심을 가져야 할 것이다.
의사소통 중 서면에 의한 의사소통 능력의 기본은 법학전문대학원에
서도 소장, 준비서면, 변론서 또는 법적 쟁점에 대한 조사보고서를 작
성하는 방법으로 배양할 수 있을 것이나, 실무수습과 6개월의 법률사
무종사·연수 기간을 통하여 본격적으로 배양하는 것이 바람직하다.
구두에 의한 의사소통 중 법정에서의 의사소통 능력은 법학전문대학

---

58) 필자의 경험에 비추어 보면, 변호사가 2단계 수준의 실무수행이 필요함을 의식하
　　면서 실무를 처리하는 경우 이러한 능력을 배양하는데 대체로 5년 내지 10년 이상
　　실무경험이 필요한 것으로 보이고, 이러한 의식 없이 실무를 처리하는 경우에는
　　더 많은 시간이 필요한 것으로 보인다. 박준, 앞의 논문(주 53), 19-20면.

원에서는 모의재판과 학회 활동을 통하여 배양할 수 있는 기회가 부여될 수 있으나, 역시 매우 기본적인 데 그칠 수밖에 없으므로, 실무수습과 6개월의 법률사무종사·연수 기간 중의 교육이 중요하다. 의뢰인과의 의사소통에 관한 사항도 마찬가지이다.[59]

(3) 실무수행능력의 일부로서의 법조윤리

Ⅲ.3.(2)에서 언급한 실무수행능력 모두에 필요한 사항은 법조인으로서의 윤리와 공공성에 대한 인식과 판단 및 실행 능력이다. 이 부분은 법조인의 숫자가 늘고 변호사의 사업적 성격이 커지면서 더 중요해 지고 있다. 변호사 이외의 법조직역인 법관과 검사의 경우에도 직업윤리의 중요성이 커지고 있다.[60] 영미에서도 법조인의 윤리와 공공성의 중요성이 강조되고 있고, 위 Ⅲ.2.에서 살펴본 바와 같이 미국 MacCrate 보고서, Best Practices 보고서, 영국 SRA의 기준 모두 법조인의 윤리를 실무수행능력의 중요한 한 부분으로 포함시키고 있다.[61]

법조인의 윤리의 문제는 사법제도에 대한 국민의 신뢰에 가장 큰 영향을 미칠 수 있는 사항이라는 점을 법학전문대학원의 실무교육에서도 반영할 필요가 있다. 법조윤리를 필수과목으로 이수해야 하도록 되어 있는 것은 당연한 일이고, 이 과목이 단순히 변호사시험의 일부

---

59) 의뢰인 상담에 관한 교과목으로는 아주대학교의 기업법무상담실무와 전남대학교의 법률상담클리닉이 있다.

60) 변호사 비리에 대한 보도는 끊이지 않는다, 최근 보도로는 법률신문(2015. 3. 31), "변호사가 도박 빚에 사기… 위증 교사까지", 변호사 징계내역은 대한변호사협회 홈페이지에 공고되고 있다. 형사범죄로 입건된 변호사가 2012년도에는 544명, 2013년도에는 566명이다. 2013 범죄분석, 대검찰청, 2013, 329면; 2014 범죄분석, 대검찰청, 2014, 329면. 법관과 검사 징계사례에 대하여는 박준, "법관·검사 징계사례에 관한 연구", 『서울대학교 법학』 제55권 제2호/통권 제171호, 서울대학교, 2014. 6, 619-623면. 문재완, "변호사 대량 배출 시대의 법학전문대학원 운영개선 — 학생 선발과 교육을 중심으로 —", 『인권과 정의』 통권 제453호, 대한변호사협회, 2015. 11은 법조윤리의 후퇴라는 문제를 지적하고(11면) 리걸클리닉을 통한 인성교육을 주장하였다(21면).

61) 카네기 보고서도 마찬가지로 법조인의 전문가정신과 윤리를 강조하였다. 주 12.

인 법조윤리시험 합격을 위한 수험과목에 그치거나 형식적인 과목에
그치지 않도록 해야 한다. 또한 법조인의 윤리는 법조윤리 과목에서
만 가르칠 사항은 아니다. 다른 과목(특히 실무에 관한 과목)에서도 법
조인의 윤리에 대한 교육이 이루어지는 것이 바람직하다.

(4) 실무수행능력 배양에 관한 법학전문대학원 교육의 역할

미국 로스쿨에서의 실무교육을 강조하는 카네기 보고서에서 언
급한 바와 같이 법학전문대학원은 학생들의 전문적 실무수행능력을
계발하는 시작단계를 제공하는 것이지 실무수행능력을 완전히 계발
하는 역할을 하는 것은 아니라는 점이다.[62][63] 법률실무에서 변호사
는 다양한 사실관계 하에서 여러 법적인 문제에 직면하게 된다. 법학
전문대학원이 실제 발생하는 모든 경우의 수를 다루거나 실제 발생하
는 사건을 현장에서 처리하기 위한 모든 실무 지식을 교육할 수도 없
고 또 그렇게 할 필요도 없다.[64] 어떠한 교육기관도 실제 실무를 처
리하는 능력을 모두 갖추도록 만들 수는 없다. 실무지식과 수행능력
은 대부분 현장에서 실무를 하면서 배워야 한다.[65]

또한, 법학전문대학원의 실무교육의 성과를 종전의 사법연수원의

---

62) 카네기 보고서 요약(주 12), p. 8. Best Practices 보고서 역시 3년 동안 로스쿨 학
   생이 완전히 법률실무를 할 수 있도록 만드는 것은 불가능함을 인정하였다. Best
   Practices 보고서(주 38), p. 5.
63) 심희기·박용철, 앞의 논문(주 41), 11면은 "법학전문대학원의 1차적 교육책임의
   시한은 학생들이 '자기성찰적으로 배우고 평생 배우는 기술과 정신'을 습득할 때
   까지"임을 강조하였다.
64) 실무교육을 지나치게 강조하는데 대한 지적은 많다. 김종철, "법학전문대학원의
   교육내용과 방법론", 김건식 외, 『로스쿨과 법학교육』, 아카넷, 2008, 101 - 102면;
   김창록, "로스쿨에서의 이론교육과 실무교육", 『법과 사회』 35권, 법과사회이론학
   회, 2008, 9 - 24면; 김재형, "새로운 민법교육의 체계와 방법: 서울대의 경우", 『민
   사법학』 제45 - 1호, 한국민사법학회, 2009, 34면 등.
65) MacCrate 보고서(주 32), pp. 8, 305 - 317과 Best Practices 보고서(주 38), p. 8도
   로스쿨 3년 교육으로 변호사로서 필요한 능력과 가치를 갖추지는 못하고 일생에
   걸쳐서 계속적인 교육이 필요하다는 점을 강조하였다.

실무교육과 비교하는 것은 적절하지 않다. 법학전문대학원 졸업후 변호사시험에 합격하여 변호사 자격을 취득한 사람과 사법시험 합격 후 사법연수원을 수료하여 변호사 자격을 취득한 사람의 실무수행능력을 비교하여 새로운 제도와 종전의 제도의 우열을 가려보자고 할 일은 아니다. 법학전문대학원 제도 하에서는 대학에서 다양한 분야를 전공한 학생들이 법학전문대학원에 진학하여 법조인이 됨으로써 다양한 분야에서 창의적이고 개방된 사고로 실무를 수행함으로써 사회에서 요구하는 바람직한 법조인이 될 것을 기대하는 것이다. 변호사 자격 취득 직후가 아니라 그 이후 장기간에 걸쳐 종전보다 훌륭하고 경쟁력 있는 활동을 하고 사회에 기여하는지를 보고 판단해야 할 일이다.

4. 실무에 관한 "교육"

(1) 교육을 누가 담당할 것인가
1) 변호사의 기본실무

법학전문대학원 설치·운영에 관한 법률은 제정이유에서 법률이론과 실무에 관한 교육을 실시하는 법학전문대학원제도를 도입하고자 한다는 점을 명시하였고 동법 제4조에서도 이 점을 다시 한번 언급하였다. 동법시행령은 필수 실무교육과목으로 5개의 과목(1. 법조윤리, 2. 국내외 법령 및 판례 정보 등 법률정보의 조사, 3. 판결문, 소장, 변론문 등 법문서의 작성, 4. 모의재판, 5. 실습과정)을 열거하였고(제13조 제1항), 다른 실무교육에 대하여는 특별한 언급이 없다. 현행 법령상으로는 법학전문대학원은 법조인으로서 법률사무를 처리하기 위하여 필요한 가장 기본적인 사항에 대한 실무교육은 반드시 실시하고 그 밖에 더 필요한 실무교육은 각 법학전문대학원이 특성을 살려 행할 것으로 기대되고 있다. Ⅱ.1.에서 논의한 바와 같이 이론·실무 스펙트럼의 ②(이론과 법리를 실제 사례에 적용하는데 필요한 사고력 훈련)를 다루는 교육은 이론과 실무를 연계하는 교육이고 법학전문대학원 교수는 이론과 실무 어느 쪽을 주로 담당하는지에 관계없이 ②를 다루는 교육을 할 수 있는 역량을 배양할 필요가 있다. 법학전문대학원 교육에서 이론·실무 스펙트럼의 ②를 다루는 교육이 매우 중요하다는 점에서 이론교수와 실무교수를 엄격히 구분하는 것은 바람직하지 않다. 이론교수는 이론·실무 스펙트럼의 ①(이론과 법리)에 대한 교육만을, 실무교수는 이론·실무 스펙트럼의 ③(실제사례 또는 실제사례와 유사한 상황에 이론과 법리를 적용해 보는 훈련)과 ④(변호사직무중 ③을 제외한 사항)에 대한 교육만을, 담당하게 하는 것은 이론을 위한 이론의 교육 또는 이론에 바탕을 두지 않은 실무교육을 초래할 우려가 있기 때문이다.

Ⅲ.3.(2)에서 논의한 바와 같이 법학전문대학원에서 일반적인 수준의 실무수행능력의 기본을 갖추게 되겠으나, 법학전문대학원 재학 중에 배양한 능력의 수준을 유지한 채 법조인으로서 일생을 보내서는 안 된다. 실무수행능력은 법조인으로서 활동하는 중에도 계속 연마해야 한다. 이러한 생각은 변호사법에도 잘 반영되어 변호사로 활동하는 기간 동안 연수를 받을 의무를 규정하고 있다(변호사법 제85조). 변호사의 실무수행능력은 학교에서의 교육만으로 이루어질 수는 없고 변호사가 일생동안 연마해야 하므로, 실무수행능력 배양에 대하여는 법학전문대학원과 변호사 단체 간에 합리적인 역할 분담을 하여야 할 필요가 있다.[66] 법학전문대학원의 수업연한은 3년 이상으로 규정되어 있으나(법학전문대학원 설치·운영에 관한 법률 제18조 제2항), 교육비용

---

[66] 미국에서도 로스쿨 졸업생들이 업무수행능력을 갖추도록 하는 것이 로스쿨만이 책임지고 해야 할 일은 아니라는 점이 강조되고 있다. 20세기의 미국 법학교육에서는 로스쿨이 학문적인 접근방법을 통하여 기본적 일반적인 법조인교육을 담당하고 업무수행능력과 사업적인 측면은 대체로 기존의 법조인들로부터 배우는 것으로 되어 있었다. 그러나 최근 기성 법조인들이 실무적인 면과 사업적인 면에 대하여도 로스쿨 담당분야로 넘기기 시작하였고, 로스쿨이 그러한 교육을 하게 되면서 로스쿨 교육비용과 학비가 증가하였다. American Bar Association Task Force on The Future of Legal Education, 앞의 보고서(주 3), pp. 16, 26.

을 감안할 때 법률에 규정된 최소한의 기간인 3년 동안 교육할 것이 기대되고 있다고 하겠다.[67] 3년 동안 90학점 이상을 취득하여 졸업하게 되는데 이 중에는 이른바 이론과목도 포함된다. 어떠한 법률업무를 수행하는 경우에도 알아야 할 기본과목, 전문성을 갖추기 위하여 전문분야에 관한 이론과목, 기본실무 및 전문분야 실무에 필요한 과목을 3년 동안 모두 수강하고 일반 법조인으로서의 실무수행능력과 전문분야 실무수행능력을 모두 갖춘다는 것은 매우 뛰어난 학생에게도 달성하기 어려운 목표이다.[68] 이러한 점에 비추어 볼 때, 법학전문대학원에서의 실무교육은 법조인으로서 필요한 기본적인 법지식과 이론을 갖추고 이를 실제 상황에 적용할 수 있는 기본적인 분석력과 응용력을 갖추는 것을 목표로 삼아야 할 것이다.[69] Ⅲ.3.(1)에서 언급한 바와 같이 실제 변호사로서 다루게 되는 여러 가지 법률사무의 처리 관행과 같은 것은 실무수습과 6개월간의 법률사무종사·연수를 통하여 익히도록 할 필요가 있다. 법률사무종사·연수 기간 동안의 실무수행능력 배양에 관하여는 아래 Ⅲ.4.(1) 3)에서 항을 바꾸어 논의한다.

---

67) 미국에서도 법조인양성이 공공적 가치를 제공한다는 점을 강조하는 입장에서는 최고의 품질의 법률서비스를 제공할 수 있는 법조인을 양성하기 위해서는 교육과정이 보다 장기로 되는 것을 선호하지만, 교육기간을 연장하면 할 수록 법조인 양성을 위한 교육의 총비용(교육에 필요한 비용과 직업활동 개시시점이 지연되는데 따른 비용)이 더 증가한다는 문제가 있음이 지적되고 있다. American Bar Association Task Force on The Future of Legal Education, 앞의 보고서(주 3), p. 7. 그렇기 때문에 교육기간의 연장은 로스쿨을 운영하는 학교, 교수, 학생 누구에게도 환영받지 못하는 방안으로 보고 있다. 카네기 보고서 요약(주 12), p. 7.

68) 이상원, 앞의 논문(주 31), 54면도 "3년의 교육기간 동안 사회에서 필요로 하는 모든 실무내용을 가르치는 것은 불가능하다"고 지적하였다.

69) 송기춘, 「법학전문대학원 교육과정 운영에 대한 평가」, 「로스쿨 5년 점검과 개선방향」, 국회의원 이춘석·참여연대 공동주최, 2013. 6. 24, 54면도 "이제 변호사가 된다는 것은 법률가로서 독자적으로 활동하는데 최소한으로 필요한 지식과 훈련을 받았다는 것이고 치열한 경쟁을 예고하고 있다"고 지적하고, "충실하고 실천적으로 교육이 이뤄지면 3년의 교육과정이 결코 짧지도 않다"고 언급하였다.

2) 변호사의 전문분야 실무

각 법학전문대학원이 일정한 분야에 대한 특성화 교육을 표방하고 있고 이는 다양한 교육기회를 부여한다는 점에서 바람직하다. 법학전문대학원에서 일반적인 법조인으로서 갖추어야 할 이론과 실무에 관한 교육이외에 전문분야에 대한 이론과 실무에 관한 교육기회도 제공하고 학생들이 이를 충실히 소화할 수 있다면 매우 바람직한 일이다. 그러나 학생, 법학전문대학원 및 교수 모두 법학전문대학원 교육에 사용할 수 있는 시간과 에너지가 한정되어 있다는 점을 고려하면, 일반적인 법조인으로 갖추어야 할 이론과 실무에 관한 교육과 비교할 때, 전문분야에 대한 교육은 우선 이론교육(Ⅱ.1의 이론·실무 스펙트럼의 ①과 ②)에 충실해야 할 필요가 있다.70) 일정한 분야에 대한 전문성을 갖추기 위해서는 우선 그 분야의 이론과 법리를 잘 파악하고 있어야 한다. 또 이 부분은 실무계와 비교할 때 법학전문대학원이 비교우위를 가지고 있다고 할 수 있다. 법학전문대학원 재학중 일반적인 법조인으로서 갖추어야 할 일반적인 실무수행능력을 배양하고, 아울러 전문분야에 대한 이론과 법리 교육을 잘 받은 학생이라면 졸업후 법조인이 되어 전문분야에 대한 실무에 종사하면서 전문성을 보다 쉽게 키울 수 있을 것이다.

3) 6개월간의 법률사무종사·연수 및 그 이후의 변호사 연수

변호사법은 법학전문대학원을 졸업하고 변호사시험에 합격하여 변호사자격을 취득하더라도 법률사무종사기관에서 통산 6개월 이상

---

70) 본문의 주장은 한정된 자원의 사용이라는 관점에서 언급한 것이고, 법학전문대학원이 특성화 교육 목표에 따라 전문분야에 관한 실무과목을 개설하는 것이 잘못되었다는 주장은 아니다. 법학전문대학원 별로 다양한 특성화 교육이 이루어지고 다양한 교과목이 개설되어 학생들의 선택의 폭이 넓어지도록 하는 것은 바람직한 일이다. 일부 법학전문대학원에서는 전문분야 쟁송관련 실무에 관한 교과목을 별도로 개설하고 있다(예: 고려대의 공정거래소송실무, 노동소송실무, 연세대의 의료소송론, 의료현장조사, 이화여대의 의료민사소송실무, 의료형사소송실무, 노동사회보장소송실무, 서강대의 소비자법 이론과 실무).

법률사무에 종사하거나 연수를 마치기 전까지는 법률사무소를 개설할 수 없고 단독 또는 공동으로 사건을 수임할 수 없도록 규정하고 있다(변호사법 제21조의2 제1항, 제31조의 2 제1항). 이 조항의 제안이유를 보면 "법학전문대학원의 석사학위 취득자가 변호사시험에 합격하더라도 곧바로 양질의 법률서비스를 제공할 수 있을지에 대한 우려가 크므로, 변호사시험 합격자가 법률사무를 수행할 수 있는 능력을 키우기 위해 6개월의 법률사무종사 또는 연수를 받도록 하여 21세기 시대상황에 맞는 새로운 법조인 양성제도를 구축"하는 것을 목적으로 하고 있다.[71]

이러한 법률사무종사·연수제도는 변호사시험 합격자들의 법률사무 수행능력 배양을 위한 것이므로 이들에 대한 광의의 법률실무교육의 일부를 이룬다고 할 수 있다. 법률사무종사·연수기간동안 실질적으로 실무수행능력을 키울 수 있게 함으로써 법학전문대학원에서의 실무교육과 보완관계가 형성되도록 할 필요가 있다.[72] Ⅲ.3.(1)에서 상세히 논의하였듯이, 법률사무종사·연수는 MacCrate보고서에서 제시한 열 가지 업무수행능력 중 "④ 사실조사, ⑤ 구두 의사소통, 서면 의사소통의 실무적 관행, ⑥ 상담(의뢰인 면담과 의뢰인에 대한 조언 포

---

71) 2008. 11. 27. 이주영의원 대표발의로 변호사시험 합격자에 대한 실무수습을 의무화하는 내용의 변호사법개정법률안이 제출되었으나 2011년 다른 변호사법개정법률안들과 통합하여 사법개혁특별위원회의 대안으로 국회에서 의결되었다. 이주영의원안의 제안 취지는 대안과 동일하지만 변호사시험합격자들이 2년간의 실무수습 및 교육을 받도록 규정하였다.

72) 대한변호사협회의 불충분한 연수프로그램을 비롯한 법률사무종사·연수의 문제점을 지적하고 6개월의 법률사무종사·연수와 법학대학원의 실무교육의 연계한 거시적인 커리큘럼이 필요하다고 한 주장{배기석, "수습변호사의 실무수습 제도 운영방안에 관한 제언", 『법학연구』 제54권 제2호/통권 제76호, 부산대학교, 2013. 5, 196－206면}은 경청할 만하다. 또한 김용섭, 앞의 논문(주 28), 113면도 변호사 연수가 송무중심에서 벗어나 정부 또는 기업의 사내변호사의 업무수행으로의 확대의 필요성, 지도변호사의 도제식 교육의 필요성, 체계적인 실무수습 프로그램의 운영 등을 주장하였다.

함), ⑦ 협상, ⑨ 법률사무의 조직과 운영"과 영국 SRA 기준의 그룹 D8, D9, D10, E, F에 해당하는 부분에 대한 실무수행능력 배양의 기회로 활용되는 것이 바람직하다.

위 Ⅲ.2.(5)에서 미국 델라웨어주는 로스쿨 졸업후 변호사시험 합격 이외에 5개월간의 실무수습(clerkship)을 수료하여야 변호사 자격을 취득할 수 있음을 언급하였다.[73] 델라웨어주에서 변호사자격을 취득하고자 하는 사람은 10년 이상의 경력을 가진 변호사를 지도관 (preceptor)으로 정해야 한다. 실무수습은 변호사사무실에서 지도관 또는 지도관이 인정하는 5년 이상의 경력이 있는 변호사의 "직접 그리고 끊임없는(direct and constant)" 지도를 받거나, 법관의 로클럭 또는 법무부·법률구조기관 등 일정한 공공기관에서 지도를 받음으로써 수료할 수 있다. 변호사 자격신청자는 실무수습기간 동안 델라웨어 변호사자격심사위원회가 정한 스물여섯 가지의 실무수습 사항을 수행하여야 한다. 델라웨어 변호사자격심사위원회는 지도관들에게 실무수습은 변호사의 실무와 변호사의 자세에 대한 의미 있는 교육이 되어야 하고 이 교육은 지도관이 적극적이고 긴밀하게 관여해야 달성될 수 있음을 강조한다. 지도관은 신청자를 자주 만나 법조인의 자세와 전문가 정신을 전수할 것이 기대된다. 이 실무수습은 5개월 연속하여 해야 하는 것은 아니고 로스쿨에 입학한 이후에 나누어 수행해도 된다. 신청자는 26개의 실무수습 사항을 각각 언제 수행했는지 기재한 실무수습 수료 확인서에 서명하여 변호사자격심사위원회에 제출한다. 지도관은 신청자가 작성한 변호사자격 신청을 위한 선서진술서와 실

---

73) 이 단락은 아래 문헌들에 기초하였다. Randy J. Holland, 앞의 논문(주 43), pp. 28-30; The Board of Bar Examiners of The State Of Delaware, 2015 Law Clerk Schedule of Legal Assignments available at http://courts.delaware.gov/ forms/download.aspx?id=28478; The Board of Bar Examiners of The State of Delaware, Preceptor Duties And Clerkship Requirements(July 14, 2015) available at http://courts.delaware.gov/bbe/docs/2015PreceptorMemo.pdf

무수습확인서의 내용을 확인함과 아울러 신청자의 도덕성과 평판, 변호사로서의 능력과 품성에 만족하였음과 델라웨어주 변호사 자격을 취득하는데 대해 만족함을 표시하는 확인서를 작성하여야 한다.

이와 같은 델라웨어주의 실무수습제도를 우리나라의 6개월의 법률사무종사·연수 기간의 운영에 참고할 필요가 있다. 법률사무종사·연수 기간 동안 행할 사항들을 구체적으로 정하고, 델라웨어의 지도관 제도와 마찬가지로 지도변호사의 역할과 의무를 상세히 정하는 등, 법률사무종사·연수 기간이 법학전문대학원의 교육과 연계하여 실무수행능력을 효과적으로 배양하는 기간이 되도록 변호사단체와 법학전문대학원협의회가 긴밀하게 협력할 필요가 있다.

또한 6개월의 법률사무종사·연수 이후에도 법조인은 스스로 이론에 대한 이해와 실무수행능력을 연마하는 노력을 게을리 하지 말아야 하고 변호사 단체도 계속적인 재교육을 하는데 힘써야 한다. 법학전문대학원도 이미 변호사시험에 합격하여 변호사 기타 직역에서 활동하고 있는 법조인들이 실무활동을 하면서 무디어진 이론과 실무수행능력을 다시 연마할 수 있도록 계속 교육을 하는 프로그램을 개발할 필요가 있다.

4) 변호사 이외의 법조인 직역의 실무
① 변호사 활동에 필요한 실무교육과 변호사 이외의 직역에서의 실무에 관한 교육의 구별

변호사가 민사·형사소송을 수행하기 위해서는 그 사건의 내용에 관한 실체법뿐 아니라 그 사건에 관한 재판의 진행에 관한 절차법을 숙지해야 하고, 법관과 법원의 실무관행도 알고 있을 필요가 있다. 마찬가지로, 형사사건에 관한 변호사업무를 수행하기 위해서는 수사·조사에 적용되는 실체법과 절차법을 숙지하고, 수사·조사가 적법하게 이루어지는 지에 대한 판단을 위해서 수사·조사업무에 대하여 알고 있어야 할 필요도 있다. 법학전문대학원에서 각종 재판실무와 검

찰실무 같은 과목들을 두는 경우 그 과목은 변호사의 직무수행의 관
점에서 변호사가 알아야 할 사항에 초점을 맞추어야 한다.

　변호사 활동에 필요한 사항이 아니라 변호사 이외의 다른 직역에
서 활동할 때 필요한 실무에 관한 교육은 그 직역에서 법조인을 채용
할 때 행하는 것이 바람직하다.[74] 변호사 이외의 법조인 직역의 대표
적인 예가 법관과 검사이다. 법관으로서 알아야 할 재판실무와 검사
로서 알아야 할 검찰실무는 법원과 법무부에서 변호사 자격을 갖춘
사람을 법관과 검사로 임용할 때 법관 또는 검사로서 필요한 실무교
육을 해야 하고 또 그렇게 교육하면 충분하다. 변호사자격을 갖춘 사
람을 경찰로 임용하는 경우에도 마찬가지이다. 이들 국가기관은 모두
자체적으로 실무교육을 할 수 있는 인적 물적 자원을 충분히 가지고
있고 교육 경험도 풍부하다. 법학전문대학원 교육기간이 3년으로 종
전의 법과대학 교육과 사법연수원 연수를 합친 기간보다 짧은 이유
중의 하나가 바로 법관·검사 양성교육을 할 필요가 없다는 점이
다.[75] 그럼에도 불구하고, 이들 직역에서 필요한 실무교육을 법학전
문대학원에서 담당하는 것은 바람직하지 않고, 법학전문대학원과 그
학생들이 사용할 수 있는 시간, 비용과 에너지를 효과적으로 배분하
는 것이 아니다.

　② 변호사 이외의 직역의 실무에 관한 교육의 현황

　그럼에도 불구하고 법학전문대학원에서 이들 직역에 필요한 실
무교육이 행해지고 있다. 서울대학교에 개설된 민사재판실무와 형사
재판실무는 판결서작성이 상당부분 차지하고 있고,[76] 검찰실무 1은

---

74) 사법개혁위원회도 "변호사시험 합격후 원칙적으로 각 직역별로 분리하여 실무연
　　수를 실시하는 방향으로 나가야 할 것"이라고 하였다. 사법개혁위원회, 앞의 건의
　　문(주 1), 25면. 김종철, 앞의 논문(주 64), 99-100면은 "사법연수원의 대체물은
　　법관연수원과 검사연수원이어야 한다"고 지적하였다.
75) 함영주, "법학전문대학원 내 교육용 법무법인의 설치를 통한 변호사실무교육의 내
　　실화 방안"(2009. 8)(법학전문대학원협의회 연구보고서 2009-05), 55면.

"검사지망과 무관하게 형사법에 대한 흥미와 관심이 있는 학생이면 수강이 충분"하고 장차 검사·형사변호사·형사재판부 법관으로 활동할 때 알아야 할 검찰실무를 다룬다고 하고 있으나 실무기록 작성연습은 검사업무수행 훈련이고,77) 검찰실무 2는 실무기록 검토 및 서류작성연습으로 이루어져 전부 검사업무수행 훈련이다.78) 그동안 24개의 법학전문대학원에 개설되었고 2015년 2학기부터 서울대학교 법학전문대학원에도 개설되어 이제 전국 25개 법학전문대학원에 개설된 경찰실무 과목79)도 수사서류 작성실습을 비롯하여 경찰업무수행에 관한 내용을 다룬다.80)

　　③ 법학전문대학원이 변호사 이외의 직역의 실무에 관한 교육을 하는
　　　 이유

변호사활동에 필요한 교육에도 시간이 충분하지 않음에도 불구하고 법학전문대학원에서 법관·검사·경찰 등의 직역에 필요한 실무교육을 하는 이유는 대체로 다음과 같이 세 가지 관점에서 살펴볼 수 있다.

첫째, 연혁적인 이유에서 종전의 사법시험제도하에서의 사법연수원 교육을 답습하고 있는 면이 있다. 종전의 제도 하에서는 사법시험 합격후 사법연수원 과정을 수료하면 변호사 자격이 부여되었고(변호사법 제4조 제1호), 이들 중 상당수가 법관과 검사로 임용되었다. 사법연수원이 개설된 1971년{법원조직법(법률 제2222호 1970. 8. 7.개정 및 시행) 제69조의2 이하, 사법연수원운영규칙 1971. 1. 1. 시행}부터 20년 이상 거의 대부분의 사법시험 합격자가 사법연수원 수료 후 법관 또는 검

---

76) 서울대학교 법학전문대학원 2015년 1학기 "민사재판실무" 강의계획서 및 2015년 2학기 "형사재판실무" 강의계획서.
77) 서울대학교 법학전문대학원 2015년 2학기 "검찰실무 1" 강의계획서.
78) 서울대학교 법학전문대학원 2015년 1학기 "검찰실무 2" 강의계획서.
79) 교과목 명칭은 경찰실무이외에 경찰법, 경찰행정법 등으로 개설된 경우도 있다.
80) 서울대학교 법학전문대학원 2015년 2학기 "경찰실무" 강의계획서.

사로 임용되었고, 사법시험 합격자의 숫자가 500명 내지 1,000명으로 증가하게 된 1990년대 중반 이후에도 상당수의 합격생이 법관과 검사로 임용되었다. 이러한 법관과 검사에의 진출에 비추어 보면 사법연수원 교육이 법원의 재판실무와 검찰 실무 중심으로 이루어지게 된 것을 충분히 이해할 수 있다. 1997년부터 사법연수원 교육을 대폭 개편하여 "사법연수원 교육의 기본틀을 '관(官)' 중심의 판·검사 양성에서 '민(民)' 위주의 변호사 양성교육으로 전환"하였다고는 하나,81)82) 사법연수원 연수 총 4학기 중 실무수습학기를 제외한 3학기 동안 변호사실무는 10학점, 판결서 작성을 위주로 하는 민사·형사재판실무와 공소장·불기소결정서 작성을 위주로 하는 검찰실무는 26학점으로 되어 있어 법관·검사 교육에 중점을 두고 있다는 점은 변함이 없다.83) 그러나 현재의 법학전문대학원 체제하에서는 종전의 사법연수원 수료생의 진로와는 다르기 때문에 사법연수원 교육을 그대로 답습하여서는 안 된다.

둘째, 졸업생의 취업의 관점이다. 이들 국가기관에서 법조인으로 활동하기 위해서는 이러한 실무과목의 수강이 사실상 요구되고 있다는 점을 지적할 수 있다. 예컨대, 검사 임용 여부 결정시 검찰 실무수습을 요구하고 검찰 실무수습 시에는 검찰실무 강의를 수강한 학생이 유리한 것으로 알려지고 있다. 법학전문대학원이 졸업생의 취업에 지장을 초래하지 않기 위하여 이들 과목을 개설하는 면을 부정하기 어렵다.

셋째, 재판실무·검찰실무와 같은 과목이 실질적으로 변호사활동에 필요한 교육을 보완하고 있다는 점이다. 재판실무와 검찰실무 과

---

81) 사법연수원 연수과정 안내 ─ 교과과정 안내 ─ 새로운 교과과정.
82) 사법연수원 연수중 변호사 실무수습제도의 변천과 변호사 실무수습의 강화 필요성에 관한 논의 전개 과정에 대하여는 함영주, 앞의 보고서(주 75), 8-50면 참고.
83) 사법연수원 연수과정 안내 ─ 교과과정 안내 ─ 제43기 사법연수생 연수계획, 제42기 사법연수생 연수계획.

목에서 기록을 분석하여 사실을 확인하고 법적인 쟁점을 추출한 후, 법리를 적용하여 결론에 이르는 훈련은 법적인 사고력과 실제 사건에의 응용력 증진 나아가서는 변호사의 소송수행능력 배양에도 도움이 될 것이다. 학생들이 책과 강의를 통하여 배운 법학이론이 실제 적용되는 모습을 재판실무와 검찰실무 과목을 통하여 보다 생생하게 느낄 수 있을 것이라는 점도 쉽게 예상할 수 있다. 이러한 과목을 법관·검사가 담당하는 것도 어느 정도는 이해할 수 있다. 법학전문대학원 설치·운영에 관한 법률이 갑자기 국회를 통과하여 법학전문대학원이 법조인 양성의 책임을 지게 되었으나, 종전 법과대학에서 "법학"을 연구하고 교육하는 역할이 기대되던 교수들이 법학전문대학원에서 "법조인 양성"을 위한 이론교육과 실무교육을 모두 담당하기는 쉽지 않다. 이 때문에 법학전문대학원 설치·운영에 관한 법률에서도 이른바 실무교원을 두도록 요구하고 있고, 모든 법학전문대학원이 실무경력을 가진 교수들을 채용하였으나, 실무경력을 가진 교수의 숫자는 전체 교수의 일부분에 불과하므로 법관·검사가 재판실무·검찰실무와 같은 과목을 담당함으로써 법학전문대학원과 사법부·법무부가 법조인 양성에 관한 협력을 하는 셈이다.

위의 세 가지 점 중 마지막에 언급한 실무교육의 보완의 차원에서 재판실무·검찰실무와 같은 과목이 개설되는 것은 바람직하다. 특히 아직 법학전문대학원 제도가 도입된 초기단계라고 할수 있으므로 실무교육의 보완 기능이 더 중요한 의미를 가질 수 있다. 그러나 위의 첫째와 둘째에 언급한 점은 여러모로 다시 생각해 볼 필요가 있으므로 항을 바꾸어 논의하기로 한다.

④ 문제점(1) — 사법연수원 교육의 답습

사법연수원의 재판실무 교육은 법관 양성을 위한 것이었다. 법학전문대학원의 재판실무도 기본적으로 사법연수원 교육에 기반을 둔 것이므로 법관의 관점에서 보는 교육을 벗어나지 못하고 있고, 이 점은 변호사시험 기록형에 반영되고 있다.84) 즉 실제 변호사가 행하는 소송실무와는 상당히 거리가 있는 내용의 소장 작성이 요구되고 있다. 이러한 교육과 시험이 일정한 주어진 자료를 보고 법적인 쟁점을 추출하고 분석하는 능력을 배양하는데 도움이 되는 것은 분명하다. 즉 법학전문대학원에서의 이론교육을 보완하는 매우 긍정적인 기능을 하고 있다. 그러나 당사자들의 주장 입증을 토대로 판단하는 법관의 직무수행 패턴과 정리되지 않은 사실관계를 정리하여 법적인 쟁점을 찾아내고 법관을 설득할 수 있는 법리를 생각해 내고 때로는 기존의 판례 또는 법령의 부당성을 제기해야 하는 변호사의 직무수행 패턴은 크게 차이가 있다. 재판실무 과목의 긍정적인 기능을 살리면서 변호사의 직무수행의 특수성을 반영할 수 있는 방향으로 개선할 필요가 있다.

⑤ 문제점(2) ─ 국가기관의 주도

검찰실무와 경찰실무 같은 교과목은 법무부와 경찰이 전국 25개 법학전문대학원에서 다룰 내용을 통일하고 강의도 검사와 경찰공무원이 맡고 있다. 이러한 강의내용의 통일과 강사의 파견은 부실한 내용으로 강의하는 법학전문대학원이 발생하지 않도록 하는 순기능을 가질 수 있을 것이나 각 법학전문대학원이 스스로 판단하여 교육하는 교육의 자율성은 사라지게 되는 문제점이 발생한다. 국가기관이 법학전문대학원의 교과목의 개설과 내용 및 강사를 정하고 나아가 법조인을 채용할 때 그 과목을 수강하였는지 여부 및 성적을 채용 기준 또는 고려요소로 삼는 데 까지 이르게 되면 법학전문대학원 교육이 그 국가기관의 채용을 위한 수단 또는 그 기관의 영향력 확대 목적으로 이용되는 것이 아닌가라는 우려를 벗어나기 어렵다.

이들 국가기관은 법조인을 채용한 이후 그 국가기관이 필요로 하

---

84) 변호사시험의 기록형에 대하여는 아래 Ⅳ.3.(1)

는 업무수행을 위한 교육과 연수를 할 수 있고 실제로 그렇게 하고 있으므로, 법학전문대학원에서 그 국가기관 소속 공무원으로서 행할 업무수행에 관한 실무교육을 할 이유가 없다. 물론 위에서 언급한 바와 같이 변호사로서 일반적인 실무수행능력을 배양하기 위한 목적으로 검사 등의 업무를 파악할 필요는 있다. 그러나 이러한 교육은 국가기관에서의 업무수행능력 배양을 목적으로 하는 것과는 구별되어야 한다. 그럼에도 불구하고 25개 법학전문대학원이 일률적으로 이들 국가기관이 요청하는 대로 교과목의 내용과 강사를 정하는데 협조하는 이유가 단순히 그 국가기관이 그 실무에 대한 전문성이 높다는 점 또는 법학전문대학원의 학사업무의 일부를 해소할 수 있다는 점 때문이라고 단언할 수 있을까. 보다 근본적으로는 이들 국가기관이 법조인을 채용할 때 그 교과목을 수강하였는지 여부 및 성적을 채용 기준 또는 고려요소를 삼거나 삼을 수 있기 때문은 아닌가. 국가기관의 요청을 무시하고 교과목 개설과 교과목의 내용 및 강사를 법학전문대학원이 자율적으로 결정하는 경우, 학생들이 위 국가기관에서 실무수습하거나 궁극적으로 채용되는데 불이익을 받지 않나 하는 우려를 가지고 있기 때문에 국가기관의 요청대로 실무교과목이 개설되고 운영되는 것은 아닌가 하는 의문이 든다. 세칭 권력기관이라 할 수 있는 국가기관들이 법학전문대학원에 자신의 업무에 관한 교과목을 경쟁적으로 개설하는 것이 법학전문대학원에서 전문성을 갖춘 법조인의 양성보다 그 기관의 영향력 확대 또는 그 기관의 업무에 대한 우호적 인식 확대를 위한 활동의 측면이 강하다면 교과목의 개설의 필요성과 운영방법이 적정한지를 재고해 볼 필요가 있다.

또 한 가지 간과하기 쉬운 점이 있다. 법학전문대학원에 강사로 출강하는 공무원은 소속 국가기관의 공무원의 지위와 함께 법학전문대학원의 강사의 지위를 가지고 있다. 법학전문대학원에서 강의를 담당하는 것은 강사의 지위로 활동하는 것이므로 강사의 지위에서 지득한 사항은 법학전문대학원의 교육목적으로 사용하는 것이 원칙일 것이다. 원래 소속된 국가기관이 강사로 출강하는 공무원에게 이러한 정보의 제공을 요구하거나 그 제공받은 정보를 교육목적이 아닌 다른 용도로 사용해서는 안 될 것이다.

⑥ 소결

국가기관이 지휘하여 25개 법학전문대학원에 동일한 교과목을 개설하도록 하고 그 내용과 강사를 통제한 후, 그 평가결과를 활용하고, 나아가 법조인 채용여부 결정시 그 교과목 수강여부와 성적을 반영하는 것은 시정되어야 한다. 특정 국가기관에서의 업무수행능력 배양은 법조인을 채용한 이후 그 국가기관이 할 일이지 법학전문대학원의 실무교육으로 다룰 것은 아니다. 변호사 업무를 위하여 필요한 범위 내에서 다루면 충분하고 각 법학전문대학원이 자율적으로 교과목의 내용을 정하고 강의를 담당할 교수도 스스로 정해야 한다.

(2) 실무교육의 방법85)

1) 실무교육과 실무과목

① 실무과목

실무과목은 실무수행능력을 배양하기 위한 과목들이다. 법학전문대학원 설치·운영에 관한 법률시행령 제13조 제1항에 열거된 필수 실무교육과목(1. 법조윤리, 2. 국내외 법령 및 판례 정보 등 법률정보의 조사, 3. 판결문, 소장, 변론문 등 법문서의 작성86), 4. 모의재판, 5. 실습과정)

---

85) 교육방법에 대하여는 이 글에서 다룬 논점이외에도 강의방법과 평가로부터 1년 2학기 교육이 아닌 다른 방식의 교육과정의 채택{예컨대, 손창완, "로스쿨 교육과정 개혁론" 법률신문(2015. 4. 28)에서 주장하는 모듈식 교육과정}에 이르기까지 다양한 논점들이 있다.

86) 법문서 작성이 "판결문, 소장, 변론문 등의 형식적 문서 작성을 위한 과목"이라면 필수과목이 될 이유가 없고 법적 추론이 중요하다는 점에서 법문서 작성에서 무엇을 다루어야 할지에 대한 논의가 필요하다는 지적이 있다. 송기춘, 앞의 발표문(주69), 69-70면.

중 법조윤리를 제외한 나머지 과목은 모두 실무교육의 그릇에 해당한다고 할 수 있다.[87] 그 밖에도 민사소송실무, 형사소송실무, 검찰실무, 공법실무 등의 실무과목은 주로 소송의 유형을 기준으로 개설하는 과목으로 역시 대체로 그릇에 해당하는 과목이고 여러 내용물을 담을 수 있다. 2012년 1학기부터 2014년 1학기까지의 교과목표를 기준으로 분류한 조사에 따르면 법학전문대학원마다 개설한 실무과목은 최소 7개에서 43개이고, 이론교과목 대비 비율 역시 4.8%에서 37.3%까지 다양하다.[88]

각 개별 법 분야를 위한 별도의 소송실무, 법문서 작성실무 등의 과목은 특별히 그 분야에 대한 특성화 교육을 강화하기 위한 목적을 달성하는데 도움이 될 수 있고 학생들의 선택의 폭을 넓힌다는 의미도 있다. 그러나 앞서 언급한 바와 같이 시간을 비롯하여 법학전문대학원 교육에 사용할 한정된 자원을 감안할 때, 전문분야에 대해서는 이론교육을 충실히 하는 것이 바람직하다. 일정한 법 분야에서의 전문성을 키우고자 하는 학생들은 일반적인 실무과목들을 이수함과 아

---

87) 실무과목에 관하여 법학전문대학원 설치·운영에 관한 법률시행령 제13조 제1항은 "법학전문대학원은 학생에게 법조인으로서 가져야 할 가치, 법률지식 및 전문기술 등을 지도할 수 있도록 다음 각 호의 내용을 포함하는 교과목을 개설하여야 한다. 1. 법조윤리(法曹倫理), 2. 국내외 법령 및 판례 정보 등 법률정보의 조사, 3. 판결문, 소장(訴狀), 변론문 등 법문서의 작성, 4. 모의재판, 5. 실습과정"이라고 규정하였고, 법학전문대학원 평가기준에서는 "실무과목은 습득된 법이론을 실제의 사안에 적용하는 과정과 방식에 관한 과목으로서 전임교원 내지 현직 실무가가 수강생에게 실제 사안 내지 실제 사안과 유사하게 준비된 가상의 사안을 법조인으로서 해결하는 실습의 기회를 제공하고 이에 대한 교육적 평가를 받는 것을 주된 내용으로 하는 과목을 말함"이라고 하고 있다. 법학전문대학원 평가기준(2010. 7), 대한변호사협회 법학전문대학원평가위원회 39면. 이 평가기준은 대체로 실제 사건을 처리하거나 모의기록을 가지고 연습하는 과목을 의미하는 것으로 보인다. 평가기준의 이러한 정의는 실무과목의 외관을 묘사하는데 그치고 그 내용을 무엇을 담아야 하는지에 대하여는 각 학교가 정하도록 하고 있다.

88) 이진국·백윤기·김상호, 앞의 보고서(주 26), 23면. 어떠한 기준으로 실무과목 여부를 판단하였는지는 드러나 있지 않다.

울러 전문 법분야 교과목에서 법리 이해와 판례분석 및 가상적 사례를 통한 사고력 훈련을 거쳐 전문분야 실무를 처리할 수 있는 능력을 키울 수 있다.

위에서 본 실무과목들은 대부분 Ⅲ.1.(3)에서 언급한 실무구성요소①(법적으로 의미 있는 사실관계의 파악과 법적인 쟁점의 파악·분석 및 해결책 강구)의 배양을 목적으로 한다. 실무구성요소②(의사소통)도 매우 중요한 실무수행능력이고, 법학전문대학원 교육과정상 위에서 본 여러 실무과목과 실무수습과정 등을 통하여 특히 직접 간접으로 서면 의사소통 능력을 배양할 기회들이 주어지고 있다. 의사소통 능력은 실무구성요소①과 독립적으로 교육해야 할 것은 아니므로 의사소통을 위한 별도의 과목을 개설하는 것 보다는 다른 과목에서 의사소통에 관하여도 관심을 두는 편이 바람직하다.

② 실무과목 이외의 과목에서의 실무교육

실무교육은 직업적 법조인이 법률사무를 처리할 수 있는 능력을 키울 수 있는 교육이고 이른바 실무과목을 통하여 행할 수도 있지만, 반드시 실무과목에만 의존할 것은 아니다.[89] 실무구성요소①(법적으로 의미 있는 사실관계의 파악과 법적인 쟁점의 파악·분석 및 해결책 강구)에 관한 실무수행능력은 쟁점의 파악·분석 및 법리의 응용의 문제이므로 실무과목 이외의 과목을 통해서도 배양될 수 있고, 실무구성요소②(의사소통)에 관한 실무수행능력 중 서면에 의한 의사소통은 논리적 체계적인 글쓰기를 기초로 하는 것이므로 실무과목 이외의 과목에서 작성하는 조사보고서도 이러한 서면에 의한 의사소통 능력을 키울 수 있는 좋은 방법이다.

2) 실무교육과 실무수습

법학전문대학원 재학생들이 방학 기간 동안 각종 국가기관, 공공

---

89) 김홍엽, 앞의 발표문(주 30), 4면도 실무교육과 이론교육이 불가분의 관계에 있다고 보고 있다.

기관, 법률사무소, 기업 등에서 하는 실무수습 또는 인턴 활동은 실무
교육에서 매우 중요한 역할을 담당한다. Ⅲ.3.(1)에서 언급한 바와 같
이 실무에 관한 교육 중 법학전문대학원에서 행할 수 있는 교육에는
제약이 있고 실무수습과 6개월간의 법률사무종사·연수를 통하여 익
혀야 할 부분이 많다. 실무수습기관이 다양하고 각 기관의 성격에 따
라 원하는 것이 다를 수 있기 때문에 일률적으로 취급하기는 어렵겠
으나, 법학전문대학원에서의 교육과 실무수습기관에서의 실무수습이
상호 보완 관계를 유지하는 것이 바람직하다. 이와 같이 실무수습을
통한 실무교육에 대하여는 다음과 같은 몇 가지 사항에 유의해야 할
것으로 생각된다.[90]

　첫째, 의미 있는 실무수습이 되기 위해서는 실무수습기관이 법학
전문대학원 학생들의 실무수행능력 향상을 위한 기회를 부여하고 학
생들도 그 기회를 통하여 실무수행능력을 향상시키고자 하는 의지가
있어야 한다. 학생들에게 유익한 충실한 실무수습이 되는 경우(예: 법
원에서의 실무수습)도 있으나, 일부 실무수습기관은 채용을 위한 검증
절차로 활용하고 학생들도 그러한 생각을 가지고 실무수습에 임하는
경우도 있는 것으로 보인다. 실무수습이란 학교교육의 연장선상에서
실무교육을 하는 것이라는 점에 대한 인식이 실무수습기관과 학생들에
게 확립되고 실질적인 실무교육이 이루어지게 운영될 필요가 있다.[91]

　둘째, 학생들은 실무수습에 참여하기 전에 그 실무수습기관에서
다루는 법률사무에 관한 실체법과 절차법에 관한 기본 지식을 갖출

---

90) Ⅲ.4.(2) 2)는 박준, 앞의 논문(주 53), 46면의 논의를 수정·보완한 것이다.
91) 사법연수원의 변호사실무수습(2개월)에서 연수생은 "각 변호사회의 담당 지도변
　호사로부터 실제 사건을 바탕으로 수임자와의 면담 요령, 소장을 비롯한 각종 소
　송 서류의 작성 방법 등 사건 수임에서 종결까지 사건처리 전반에 대한 지도"를
　받고, 또한 지방변호사회에서 제공하는 강의에 참석도 하는 것으로 되어 있다. 사
　법연수원 연수과정 안내 ― 교과과정 안내 ― 제42기 사법연수생 연수계획 ― 제4
　학기 연수.

필요가 있다.92) 기초과목을 이수하지 않은 학생이 실무수습에서 실제 사건에 관여하는 경우 얼마나 잘 배울 수 있을지 의문이다. 최소한 기초과목은 수강할 필요가 있고 심화과목까지 이수하면 실무수습의 효과를 더 높일 수 있을 것이다. 물론 법률정보 조사와 법문서 작성 등 실무수행에 관한 기초도 갖추어야 함은 물론이다. 사전준비가 되어 있지 않은 학생들이 실무수습에 참가하는 경우, 실무수습 지도관의 입장에서도 지도에 들어가는 시간과 노력에 비하여 수습생들의 수습 효과가 높지 않은데 대하여 실망할 수 있고, 나아가 이러한 실망은 법학전문대학원 교육에 대한 불신으로 이어질 우려가 있다.

셋째, 실무수습 후 학생과 실무수습 기관의 피드백을 받아 장래의 실무수습의 효과를 높일 수 있도록 할 필요가 있다. 전반적으로 학교에서 더 배웠으면 하는 점에 대하여 학생들로부터 의견을 수집하고, 아울러 실무수습기관으로부터도 학생들이 학교에서 무엇을 더 잘 배우고 와야 하는지에 대하여 의견을 들어 봄으로써 법학 교육에 대한 수요의 성격을 파악하고, 이를 교육의 내용과 방법에 반영할 필요가 있다. 실무수습과 연계하여 실무교육의 효과를 더 높일 방안에 대하여는 앞으로도 더 검토할 필요가 있을 것으로 보인다.

3) 실무교육과 임상법학 과목

법학전문대학원의 평가 항목중 법률문제의 해결 방안을 체험하는데 적합한 학내 리걸클리닉 과정을 두고 있는지가 포함되어 있고 각 법학전문대학원은 이러한 리걸클리닉 과정 또는 임상법학과목을 개설하고 있다.93) 이러한 임상법학과목을 통한 교육94)에 대하여는

---

92) 장연화, "법학전문대학원 실무수습의 현황과 발전방안", 『법학연구』 제13집 제2호, 인하대학교 법학연구소, 2010, 20면도 같은 취지.

93) 25개 법학전문대학원 중 1곳을 제외한 24개의 학교가 임상법학, 임상법무실습, 리걸클리닉, 로여링, 실습과정, 법률상담클리닉 등의 다양한 명칭으로 개설하고 있고, 과목수도 1과목 개설 13개 학교, 2과목 개설 7개 학교, 3과목 이상 개설 4개 학교이다. 이종근·이정훈·문재완, "리걸클리닉 표준모델 개발연구", 2013년도 법

다음과 같은 몇 가지 사항에 유의해야 할 것으로 생각된다.

첫째, 임상법학과목은 모의 사례가 아닌 실제 사례를 다루게 될 것이므로 의뢰인에게 충분하고도 적절한 법률서비스가 제공되도록 하여야 한다. 학생들의 교육을 위하여 의뢰인의 이익이 침해되어서는 안된다. 이를 위해서는 임상법학과목을 담당한 교수가 실제 사례를 처리하거나 학생들이 처리하는 것을 지도할 능력을 가지고 있어야 할 뿐 아니라, 학생들도 의뢰인의 이익을 침해할 우려가 없을 정도의 기본적인 법적인 지식을 갖추고 있어야 한다. 이러한 점에서 임상법학 과목 수강을 위해서는 일정한 과목을 이수할 것을 요구할 필요가 있다.[95]

둘째,[96] 임상법학과목을 통하여 의뢰인 면담으로부터 사건 종료에 이르기까지 실제 발생하는 사건처리의 전반적인 과정에 관여하게 되면 그동안 공부한 법적 지식과 분석력, 응용력을 실제로 활용해 볼 수 있다. 그러나, 변호사 자격이 있는 교수도 변호사 업무를 겸할 수

학전문대학원 실무교육역량강화(리걸클리닉 지원) 사업정책과제 결과보고서(2014. 3), 4-7면.

94) 임상법학과목에 대하여는 각주 93에 언급한 것 이외에도 많은 연구들이 있다. 윤남근, "리걸 클리닉 교육(Clinical Legal Education)의 의의, 현황 및 과제", 『고려법학』제57호, 고려대학교 법학연구원, 2010; 김인회, "법학전문대학원 리걸 클리닉 실시 방안에 대한 연구", 『법학연구』제13집 제2호, 인하대학교 법학연구소, 2010. 8; 민홍석, "법률전문대학원 부설 법률상담센터의 의의와 과제", 『법학연구』제13집 제2호, 인하대학교 법학연구소, 2010. 8; 계경문, "리걸클리닉의 운영사례 및 문제점과 개선방안", 『법학연구』제15집 제1호, 인하대학교 법학연구소, 2012. 3; 김광록, "미국 로스쿨에서의 실질적인 리걸 클리닉의 운영방법과 최근 동향", 『강원법학』제39권, 강원대학교 비교법학연구소, 2013. 6; 성중탁, "로스쿨 실무교육 강화방안으로서 리걸클리닉 강화 및 부설 로펌 설립 문제", 『인권과 정의』통권 제451호, 대한변호사협회, 2015. 8.

95) 서울대학교 법학전문대학원에서는 임상법학과목 수강을 위해서는 당해 수강 학기를 포함하여 다음 과목들을 이수할 것을 요구하고 있다.
법학기초과목: 공법(1,2,3), 민법(1,2,3), 형법(1,2), 법조윤리.
법학심화과목: 민사소송법(필수), 형사소송법, 행정소송법, 헌법소송법(택1).
실무기초과목: 법률정보의 조사(필수), 법문서의 작성(필수).

96) 위 둘째에서 언급한 내용은 박준, 앞의 논문(주 53), 46-47면에서 논의한 바 있다.

없는 현행 제도 하에서는 법학전문대학원과 그 소속 교수 및 학생은
무상의 법률서비스 제공만이 가능하다는 점에서, 외부 변호사의 지도
하에 이루어지지 않는 한 임상법학을 통하여 학교에서 다룰 수 있는
사건은 제한적일 수밖에 없다. 또한 미국의 일부 주에서 인정하는 학
생들의 제한적인 변론자격을 인정하지 않는 이상[97] 교수의 지도하에
실제 사건을 학생들이 적극적으로 관여하여 처리할 수 없다는 제약도
있다. 위와 같은 제한을 제도적으로 어떻게 개선할 것인지와 아울러
학교 강의를 통한 교육과 임상법학을 통한 교육을 어떻게 연계할 것
인지는 더 검토할 과제라고 하겠다.

　　법학전문대학원은 교수의 1/5 이상을 변호사 자격이 있고 5년 이
상 실무 경력이 있는 교수로 확보하여야 한다(법학전문대학원 설치·운
영에 관한 법률 제16조 제4항). 법학전문대학원 설치·운영에 관한 법률
의 제안이유, 검토보고서, 심사보고서 등에서 이러한 요건을 부과하
는 목적을 구체적으로 설명하고 있지는 않으나, 아마도 (i) 실무 경험
을 바탕으로 한 전문분야 교육과 (ii) 법률사무 수행능력을 키우는 실
무교육을 가능하게 하고자 하는 목적을 가지고 있는 것으로 보인다.
그런데 실무경력이 있는 교수가 확보되어도 그 교수들의 변호사 개업
은 사실상 제한되고 있다.[98][99] 실무경력을 가진 사람이 교수로 임용

---

97) 이종근·이정훈·문재완, 앞의 보고서(주 93), 19면. 함영주, 앞의 보고서(주 75),
　　80면도 일정한 범위내로 한정하여 법학전문대학원 학생이 소송대리 또는 변호를
　　할 수 있는 방안을 제시하고 궁극적으로는 법학전문대학원 내에 로펌을 설치하여
　　변호사 실무교육을 개선할 것을 제안하였다.
98) 법학전문대학원 설치인가 심사기준(2007. 10. 30. 교육과학기술부) 4.3.1 법조실무
　　경력교원의 수 및 확보여부에서 "법학전문대학원 설치인가를 신청한 이후 영리를
　　목적으로 사건을 수임한 사실이 있는 사람은 법조실무 경력교원의 수에 산입하지
　　않음. 전임교원인 법조실무 경력교원의 변호사 휴업은 인가신청서 제출 이전에 신
　　고된 것만을 인정함"이라고 규정하였다. 이 인가기준에 대하여 변호사 자격을 가
　　진 교수가 제기한 위헌확인 신청에 대하여 헌법재판소는 "청구인이 변호사직을 휴
　　업하고 겸직을 할 수 없는 것은 이 사건 심사기준으로 인하여 직접 발생하는 것이
　　아니라 로스쿨 설치 인가를 원하는 학교법인과 청구인간의 교수 근무 계약에 의하

되어 통상의 교수들에게 요구되는 연구에만 몰두하여 장기간을 보내게 되면 그의 실무 감각은 시간이 흐를수록 무디어 질 수 밖에 없고, 그가 가진 실무경험은 이미 오래전의 실무에 관한 것이 될 것이다. 이러한 점은 임상과목 담당교수에게도 예외 없이 적용되므로 법학전문대학원에서의 임상법학 과목 운영에는 바람직하지 않다.100)101)

Ⅳ. 이론교육 및 실무교육과 변호사시험

1. 변호사시험의 성격

법학전문대학원 졸업생이 변호사가 되기 위해서는 변호사시험에 합격하여야 한다. 변호사시험은 변호사에게 필요한 직업윤리와 법률지식 및 법률사무 수행능력을 검정하는 시험이다(변호사시험법 제1조). 변호사시험은 법학전문대학원의 교육과정과 유기적으로 연계하여 시행할 필요가 있다(변호사시험법 제2조). 그런데, 법학전문대학원은 각자 다양한 특성화 교육 기회를 제공할 것이 기대된다. 따라서 변호사

여 반사적으로 초래되는 것이며, 학교법인이 청구인에게 요구하고 청구인이 변호사 휴업을 선택하여야만 비로소 나타나는 사실상 효과에 지나지 않으므로 청구인에 대하여 기본권침해의 자기관련성을 인정할 수 없다"고 하여 각하하였다(헌재 2008. 12. 26, 2008헌마192).

99) 법학전문대학원 교수의 변호사 활동에 관한 각종 법령의 상세한 검토는 성중탁, 앞의 논문(주 94), 42-45면. 위 논문에 따르면 일부 사립대학교 법학전문대학원 교수의 경우에는 학교의 허가를 받아 변호사 활동을 하는 사례가 종종 있다고 한다.

100) 실무교육이란 "'실무 법조계'에서 '현재' 행하여지고 있는 관행 또는 기술(skill)을 '답습'하도록 가르치는 것"을 의미하는 것이 아니라는 지적{지원림, 앞의 논문(주 13), 82면}은 적절한 지적이고, 실무경험이 있는 교수가 장기간 실무를 하지 않아도 법적인 쟁점의 파악·분석 및 해결책 강구라는 기본적인 실무수행능력에 관한 교육을 할 수 있다. 그러나, 장기간 실무를 접하지 않아 실무감각이 떨어진 교수가 실제 사건수행의 지도를 하는 것은 바람직하지 않다는 것 역시 부정할 수 없을 것이다.

101) 성중탁, 앞의 논문(주 94), 42면은 "실무가 출신 교수들에게 제한적 소송수행권을 부여하여 리걸클리닉센터에서 취급하는 사건을 학생들과 함께 직접 진행토록 하는 방안"을 제시하였다.

시험으로 모든 법학전문대학원의 교육과정 전부를 테스트할 수는 없다. 변호사시험은 변호사로서 갖추어야 할 최소한을 갖추었는가를 검정하기 위한 것이다. 실무수행능력에 관한 검정을 하더라도 Ⅲ.3.(2)의 1단계 수준의 실무수행능력(해당 분야 법원리의 분석적 적용)의 검정을 할 수 있을 뿐 2단계 수준의 실무수행능력(관련 분야 법원리의 예방적 응용 및 기존 법제도의 개선)을 검정하기는 매우 어렵다. 또한 변호사시험은 가장 탁월한 변호사를 찾아내기 위한 시험은 아니므로 변호사시험이 2단계 수준의 실무수행능력 까지를 요구할 필요는 없다. 변호사시험은 변호사로서 갖추어야 할 최소한의 법적 지식과 법률사무 수행능력을 확인하기 위한 것이다.[102)103]

법학전문대학원을 졸업하여도 변호사시험에 합격하지 못하면 법조인으로 활동할 수 없으므로 법학전문대학원 학생들이 변호사시험에 신경을 쓰기 마련이다. 변호사시험을 어떠한 방식과 내용으로 시행하는가는 학생들의 교과목 선택 등 법학전문대학원 재학 3년간의 행동 나아가 법학전문대학원의 교육과정에 큰 영향을 주게 된다.[104]

2. 변호사시험 성적의 공개와 활용

최근 헌법재판소는 변호사시험이 자격시험과 선발시험의 두 가지 성격을 모두 가지고 있다고 하면서 "변호사시험 성적은 법학전문

---

102) 사법개혁위원회도 "변호사시험은 법률가로서의 기본소양 및 자질을 평가하는 시험으로 법학전문대학원의 교육과정을 충실하게 이수한 경우 비교적 어렵지 않게 합격할 수 있는 시험이 되도록 할 필요"가 있다고 보았다. 변호사시험이 요구하는 수준에 대한 논의는 위 Ⅲ.3.(2)의 주 51, 52와 그 본문.

103) 지원림, 앞의 발표문(주 51), 51, 54면도 "변호사시험은 로스쿨 졸업생들이 법률전문가로서 기본적인 소양을 갖추고 있는지 여부를 측정하는 것"이어야 하고 변호사시험이 제시하는 교육의 방향은 "변호사로서의 최소한의 전문지식의 함양"이어야 하는 것으로 보고 있다.

104) 이 글에서 언급한 것 이외에도 시험의 시간적 분산 등 변호사시험 제도 개선에 대한 의견들이 제시되고 있다. 박동진, 앞의 논문(주 11), 43-45면.

대학원에서의 학업성과를 측정·반영한 것으로 그 우수성의 징표로 작용할 수 있고, 각종 법조직역의 진출과정에서 객관적 지표로서 기능할 수 있다"고 보고 변호사시험 성적을 비공개로 정한 변호사시험법 제18조를 위헌으로 결정하였다(헌재 2015. 6. 25, 2011헌마769,2012헌마209·536(병합)). 헌법재판소 다수의견에서 언급한 것처럼 변호사시험 성적을 법조직역 진출과정에서 객관적 지표로 사용한다면, 소수의견이 지적하듯이 "변호사시험 응시자는 상대적으로 더 나은 성적과 석차를 얻기 위하여 법학전문대학원의 체계적인 교과과정을 충실하게 이수하기보다는 변호사시험 준비에 치중하게"되고, 이는 "법학전문대학원 교육을 본래의 취지에서 벗어난, 변호사시험 준비를 위한 교육으로 변질시킬 우려가 크며, 변호사시험과 직접 연결되지 않는 전문분야에 관한 학교별 특성화교육이 실질적으로 이루어지기 어렵게 함으로써 다양한 분야의 전문성과 경쟁력을 갖춘 우수한 인재의 배출을 어렵게" 할 우려가 크다.105) 이러한 우려는 "학교 교육을 통한 법조인 양성"이라는 법학전문대학원 제도의 가장 핵심적인 부분이 훼손될 수 있다는 점에서 심각하게 생각해야 한다.

변호사시험의 성격에 비추어 볼 때, 변호사시험은 기본적인 법지식 또는 법적 쟁점을 중심으로 논리적 사고를 검정하는 내용을 출제하게 될 수밖에 없다.106) 특히 다수의 응시생들을 대상으로 한 필기

---

105) 법학전문대학원 제도 도입초기부터 법학전문대학원 교육이 변호사시험 준비 위주로 흐를 때의 문제의 심각성에 대한 지적이 있었고{김건식, 앞의 논문(주 1), 21-22면}, 나아가 "교육과정에 중심을 둔 법률가 양성과정이 되려면 변호사시험을 염두에 두지 않고 최대한 가능한 교육을 하여야 하고, 변호사시험이 선발시험이 되는 순간 법전원 교육은 파행으로 치달을 것으로 보인다"는 경고도 있었다{송기춘, 앞의 발표문(주 69), 72면}. 변호사시험 성적을 공개해야 한다는 견해로는 김용섭, "법학전문대학원에서의 법학교육과 법조양성시스템 중간점검", 『저스티스』 통권 제120호, 한국법학원, 2010. 12, 256면; 김용섭, 앞의 논문(주 28), 125-126면. 변호사시험 성적을 공개하여서는 안 된다는 견해로는 김동호, 앞의 논문(주 24), 47면.

106) 김건식, 앞의 논문(주 1), 22면은 변호사시험을 중시하는 상황에서는 "평가의 객

시험에서는 객관성을 담보하기 위하여 판례에 의존한 정답이 있는 문제를 출제하게 되고,[107] 응시생들은 정답이 있는 일정한 유형의 시험문제에 익숙해지기 위한 답안작성 훈련을 거듭하게 된다. 이러한 답안작성 훈련은 과거의 사법시험 응시생들이 하던 훈련과 본질적으로 차이가 없다. 변호사시험 성적이 응시생의 우수성의 징표로 직역 진출의 중요한 지표로 사용된다면 학생들이 법학전문대학원 과정을 변호사시험에서의 우수한 성적을 올리기 위한 준비과정으로 생각하고 변호사시험 준비에 더 치중하게 될 가능성이 매우 높다. 학생들 뿐 아니라 법학전문대학원 조차도 변호사시험에 초점을 맞추어 교육하게 될 가능성이 높다.[108]

3년간의 법학전문대학원 기간을 변호사시험 준비를 위주로 보낸다는 것은 결국 일정한 유형의 시험에 대한 답안 작성을 위한 반복훈련을 하는 것이다. 변호사시험 준비에 과도한 시간과 노력을 투입하면, 실제 발생하는 다양하고 복잡한 사건에 부딪혀 전문성과 열린 사고를 기초로 사건을 분석하고 관계자들의 이해관계를 파악하여 균형 잡힌 법적인 판단을 할 수 있는 교육과는 거리가 멀어지게 되는 셈이다. 사고력을 키우지 못하게 된다는 점에서 과거의 사법시험을

관성을 위해선 표준적인 내용을 테스트하게 되고 그러다 보면 아무래도 암기위주로 흐르기 쉽다"는 점을 지적하였다.

107) 변호사시험의 객관성을 확보하기 위하여 판례에 의존하는 점이 다시 법학전문대학원 교육현장에 지대한 영향을 미쳐 수험법학의 병폐가 사라지지 않는다는 지적도 있다. 지원림, 앞의 발표문(주 51), 50면.

108) 헌법재판소 결정이 있기 전에도 이미 법학전문대학원들이 변호사시험합격률 경쟁과 이로 인한 교육의 충실성 손상을 우려하는 지적{송기춘, 앞의 발표문(주 69), 66−67면}과 변호사시험이 선발시험화 됨에 따라 법학전문대학원의 교육이 법조인 양성이 아닌 변호사시험 준비과정으로 운영된다는 문제가 제기되었으며{이진국·백윤기·김상호, 앞의 보고서(주 26), 36면}, 변호사시험 성적 공개시 법학전문대학원이 오로지 시험준비기관으로 기능하게 되어 교육의 파행화가 예상된다는 지적(정한중, "법학전문대학원 교육과정 운영에 대한 평가 토론문", 「로스쿨 5년 점검과 개선 방향」, 국회의원 이춘석·참여연대 공동주최(2013. 6. 24), 83면)도 있었다.

통한 법조인 양성제도가 가지는 문제를 반복하게 될 우려가 커진다. 또한, 전문성 배양의 면에서도 법학전문대학원들이 개설한 다양한 선택과목을 수강신청하지 않아 폐강되는 비율이 앞으로 더 높아질 우려가 있다.109) 법학전문대학원 학생들이 다양한 여러 전문분야에 대한 교육과 열린 사고를 할 수 있는 훈련을 할 시간과 노력을 변호사시험 성적을 높이기 위한 데 사용하는 것은 당해 학생에게나 사회적으로나 바람직하지 않다.

이번 헌법재판소 결정으로 변호사시험 성적을 당해 응시생에게 공개하도록 법제가 바뀐다고 하더라도, 변호사시험은 가장 탁월한 변호사를 찾아내기 위한 시험이 아니라 변호사로서 활동하는데 필요한 최소한을 갖추었는가를 확인하기 위한 시험이고 또 그렇게 운영되어야 한다.110) 변호사시험을 이와 같이 운영한다면, 변호사시험 성적이 그 응시생의 법학공부의 성과를 보여주는 일면이 없는 것은 아니겠으나, 시험의 성격상 그 성적의 높고 낮음을 응시생이 변호사(또는 다른 직역의 법조인)으로서 활동할 때의 능력의 주된 척도로 사용하기에 적합한지 의문이다.111)

---

109) 헌법재판소 결정이 있기 전인 2013년도의 전국 25개 법학전문대학원 중 통계자료가 없는 1곳을 제외한 24개 학교의 폐강과목은 평균 14.75개이고 20과목 이상 폐강된 학교가 6곳이며 선택과목 150개중 72과목이 폐강된 학교도 있다. 평균개설 과목수 108.75개 중 필수과목 15.58개를 제외한 선택과목 93.3개중 약 15.8%가 폐강되는 셈이다. 이진국·백윤기·김상호, 앞의 보고서(주 26), 21면.

110) 지원림, 앞의 발표문(주 51), 51면도 "사법시험은 총 응시자의 5%에도 못 미치는 숫자를 '선발'하기 위한 시험인 반면, 변호사시험은 응시자의 대다수가 합격하는, 따라서 준비가 아직 덜 된 소수자들을 '탈락'시키기 위한 시험"인 점을 강조하였다. 적절한 지적이다.

111) 김건식, 앞의 논문(주 1), 21면도 법률가의 기량을 한 번의 필기시험으로 충분히 평가할 수 없음을 시사하고, "법률가에게 새로운 문제에 대한 해결책 제시까지 기대한다면 변호사시험에 결정적인 의미를 부여하는 체제는 바람직하지 않다"고 지적하였다. 김동호, 앞의 논문(주 24), 47면은 자동차운전면허시험에서 높은 성적을 얻었다는 것이 향후 유능하고 바람직한 자동차운전자가 되는 것과 별다른 연관성이 없고, 변호사시험을 여기에 비유할 수 있는 것으로 보았다. 그렇다고 법학전문

3. 변호사시험의 내용

(1) 기록형 문제

기록형 문제는 변호사로서 갖추어야 할 이론과 실무를 테스트하는 목적을 가지고 있다. 그런데 그 기능을 다 하는지 의문이다. 예컨대 민사 기록형 문제는 잘 짜여진 기록에 의하여 이미 정해진 사실관계 하에서 소장을 작성하되 상대방이 제기할 것으로 예상되는 주장이나 항변 중 이유 없는 것은 소장에 반박하도록 하고 있고, 예비적·선택적 청구는 하지 말도록 요구하고 있다, 이는 실질적으로 모의기록을 보고 판결서를 작성하도록 하는 사법연수원의 재판실무와 별로 다르지 않다.[112] 기록형 문제가 잘 정리된 사실관계에 법리를 적용하는 능력을 테스트하는 점에서는 큰 기능을 할 수 있으나, 이러한 방식의 기록형 문제에 대하여는 다음과 같은 두 가지 점을 지적할 수 있다.

첫째, 변호사가 실제 사건을 수임하여 법원에 제출하는 소장과는 큰 차이가 있는 내용으로 소장을 작성하도록 한다는 점에서 법학전문대학원 학생들에게 혼선을 초래할 우려가 있다.[113] 법적인 쟁점을 파

대학원생들의 주된 관심이 좋은 학점을 받는데 있고 교과목 선택과 공부가 좋은 학점 위주로 이루어지는 것이 바람직한 것은 아니다. 이 역시 매우 경계해야 할 일이다.

112) 2000년 사법연수원 교수 특별세미나 및 설문조사에서 분쟁해결을 위한 접근방식에 대한 교육이 부족하다는 점이 다음과 같이 지적되었다{함영주, 앞의 보고서(주 75), 12면}.

"소장, 답변서, 준비서면의 작성에 있어 판결서에서 같은 세밀함과 정확성을 요구하는 경향이 있다. 교재도 상당부분 모범적인 청구원인 등 기재례를 제시하고 그에 대한 부연설명을 하면서 설시방법은 어떻게 하고 요건사실은 무엇이고 하는 방식으로 되어 있는데 이는 완결된 사건기록을 두고 판결에 의한 판단을 함에 있어 어떻게 이유 설시를 할 것인가 하는 민사재판실무의 접근방식에 가까운 태도라고 할 수 있다."

최근에는 "기록형 과목이 추구하는 교육목표는 변호사로서 사실관계를 정리하고 관련되는 법적 쟁점을 파악하여 논리적인 법적 분석을 하기 위한 것"이라는 지적도 있다. 정한중, 앞의 토론문(주 108), 75면.

113) 공법 기록형 문제에서 소의 적법성에 관한 부분을 소장에 기재하도록 요구하는

악하고 분석하는 능력을 확인하기 위한 것이라면 반드시 소장의 형식
으로 문서를 작성하도록 할 필요가 있는지 의문이다.

둘째, 양 당사자 및 그 소송대리인이 제출한 소장과 준비서면 및
입증자료를 토대로 판단하는 법관과는 달리, 변호사는 의뢰인으로부
터 제공받은 정보 중 법적으로 중요한 의미가 있는 사실관계를 추출
해 내고 법적인 구성을 하여야 한다. 변호사가 의뢰인을 위한 법적인
구제수단이 무엇인지를 밝혀내기 위해서는 우선 혼란스러운 사실관
계를 정리하여 중요한 사실관계와 그에 관한 법적인 쟁점을 찾아내야
한다. 또한 변호사는 때로는 기존 판례의 부당성을 설득력 있게 주장
하여야 할 수 있어야 하고 법령의 부당함도 지적할 수 있어야 한다는
점에서 법관보다는 훨씬 적극적이고 창의적인 사고를 필요로 한다.
현재의 기록형 시험으로 이러한 능력을 테스트하기는 어렵고, 변호사
시험을 달리 바꾸더라도 크게 달라지기 어려울 것이다. 1회의 시험으
로 평가하기 어려운 능력이기 때문이다. 변호사시험이 "복잡다기한
법적 분쟁을 전문적·효율적으로 해결할 수 있는 지식과 능력을 갖춘
법조인"을 선발하는 기능을 할 수는 없고, 그러한 법조인의 양성은
법학전문대학원 교육에 의존해야 한다. 각 법학전문대학원은 그러한
법조인을 양성하기 위하여 기본법 지식과 응용력을 키움과 아울러 다
양한 과목을 개설하여 각자 특성화 교육을 추진할 필요가 있고, 법조
인 양성에 관련되는 여러 당사자들은 법학전문대학원의 이러한 교육
이 정상적으로 이루어 질 수 있도록 협력할 필요가 있다.

(2) 선택과목

전문분야 교육과 관련하여 검토해야 할 점은 변호사시험 "전문법
률분야에 관한 과목으로 응시자가 선택하는 1개 과목"(변호사시험법
제9조 제1항 제4호)이다. 현재 7개의 과목114)이 지정되어 있고 일부과

것도 응시생의 법적인 분석력을 파악하기 위한 것으로 이해되나, 실제 변호사가
사건을 수임하여 제출하는 소장과는 거리가 있다.

목은 출제범위를 한정하고 있다. 선택과목 제도가 법학전문대학원에서의 특성화 교육내용을 검정하기 위한 것 같은데115) 이 제도가 추구하는 목표가 무엇인지 불분명하다. 모든 법학전문대학원 학생들이 7개의 전문법률분야 중 최소한 1개에 대한 전문성을 갖추어야 한다고 보고 그 전문성을 확인하기 위한 것인가. 전문분야 교육은 각 법학전문대학원에서 특성화 방향을 정하여 행할 문제이지 정부가 전문분야를 정할 일은 아니다. 또한, 선택과목 시험을 통과하였다고 하여 특정 법률분야에 대한 전문성이 확인되었다고 할 수 있는지 의문이다.116) 한편 7개의 선택과목 중 일부과목에 응시생이 집중되는 현상도 있다.117) 응시생들이 그 전문법률분야의 전문성을 갖추기 위하여 선택하였다면 다행이겠으나 그렇지 않고 시험준비가 편한 과목에 몰린 것이라면118) 선택과목 제도는 전문성 배양에 도움이 되지 않는 불필요한 제도라고 하지 않을 수 없다.119) 7개 과목 전공 교수들은 선택과

---

114) 국제법, 국제거래법, 노동법, 조세법, 지적재산권법, 경제법, 환경법.
115) 김인재, "변호사시험의 바람직한 방향 — 선택과목", 변호사시험의 바람직한 방향, 법학전문대학원협의회 주최 법학전문대학원 현안관련 토론회(2014. 12. 5), 123면. 장재옥, "토론: 변호사시험의 바람직한 방향 — 선택과목", 변호사시험의 바람직한 방향, 법학전문대학원협의회 주최 법학전문대학원 현안관련 토론회(2014. 12. 5), 139–140면.
116) 시험에 매몰된 학습으로 해당 선택과목에 대한 전문적인 교육이 어렵다는 지적{정한중, 앞의 토론문(주 108), 81면}과 선택과목은 각 학교의 특성화 교육과 연계하여 각 법학전문대학원에게 맡겨야 한다는 주장{이진국·백윤기·김상호, 앞의 보고서(주 26), 143면}도 있다.
117) 응시비율 상위 2개 과목인 국제거래법과 환경법 응시비율이 변호사시험 1회 40.12%, 2회 56.9%, 3회 67.67%. 4회 73.61%로 계속 증가하고 있다. 김인재, 앞의 발표문(주 115), 123면. 법무부, 2015년 시행 제4회 변호사시험 합격자 통계.
118) 심지어는 국제거래법이 개설되지 않은 학교에서 거의 30%의 학생이 국제거래법을 선택하여 응시한 사례를 보면 전문성을 배양하기 위한 선택이라고 할 수 있을지 의문이다. 이재곤, "토론: 변호사시험의 바람직한 방향 — 선택과목", 변호사시험의 바람직한 방향, 법학전문대학원협의회 주최 법학전문대학원 현안관련 토론회(2014. 12. 5), 147면.
119) 법학전문대학원협의회에서 법무부와 교육부에 선택과목 시험 폐지를 건의한 상태라고 한다. 정한중, 앞의 토론문(주 108), 82면. 이철환, "변호사시험법상 실무능

목 제도 폐지시 수강생 감소를 우려할 지도 모르겠으나, 진정 사회에
서 필요로 하는 전문법률분야라면 법학전문대학원 학생들이 전문분
야로 삼아 수강할 것이므로 기우에 그칠 것이다.

V. 결 론

사법개혁위원회의 건의 등 법학전문대학원 제도 도입에 대한 본
격적인 논의가 시작된 이후 10년 이상 법학전문대학원의 교육에 관
하여 많은 논의가 있었다. 또한, 법학전문대학원 신입생이 입학한
2009년 이후 각 법학전문대학원은 새로운 제도 하에서 어떻게 훌륭
한 법조인을 양성할 것인지에 대하여 고민해 왔고, 법학전문대학원
졸업 후 변호사시험에 합격한 사람의 숫자가 6,000명을 넘어섰다. 그
동안의 노력으로 법학전문대학원의 이론교육과 실무교육이 어느 정
도 자리 잡힌 면도 있으나 아직 더 발전시켜야 할 부분이 많이 남아
있다. 이 글은 법학전문대학원의 이론교육과 실무교육의 의미와 관계
및 교육주체와 방법의 문제를 검토하였고, 요지는 다음과 같다.

1. "사법시험을 통한 법조인 선발"이 아닌 "법학전문대학원 교육
을 통한 법조인 양성"이라는 새로운 법조인 양성 제도 하에서 법학전
문대학원의 이론교육과 실무교육은 상호 밀접하게 연계되어 있다. 법
학전문대학원에서도 이론교육은 매우 중요하다. 법리에 대한 이해 없
이 법률실무를 수행할 수는 없고, 어렵고 복잡한 문제에 부딪힐수록
법리의 정확한 이해가 실무수행능력에 큰 영향을 미치기 때문이다.
법학전문대학원에서 가르치는 법학이론은 졸업생이 법률사무를 처리

력의 평가 및 로스쿨의 특성화", 「제29회 대학교육 정책포럼 로스쿨의 성공적 정
착을 위한 과제」, 대한대학교육협의회(2010. 9. 17), 129면은 선택과목을 시험과목
에서 제외하고 대신 특성화 과목 이수를 변호사시험에 반영할 것을 제안하였고,
김동호, 앞의 논문(주 24), 62면도 선택과목 시험을 "선택형으로 하거나 아예 시험
과목에서 제외하고 전적으로 교육에 맡기는 것이 바람직하였다"고 지적하였다.

할 수 있는 능력을 갖추는데 필요한 이론이어야 하고, 구체적인 사실관계에 법리를 적용하는 사고력 증진을 위한 교육이 이론교육에서도 이루어지는 것이 바람직하다. 사고력 증진교육은 실무교육의 바탕이자 이론교육과 실무교육의 가교이다. 실무과목에서만이 아니라 다른 과목에서도 실무수행능력을 배양할 수 있다. 또한 법학전문대학원은 특성화 교육을 통하여 졸업생이 전문성을 가진 법조인으로 도약할 수 있는 발판을 제공할 필요가 있다. 현행 변호사시험 중 "전문법률분야" 선택과목 제도는 전문분야 교육에 도움이 되기보다는 장애가 될 수 있으므로 폐지하는 것이 바람직하다.

2. 실무교육은 변호사실무에 관한 교육을 중심으로 해야 한다. 소송실무 이외에 비쟁송실무에 관한 교육도 소홀히 하지 않는 것이 바람직하다. 법관·검사·경찰 등 변호사 이외의 직역에서 행하는 실무는 변호사 활동을 위하여 필요한 범위 내에서 교육하고, 그 당해 직역에서의 활동을 위한 실무교육은 그 직역에 진입할 때 그 기관에서 행하여야 한다. 국가기관이 그 직역에서의 실무에 관한 교육에 관한 법학전문대학원 교과목의 내용과 강사를 정하고 채용여부 심사시 그 과목의 수강여부 및 성적을 반영하거나 반영할 수 있도록 하는 것은 바람직하지 못하다.

3. 변호사실무는 ① 법적으로 의미 있는 사실관계의 파악과 법적인 쟁점의 파악·분석 및 해결책 강구, ② 의사소통, ③ 기타 법률사무소의 운영의 3가지 요소로 구성되어 있다. ①중 법적인 쟁점의 파악·분석 및 해결책 강구에 대한 교육은 주로 법학전문대학원이 담당할 부분이다. ①중 사실관계 확정과 ②에 대하여는 법학전문대학원 재학 중에도 임상법학 과목 및 실무수습과정을 통하여 교육받을 기회를 있으나 한계가 있다. 이에 대하여는 법학전문대학원 교육과 6개월의 법률사무종사·연수가 분담할 필요가 있다. ③은 6개월의 법률사무종사·연수를 통하여 배우는 것이 합리적이다. 법학전문대학원의

교육과 법률사무종사·연수를 연계하여 효과적인 법조인 양성을 할 수 있도록 변호사단체와 법학전문대학원협의회 간의 긴밀한 협력이 필요하다.

4. 변호사실무의 구성요소①과 관련한 실무수행능력의 수준에 대하여는, 법학전문대학원 졸업시점에는 기본법에 관한 "법원리를 분석적으로 적용"하는 능력을 갖추도록 하고, 실무에 진출한 후 "법원리를 예방적으로 응용하고 기존 법제도를 개선"하는 능력까지 배양하여야 함을 일깨우고 이를 위한 사고력 증진 교육을 하는 것을 목표로 삼아야 한다. 또한 법학전문대학원은 실무수행능력의 전제가 되는 법조인으로서의 윤리와 공공성에 대한 인식과 판단 및 실행 능력 배양을 위한 교육에도 힘써야 한다. 이론과 실무 모두 법학전문대학원에서의 교육만으로 충분하지 않고, 법조인은 법조인으로 활동하는 동안 끊임없이 실무수행능력을 연마하여야 하고 이를 위하여 필요한 범위 내에서 법리의 발전 역시 계속 습득하여야 한다.

5. 법학전문대학원생들이 법학전문대학원 재학기간을 변호사시험 준비를 위주로 보내는 경우, 일정한 유형의 시험에 대한 답안 작성을 위한 반복 훈련에 치중하게 된다. 이는 전문성과 열린 사고를 기초로 균형 잡힌 법적인 판단을 할 수 있는 교육과는 거리가 멀어지게 될 우려가 크다. 변호사시험 점수 공개로 인하여 이러한 우려가 더 커지게 되었다.

▧ 참 고 문 헌

[국내 문헌]

계경문, "리걸클리닉의 운영사례 및 문제점과 개선방안", 『법학연구』 제15집 제1호, 인하대학교 법학연구소, 2012. 3.

구상진, "새 법학교육체제의 운영방안: 법학전문대학원 교육의 지향점과 실무 교육방안을 중심으로", 『저스티스』 통권 제117호, 한국법학원, 2010. 6.

권영준, "민사재판에 있어서 이론, 법리, 실무", 『서울대학교 법학』 제49권 제3호, 서울대학교 법학연구소, 2008. 9.

김건식, "법학전문대학원 어떻게 살려나갈 것인가", 김건식 외, 『로스쿨과 법 학교육』, 아카넷, 2008.

김기창, "법률교육의 국제경쟁력 확보", 『서울대학교 법학』 제47권 제4호, 서 울대학교 법학연구소, 2006.

김광록, "미국 로스쿨에서의 실질적인 리걸 클리닉의 운영방법과 최근 동향", 『강원법학』 제39권, 강원대학교 비교법학연구소, 2013. 6.

김동호, "법학전문대학원에서의 이론교육과 실무교육의 조화 및 변호사시 험", 『인권과 정의』 통권 제406호, 대한변호사협회, 2010. 6.

김용섭, "법학전문대학원에서의 송무교육과 법이론교육", 『저스티스』 통권 제99호, 한국법학원, 2007. 8.

_____, "법학전문대학원에서의 법학교육과 법조양성시스템 중간점검", 『저 스티스』 통권 제120호, 한국법학원, 2010. 12.

_____, "법조직역 진출의 관점에서 본 법실무교육의 내실화와 지향점", 『인 권과 정의』 통권 제428호, 대한변호사협회, 2012. 9.

김인재, "변호사시험의 바람직한 방향 — 선택과목", 변호사시험의 바람직한 방향, 법학전문대학원협의회 주최 법학전문대학원 현안관련 토론회 (2014. 12. 5).

김인회, "법학전문대학원 리걸 클리닉 실시 방안에 대한 연구", 『법학연구』 제13집 제2호, 인하대학교 법학연구소, 2010. 8.

김재형, "새로운 민법교육의 체계와 방법: 서울대의 경우", 『민사법학』 제 45－1호, 한국민사법학회, 2009.

김종철, "법학전문대학원의 교육내용과 방법론", 김건식 외, 『로스쿨과 법학 교육』, 아카넷, 2008.

김창록, "로스쿨에서의 이론교육과 실무교육", 『법과 사회』 **제**35권, 법과사회 이론학회, 2008.

_____, "변호사시험 운영의 적절성", 「로스쿨 5년 점검과 개선 방향」, 국회 의원 이춘석·참여연대 공동주최(2013. 6. 24).

_____, "한국 로스쿨의 의의와 과제: '로스쿨 시스템'을 로스쿨답게 만들어 야", 『저스티스』 제146－2호, 한국법학원, 2015. 2.

김홍엽, "로스쿨 실무교육 운영의 현황과 지향점", 2010 법조인 양성 실무교 육의 새로운 패러다임 모색 심포지엄, 사법연수원(2010).

문재완, "로스쿨 제도도입에 따른 교육내용의 변경", 『법학논총』 제27집, 단 국대학교 법학연구소, 2003.

_____, "법학전문대학원의 교육방향 및 교육과정", 법학전문대학원 제도 도 입방안에 관한 공청회 주제발표 및 토론자료, 사법제도개혁추진위원회 (2005).

_____, "변호사 대량 배출 시대의 법학전문대학원 운영개선 ― 학생 선발과 교육을 중심으로 ― ", 『인권과 정의』 통권 제453호, 대한변호사협회, 2015. 11.

민홍석, "법률전문대학원 부설 법률상담센터의 의의와 과제", 『법학연구』 제 13집 제2호, 인하대학교 법학연구소, 2010. 8.

박동진, "법조인 양성을 위한 법학전문대학원의 교육 방향", 『저스티스』 통 권 제124호, 한국법학원, 2011. 6.

박영규, "로스쿨의 현황, 진실과 거짓", 「로스쿨출범 6년의 현황과 과제」, 한 국법학전문대학원협의회 등 주최 공청회(2014. 10. 17).

박 준, "법관·검사 징계사례에 관한 연구", 『서울대학교 법학』 제55권 제2
　　　호/통권 제171호, 서울대학교 법학연구소, 2014. 6.

_____, "우리나라 상사법 교육의 방향과 과제", 『상사법연구』, 한국상사법
　　　학회, 2011. 5.

배기석, "수습변호사의 실무수습 제도 운영방안에 관한 제언", 『법학연구』
　　　제54권 제2호/통권 제76호, 부산대학교 법학연구소, 2013. 5.

성중탁, "로스쿨 실무교육 강화방안으로서 리걸클리닉 강화 및 부설 로펌 설
　　　립 문제", 『인권과 정의』 통권 제451호, 대한변호사협회, 2015. 8.

손창완, "로스쿨 교육과정 개혁론", 『법률신문』, 2015. 4. 28.

송기춘, "법학전문대학원 교육과정 운영에 대한 평가", 「로스쿨 5년 점검과
　　　개선 방향」, 국회의원 이춘석·참여연대 공동주최(2013. 6. 24).

신동룡, "법학전문대학원 교과과정에 대한 연구", 『연세대학교 법학연구』 제
　　　21권 제2호, 연세대학교 법학연구원, 2011.

심희기·박용철, "형사법에서의 이론교육과 실무교육의 조화", 『서강법학』 제
　　　10권 제2호, 서강대학교 법학연구소, 2008. 12.

윤남근, "리걸 클리닉 교육(Clinical Legal Education)의 의의, 현황 및 과제",
　　　『고려법학』 제57호, 고려대학교 법학연구원, 2010.

윤지현, "법학전문대학원에서의 '법률문장론' 수업에 관하여 — 실제 수업을
　　　통하여 얻은 경험과 느낌을 중심으로", 『저스티스』 통권 제116호, 한
　　　국법학원, 2012. 4.

이상원, "로스쿨에서의 형사실무 교육방법", 『형사법연구』 제20권 제3호, 한
　　　국형사법학회, 2008. 6.

이용구, "형사실무교육의 개선방향", 2010 법조인 양성 실무교육의 새로운
　　　패러다임 모색 심포지엄, 사법연수원(2010).

이은기, "법학전문대학원에서의 실무교육과 '실습과정' 과목의 운용방향", 『인
　　　권과 정의』 통권 제406호, 대한변호사협회, 2010. 6.

이재곤, "토론: 변호사시험의 바람직한 방향 — 선택과목", 「법학전문대학원 현
　　　안관련 토론회」(2014. 12. 5).

이종근·이정훈·문재완, "리걸클리닉 표준모델 개발연구", 2013년도 법학전
　　문대학원 실무교육역량강화(리걸클리닉 지원) 사업정책과제 결과보고
　　서(2014. 3).

이진국·백윤기·김상호, "법학전문대학원생의 취업분야별 교육과정 개발 기
　　초연구"(2014. 5).

이철환, "변호사시험법상 실무능력의 평가 및 로스쿨의 특성화", 「제29회 대
　　학교육 정책포럼 로스쿨의 성공적 정착을 위한 과제」, 대한대학교육협
　　의회(2010. 9. 17).

장연화, "법학전문대학원 실무수습의 현황과 발전방안", 『법학연구』 제13집
　　제2호, 인하대학교 법학연구소, 2010.

장재옥, "토론: 변호사시험의 바람직한 방향 ― 선택과목", 「변호사시험의 바
　　람직한 방향」, 법학전문대학원협의회 주최 법학전문대학원 현안관련
　　토론회(2014. 12. 5).

정한중, "법학전문대학원 교육과정 운영에 대한 평가 토론문", 「로스쿨 5년
　　점검과 개선 방향」, 국회의원 이춘석·참여연대 공동주최(2013. 6. 24).

지원림, "바람직한 민법학 교육방법 ― 개인적인 경험을 기초로 한 극히 주관
　　적인 모델의 제시", 『저스티스』 통권 제132호, 한국법학원, 2012. 10.

_____, "변호사시험의 바람직한 방향 ― 민사법", 「변호사시험의 바람직한
　　방향」, 법학전문대학원협의회 주최 법학전문대학원 현안관련 토론회
　　(2014. 12. 5).

한상희, "법학전문대학원의 교육방향과 교육이념", 김건식 외, 『로스쿨과 법
　　학교육』, 아카넷, 2008.

함영주, "법학전문대학원 내 교육용 법무법인의 설치를 통한 변호사실무교육의
　　내실화 방안"(2009. 8)(법학전문대학원협의회 연구보고서 2009 ― 05).

[기타 자료]
사법개혁위원회, 「사법개혁을 위한 건의문」, 2004. 12. 31.
사법연수원 연수과정 안내 ― 교과과정 안내
　　https://jrti.scourt.go.kr/homepage/guide/execv/execv.do#05

[외국 문헌]

American Bar Association Section of Legal Education and Admissions to the Bar, *Legal Education and Professional Development — An Educational Continuum, Report of The Task Force on Law Schools and the Profession: Narrowing the Gap* (July 1992).

American Bar Association Task Force on The Future of Legal Education, "Report and Recommendations" (January 23, 2014) available at http://www.americanbar.org/content/dam/aba/administrative/profess ional_responsibility/report_and_recommendations_of_aba_task_force. authcheckdam.pdf.

Boon, Andrew and Julian Webb, "Legal Education and Training in England and Wales: Back to the Future?", *Journal of Legal Education*, Volume 58, Number 1 (March 2008).

Holland, Randy J., "The Delaware Clerkship Requirement: A Long — Standing Tradition", *The Bar Examiner* (November 2009).

Paul, Jeremy, "Theory Makes Successful Lawyering Possible", *New York Law Journal* (April 21, 2014).

Solicitors Regulation Authority, Training for Tomorrow, A Competence Statement for Solicitors (20 October 2014) available at http://www.sra.org.uk/sra/consultations/competence — statement.page.

Stuckey, Roy, et al.(2007), *Best Practices For Legal Education: a Vision and a Road Map*, Clinical Legal Education Association.

Sullivan, William M., Anne Colby, Judith Welch Wegner, Lloyd Bond and Lee S. Shulman(2007), *Educating Lawyers: Preparation for the Profession of Law, Summary*.

The Board of Bar Examiners of The State Of Delaware, 2015 Law Clerk Schedule of Legal Assignments (5/2015) available at http://courts.delaware.gov/forms/download.aspx?id=28478.

The Board of Bar Examiners of The State Of Delaware, Preceptor Duties
And Clerkship Requirements (July 14, 2015) available at
http://courts.delaware.gov/bbe/docs/2015PreceptorMemo.pdf.

제 4 절

로스쿨 교육방법 개선에 관한 단상(斷想)*

권 영 준

Ⅰ. 서론

2007. 7. 27. 공포된 법학전문대학원 설치·운영에 관한 법률(이하 '로스쿨법'이라고 한다)에 따라 2009. 3. 1. 법학전문대학원(이하 '로스쿨'이라고 한다) 제도가 출범하였다. 로스쿨 제도 도입을 전후하여 로스쿨 교육에 관해 다양한 논의가 있었다. 그런데 지금까지의 논의 양상을 보면 주로 미국을 비롯한 외국 로스쿨 교육 제도를 소개하거나, 로스쿨 제도가 표방하는 실무교육 강화 방안을 강구하거나, 로스쿨 교과과정의 설계와 운영을 다루는 내용이 대종을 이루었다. 반면 로스쿨 교육 현장에 적용되어야 할 교육방법에 대한 세세한 논의는 충분하지 않았다.[1] 거시적이고 제도적인 논의에 비해 미시적이고 실천적인 논의가 부족했던 셈이다. 그러나 로스쿨 제도가 시험을 통한 선발로부터 교육을 통한 양성으로 법조인 선발·양성제도의 근본적 변화를 꾀하였다는 점을 고려하면, 로스쿨 제도가 추구하는 변화는 교

---

* 『법교육연구』 제11권 제3호, 한국법교육학회, 2016에 게재된 논문임.
1) 신종원, "시민의 시각에서 본 법조인 양성제도: 로스쿨 제도를 중심으로", 『연세 공공거버넌스와 법』 제6권 제1호, 연세대학교 법학연구원 공공거버넌스와 법센터, 2015. 2, 51면.

육 현장에서부터 일어나야 한다. 그 점에서 로스쿨 교육방법, 즉 어떻게 잘 가르칠 것인가의 문제는 로스쿨에 관한 핵심 논제가 되어야 한다. 그동안 너무 거창한 논의에 함몰되어 막상 이러한 핵심 논제에 충분한 관심을 쏟지 못한 것은 안타까운 일이다.

　이 글에서는 로스쿨 교육방법 개선에 대해 집중적으로 다루고자 한다. 이러한 집중적 논의를 위해 교육목표, 교과과정, 학사관리, 학생지도, 변호사시험 개선 등 로스쿨 교육에 관련된 다른 논제들은 이 글의 논의 대상에서 제외한다. 로스쿨 교육방법 개선을 학술적으로 논의하려면 교육학적 접근이 필요할 수 있다. 그런데 아쉽게도 필자는 교육학에 대한 전문적 지식을 가지고 있지 않다. 따라서 이 글의 상당 부분은 필자 개인의 경험과 생각에 기초한 것이다. 그러한 의미에서 이 글은 단상(斷想)에 가깝다. 이처럼 학술성이 부족한 주관적 글을 쓰는 것이 주저되기도 하였다. 또한 필자 스스로도 제대로 실천하지 못하는 당위를 서술하는 데에 따른 부담감도 있었다. 아마 이러한 점들 때문에 그동안 로스쿨 교육 현장에 몸담은 교원들이 로스쿨 교육방법에 대한 생생한 글들을 잘 발표하지 않았는지도 모른다.

　그럼에도 불구하고 로스쿨 교수들이 로스쿨 교육방법에 대한 생각을 나누는 것은 중요한 일이다. 로스쿨 교수들은 연구자일 뿐만 아니라 교육자이다.[2] 교육방법에 대한 논의는 교육자로서의 책무를 다하는 노력의 일환이다. 모든 로스쿨 교수들이 연구자로서 자기 전공분야에 대한 학술 논문만 쓰고 로스쿨 교육에 관한 경험과 생각을 글로 공유하지 않는다면 로스쿨 교육방법 개선은 요원할 것이다. 이에 필자는 용기를 내어 로스쿨 교육방법과 관련하여 강의역량 제고, 참

---

2) 가르치는 사람과 배우는 사람을 좀 더 일반화하여 표현하면 '교수자'와 '학습자'라는 용어를 사용하는 것이 더 적절할 것이다. 그러나 이 글은 로스쿨 교수들이 로스쿨 학생들을 가르치는 상황을 전제로 작성하였다. 따라서 이 글에서는 편의상 가르치는 사람을 '교수', 배우는 사람을 '학생'으로 표현하고자 한다.

여수업 도모, 평가방법 개선이라는 세 가지 소주제에 관한 의견을 제시하였다. 강의역량 제고는 교수의 역할을 강화하기 위한 것이고, 참여수업 도모는 학생의 역할을 강화하기 위한 것이며, 평가방법 개선은 이러한 역할 강화를 통한 교육의 결과(output)를 극대화하기 위한 것이다. 또한 로스쿨 교육방법에 대한 논의 부족의 원인을 분석하고 향후 로스쿨 교육방법 개선을 위한 추진과제에 대해 제언하였다.

Ⅱ. 강의역량 제고

강의는 가장 보편적인 교육방법이다. 로스쿨에서도 그러하다. 따라서 강의의 질은 로스쿨 교육의 질을 좌우한다. 나아가 로스쿨 교육을 통해 양성되는 법률가의 질을 좌우한다. 그러므로 강의역량 제고는 로스쿨 교육방법 개선의 핵심이다.

그런데 강의역량 제고의 방향성을 정립하려면 어떤 강의가 좋은 강의인지에 대한 공감대가 형성되어야 한다. 하지만 좋은 강의의 모습이 무엇인가에 대해서는 일률적인 답변을 할 수 없다. 좋은 강의의 모습은 교육주체, 교육목표, 교육방법, 교과목의 특성과 난이도, 학생들의 숫자, 강의실 환경 등 다양한 변수에 의하여 달라질 수 있기 때문이다. 예를 들어 로스쿨 1학년 학생들을 대상으로 한 민법 필수과목과 로스쿨 3학년 학생들을 대상으로 한 실무연습 과목에서 좋은 강의의 모습이 같을 수는 없다. 100명 이상의 수강생이 들어오는 대형강의와 10명 미만의 수강생이 들어오는 소형 강의에서 좋은 강의의 모습도 같을 수 없다. 또한 좋은 강의의 모습에 대해 공감대가 형성되더라도 모든 교수에게 획일적으로 이 방식을 강제할 수도 없다. 각교수에게는 교수방법에 대한 자유와 재량이 주어져 있기 때문이다. 다만 좋은 강의에 일반적으로 존재하는 요소들을 탐구하고 제시하는 것은 가능하다. 이는 개별 교수가 각자 자신에게 가장 좋은 강의의

모습을 탐색하는 과정에서 요긴한 참고자료가 될 수 있다. 아래 내용
도 그러한 참고의 목적으로 제시하는 것이다.

1. 좋은 강의의 토대 마련

(1) 강의 내용 숙지

교수가 강의 내용을 숙지하는 것은 좋은 강의를 위한 출발점이
다. 이는 너무 당연한 말이지만, 필자의 경험에 따르면 교수가 강의
내용을 숙지하는 것이 늘 말처럼 쉽지만은 않다. 교수는 자신이 강의
하는 분야의 전문 연구자이다. 그런데 연구자로서의 전문성이 교육자
로서의 전문성과 꼭 일치하는 것은 아니다. 치열한 문제의식을 출발
점으로 삼아 하나의 주제를 깊이 파고들어야 하는 연구자의 전문성과
교육목표 및 수강생 수준에 맞게 강의 내용 전반을 균형 있게 소화해
야 하는 교육자의 전문성은 다르다. 시간을 두고 필요한 자료를 찾아
서 읽고 분석하면 되는 연구자의 상황과 강의실에서 즉각적으로 학생
들과 상호작용하면서도 내용을 정확하게 전달해야 하는 교육자의 상
황도 다르다. 그러므로 교수가 연구자로서 논문을 쓰는 것과 교육자
로서 강의를 하는 것은 다른 일이다. 교수가 이러한 차이를 좁히려는
의식적 노력을 하지 않는다면, 그의 개인적 관심사나 연구 분야에 치
중하여 가르치려는 유혹을 받기 쉽다. 하지만 일반적으로 이러한 강
의는 균형 있고 체계적인 법학 학습에 그다지 도움이 되지 않는다.

물론 교수가 자신의 연구 분야와 교육 분야의 교집합을 최대한
확보한다면 효율적일 것이다. 하지만 현실적으로 연구와 교육의 영역
을 완전히 일치시키기는 어렵다. 또한 양 영역이 추상적으로 일치하
더라도 세부적인 초점은 같지 않다. 따라서 교수는 본래적 의미의 연
구와는 별도의 시간과 노력을 투자하여 '교육'을 위한 '연구'를 해야
한다. 이러한 시간과 노력의 투자는 학기가 시작되기 전에 집중적으
로 이루어지는 것이 좋다. 이는 대체로 교재나 독서 자료를 선별하여

탐독하고 강의안을 작성하는 과정에서 이루어진다. 교재나 독서 자료의 선별과 탐독은 강의 내용을 숙지하는 차원 외에도 학생들에게 요구할 부담의 크기를 가늠하는 차원에서도 중요하다. 또한 강의안의 사전 작성은 한 학기 동안 강의할 내용의 전체 그림을 파악하는 데에 요긴하다. 이를 통해 강의의 전체적인 균형을 유지하고 강의 내용의 내부적 유기성을 제고할 수 있다.

(2) 강의에 대한 열정

좋은 강의는 교수의 열정이 느껴지는 강의이다. 강의에 대한 교수의 열정적인 태도는 성공적 교육의 정서적 토대를 형성한다. 강의에 대한 열정을 가지는 교수는 강의에 애착을 가지고 자신의 강의 모습을 돌아본다. 이는 자연스럽게 강의 개선 노력으로 이어진다. 일반적으로 강의를 처음 시작하는 교수일수록 강의에 대한 열정을 가지기 쉽다. 이들은 한편으로 강의에 대한 두려움도 가지고 시행착오도 겪지만, 다른 한편으로 강의에 대한 호기심과 도전의식으로 가득 차 있다. 학생들에 대한 애정도 충만하다. 결석한 학생의 근황에도 관심을 가진다. 학생들의 평판에도 은근히 신경을 쓴다. 그래서 학기가 종료하면 강의평가 내용도 꼼꼼하게 읽어본다. 부정적인 평가에 가슴을 치기도 하지만 이를 발전의 계기로 삼으려고 노력한다. 두렵지만 설레는 마음으로 다음 학기를 기다린다. 그러나 신임 교수 시절 가졌던 강의에 대한 열정을 지속적으로 간직하기는 쉽지 않다. 연구자로서의 성취에 대한 과도한 압박이 강의에 대한 열정을 식히기도 한다. 경력이 쌓이면서 강의실 바깥의 각종 수요도 늘어나고 강의에 쏟아야 할 열정이 여기저기 분산되기도 한다. 학생들에 대한 장밋빛 환상도 색이 바랜다. 학생들의 부정적인 모습을 접하면 그동안의 환상을 접고 배신감을 느끼기도 한다. 동일한 내용의 강의가 해마다 반복되면 교수 스스로도 강의에 대한 흥미를 덜 느낀다. 그러다 보면 강의 개선에 대한 관심도 줄어든다. 강의평가는 잘 읽지도 않는다.

　반면 강의에 지속적인 열정을 보이는 교수들도 있다. 이는 연령이나 경력과는 무관한 것이어서 정년을 앞둔 교수들에게서도 이러한 모습을 종종 발견할 수 있다. 이들에게서는 대체로 다음과 같은 특성이 발견된다. 자신이 연구자일 뿐만 아니라 교육자라는 정체성을 간직하고 있다. 그리고 그 정체성에 충실하다. 매년 동일한 교과목을 가르치더라도 그 교과목을 수강하는 학생들의 새로움에 신선함을 느낀다. 자신에게는 매년 반복되는 강의이지만 각각의 학생에게는 새로운 배움의 기회임을 기억한다. 법은 살아 있고 흥미진진하게 변화하는 존재임을 자각한다. 교과목의 내용을 둘러싼 입법이나 판례, 학설, 사회 환경의 변화와 이에 관한 자신의 관점의 변화를 강의에 반영한다. 학생들이 어떻게 학습하는지에 관심을 가지고 이에 대해 연구하려고 한다. 학생들의 실력이 늘어가는 모습에서 보람을 느낀다. 강의실에 조금 일찍 도착하여 조금 늦게 떠난다. 학생들과의 상호작용을 두려워하지 않는다. 학생들의 질문에 지적 자극을 받고 이를 연구와 교육의 자양분으로 삼는다. 정보력과 상상력을 발휘하여 새로운 교육방법을 시도한다. 이 과정에서 기쁨도 느끼고 좌절도 느낀다. 하지만 그렇기에 더욱 교육자로서의 삶에 흥미를 가진다. 이러한 강의에 대한 열정은 거저 주어지는 것이 아니다. 끊임없이 교육자로서의 정체성을 되새기고 그 특권과 책무를 자각하고 실천함으로써 이러한 열정을 가지게 된다. 이것이 좋은 강의의 중요한 동력임은 물론이다.

　(3) 강의 계획

　좋은 강의는 잘 계획된 강의이다. 강의 계획은 교육목표를 설정하고 그 목표에 도달하기 위한 수단과 과정을 조직하는 작업이다. 교육목표는 당해 교과목의 교과과정이 완료되었을 때 학생들이 도달해야 할 목표를 의미한다. 교육목표는 교과목의 특성에 따라 다르다. 예컨대 이론 필수과목의 경우에는 중요한 법리를 이해하고, 사안을 분석하여 쟁점을 추출하며, 법리를 사안의 쟁점에 적용하고, 판례들을 탐독하여 이러한 일련의 과정이 실제로 어떻게 일어나는지를 이해하는 것이 교육목표가 될 수 있다. 또한 실습과목의 경우에는 실제 사례를 처리하는 과정을 경험하면서 그 사례 해결이 절차적으로 어떻게 구현되는지를 이해하고, 실제 관련자들을 만나 상담하고 조언하며, 계약서 초안을 작성하고, 법정에서 변론하는 방법을 직간접적으로 익히는 것이 교육목표가 될 수 있다. 교육목표에 도달하기 위한 과정 내지 수단을 적정하게 정립하는 것도 중요하다. 좋은 교재나 참고 문헌의 선정, 강의 방식이나 진도 설정, 평가기준 정립은 교육목표에 도달하기 위한 과정 내지 수단이다. 이들은 교육목표와 지속적인 연계성을 유지하며 설정되어야 한다.

　그 외에도 수업 규칙을 상세하게 설정하는 것이 좋다. 이러한 수업 규칙에는 질문 또는 토론 관련 사항, 출결 사항, 음식이나 음료 관련 사항,[3] 강의 녹음 관련 사항,[4] 휴대폰 관련 사항,[5] 노트북 사용 관련 사항,[6] 복장 관련 사항[7] 등이 포함될 수 있다.[8] 이러한 규칙은 미리 설정되고 공표되어야 한다. 법적 안정성 또는 예측 가능성의 원리는 교과서뿐만 아니라 강의실에도 적용되어야 한다. 가령 출결 사항은 평가에 직결되는데, 로스쿨 학생들이 평가에 대해 가지는 민감

---

3) 수업 시간(특히 이른 아침 수업 시간)에 간단한 음식이나 음료수의 반입 및 섭취를 허용할 것인지 등에 관한 사항들이다.

4) 강의의 녹음을 허용할 것인지, 허용한다면 녹음된 강의의 활용 범위는 어떻게 할 것인지 등에 관한 사항들이다.

5) 휴대폰을 끄게 할 것인지, 진동 모드로 전환하게 할 것인지, 수업시간에 휴대폰으로 검색하거나 SNS를 사용하도록 허용할 것인지 등에 관한 사항들이다.

6) 노트북을 사용하게 할 것인지, 노트북을 사용할 때 과도한 타자 소리가 나지 않게 하는 조치를 취하게 할 것인지 등에 관한 사항들이다.

7) 반바지나 슬리퍼를 허용할 것인지 등에 관한 사항들이다.

8) 그 외에도 교수가 스스로 평가하는 자신의 강의 스타일, 학생에게 요구되는 학습 태도나 학습 부담 정도에 대한 정보를 제공하는 것이 요긴하다.

도를 생각하면 출결 정책을 세세하게 수립하고 공지하는 것은 중요하다. 또한 로스쿨 학생들이 강의를 녹음하는 일이 많은데 교수의 허락없이 강의를 녹음하는 행위는 저작권 침해행위이므로 법학 교육 현장에서 이러한 위법행위가 벌어지지 않도록 녹음 허용 여부에 대한 정책을 미리 공지할 필요가 있다. 필요한 경우에는 이러한 규칙을 학생들과 협의하여 설정한다.

이러한 교육목표와 교육과정, 그 외의 수업 관련 규칙들은 강의계획서에 담아 수강신청 전에 공개하는 것이 좋다. 이를 토대로 학생들이 수강신청 여부를 결정할 수 있기 때문이다. 실제로 대부분 학교의 행정절차상으로도 강의계획서의 사전 공개는 권장 또는 강제되고 있다. 그러나 강의계획서를 작성하여 공개하는 것만으로는 늘 그 내용 공유가 실질적으로 이루어진다고 장담할 수는 없다. 따라서 첫 번째 강의 시간에 강의계획을 직접 설명하고 학생들의 질문을 받거나 의견을 수렴하는 것이 바람직하다. 그 결과에 따라 교육목표와 교육과정, 수업 관련 규칙을 조정할 수도 있다. 이는 수강신청 변경 기간 중에 학생들이 수강신청 변경의 형태로 가지는 수업 선택권을 실질적으로 보장한다는 점에서도 중요하다.

(4) 강의 환경 최적화

교수는 강의에 가장 적합한 환경을 구축해야 한다.9) 이러한 환경에는 물리적 환경과 정서적 환경이 포함된다.

강의의 물리적 환경은 강의에 영향을 미친다. 강의실이나 기자재와 같은 물리적 설비는 학교가 제공하므로 이에 대한 교수의 역할에는 한계가 있다. 그러나 제한된 범위 내에서나마 강의실 환경을 강의에 최적화할 수는 있다. 교육 목표와 특성에 적합한 좌석 배치를 선

---

9) 로스쿨에서의 교습과 학습 환경 일반에 대해서는 Gerald F. Hess, *Heads and Hearts: The Teaching and Learning Environment in Law School*, 52 J. Legal Educ. 75(2002) 참조.

택하는 것이 그 예이다. 예컨대 일방적인 강의 위주 수업의 좌석 배치와 토론 위주 수업의 좌석 배치는 달라야 한다. 만약 수평적이고 자유로운 토론을 통한 수업을 지향한다면 모든 학생들이 교수를 한 방향으로 바라보도록 고정된 강의실은 오히려 수업 목적 달성에 장애가 된다.10) 그러므로 강의실을 선택할 때는 이러한 점을 고려하여야 한다. 더 바람직한 것은 학교 차원에서 좌석이 미리 고정되어 있는 강의실뿐만 아니라 좌석 배치를 유연하게 변경할 수 있는 강의실을 구비하는 것이다.

  조명이나 온도, 채광 등도 강의 환경의 중요한 일부이다. 그러한 강의 환경이 강의에 최적화되도록 고심하고 배려하는 것이 좋다. 각종 시각 자료를 잘 구현할 수 있는 강의실 설비도 교육에 중요하다. 하지만 그러한 강의실 설비가 갖추어져 있더라도 이를 잘 활용하지 않으면 무용지물에 불과하다. 실제로 로스쿨에서는 이러한 설비가 그 가치만큼 충분히 활용되지 않는 경우가 많다. 이공계 단과대학들과 비교하면 여전히 전통적인 칠판강의에 익숙한 교수들이 많고, 첨단 설비의 도입이나 운용에 대한 관심이나 익숙함도 떨어지기 때문이다. 교수 또는 조교가 이러한 강의실 설비의 활용방법을 충분히 숙지하여 강의실에 그 효용을 최대한 구현할 수 있어야 한다.

  강의의 정서적 환경도 강의에 영향을 미친다. 강의의 물리적 환경과 달리 강의의 정서적 환경에 있어서는 교수가 주도적인 역할을 수행한다. 강의의 정서적 환경을 구성하는 주된 요소는 강의 분위기, 그리고 교수와 학생 사이의 관계이다. 양자는 서로 밀접한 관련성을 맺고 있어 교수와 학생의 관계를 어떻게 규정하고 형성해 나가는가가 강의 분위기에 영향을 미친다. 교수와 학생의 관계는 강의실 밖에서 이루어지는 개별 면담이나 지도를 통해서도 이루어질 수 있지만, 강

---

10) 박에스더, 박지현, "플립러닝에 대한 메타 연구: 성공적 적용요건과 향후 연구방향", 『한국데이터정보과학지』 제27권 제1호, 한국데이터정보과학회, 2016, 175면.

의실 내에서 형성되는 신뢰관계나 상호작용을 통해서도 이루어질 수
있다. 교수와 학생의 상호 존중은 이러한 관계의 출발점이다. 학생을
교육의 동등한 파트너로 인식하고 이들의 궁금증과 요구에 귀 기울여
야 한다.

강의는 단순한 지식 전달 행위만은 아니다. 좋은 교수는 강의를
통해 공정성, 성실성, 배려심, 인내심, 의사소통능력 등 법률가가 갖
추어야 할 여러 가지 덕목을 보여준다. 그 과정에서 자연스럽게 법률
가가 갖추어야 할 가치와 태도에 대한 교육도 이루어진다. 따라서 교
수가 스스로의 삶을 덕스럽게 가꾸고, 그 덕목이 강의에 자연스럽게
스며들도록 노력해야 할 필요가 있는 것이다.

2. 좋은 강의의 실행

(1) 강의 전달력 향상

좋은 강의의 핵심은 강의 내용의 효과적 전달이다. 그러므로 강
의에 있어서 전달력 향상은 강의 개선 노력의 핵심을 이룬다. 특히
학생들의 숫자가 많아지면 수업에서 강의의 비중이 높아지는데 이 경
우 강의의 질은 상당 부분 교수의 전달력에 의존한다. 전달력이 뛰어
난 교수는 대체로 다음과 같은 특징을 가진다.

강의할 내용을 스스로 잘 알고 있다. 그 내용을 깔끔하게 구조화
한다. 구조화된 내용을 효율적이고 논리적으로 표현한다. 그 과정에
서 파워포인트(powerpoint)나 프레지(prezi), 마인드맵(mindmap), 전자
칠판, 화이트보드, 교보재 등 시각적 도구를 적절하게 활용한다. 어떤
장소를 찾아가는 방법을 글이나 말보다 한 장의 지도로 더욱 정확하
고 효과적으로 표현할 수 있듯이, 법학의 미로를 거닐 때에도 시각적
도구는 매우 요긴하게 활용될 수 있다. 예컨대 로스쿨 강의에서는 분
쟁사례 주체로서 이른바 甲, 乙, 丙이 많이 등장하는데 이를 말로만
설명하는 것보다는 甲, 乙, 丙을 상징하는 인형을 보여주며 설명하는

것이 훨씬 시각적이다.11) 이러한 교보재를 동원하지 않는 경우에는 비유 등 시각적 언어 구사를 통해 학생들의 머리에 강의 내용에 관한 그림이 잘 그려지도록 한다.

중요한 내용과 중요하지 않은 내용을 잘 구별한다. 중요한 내용은 집중적으로 설명한다. 복잡한 문제의 본질을 포착하여 단순하고 명확하게 설명한다. 현재 강의하는 부분과 전체 체계를 끊임없이 비교한다. 마치 길을 찾아갈 때 계속하여 전체 지도와 현재 위치를 대조하며 자신이 서 있는 곳과 앞으로 나아갈 곳을 인식하듯이, 강의를 하면서도 학생들이 현재 자신이 서 있는 곳과 나아가는 방향을 인식할 수 있도록 한다. 추상적 내용과 구체적 현실을 연결시켜 응용력을 배양한다. 이 과정에서 여러 가지 사례를 제시한다. 판례를 비롯해 실제 사례를 제시하기도 하고, 내용 전달에 최적화된 가상 사례를 제시하기도 한다. 최근의 사회적 쟁점 또는 실무적 쟁점들도 강의 내용에 자연스럽게 연결시킨다. 내용을 펼치는 것과 정리하는 것에 모두 능숙하다.

교수가 강의할 때 스스로도 그 강의 내용에 흥미를 가지고 있음이 느껴진다. 그 내용을 전달하는 방식도 활기차고 즐겁다. 충분한 크기의 목소리를 유지한다. 말이 너무 빨라 따라가기 어렵거나 말이 너무 느려 집중력이 떨어지게 하지 않는다. 어려운 내용을 전달할 때에는 속도를 조절하여 학생들에게 그 내용을 곱씹고 소화할 여유를 준다. 적절한 몸짓을 사용하여 학생들의 주의를 집중시킴으로써 전달력을 높인다. 강의실의 여러 방향을 골고루 쳐다보아 그 시선으로 모든 학생들을 강의에 끌어들인다.

제한된 시간 동안 모든 내용을 다 다룰 수 없다는 점을 잘 인식한다. 그래서 교수와 학생 또는 교수와 교재 사이의 유기적 역할 분

---

11) 필자는 甲으로는 큰 펭귄 인형, 乙로는 작은 펭귄 인형, 丙으로는 더 작은 판다 인형을 사용한다(2016년 1학기 기준).

담에 신경 쓴다. 적절한 교재를 선택하고 학생들이 그 교재를 미리 읽고 중요한 내용을 이해한 뒤 수강하게 한다. 강의 시간에 단순히 교재를 읽어 내려가지도 않고, 그렇다고 교재와 무관하게 강의를 이끌어 나가지도 않는다. 학생들이 예습 과정에서 놓치기 쉬운 큰 그림과 체계를 보여준다. 학생들이 이해하였다고 오해하지만 실제로는 이해하지 못한 부분들을 짚어준다. 즉 학생들에게 지(知)와 부지(不知)의 경계선을 분명히 보여주어 부지(不知)의 영역으로 다시 나아갈 동기를 부여한다. 이를 통해 학생들이 강의를 학습의 끝으로 여기지 않고 또 다른 출발점으로 여기게 한다.

강의 내용의 전달 그 자체뿐만 아니라 학생들이 전달된 내용을 제대로 이해하는지에도 관심을 기울인다. 학생들의 질문이나 답변 내용, 학생들의 표정이나 강의실의 분위기를 통해 학생들의 이해 수준을 파악한다. 이를 위해 교재나 화면만 바라보고 수업하기보다는 학생들의 표정과 반응을 관찰하며 수업한다. 학생들의 이해 수준을 실시간으로 파악하고 그에 따라 강의의 속도, 난이도, 방법, 내용을 유연하게 변형시켜 나간다. 이러한 즉각적인 대처를 즐김으로써 반복되는 강의의 지루함에서 스스로 벗어난다. 학생들의 이해 수준이 제각각 다를 수 있다는 점을 인식한다. 질문이나 거수를 통해 학생들의 평균적 이해 수준을 추출하기 위한 노력을 기울인다. 이러한 상호작용을 통해 강의 내용의 실질적인 흡습성(吸濕性)을 높인다.

현재 있는 법의 객관적인 전달과 이에 대한 교수 개인의 주관적인 평가가 적절하게 조화와 균형을 이룬다. 법에서 어떻게 규정하는지, 법원은 이를 어떻게 해석하는지, 학계의 일반적인 이해는 어떠한지를 충실히 전달한다. 이는 3년이라는 짧은 기간 동안 법학을 학습하고 변호사시험을 치러야 하는 학생들에 대한 배려이기도 하다. 그러나 이것만이 강의의 전부가 아니다. 만약 그러하다면 교수와 학생이 강의실에서 얼굴을 맞대고 시간을 보내야 할 이유는 크지 않을 것이다. 교수는 자신의 주관적인 생각이나 분석을 자유롭게 나눌 수 있고, 또 일정한 정도까지는 그러한 태도가 장려된다. 문제는 교재의 내용만 무의미하게 전달하거나, 반대로 교수가 주관적으로 중요하다고 생각하는 내용에만 집중하는 극단적인 상황이다. 객관적인 내용의 전달과 교수의 주관적인 생각의 전개가 적절하게 조화를 이루면 강의는 더 큰 긴장감과 의미를 가지게 된다.

(2) 맥락 기반 교육

교수는 추상적인 교육보다는 구체적인 맥락에 기초한 교육을 제공하여야 한다. 이는 특히 법학교육에서 중요한 의미를 가진다. 법학은 궁극적으로 구체적인 사안과의 관련성을 떠나서는 생각할 수 없는 학문이기 때문이다. 맥락 기반 교육은 구체적 문제 또는 실제 환경과의 관련성 아래에서 이루어지는 교육이다. 맥락 기반 교육에서 학생은 지식을 상황과 맥락 안에서 습득한다.

이러한 맥락 기반 교육은 실무교육과도 관련된다. 로스쿨에서는 종전보다 실무교육을 더욱 강조한다. 일반적으로 실무교육은 법률가들이 실제 업무처리를 하는 과정에 대한 교육으로 이해된다.[12] 그런데 실무교육이 꼭 실무의 기술(skill)을 배양하는 교육만을 의미하지는 않는다. 오히려 진정한 실무교육은 이론의 토대 위에서 실무적 관점(perspective)을 동원하여 이루어지는 교육이다. 이러한 의미의 실무교육은 맥락 기반 교육과 맥을 같이 한다. 맥락 기반 교육은 실무 교과목을 집중적으로 학습하는 2, 3학년 교육과정뿐만 아니라 법학을 처음 배우는 1학년 교육과정부터 실시되어야 한다. 이는 ① 가급적 많은 사례들을 토대로 이론을 설명하고, ② 각종 시사적 쟁점들을 교육 소재로 삼으며, ③ 실제로 사용되는 각종 법률서식들을 수업 시간에

---

12) 최성수, "우리나라 로스쿨에서의 로여링 교육의 과제와 전망", 『동아법학』 제52호, 동아대학교 법학연구소, 2011. 8, 70면.

최대한 많이 활용하고, ④ 실제 분쟁해결절차라는 틀에서 이론을 설명함으로써 이루어질 수 있다. 예를 들어 계약의 성립에 대해 공부한다면, 계약이 청약과 승낙의 의사 합치로 이루어진다는 일반론을 이해시키기 위해 ① 관련 판례들의 사실관계와 법리를 소재로 삼아 학습하고, ② 최근에 문제되었던 사례들을 소개하며, ③ 실제 계약서 양식들을 제시하고, ④ 계약 성립과 관련된 실제 분쟁이 어떤 맥락에서 발생하여 재판이 진행되는지를 보여줄 수 있다.

맥락 기반 교육은 학생들이 교육 내용이 구체적 현실에서 가지는 맥락을 스스로 떠올려 보기 어려운 경우에 더욱 강하게 요구된다. 예컨대 가족법상 친권이나 형법상 폭행은 학생들이 실제 현실과 연결시켜 생각하기 쉬운 주제이다. 그러나 예컨대 민사소송법상 관할이나 독립당사자참가의 문제는 일반적으로 그렇지 않다. 현실에서 직접적 또는 간접적으로 경험하기 어려운 주제이기 때문이다.13) 이에 대한 배경 지식이나 그 주제가 현실에서 가지는 실제 의미를 충분히 이해하지 못한 상태에서는 관련 법리를 이해하는 데에 한계가 있다. 따라서 이러한 주제들에서는 맥락 기반 교육의 비중이 높아져야 한다. 이를 위해서는 교수가 주제에 관한 실제 또는 가상의 사례들을 풍부하게 제시하고, 그 주제가 실제 분쟁에서 가지는 의미를 부각시키며, 그 주제에 대한 입장 차이가 구체적으로 어떤 결론을 가져올 수 있는지를 좀 더 강조해야 한다. 이 주제에 대하여 가상의 서면을 작성하거나 가상의 변론을 해 보게 하는 것도 한 가지 방법이다.14)

이러한 맥락 기반 교육은 학생들이 법리를 좀 더 명확하고 생생하게 이해하고 오랫동안 기억하며 법리의 적용 능력을 키울 수 있도

---

13) Cynthia Ho, Angela Upchurch & Susan Gilles, *An Active−Learning Approach to Teaching Tough Topics: Personal Jurisdiction as an Example*, 65 J. Legal Educ. 772, 777(2016)에서도 이러한 이유를 들어 인적 관할(personal jurisdiction)을 어려운 학습 주제로 예시한다.

14) Ho(註 13), 780.

록 한다. 학생들의 호기심을 불러일으켜 교육효과를 제고할 수 있다. 교수와 학생 사이의 상호작용을 촉진하는 데에도 효과적이다. 로스쿨의 경우 학내 시험이나 변호사시험 모두 구체적인 사례에 기초하여 평가가 이루어지므로 강의와 평가의 일관성을 유지시킨다는 장점도 있다. 이를 위해서는 구체적인 사례나 문제가 포함된 교재를 활용하고 이에 기초하여 교육을 진행하는 것이 효율적이다. 또한 서식(書式)이나 실제 서면 등의 샘플들을 충분히 축적하여 이를 제공하는 것도 효율적이다. 예컨대 부동산등기법의 조문이나 해설을 읽는 것보다 인터넷부동산등기소의 각종 서식을 작성해 보고 실제 등기기록례를 여러 개 분석해 보는 것이 부동산등기의 법리를 생생하게 이해하는 데에 더 도움이 될 수 있다.

3. 학생들이 생각하는 좋은 강의

학생들이 생각하는 좋은 강의의 모습은 좋은 강의를 향한 개선 노력에 도움이 될 것이다. 아래 글 상자의 내용은 2016년 5월 18일 서울대 로스쿨에서 개최한 제327회 법과 문화 포럼에서 "최고의 교수법"이라는 제목으로 강연한 광주교대 박남기 교수가 서울대 로스쿨생을 상대로 설문조사를 시행한 뒤 이에 기초하여 강연한 내용 중 참고할 만한 부분을 요약한 것이다.

〈표 1〉 서울대 로스쿨생이 생각하는 최고의 교수

○ 서울대 로스쿨생들이 교수에게 기대하는 것은 ① 좋은 분인가, ② 잘 가르치시는가의 두 가지 질문으로 요약할 수 있음.   ○ 좋은 분인지 여부는 학생들과의 소통 및 학생들에 대한 인격적 대우와 밀접한 관련이 있음. 학생들의 필요사항에 귀를 먼저 열고, 정성껏 대화하고 답변을 주며, 학생들의 미래를 함께 고민해 주고, 인격적으로 학생들을 동등하게 대우하여 주는 분이 좋은 분임.   ○ 잘 가르치는 분은 다음과 같은 특징을 지님. 학생보다 더 학문에 열중하고 연구

하는 모습을 지님. 강의준비를 열심히 함. 법학을 체계적으로 이해하고 가르침. 단순히 법학지식만을 전달하시는 것이 아니라 현실에서의 풍부한 경험에서 우러나오는 말씀을 해주심. 다만 교수 본인이 생각하는 좋은 강의와 학생들이 원하는 강의 사이에 편차가 큰 경우가 많은 듯함.

○ 학생들이 생각하는 좋은 강의의 특징은 다음과 같음. 학생들의 눈높이에 맞는 설명, 양질의 강의자료 제공, 법의 전체적인 구조에 대한 이해 도모(세부적인 내용은 독학을 통해 해결 가능), 방대한 법 이론과 판례를 외우기 쉽도록 체계화·구조화시켜서 설명, 적절한 동기 제공 등 효율적인 교수법에 대한 고민. 학생들의 이름 암기. 학업 외적인 면에 대한 배려. 적절한 피드백. 학생들의 질문에 대한 성의 있는 답변. 시험 후 강평. 학생 개개인에 대한 조언. 법리를 설명함에 있어 어떤 입법취지로 만들어진 것인지, 어떤 이익 상황이 고려되는지, 전체 법체계와 어떤 관계에 있는지를 치밀하게 분석한 과정을 논의함으로써 논리적으로 법리를 이해할 수 있도록 함. 시험 및 수업을 통해 다양한 사안들을 고민해 보면서 어떤 분쟁 상황에서 작동하는 법리인지 고민할 수 있는 기회를 제공함. 훌륭한 강의 전달력을 지님.

○ 학생들이 아쉽게 생각하는 강의의 특징은 다음과 같음. 강의안을 미리 준비하지 않고 즉흥적으로 강의함. 그 결과 강의가 체계적이지 못함. 교수가 내용을 잘 알고 있더라도 학생들에게 잘 설명하지 못함. 표준적인 지식 전달보다는 주관적인 생각을 전달하는 데 치우침. 객관적으로 중요한 내용보다 교수들의 개인적 관심 분야에 집중하는 경향이 있음. 수업준비를 제대로 하지 않아 잡담으로 시간을 채우기도 함. 어디까지 진도를 나갈지 사전 계획이 없음. 목차만 읽고 내용은 읽어보면 다 알 수 있다고 하면서 가르치지 않음. 강의 자료와 강의 내용이 상이함. 강의에 사용된 PPT를 공유하지 않아 속기에 대부분의 노력을 쏟아야 함. 통설이나 판례의 논리를 제대로 설명하지 않은 채 논리가 없다고 일축한 뒤 본인의 소수 의견만 피력함. 강의법에 대한 고민이 결여되어 있음. 토론식 수업을 이끌어 나가는 방식과 토론 내용에 대해 충분히 고민하지 않음. 진도가 균형 있게 진행되지 않음. 결론만 제시하고 근거는 설명하지 않음. 부적절한 교재를 선택함. 학생들이 모든 것을 다 안다고 너무 쉽게 단정함. 학생들이 큰 그림을 볼 수 있도록 돕지 않음. 지나치게 지엽적인 부분에서 출제함. 강의 범위 외에서 문제를 출제함. 강의와 평가 사이의 연계성이 결여되어 있음. 시험 후 강평에 별로 신경 쓰지 않음. 중간고사 시험을 채점하지 않거나 채점하더라도 점수를 공개하지 않아 중간점검의 기회가 주어지지 않음. 문제 해설과 채점 기준표를 공개하지 않음.

위 내용에서 참고할 사항들은 다음과 같다. 학생들은 교수의 실력 외에도 교수의 인품이나 성실성에 영향을 받는다. 학생들은 교수와의 소통을 갈망한다. 학생들은 교수가 아닌 학생의 관점에서 출발하는 강의를 선호한다. 학생들은 전체 그림과 체계를 보여주는 강의에서 더 큰 도움을 받는다. 학생들은 주관적인 생각의 개진에 앞서 객관적인 정보의 효과적인 전달에 관심을 가진다. 학생들은 강의 계획의 제시와 준수에 따른 예측 가능성을 기대한다. 학생들은 강의와 평가 사이의 연계성, 평가 기준과 결과에 대한 설명을 기대한다.

Ⅲ. 참여수업 도모

1. 참여수업의 필요성

참여수업은 학생들이 수업에서 일정한 주도적 역할을 가지고 참여하는 수업이다. 학생들의 참여는 질문과 답변, 토론, 발표, 실습, 역할극 등 다양한 모습으로 이루어질 수 있다. 참여수업은 학생들의 주도성과 적극성, 다양성을 수업의 동력으로 삼아 학생의 흥미와 동기를 고취하고 교육 효과를 제고한다.15) 단순한 정보의 전달이 아니라 정보의 내면화와 표현, 나아가 이를 토대로 한 법적 사고의 확장을 강조한다. 교육목표를 향한 교수와 학생의 유기적 분업관계가 구축된다. 강의실 내에서의 권력 분립이 이루어진다. 현자(賢者)의 단독 공연이 아닌 범인(凡人)의 합동 공연이 이루어진다. 경쟁보다는 협업의 분위기가 조성된다.16) 학습의 획일화가 아닌 개별화가 일어난다. 학생의 다양성이 지식의 구성 과정에 반영됨으로써 교수의 '학습'을 돕는다.17) 대법원 판결에 맹종하는 법 도그마의 반복 재생산을 완화

---

15) Ho(註 13), 782.
16) 그러한 점에서 학생들의 참여도에 대한 평가는 신중하게 접근할 필요가 있다. 이를 평가할지 여부는 교수의 재량에 달려 있는 문제이지만, 평가할 경우에는 최소 기준을 충족한 학생들에게는 대부분 비슷한 점수를 부여하고 특별히 참여도가 뛰어난 소수의 학생에게만 근소한 가점을 부여함으로써 참여수업이 경쟁의 장이 되지 않도록 배려해야 한다.

한다.18)

무엇보다도 참여수업에서의 상호작용은 사람과 사람이 만나 서로를 지식적, 인격적, 정서적으로 고양시키는 교육의 이상에 부합한다. 법률가가 하는 일은 대부분 사람과 사람 사이의 상호작용이다. 남의 말을 듣고 자신의 생각을 말이나 글로 표현하며 그 상호작용 속에서 합의점 내지 해결책을 찾아나가는 일이다. 참여수업은 로스쿨 교육이 지향해야 할 법률가상, 즉 "풍부한 교양, 인간 및 사회에 대한 깊은 이해와 자유·평등·정의를 지향하는 가치관을 바탕으로 건전한 직업윤리관과 복잡다기한 법적 분쟁을 전문적·효율적으로 해결할 수 있는 지식 및 능력을 갖춘 법조인"을 양성하는 데에도 도움이 된다.19) 그러므로 로스쿨 교육에도 참여수업의 정신이 반영되어야 한다. 평소에는 '입력'만 강조하고 '출력'은 오로지 시험을 통해서만 이루어지는 로스쿨 교육은 법률가의 실제 업무 양상과 너무 동떨어져 기형적이다. 교수가 논문을 작성하고 이를 학술대회에서 발표하고 학생들에게 강의하는 출력 과정에서 지식이 공고해지듯 학생

---

17) 1990년대 이후 교육공학에서 두드러진 특징 중 하나는 구성주의(constructivism)라고 한다. 구성주의에서는 학습자 스스로가 학습의 주체가 되고 교수는 조언자 또는 촉진자로서 학습자의 지식 구성 과정을 돕는다고 본다. 이러한 학습은 다양한 관점에 기한 협력을 통해 생성된다고 한다. 류지헌 외 6, 『교육방법 및 교육공학』, 학지사, 2013, 39−44면.

18) 구상진, "새 법학교육체제의 운영방안 — 법학전문대학원 교육의 지향점과 실무교육방안을 중심으로 —", 『저스티스』통권 제117호, 한국법학원, 2010. 6, 252면은 이러한 법 도그마의 반복 재생산을 종래 법학교육의 폐해라고 지적한다.

19) 이는 사법개혁위원회가 2004. 12. 31.자 사법개혁건의문에서 정의한 21세기 법조인상("21세기의 법치국가를 뒷받침할 장래의 법조인은, 국민의 기대와 요청에 부응하는 양질의 법적 서비스를 제공하기 위하여 풍부한 교양, 인간과 사회에 대한 깊은 애정과 이해 및 자유·민주·평등·정의를 지향하는 가치관을 바탕으로, 건전한 직업윤리관과 복잡다기한 법적 분쟁을 보다 전문적·효율적으로 해결할 수 있는 지식과 능력을 갖추고, 개방되어 가는 법률시장에 대처하며 국제적 사법체계에 대응할 수 있는 세계적인 경쟁력과 다양성을 지녀야 합니다.") 관련 서술에서 비롯된 내용이다.

들에게도 지식의 공고화를 위해 일종의 출력 과정이 요구되는 것이다. 미국 로스쿨에서도 개인이 함께 소통하고 협업하는 학습 과정이 강조되고 있다.[20]

　　로스쿨 제도의 도입 이래 참여수업의 중요성이 강조되고 있으나,[21] 이에 대해 한국 로스쿨에서 참여수업은 비현실적이라는 반론도 있을 것이다. 한국 로스쿨은 법학을 처음 접하는 학생들을 받아들여 3년이라는 짧은 기간 동안 방대한 성문법의 해석론을 교육시켜 법률가로 양성하여야 하는 힘겨운 임무를 수행한다. 변호사 직역에서의 실질적인 연수도 잘 이루어지지 않아 이러한 로스쿨의 임무는 더욱 중차대하게 느껴진다. 또한 변호사시험 합격률이 떨어지면서 학생들이 변호사시험으로 인해 느끼는 압박감은 더욱 커지고 있다.[22] 현재의 변호사시험에 합격하려면 많은 양의 판례들을 암기해야 한다. 이처럼 '현재 있는 법' 그 자체를 익히기도 버거운 현실 속에서 참여수업은 한낱 이상에 불과하다고 생각할 수도 있다. 참여에 무관심하거나 이를 부담스럽게 느끼는 교육문화도 이러한 생각을 부추긴다. 필자는 로스쿨 학생들과도 이 문제에 대해서 자주 이야기를 나누어 보았다. 그런데 로스쿨 학생들도 참여수업이 한국에서는 비현실적이라는 생각을 가지고 있는 경우가 많았다.

　　그러나 참여수업의 이념은 한국 로스쿨에서도 포기될 수 없다.

---

20) A. Rachel Camp, *Creating Space for Silence in Law School Collaborations*, 65 J. Legal Educ. 897, 902(2016).

21) 예를 들어 김종철, "법학전문대학원의 교육내용과 방법론", 김건식 외, 『로스쿨과 법학교육 ─ 바람직한 고등교육의 방향을 찾아서』, 아카넷, 2008, 117 - 118면.

22) 2016년 제5회 변호사시험 기준으로 변호사시험 합격률은 응시자 대비 55.20%에 불과하다. 법무부 변호사시험 웹사이트에 게시된 『2016년도 제5회 변호사시험 합격자 통계』 항목 참조.
http://www.moj.go.kr/HP/COM/bbs_03/ListShowData.do?strNbodCd = noti0483 &strWrtNo = 30&strAnsNo = A&strNbodCd = noti0483&strFilePath = bar/&strRtnU RL = lawyer_0402&strOrgGbnCd = 113000&strThisPage = 1&strNbodCdGbn = . 합격률은 앞으로 더 떨어질 것으로 예상된다.

우선 3년이라는 로스쿨 교육기간 동안 완성된 법률가를 양성하는 것은 가능하지도 않고 바람직하지도 않다. 3년의 교육기간 동안 제공할 수 있는 가장 효과적인 교육은 모든 법리나 판례에 관한 정보를 빠짐없이 전달하는 것이 아니라 중요한 법리를 전체 체계의 맥락 속에서 정확하고 깊이 있게 이해하고 이를 여러 국면에 응용할 수 있는 능력을 배양해 주는 것이다. 이러한 교육은 오히려 '현재 있는 법'을 입체적이고 심도 있게 익히는 데에도 도움이 된다. 나머지 지엽적인 정보들은 학생들이 스스로 학습하도록 하고 교육현장에서는 더 중요한 것에 관하여 더 질 높은 교육을 제공하는 데에 집중해야 한다. 그러려면 역설적으로 너무 많이 가르치려는 욕심을 버려야 한다. 모든 것을 강의실에서 다루어야 한다는 강박관념, 강의실에서 다룬 내용에 대해서만 학생들의 학습이 이루어질 것이라는 오해를 넘어설 수 있다면 한국 로스쿨에서도 참여수업이 가능하다.

또한 참여수업을 도모하자는 것이 꼭 모든 교과목에서 수업시간 내내 토론을 하자는 것은 아니다. 참여수업의 정도와 방법은 교과목의 교육목표와 특수성, 학생들의 단계와 수준, 변호사시험과의 관련성, 참여수업에 대한 교수와 학생의 선호도와 기대 수준 등 여러 변수에 따라 얼마든지 조정될 수 있다. 예컨대 1학년 민법 교과목에서는 강의의 비중이 높아질 수 있고, 2학년 법사회학 교과목에서는 토론과 발표의 비중이 높아질 수 있다.[23] 교수의 전달이 아닌 학생의 학습이 중요하다는 점, 이를 위해서는 학생의 주도성이 발현되어야 한다는 점을 기본 원리로 인식하고 교수가 재량과 창의성을 발휘하여 각 교과목에 맞게 참여수업의 목적을 구현하는 것으로 충분하다. 당

---

23) 법사회학 강의에 관한 것이긴 하지만, 이상수, "로스쿨 학생들이 바라보는 바람직한 법사회학 강의의 구조 — 현상학적 질적 연구방법에 의한 도출", 『법사학연구』 제43호, 한국법사학회, 2011. 4, 101면 이하 참조. 이 논문에 따르면 학생들은 토론을 통해서 한국사회의 법현상에 관한 비판적 이해를 제고하는 것이야말로 바람직한 법사회학 강의의 핵심이라고 생각한다고 한다.

장 참여수업 모델이 한국 로스쿨에 충실하게 자리 잡기는 어려울지 모른다. 후술하듯 참여수업이 제대로 구현되려면 참여수업에 대한 공감대 형성, 온라인 도구 등 기술적 토대 마련, 교재나 동영상 등 사전학습의 토대 마련, 참여수업 실행의 기법 습득 등 많은 전제가 충족되어야 한다. 그러나 당장 이를 구현하기 어렵다고 하여 주저앉을 것이 아니라, 그 필요성을 인식하고 참여수업 구현 방법에 대해 지속적으로 고민하고 실천해야 한다.

2. 참여수업의 토대

(1) 사전 학습

참여수업이라고 하면 강의실에서의 토론이나 활동을 먼저 떠올리기 쉽다. 그러나 참여수업의 진정한 핵심은 학생들의 사전 학습에 있다. 내실 있는 참여수업은 내실 있는 사전 학습의 토대 위에서만 가능하기 때문이다. 사전 학습은 학습의 무게 중심이 강의실에서 도서관으로, 집단학습에서 개별학습으로, 강의시간에서 개인학습시간으로 옮겨지는 것을 의미한다. 그런데 이러한 사전 학습이 제대로 이루어지도록 동기를 부여하고 관리하는 것이 참여수업의 구현에서 가장 어려운 점이다. 이를 위해서는 교수가 강의 그 자체뿐만 아니라 사전학습에도 관심과 신경을 쏟아야 한다. 궁극적으로는 온라인에서 기술적으로 사전 학습을 수행하고 관리하는 것이 바람직하다.

이른바 플립 러닝(flipped learning)은 이러한 정신을 잘 구현하는 교육방법이다. 이는 온라인에서 동영상 강의나 사전 학습 자료로 개별적인 선행 학습을 하고, 오프라인 수업에서는 이를 토대로 토론이나 학습활동을 하는 일종의 역진행 교육방법이다. 플립 러닝은 2007년에 미국 콜로라도 주의 화학 교사였던 Jonathan Bergmann과 Aaron Sams가 처음 사용하여 세계 각국에 확장된 교육방법이다.[24] 블랜디

---

24) Katharine T. Schaffizin, *Learning Outcomes in a Flipped Classroom*, 46 U.

드 러닝25)이라고 표현하거나 역진행 수업26) 또는 거꾸로 학습27)이라고 번역하기도 한다. 이를 통해 강의의 비중은 줄어들고 참여의 비중은 늘어난다. 교수는 강의자(lecturer)라기보다는 조정자(facilitator) 또는 코치(coach)의 역할을 수행한다. 교수의 역할은 사전 학습에서 생긴 학생들의 의문을 풀어주고 사전 학습 결과를 토대로 토론을 이끌어 나가며 그 토론을 통하여 학습 효과를 증진시키는 데에 있다. 일반적으로 사전 학습은 온라인 기반으로, 수업은 오프라인 기반으로 이루어진다. 퀴즈(quiz)는 온라인 사전학습의 성과를 측정하는 중요한 역할을 한다. 이러한 플립 러닝은 학습의 주도성을 높이고, 교수와 학생 사이의 상호작용을 증진하며, 학습 내용에 대한 입체적이고 심층적인 이해를 돕고, 학생들의 능력 수준을 고려한 수준별 학습이나 개별화 학습 효과를 거두는 등 여러 장점을 가진다.28) 강의실의 무게중심이 교수에서 학생으로, 가르침에서 배움으로 옮겨진다.

로스쿨의 현실을 고려하면 로스쿨에 당장 플립 러닝을 전면 도입하는 것은 쉽지 않다. 교수와 학생이 이러한 교육방법에 익숙하지 않고, 플립 러닝의 필요성과 타당성에 대한 내부적 공감대가 형성되지도 않았다. 플립 러닝은 교수의 사전 학습 자료 제작과 공유, 학생들

Mem. L. Rev. 661, 66(2016). 학술적으로는 2000년 Bakers가 미국 플로리다에서 열린 제11회 대학 교수학습 국제컨퍼런스에서 이미 '교실 뒤집기'라는 개념을 사용하였다고 한다. 박에스더, 박지현(註 10), 170면.

25) 권희림, 문은경, 박인우, "국내 블랜디드 러닝의 효과에 관한 메타분석", 『교육정보 미디어연구』 제21권 3호, 한국정보미디어학회, 2015.

26) 김보경, "교직수업을 위한 역진행 수업모형 개발", 『교육종합연구』 제12권 2호, 교육종합연구원, 2014.

27) 김남익, 전보애, 최정임, "대학에서의 거꾸로 학습(Flipped Learning) 사례 설계 및 효과성 연구: 학습동기와 자아효능감을 중심으로", 『교육공학연구』 제30권 3호, 한국교육공학회, 2014.

28) 임정훈, "대학교육에서 플립러닝(Flipped Learning)의 효과적 활용을 위한 교수학습 전략 탐색: 사례 연구", 『교육공학연구』 제32권 1호, 한국교육공학회, 2016, 169-170면.

의 철저한 예습을 전제한다. 그런데 로스쿨에서 이러한 전제가 현실
적으로 충족될 수 있을지도 의문스럽다. 학생들의 과도한 부담을 생
각하면 더욱 그러하다. 또한 플립 러닝은 온라인 학습－오프라인 토
론으로 구성되는데, 로스쿨은 전통적으로 온라인 학습에 익숙하지 않
다. 그러나 플립 러닝의 부분적 도입 또는 변형적 도입은 가능할 뿐
만 아니라 바람직하기도 하다. 플립 러닝의 본질은 새로운 것이 아니
다. 이미 로스쿨은 '교재를 미리 읽어 와서 수업 시간에는 토론을 활
성화하려는' 노력을 기울여 왔다. 플립 러닝은 기술과 시스템의 도움
에 의거하여 이를 좀 더 철저하게 밀어붙이는 교육방법일 뿐이다. 이
러한 점에 착안한다면 사전 학습 강화라는 차원에서 플립러닝의 정신
을 구현하는 것은 얼마든지 가능하다.

　　이를 위해서는 사전 학습 자료 준비가 효율적으로 이루어지도록
지원해야 한다. 이러한 사전 학습 자료가 표준적으로 개발되어 공유
될 수 있다면 모든 로스쿨 교수들이 각자 비슷한 내용의 사전 학습
자료를 만드는 데에 들어가는 시간과 비용을 줄일 수 있다. 동영상
클립 등 온라인 강의자료를 만드는 것이 힘들다면 적어도 강의안을
미리 공개하는 것을 고려할 수 있다. 이를 통해 학생들이 미리 강의
의 주요 내용을 학습하여 올 수 있다. 학생들이 수업 시간에 기울이
는 노력의 대부분을 차지하는 필기 부담을 덜 수 있다. 그러면 더욱
적극적으로 수업에 참여할 수 있다. 또한 수업 시간에 질문하거나 토
론할 사항을 미리 공개하여 준비하게 하는 것도 좋은 방법이다.[29] 필
자도 수업 시간의 질문 목록을 미리 공개하고 특별한 사정이 없는 한
그 질문 목록에서 질문하였던 학기에는 학생들이 그룹 스터디 형식으
로 그 질문에 대한 답변을 함께 준비하는 것을 본 적이 있다. 사전
학습 대상이 구체적일수록 사전 학습도 구체적으로 이루어지는 것이

---

29) 임정훈(註 28), 192면.

다. 따라서 사전 학습 과제는 구체적인 형태로 부여되어야 한다. 단순히 예습을 요청하거나 교재 해당 부분을 미리 읽어오라는 추상적인 형태의 사전 학습 요청은 큰 의미가 없다.

(2) 참여수업 분위기의 형성

참여수업 분위기를 형성하는 것도 중요하다. 특히 우리나라처럼 주입식 교육에 익숙해진 문화 속에서는 보다 적극적인 방법으로 참여수업 분위기를 형성할 필요가 있다.

이를 위해서는 우선 학생들에게 참여수업의 의미를 설명하고 이에 대한 공감대를 형성하는 것이 좋다. 학생들이 참여를 꺼리는 이유 중 하나는 이른바 '튀는 것'을 싫어하는 문화이다. 이러한 문화 속에서 자란 학생들은 강의 도중에 질문하거나 토론을 시작하는 것에 상당한 부담을 느낀다. 참여를 '튀는 행위'가 아니라 '따르는 행위'로 인식시켜야 학생들의 부담 없는 참여를 유도할 수 있다.30) 참여수업의 의지를 다지는 일정한 의식(儀式)은 이 점에서 도움이 된다. 단순히 선언적인 의미를 가지는 의식으로도 충분하다. 필자는 자유로운 토론을 권장하는 의미임을 밝히고 매 수업을 시작할 때마다 공개적으로 넥타이를 풀기도 하였으며, 학기 초에 참여수업에 대한 약정서를 함께 작성하기도 하였다. 이러한 일련의 행위는 선언적인 의미만 가질 뿐 어떤 구속력을 가지지는 않지만 이를 통해 참여수업에 대한 인식과 의지를 지속적으로 갱신하는 데에 도움이 되었다. 참고로 아래에 필자가 실제 사용하였던 약정서 양식을 소개한다.

---

30) 필자는 학부에서 대형 강의를 하던 때에 모든 학생들에게 한 학기에 한 번 이상은 손을 들고 발언하도록 의무를 부과하고, 기말고사 시험지에 해당 칸을 만들어 그 약속을 지킨 경우에 양심적으로 동그라미를 치도록 한 경우가 있다. 모든 학생들이 약속을 지켰다.

〈표 2〉 강의참여약정서 양식

※ 이 약정서는 2010년 2학기『부동산금융과 법』강좌에 적극적으로 참여하겠다는 서면입니다. 이는 어디까지나 참여수업을 통하여 학습의 질을 높이고 강좌공동체에 기여하도록 돕기 위한 서면으로 법적인 구속력은 없습니다. 약정서 서명 및 제출 여부는 수강생 스스로 자유롭게 선택할 수 있고, 이에 따르는 어떠한 불이익도 없습니다.

이 약정서는 크게 세 부분으로 구성됩니다. 첫 번째 부분은 교수가 수강생에게 하는 약속 부분입니다. 두 번째 부분은 수강생이 교수와 동료 수강생에게 하는 약속 부분입니다. 세 번째 부분은 인적 사항과 서명 부분입니다. 이 약정서의 말미에 마련된 칸에는 하고 싶은 말은 무엇이든 적을 수 있습니다.

Ⅰ. 아래 부분은 교수가 수강생들에게 하는 약속입니다.

1. 저는 성실하게 수업을 준비하겠습니다.
2. 저는 수업과정에서 행해지는 모든 질문을 즐겁게 받아들이고 답변하겠습니다.
3. 저는 수업과정에서 제시되는 모든 의견을 경청하고 제 의견을 드리겠습니다.
4. 저는 제가 가지고 있는 지식과 관점을 최대한 명료하게 전달하겠습니다.
5. 저는 모르는 부분을 겸허하게 인정하고 성실한 사후답변을 위해 노력하겠습니다.
6. 저는 수업진행에 관한 수강생들의 의견을 귀기울여 듣고 수업에 참조하겠습니다.
7. 저는 정시에 수업을 시작하고 정시에 수업을 끝마치겠습니다.
8. 저는 수강생들의 반응에 유의하여 난이도를 조정하도록 노력하겠습니다.
9. 저는 수강생들이 효율적으로 발표하고 토론하도록 돕겠습니다.
10. 저는 수강생들과 친밀해지도록 노력하겠습니다.

Ⅱ. 아래 부분은 수강생이 교수와 동료 수강생들에게 하는 약속입니다.

1. 저는 독서과제를 성실하게 읽고 수업에 임하겠습니다.
2. 저는 최소한 1주일에 1번씩은 수업시간 중에 질문하도록 노력하겠습니다.
3. 저는 최소한 1주일에 1번씩은 수업시간 중에 의견을 제시하도록 노력하겠습니다.
4. 저는 교수로부터 질문을 받았을 때 즐거운 마음으로 성실하게 답변하겠습니다. 훌륭한 답변을 하였다고 우쭐해 하지 않고, 엉뚱한 답변을 하였다고

부끄러워하지 않겠습니다.

5. 저는 발언하려는 수강생들이 너무 많아 제 발언기회나 시간이 제한되었더라도 섭섭하게 생각하지 않겠습니다. 동료 수강생들의 질문과 의견을 음미하며 즐거워하겠습니다.

6. 저는 다른 수강생들의 질문이나 답변, 의견에 대해서 겉으로나 속으로 비웃지 않겠습니다. 오히려 수업에 기여하려는 그들의 노력을 치하하고 감사하게 생각하겠습니다.

7. 저는 교수의 질문이나 답변, 의견에 대해서 겉으로나 속으로 비웃지 않겠습니다. 오히려 적절한 질문이나 의견제시를 통해 교수를 돕겠습니다.

8. 저는 충실히 발표준비를 하고, 그 내용을 명쾌하고 흥미롭게 전달하겠습니다.

9. 저는 제 지식과 정보와 재능을 숨기지 않고 다른 수강생들과 공유하겠습니다.

10. 저는 이번 강좌를 통해서 교수 및 다른 수강생들과 친밀해지도록 노력하겠습니다.

저는 약정내용(Ⅱ)을 읽어보았으며, 이번 학기동안 그 약정을 지키도록 최선의 노력을 다하겠습니다.

날짜: 2010년   월   일
학번:
성명: (서명)

◎ 하고 싶은 말 ◎

아래 칸에 건의사항을 포함하여 하고 싶은 말을 자유롭게 적어 주시기 바랍니다.

교수와 학생, 학생 상호간의 친밀도도 참여수업 분위기의 중요한 요소이다. 친근한 사람과는 더 편하게 이야기할 수 있기 때문이다. 수업 초반부에 서로의 얼굴과 이름을 알고 개인적인 이야기를 나눌 수 있는 시간이 있으면 요긴하다.[31] 교수가 학생들 개개인의 이름과 얼

---

31) 필자는 학부수업 당시에는 학생 각자에게 자신의 사진과 소개를 담은 파워포인트

굴을 파악하고 실제로 그 이름을 불러주는 것도 중요하다. 학생들의 숫자가 많아지면 교수가 별도로 시간을 투자하여 이름과 얼굴을 익히기 위한 노력을 기울일 필요도 있다. 이제는 학교 시스템을 이용하여 학생들의 이름과 얼굴을 온라인으로 파악할 수 있는 경우가 많으므로 그러한 노력이 훨씬 쉬워졌다.[32]

학생이 교수와 동료들 앞에서 발언하는 것에 따르는 부담감을 덜어주는 노력도 필요하다. 수업내용에 관한 어떤 발언이건 환영받는다는 점을 분명히 하여 학생들이 발언의 질(quality)에 대한 우려로 발언하지 않으려는 분위기가 되지 않도록 해야 한다. '꿈보다 해몽'이라는 말을 기억하여 학생들의 어설픈 발언 뒤에 숨겨진 논리를 통찰하고 교수가 이를 잘 정리해 준다면 학생들은 좀 더 편안하게 발언할 수 있다. 교수의 입장에 반대되는 발언을 하거나 교수의 잘못된 설명을 지적하는 발언을 하는 것도 장려해야 한다. 필자의 경우 학생이 강의 오류를 신고하면 그 오류를 시정함과 동시에 그 학생을 공개적으로 칭찬하고 작은 선물을 주는 제도를 시행하였는데, 오류 신고에 대한 학생들의 부담감을 덜어주고 강의의 완성도를 높이는 데에 도움이 되었다. 또한 학생들은 손을 드는 것에 부담을 가지는 경우가 많은데, 체조삼아 손드는 연습을 하고 수업을 시작하면 학생들의 참여도가 높아지는 현상을 관찰하였다. 실시간 온라인 질문 도구를 사용한 적도 있는데,[33] 온라인상 채팅은 편안하게 느끼지만 오프라인에서 발언하

1장씩 제출하도록 하여 하나의 파워포인트 파일로 합친 후 매 강의 시작 10분 전부터 계속 자동 재생시키거나, 패널토론 방식의 수업에서는 당일 패널들이 자기소개를 한 후 수업을 진행하곤 하였다. 하지만 다른 학과생들이 많아 서로를 잘 모르는 학부수업과 달리 로스쿨에서는 학생들끼리 이미 서로 잘 알고 있는 경우가 많아 이러한 필요성이 반감되었다.

32) 필자는 학기 중반 이후에는 질문과 답변이나 토론 과정에서 학생의 이름을 기억하지 못할 경우에 그 학생에게 미리 준비한 사탕이나 초콜릿을 준다는 규칙을 실행한 적도 있는데 학생들의 이름을 외우는 데 큰 동기 부여가 되었다.

33) 필자는 모두가 무료로 사용할 수 있는 웹사이트인 Symflow(symflow.com)를 사용

기 꺼려하는 학생들의 참여에 도움이 되었다. 이러한 온라인 질문 도
구의 사용이 번거롭다면 각자 자신의 이름으로 종이 명패를 만들어
자신의 좌석 위에 올려놓았다가 질문하고 싶을 때 그 명패를 세로로
세워놓으면 교수가 학생에게 질문 기회를 주는 방법을 사용할 수도
있다. 손을 드는 것이 자칫 잘못하면 계속되는 강의의 흐름을 방해한
다고 느껴 손을 들기를 주저하는 소심한 학생들에게 요긴하다.

　　학생들의 잘못된 답변에 대한 신중한 대처도 참여수업 분위기 형
성에 중요한 의미를 가진다. 학생들의 참여를 권장하면서도 막상 참
여 과정에서 나오는 실수에 지나치게 엄격한 반응을 보이면 원활한
참여수업은 어려워진다. 민주적 강의실, 편안한 강의실이 참여수업의
토대이다. 오히려 강의실에서 최대한 실수를 많이 함으로써 나중에
시험을 치르거나 실무에 종사할 때는 최대한 실수를 줄일 수 있는 환
경이 조성되어야 한다. 따라서 명확하게 잘못된 내용으로 발언하였을
때에도 그 발언을 교정하여 주되, 용기 있게 발언한 사실에 대해서는
크게 칭찬해야 한다. 학생들의 실수는 현재 학생들의 이해 수준을 가
늠할 수 있는 자료이기도 하다. 교수는 이를 통해 학생들에게 어떤
부족한 점이 있는지를 인식하고 학생들이 그 부분을 이해할 수 있도
록 도울 수 있다.

3. 참여수업의 실행

　　학생들의 참여는 질문과 답변, 패널토론, 배심토론, 소그룹토론,
사례풀이, 주제발표, 역할극, 모의재판, 과제 제출, 수업자료 공동작성

하였다(2015년 2학기 기준). 학생이 수업시간 중에 휴대폰이나 노트북으로 질문을
올리면 강의실 앞 스크린에 실시간으로 그 질문이 뜨게 되는데, 해당 학생은 교수
의 안내에 따라 그 질문을 육성으로 읽고 교수가 답변한다. 강의실 분위기가 다소
어수선해질 수 있고 질문에 즉답해야 하는 부담감이 있으나, 학생들은 1차적으로
텍스트로 정리한 질문을 하게 되어 압박감이 덜하고 교수는 실시간으로 학생들의
의문점과 이해 수준을 파악할 수 있다는 장점이 있다.

등 다양한 모습으로 행해진다. 그중 가장 대표적인 유형인 질문과 답변, 토론, 수업자료 공동작성에 대해서만 설명한다.

(1) 질문과 답변

가장 쉽게 실행할 수 있는 참여수업 방법은 질문하고 답변하는 것이다. 교수가 질문할 수도 있고, 학생이 질문할 수도 있다. 편의상 교수의 질문에 대해서만 다룬다.

교수는 학생에게 적절한 질문을 적절한 방법으로 던져야 한다. 이와 관련하여 관심을 끄는 것이 미국 로스쿨에서 이루어지는 소크라테스식 문답법(socratic method)이다. 이 방법에 따르면 교수는 특정 학생을 지목하여 연속적인 질문을 던진다. 질문하도록 지목되지 않은 학생도 언제 자신에게 질문이 올지 모른다는 긴장감 속에서 이러한 문답 과정에 주목한다. 학생의 답변에 끊임없이 의문을 던짐으로써 학생들은 무지의 자각을 통해 자신이 잘 알았다고 생각하던 내용을 근본부터 다시 생각해 보게 된다.[34] 그 과정에서 자신이 아는 부분과 알지 못하는 부분을 잘 구별하여 향후 학습 대상을 확정할 수 있다. 정답이 있는 문제에만 익숙한 학생들에게 실제로는 정답이 불명확한 문제들이 매우 많다는 점을 자각시킴으로써 오히려 학생들의 창의력을 자극할 수 있다. 가령 민사판례를 다룰 경우 교수는 학생들에게 ① 판결이 다루는 사건의 당사자인 원고와 피고가 누구인지, ② 원고는 피고에게 어떤 사실관계 아래에서 어떤 청구를 하고 있는지, ③ 이에 대해 피고는 어떤 주장을 하고 있는지, ④ 이로부터 도출되는 이 사건의 쟁점은 무엇인지, ⑤ 그 쟁점에 관한 일반적인 법리는 무엇인지, ⑥ 법원은 그 법리를 각 쟁점에 어떻게 적용하여 어떤 결론에 이르렀는지, ⑦ 그 결론에 찬성하는지 혹은 반대하는지, ⑧ 그 이

---

34) 김회용, "소크라테스식 교수법에 관한 논의", 『교육학연구』 제37권 제1호, 한국교육학회, 1999, 9면.

유는 무엇인지, ⑨ 만약 사실관계가 변경되면 결론이 어떻게 달라지는지, ⑩ 이와 유사한 사건을 다룬 다른 판결이 있는지, ⑪ 그 판결의 결론과 이 판결의 결론이 같은 이유 또는 다른 이유는 무엇인지, ⑫ 지금까지 취한 입장과 반대되는 입장에서는 어떤 논리를 전개할 수 있을지 등을 순차적으로 질문할 수 있다.

그러나 소크라테스식 문답법에는 단점도 있다. 이러한 문답과정은 학생들에게 매우 큰 부담을 안길뿐만 아니라 자칫 잘못하면 제한된 강의시간 중 너무 많은 시간을 잠식하여 강의의 균형을 깨뜨릴 수 있다. 학생들과의 유대가 제대로 형성되지 않은 상황에서 사용될 경우 학생들의 자존감만 깎아내리고 학습효과는 제대로 거두지 못할 수도 있다. 또한 소크라테스식 문답법은 매우 세밀하고 기술적인 접근을 요구하는 방법으로서 이러한 능력을 갖춘 교수에 의하여 적절한 방법으로 활용되어야 그 목적을 충분히 달성할 수 있다. 즉 소크라테스식 문답법은 교수의 능력과 교육 스타일에 따라 효과가 크게 좌우될 수 있는 불안정성을 지닌다.

이러한 소크라테스식 문답법의 문제를 완화하기 위해서는 소크라테스식 문답법의 목적과 기법이 교수들 사이에 학습되고 공유될 필요가 있다. 또한 학생들에게도 왜 소크라테스식 문답법을 사용하는지에 대한 목적을 잘 주지시킬 필요가 있다.[35] 소크라테스식 문답법은 학생들의 교육효과를 제고하고 학습동기를 고취하는 방법 중 하나이지 학생들을 무기력하게 만들거나 수치심을 느끼게 하는 수단이 아니라는 점을 염두에 두어야 한다. 따라서 일단 학생들의 답변이 잘못되었더라도 고의적으로 학생들에게 수모를 주거나 학생들을 당황하게 만들거나 이를 즐기는 것은 피하여야 한다.[36] 이 과정에서 예습을 하

---

35) 하재홍, "소크라테스식(문답식) 교수법", 『법학논집』 제14권 제4호, 이화여자대학교 법학연구소, 2010, 299면.
36) 하재홍(註 35), 305면.

지 않은 학생에 대한 예습 권고를 할 수는 있으나, 소크라테스식 문답법이 강의 과정이라기보다는 시험 또는 평가의 일환이라는 느낌을 주는 것은 바람직하지 않다. 질문을 던졌다면 학생에게 생각하고 답변할 충분한 시간을 주어야 한다. 침묵을 너무 두려워해서는 안 된다. 침묵의 시간은 오히려 강의의 긴장감을 높이고 질문을 받지 않은 학생들도 질문에 대해 깊이 생각할 여유를 제공한다. 학생들이 답변할 때 귀를 기울인다. 다른 학생들도 그 답변을 들을 수 있도록 충분히 큰 목소리로 답변하도록 요청한다. 때로는 그 답변 내용을 선해(善解)하여 요약할 필요도 있다. 학생의 답변과 교수의 해설이 결합되면 중요한 가르침으로 이어질 수 있다.

소크라테스식 문답법에 대한 절대적 의존도 바람직하지 않다. 이 강의법은 다른 교육방법과 함께 사용되거나 다른 교육방법으로 대체될 수도 있다. 예를 들어 전체에게 교수의 질문에 대해 손으로 OX를 표시하도록 요구할 수도 있다. 질문에 답변할 패널을 미리 선정하여 준비하게 하는 것도 하나의 방법이다. 이때에도 패널 외의 학생들에게 질문할 수 있는 가능성을 열어놓을 수 있다. 질문을 미리 공개하는 것도 학생들에게 도움이 된다. 학생들은 자신이 답변해야 할지도 모른다는 생각에 그 질문을 놓고 미리 공부하거나 동료들과 토론하게 될 것이다. 이 과정에서 질문이 다루는 내용에 대해 효과적인 학습이 이루어진다.

(2) 토론

토론도 참여수업의 중요한 실행방법이다.37) 그런데 강의나 질문/답변 과정에 비해 토론 과정에서는 상대적으로 교수의 주도적 역할이 후퇴하고 학생의 주도적 역할이 앞으로 나아온다. 이는 본래 참여수

---

37) 하재홍, "법과 창의", 『서울법학』 제23권 제3호, 서울시립대학교 법학연구소, 2016. 2, 375면은 법이 다루는 문제 자체가 항상 이론의 여지가 있는 성격의 문제이므로 법학교육에서 토론만큼 유익한 교육방법이 없다고 한다.

업이 도모하는 이념이기는 하지만, 학생이 잘 준비되어 있지 않거나 교수가 잘 진행하지 못할 경우 오히려 교육효과가 떨어질 수 있다. 따라서 토론수업에서는 더 잘 준비된 학생과 더 능숙하게 진행하는 교수가 필요하다.

　토론수업에서 가장 중요한 것은 적절한 토론 논제의 선정이다. 어떤 문제는 잘 구조화되어 있고 정답이 명확하여 토론에 잘 어울리지 않는다. 이러한 문제는 강의나 질문/답변 과정을 통해 다루는 것이 더 좋다. 예를 들어 "무엇이 판례의 태도인가"라는 논제는 일반적으로 정답이 존재하므로 토론에 적합하지 않다. 하지만 "판례의 태도가 타당한가"라는 논제는 일반적으로 정답이 존재하지 않으므로 토론에 적합하다. 로스쿨에서 토론수업이 정착하기 어려운 이유 중 하나는 로스쿨 교육에 큰 영향을 미치는 변호사시험이 정답을 요구하는 시험이기 때문이다.[38) 그 영향 아래 로스쿨에서도 이러한 문제를 주로 다루게 된다. 그러나 실제 법률가로서 활동하게 되는 삶의 현장에는 열린 문제들이 더 많다. 또한 열린 문제들에 대한 진지한 토론은 구조화된 문제들을 이해하는 데에도 도움이 된다. 예컨대 "판례의 태도가 타당한가"에 대한 진지한 토론은 "무엇이 판례의 태도인가"를 진정 이해하는 데에도 도움이 된다. 이러한 문제들을 다수 발굴하여 토론의 소재로 제공하는 것이 중요하다.

　토론수업의 방식도 중요하다. 토론은 전체 토론 방식과 부분 토론 방식으로 나누어진다. 전체 토론 방식으로는 ① 하나의 주제를 놓고 전체 구성원이 자유롭게 토론하는 방식(자유토론), ② 전체를 두 그룹으로 나누어 각각 상반된 입장에 기초하여 토론하는 방식(배심토론), ③ 학생의 발제에 이어 질문과 토론을 진행하는 방식(이른바 심포지엄식 토론), ④ 교수의 입장에 대해 학생 전체가 반대 입장에서 토

---

38) 이는 이론적으로는 출제와 채점의 공정성에 대한 압박감, 현실적으로는 출제 오류에 따른 법적 분쟁에 따른 압박감 때문이다.

론하는 방식(이른바 1대 100 토론) 등을 생각할 수 있다. 부분 토론 방식으로는 ① 학생들을 여러 개의 소그룹으로 나누어 동일한 주제 또는 다른 주제에 대해 동시에 토론하게 하는 방식(버즈토론), ② 학생 2명이 짝을 이루어 서로 질문을 던지고 토론하는 방식(하브루타식 토론),39) ③ 토론을 전담하는 패널들을 미리 선정하여 패널끼리 토론하게 하는 방식(패널토론) 등이 있다. 이러한 소규모 토론은 학생들에게 주도적이고 개별적인 표현의 기회를 부여하고, 서로 돕고 가르치는 역할을 수행할 수 있게 한다.40)

토론수업의 진행도 중요하다. 전체 토론 방식의 경우 교수는 토론이 논점을 일탈하거나 너무 오래 지속되어 지루함을 야기하지 않도록 흐름을 조정한다. 또한 특정한 학생이 토론을 점령하지 않도록 제어한다. 교수가 자기 생각을 가지고 토론에 너무 일찍 개입하지 않아야 한다. 부분 토론 방식을 위해 토론할 수 있는 여러 개의 격리된 장소가 반드시 필요한 것은 아니다. 오히려 같은 장소에서 웅성거리며 토론하는 것이 더 생동감 넘칠 수 있다. 너무 시끄러운 경우에는 목소리 크기를 조정하도록 권유한다. 만약 격리된 장소가 필요하다면 학생들을 바깥으로 내보내 실내나 야외 어디서든 원하는 장소에서 토론한 뒤 일정한 시간까지 돌아오도록 지침을 부여할 수 있다. 교과목의 특성에 맞게 강의와 토론의 비중을 조절하는 것도 중요하다. 언제 어느 정도 길이로 토론을 진행할지를 미리 설계하고 고지하는 것이 좋다. 학생들의 사전 학습이 충분히 이루어지지 않아 질 높은 토론을 진행하기 어렵다고 판단되면 토론을 진행하기 전에 몇 분 정도 시간을 주어 즉석에서 교재 해당 부분을 읽게 할 수 있다.

---

39) 전성수, 『자녀교육 혁명 하브루타』, 두란노, 2012 참조.
40) 이를 동료교수법(peer instruction)이라고 한다. 임정훈(註 28), 172면 참조.

(3) 수업자료 공동작성

참여수업의 이념은 수업자료 작성에도 미친다. 전통적으로 수업자료는 교수가 마련하여 학생에게 제공하는 것으로 여겨져 왔다. 이러한 구도는 교수의 전문성이나 역할에 비추어 당연한 것이다. 그러나 학생들도 보조적으로나마 수업자료 작성 과정에 기여할 수 있다. 가장 단순한 기여는 교수가 제공하는 수업자료를 읽고 수정하거나 보완할 사항을 알리는 것이다. 조금 더 진보된 기여는 학생들이 발표문이나 과제 등의 형태로 수업자료를 제공하는 것이다. 예컨대 수업에 관련된 판례(특히 일반적으로 대법원 판례에 비해 잘 읽지 않지만 실제 법리 이해에는 도움이 되는 하급심 판례)나 각종 시사 자료를 수집하여 일목요연하게 정리한 자료들은 수업자료로 유용하게 활용될 수 있는데, 이는 학생 모두가 하나씩 맡아서 하면 쉽게 작성할 수 있다.

다만 이러한 자료들의 질을 어떻게 담보할 것인가가 문제될 수 있다. 우선 누가 맡아서 하더라도 비슷한 성과물이 나오는 자료를 학생들에게 맡기는 것이 좋다. 또한 수업 온라인 게시판에 올릴 때에는 본인의 요약 성과물(예: 판례의 사실관계/당사자의 주장/법원의 판단 요약)과 별도로 자료 원본(예: 하급심 판결문 전문)을 함께 올리게 하여 필요한 경우 양자를 비교할 수 있도록 해야 한다. 이를 과제평가대상으로 삼아 대부분 비슷한 점수를 부여하되 일정한 질을 담보하지 못하는 과제에 대해서는 감점하는 방식을 취할 수도 있다. 발표 수업의 경우에는 수업 온라인 게시판에 발표문을 미리 올리게 하고 나머지 학생들은 모두 의무적으로 그 발표문에 대한 논평이나 관련 정보를 댓글 형식으로 달도록 하는 것도 수업자료 공동작성에 기여하는 한 방법이다. 이러한 댓글은 자연스럽게 사전 학습을 유도하여 실질적인 토론을 가능하게 하고, 발표자의 발표문 완성에 도움이 될 뿐만 아니라 그 자체로 좋은 수업자료가 될 수 있다.

4. 참여수업과 과학기술

현재의 학생 세대는 뼛속까지 디지털이다. 이들은 디지털 환경 속에서 살아왔고, 현재도 스마트폰이나 노트북 등 첨단 디지털 기기를 몸의 일부처럼 여기며 살아간다. 첨단 과학기술, 특히 인터넷이나 디지털 관련 기술은 개인의 삶과 사회의 구조를 혁명적으로 바꾸어 놓았다. 이러한 기술이 법 실무에 몰고 온 변화도 크다.[41] 현 시대의 법률가는 디지털 법률가라야 유능한 법률가로 평가받을 것이다. 이에 비해 법학교육은 아직까지 이러한 변화에 둔감하다. 학교 시험이나 변호사시험이 수십 년 전과 마찬가지로 여전히 아날로그 방식으로 이루어지고 있는 것은 사회와의 격차를 실감케 하는 사례이다. 참여수업을 촉진하려면 과학기술의 활용이 불가피하다. 이러한 과학기술 그 자체가 법학교육의 본질을 바꾸어 놓지는 않겠지만 법학교육의 방법을 더 효과적으로 만들어 줄 수 있다.[42] 이미 이러한 과학기술에 기초한 인프라는 일정 정도 학교 차원에서 제공되고 있다. 예컨대 온라인 수업 커뮤니티 툴이나 화상강의 시스템, 휴대폰으로 교과목 학습이 가능한 어플리케이션 등 활용할 수 있는 도구들이 여럿 있다. 그런데 실제 법학교육 현장에서 얼마나 이러한 온라인 도구들이 그 가치만큼 활용되고 있는지는 의문이다.[43]

장기적으로는 온라인 교육의 비중이 커지리라 예상된다. 법학교육도 이러한 큰 흐름에서 자유로울 수 없을 것이다. 온라인 교육은

---

[41] 미국의 콜럼비아 로스쿨에서는 2011년 1학기에 "Lawyering in the Digital Age Clinic"이라는 과목을 개설하였다고 한다. 최성수(註 12), 82면 참조.

[42] Michele Pistone, *Law Schools and Technology: Where We Are and Where We are Heading*, 64 J. Legal. Educ. 586, 586(2015).

[43] 미국의 경우 이미 1982년에 하버드 로스쿨과 미네소타 로스쿨이 함께 Center for Computer-Assisted Legal Instruction (CALI)을 설립하였고 현재 미국 대부분의 로스쿨들이 CALI의 회원으로 가입되어 있다. CALI 홈페이지(www.cali.org) 및 Schaffizin(註 24), 684 참조.

교육비용을 절감하고 교육 콘텐츠에 대한 접근성을 높인다. 시간적, 공간적 제약을 뛰어 넘어 학생이 편리한 시간에 편리한 공간에서 학습할 수 있다. 학습자료가 서버에 보관되어 자료 활용과 축적 및 업데이트가 용이하다. 이는 장기적으로 학습자료 공유로 이어져 협업을 쉽게 한다. 온라인의 속성상 의사소통도 편리해진다. 오프라인에서는 손을 들고 이야기하기 꺼려하는 학생들도 온라인에서는 좀 더 쉽게 자신의 의견을 제시할 수 있다. 이러한 소통이 강화되면 다양한 관점과 정보를 공유할 수 있다. 커뮤니티 서비스나 동영상, 퀴즈 등 다양한 온라인 수단들을 통하여 다양한 교육방법을 시도할 수 있다. 온라인 교육이 진화되면 개별적 맞춤형 학습도 가능해진다. 이러한 맞춤형 학습은 미래 교육이 지향해야 할 바이다. 실제로 최근 무크(MOOC)의 확장에 주목하면서 미래에는 온라인 교육이 지배하리라는 전망이 유력하다. MIT는 오픈 코스웨어(open courseware)를 통해 거의 모든 강의를 무상으로 온라인에 공개한다.[44] 스탠포드대도 아이튠스 채널을 통해 많은 강의를 공개한다.[45] 현재 하버드대, MIT, 버클리대, 조지타운대, 텍사스대 등은 온라인 교육 포털인 EdX를 통해 강의를 공개한다.[46]

이러한 새로운 기술과 새로운 교육패러다임의 급류는 법학교육에도 들이닥칠 것이다. 이에 따라 온라인 법학교육에 대한 관심도 높아지고 있다. 하버드 로스쿨과 버몬트 로스쿨이 2011년 11월 11일과 12일 양일에 걸쳐 하버드 로스쿨에서 공동 개최한 워크숍에서는 『법학교육에 있어서의 원격학습에 대한 실무 작업반(Working Group for Distance Learning in Legal Education)』을 결성하였다. 미국에서는 10년 내에 온라인 교육이 기존 법학 교육을 상당 부분 대체할 것이라는 전

---

44) http://ocw.mit.edu/index.htm.
45) http://itunes.stanford.edu.
46) http://www.edx.org.

망도 나오고 있다.[47] 우리나라에서도 이에 대비한 꾸준한 논의가 필요하다.

Ⅳ. 평가방법 개선

평가방법 개선은 로스쿨 교육 개선과 밀접한 관련이 있다. 로스쿨 학생들은 평가에 매우 민감하다. 이들은 대체로 오랫동안 좋은 평가를 받아 왔고, 또 좋은 평가를 받는데 최적화된 학생들이다. 실제로 로스쿨 입학생들의 학부 학점은 매우 높다. 이처럼 학점을 중요하게 생각하는 로스쿨 학생들에게 학점이 중요시되는 현재의 취업 환경은 더욱 큰 압박이다. 그만큼 평가가 학생들의 행동이나 학습에 미치는 효과는 지대하다.

하지만 로스쿨 내에서 학생들을 어떻게 평가하고 어떻게 학점을 부여할 것인가에 대한 체계적인 논의는 그다지 이루어지지 않고 있다. 연구와 강의, 행정 부담에 시달리는 교수 입장에서도 개인적으로 강의 외에 평가에 대해서까지 심도 있게 고민하고 시간을 쏟기가 쉽지 않은 형편이다. 이 점에서 로스쿨 전체의 차원에서 교육적이고 효과적인 평가방법에 대한 가이드라인의 연구와 제공이 필요하다. 평가방법의 개선은 학생들의 올바른 학습을 유도하고, 로스쿨 단계에서부터 '학점을 잘 받는 학생'이 아니라 '훌륭한 법률가'의 모습을 갖추도록 도울 수 있기 때문이다. 아래에서는 평가방법에 관한 몇 가지 생각을 나누고자 한다.

1. 평가대상의 확정

무엇을 평가할 것인가, 즉 평가대상의 확정 문제는 평가방법 개

---

47) Philip G. Schrag, *MOOCs and Legal Education: Valuable Innovation or Looming Disaster*, 59 Vill. L. Rev. 83(2014).

선의 맥락에서 매우 중요하다. 학생들은 종종 학기 중에 배운 것과
학기 말에 평가받는 것이 다르다는 불만을 가진다. 만약 이러한 현상
이 지속되면 학생들은 학기 중에 수업에 집중하지 않은 채 학기 말에
이루어질 평가에 유리한 준비에 집중할 것이다. 이는 교육효과를 현
저하게 반감시킨다. 그러므로 평가방법 개선의 첫 걸음은 교육대상과
평가대상을 가급적 일치시키는 것이다. 또한 기말고사 등 중요한 평
가 작업이 이루어지기 전에 구체적으로 어떤 범위에서 출제가 이루어
질 것인지를 정확하게 특정하여 주는 작업이 필요하다. 예를 들어 교
재를 기준으로 어떤 부분이 평가대상인지, 교재에는 없지만 수업 시
간에 다룬 내용도 평가대상인지, 별도로 부과된 독서과제는 평가대상
에 포함되는지, 교재에 나오지 않는 판례들도 평가대상인지 등을 확
실히 하는 것이 좋다. 이를 사전에 확실히 할수록 학생들의 학습도
집중적으로 이루어질 가능성이 높아진다.

2. 과정평가와 결과평가

평가방법은 평가대상에 따라 과정평가와 결과평가로 나누어 볼
수 있다. 과정평가는 학기 중 학습과정에서 보여주는 성실함이나 발
전을 측정하는 평가이다. 결과평가는 학기 말에 치르는 시험의 결과
에 기초한 평가이다. 예컨대 출석이나 수업참여 등에 따른 평가는 과
정평가에 속하고, 중간고사나 기말고사에 따른 평가는 결과평가에 속
한다. 과정평가와 결과평가는 둘 다 의미를 가진다. 다만 교과목의 교
육목표나 특성에 따라 양자의 비중을 달리 할 필요가 있다. 일반적으
로 대형수업에서는 과정평가의 비중을 높이는 데에 한계가 있다. 과
정평가는 개별적 관찰에 기초한 정성평가의 요소가 큰 경우가 많은데
대형수업에서는 그러한 정성평가를 행하기 어렵기 때문이다. 반면 소
규모 수업에서는 과정평가의 비중을 높여 학생들이 학습과정에 충실
하도록 유도할 수 있다. 과정평가가 반드시 학점으로 연결되어야 할

필요도 없다. 예컨대 소규모 수업의 경우 교수가 정기적으로 학생에게 자신의 개별적인 관찰 결과를 알려주되 이를 순수하게 교육적인 목적으로만 하고 학점에는 반영하지 않을 수 있다.

3. 평가의 신뢰성, 측정가능성, 공정성 확보

평가는 신뢰할 만하고 측정할 수 있으며 공정한 방법으로 이루어져야 한다.

평가의 신뢰성은 평가기준의 신뢰성과 직결된다. 또한 평가가 중첩될수록 평가의 신뢰성이 제고된다. 예컨대 기말고사 한 차례로 평가하는 것보다는 기말고사와 중간고사 두 차례로 평가하는 것이 신뢰성이 높다. 일반적으로 모든 평가를 기말고사 한 차례에 집중시키는 것은 평가가 가지는 학습 촉진 효과라는 측면에서 그다지 바람직하지 않다. 이러한 평가에서는 학생들이 당해 교과목에 대해 가지는 이해도를 객관적으로 알려주어 부족한 점을 보완하게 하는 의미는 퇴색하고, 당해 교과목에 대한 학습이 완료되는 시점에서 학생들을 서열화하기 위한 수단으로서의 의미가 훨씬 부각되기 때문이다. 반면 시험 횟수가 늘어나면 평가의 신뢰성과 효과는 더욱 높아질 것이다. 이러한 시험은 꼭 중간고사나 기말고사 같은 무거운 시험일 필요는 없다. 쪽지시험들이 추가되는 것만으로도 충분하다. 이처럼 반복되는 시험들은 학생들의 학습을 촉진하는 효과를 지닌다.[48] 어느 한 실험에 따르면 어떤 자료를 읽은 뒤 그 직후, 그 다음날, 그 3주 후 등 3번에 걸쳐서 그 자료에 대한 시험을 치른 집단은 3주 후에 그 자료에 대한 시험을 치른 집단과 비교할 때 2개월 후의 기말고사에서 20% 향상된 성적을 기록하였다.[49]

---

48) Andrea A. Curcio, *Moving in the Direction of Best Practices and the Carnegie Report: Reflections on Using Multiple Assessments in a Large−Section Doctrinal Course*, 19 Widener L. J. 159(2009) 참조.

물론 시험 횟수의 상향 조정에는 부담이 따른다. 교수는 더 많은 문제를 출제·채점·관리해야 하고, 학생들은 더 자주 시험 대비를 하여야 한다. 시험과 성적에 민감한 한국 로스쿨 학생들의 특성상 그때그때의 성적 부여를 둘러싼 이의 제기도 늘어날지 모른다. 이러한 부담은 반복적 평가의 효용을 알면서도 실행하지 못하게 만든다. 특히 평가가 거의 전적으로 교수의 재량에 맡겨져 있는 상황에서는 굳이 힘들여 이러한 방법을 쓸 유인(誘因)이 크지 않다. 물론 조교 등 교육지원 인력이 보강된다면 가능할 수 있다. 일상적이고 기계적인 평가는 교육지원 인력에게 전적으로 맡길 수 있기 때문이다. 그러나 로스쿨의 현실적인 재원이나 환경에 비추어보면 이마저도 비현실적이다.

이러한 현실 속에서 하나의 타협책은 자주 평가하되 이를 모두 성적에 반영하지는 않는 방법이다. 예컨대 정기적으로 그때까지 학습한 사항에 대해 간단한 OX 문제나 객관식 문제를 출제하는 방법을 생각해 볼 수 있다.50) 교수가 이러한 출제와 채점을 하는 것이 부담스럽다면 그 과정 전체를 학생들에게도 맡길 수 있다. 가령 30명의 학생이 듣는 수업이라면 1명이 한 학기에 한 차례씩만 이러한 출제 임무를 수행하면 한 학기 내내 이른바 쪽지시험을 볼 수 있다. 그리고 그 쪽지시험 결과는 즉석에서 스스로 또는 옆의 학생으로 하여금 채점하게 할 수 있다. 이러한 평가결과는 성적에 반영되지 않지만, 적어도 학생들이 기존의 학습 내용을 다시 환기해 볼 수 있는 좋은 계기가 될 수 있다. 이를 통해 교수의 부담을 줄이고 학생들은 스스로

---

49) Herbert F. Spitzer, *Studies in Retention*, 30 J. Educ. Psychol. 641(1939). Cynthia Ho, Angela Upchurch & Susan Gilles, *An Active-Learning Approach to Teaching Tough Topics: Personal Jurisdiction as an Example*, 65 J. Legal Educ. 772, 784(2016)에서 재인용.

50) 법학교육에서 객관식 퀴즈의 효용에 대해서는 Sophie M. Sparrow, *Using Individual and Group Multiple-Choice Quizzes to Deepen Students' Learning*, 3 Elon L. Rev. 1(2011) 참조.

한두 번씩 간단한 문제를 출제해 보는 경험과 함께 성적에 대한 염려 없이 학습 내용을 환기해 볼 수 있다.

평가의 측정가능성 역시 평가기준의 정립과 관련이 있다. 일반적인 시험의 경우 쟁점과 그 쟁점에 따른 배점기준이 구체적으로 정립되어야 학생들의 이해 수준을 적절히 측정할 수 있다. 그리고 각각의 쟁점들은 교수가 평가대상으로 삼고자 하는 주제와 관련성이 높은 것들로 구성되어야 한다.

평가의 공정성은 객관적인 평가기준을 마련하고 그 평가기준을 엄격하게 적용할 때 확보될 수 있다. 이렇게 보면 평가의 공정성은 객관식 시험을 낼 때 가장 잘 확보될 수 있는지 모른다. 그러나 여기에서의 공정성은 반드시 기계적인 공정성을 의미하는 것은 아니다. 평가과정에서 교수의 재량이 어느 정도 개입하는 것은 불가피하다. 그러나 그 과정에서 학생과의 인적 관계나 다른 외부적 요소에 의하여 평가가 왜곡되어서는 안 된다. 로스쿨 차원에서 이러한 왜곡된 평가를 막기 위해 교수가 학생의 답안을 채점할 때 학생의 인적 사항을 확인할 수 없도록 하는 제도적 장치를 마련할 수도 있다. 예컨대 시험을 치를 때 학생들에게 임의의 수험번호를 부여하고 교수가 그 수험번호와 학생의 인적 사항을 연결시킬 수 없도록 한 상태에서 채점을 하는 것이 그러한 방법 중 하나이다.

4. 상대평가의 문제

평가방식이 상대평가인가, 절대평가인가도 중요한 문제이다. 로스쿨 제도의 평가방식은 로스쿨 평가기준과 밀접하게 연동되어 있다. 현재의 평가기준에서는 엄격한 상대평가를 요구하고 있다. 그동안 이러한 엄격한 상대평가가 효과적인지에 대해서는 논란이 끊이지 않았다. 엄격한 상대평가는 경쟁을 통해 학생들이 좀 더 열심히 공부할 수 있게 하는 효과가 있다. 또한 학생들의 실력과 상대적 위치를 통일적 기준에 따라 등급화하여 보여줌으로써 법률시장에서 학생들을 평가하는 데에 요긴한 참고자료가 될 수 있다.

하지만 지나치게 엄격한 상대평가는 비슷한 학생들을 뚜렷하지 않은 기준에 의하여 철저하게 서열화하는 것을 강제함으로써 오히려 인위적이고 불공정한 결과를 가져올 수도 있다. 특히 많은 학생들이 큰 차이가 없는 답안을 작성한 경우 이처럼 인위적으로 격차를 만드는 것은 너무 가혹할 수 있다. 그리고 교수의 평가에 관한 재량권을 지나치게 축소시키고, 협업보다는 경쟁을 부추겨 학생들의 동료 의식을 메마르게 한다는 비판도 있다.51) 실제로는 협업 내지 팀플레이를 통하여 일을 하는 것이 법률가의 모습인데 법률가로 양성되는 교육기간 동안 이러한 모습보다는 이전투구식 경쟁을 몸에 익히게 된다는 것이다.

이러한 평가방식의 문제는 개별 로스쿨의 차원에서만 해결할 수 없는 것이므로 로스쿨 제도 전체의 차원에서 고민하고 해결하여야 한다. 다만 지나치게 엄격한 상대평가는 바람직하지 않다. 공정한 평가가 필요하다면 법학전문대학원협의회 차원에서 현재 3학년을 대상으로 실시하는 모의시험을 1학년과 2학년을 대상으로 1년에 1회 이상 실시하고 그 결과를 각 로스쿨의 재량에 따라 학점에 반영하는 방법도 생각할 수 있다.52) 물론 이러한 모의시험은 헌법, 민법, 형법 등 가장 기본적인 과목에 대해서만 치를 수 있을 것이다. 다만 이러한 방법이 가능하려면 각 로스쿨의 교과과정이 조정되어야 하는 문제가 있다.

---

51) 지난 100년간 미국 교육학계에서는 경쟁 중심 또는 개인 중심 교육보다 협업 중심 또는 공동체 중심 교육이 더 높은 학업 성취를 이룬다는 연구 결과가 600개 이상 나와 있다고 한다. Hess(註 9), 92.
52) 전경근, "로스쿨 민법교육과정의 현황과 문제점", 『아주법학』 제7권 제4호, 아주대학교 법학연구소, 2014. 2, 89면에서 이러한 제안을 하고 있다.

V. 제도적 제언

1. 개관

지금까지 필자는 강의역량 제고, 참여수업 도모, 평가방법 개선에 대한 나름대로의 생각을 개진하였다. 로스쿨 교육방법 개선을 위해서는 더욱 다양하고 충실한 논의가 이루어져야 한다. 그러나 실제로는 이러한 논의가 부족하다. 필자는 논의 부족의 원인을 다음과 같이 분석한다.

첫째, 로스쿨 교수들에게 로스쿨 교육방법에 대해 논의할 인센티브가 충분하지 않았다.53) 교수에 대한 평가는 주로 연구업적에 기초하여 이루어지고, 교육의 질은 평가에 별 영향을 미치지 못한다. 따라서 구조적으로 로스쿨 교육방법 개선에 대해 지속적으로 신경을 쏟을 인센티브가 크지 않다. 로스쿨 제도 도입 후 부쩍 늘어난 행정업무의 부담까지 감안하면 더욱 그러하다. 더구나 현실적으로는 행정업무의 부담이 교수들 사이에 공정하게 분배되는 것도 아니어서 본인의 희망과 달리 과중한 행정업무에 시달리는 교수들도 있다. 이러한 상황에서는 객관적으로 균일하게 담보되어야 할 로스쿨 교육의 질이 로스쿨 교수 개인의 사명감과 성향, 역량에 맡겨지게 된다.

둘째, 로스쿨 제도 자체를 둘러싼 논란이 거센 상황에서 로스쿨 교육방법 개선을 차분하게 논의하기 어려웠다. 비유하자면 집 자체가 튼튼하게 서 있지 않아 세밀한 내부 공사에 집중하기 어려웠다. 로스쿨 제도는 1990년대 중반부터 논의되었으나 여러 차례에 걸쳐 법조계의 반발로 무산되었다.54) 우여곡절 끝에 2007년 로스쿨 법안이 통

---

53) 로스쿨 학생들도 교육방법의 가장 큰 수혜자이자 피해자로서 큰 이해관계를 가지지만, 학업에 열중해야 할 로스쿨 학생들이 이러한 논의에 본격적으로 참여하기를 기대하기는 어렵다.

54) 1995년 세계화추진위원회의 로스쿨 도입안, 1999년 사법개혁추진위원회의 한국사

과되었으나 로스쿨 제도에 대한 논란은 지금까지 끊이지 않는다. 특히 최근에는 사법시험 존폐를 둘러싸고 로스쿨을 '돈스쿨'이나 '음서제'에 빗대어 비난하는 목소리도 높아지기도 하였다. 어느 신문 칼럼의 표현을 빌리면, 이와 같은 비난은 "만약 광고 카피였다면 큰 성공작"이라고 할 수 있겠다.[55] 그런데 이러한 논란이 다양한 집단이나 직역의 이해관계와 결합하며 지나치게 정치적이고 소모적인 양상을 띠면서 로스쿨 교육방법 개선에 대한 논의 여력이 소진되었다.

하지만 논의가 개선의 출발점임을 생각하면 이제 로스쿨 교육방법 개선에 대해 더욱 본격적으로 논의할 제도적, 문화적 환경을 구축할 필요가 있다. 로스쿨 교육방법 개선에 대해서는 ① 거시적 방향성에 대한 논의와 ② 세부적 방법론에 대한 논의가 모두 필요하다. 거시적 방향성에 대해서는 힘과 지혜를 모아 공감대를 형성해 나가는 논의가 중요하다. 세부적 방법론에 대해서는 교수의 자율성을 중시하면서, 선택 가능한 다양한 모델들을 공유하는 논의가 중요하다.

거시적 방향성에 대한 논의와 관련하여서는 미국의 예를 참조할 수 있다. 미국은 실무계와 학계가 협력하여 바람직한 법학 교육의 방향성을 제시하는 결과물들을 제시하고 있다. 미네소타 주 대법원의 대법관이자 미국 변호사협회의 『법학교육 및 변호사 자격취득(Legal Education and Admissions to the Bar)』 분과 위원장이던 로잘리 발(Rosalie Whal)은 1987년 『전문적 기술과 법학 교육에 관한 전국 대회(National Conference on Professional Skills and Legal Education)』에서 "우리는 진정 로스쿨에서 어떤 기술, 어떤 태도, 어떤 성격상 특성,

---

법대학원제도 도입안은 모두 법조계의 반발로 무산되었다. 상세한 내용은 세계화추진위원회, 법률서비스 및 법학교육의 세계화 주요자료집, 1995 및 사법개혁추진위원회, 민주사회를 위한 사법개혁 — 대통령 자문위원회 보고서, 2000 참조.

55) 머니투데이 2015. 11. 6.자 기고문, 김화진, "사법시험, 아쉽지만 이젠 작별할 때", http://www.mt.co.kr/view/mtview.php?type=1&no=2015110513462142250&outlink=1 참조.

어떤 수준의 지성이 법률가에게 요구되는가를 결정하기 위해 노력하였는가? 우리는 학생들이 졸업 후 법률가로서 효과적으로 일할 수 있도록 현재 로스쿨 교과과정의 내용과 방법론을 통하여 학생들을 적절하게 교육시키고 있는가?"하는 질문을 던졌다. 이러한 문제의식에 화답하여 위 분과위원회는 1989년에 『로스쿨과 법조 직역에 관한 태스크 포스: 간격 좁히기(Task Force on Law Schools and the Profession: Narrowing the Gap)』를 설치하고 법학교수, 변호사, 판사를 위원으로 임명하였다. 이 태스크 포스의 성과물이 1992년 맥크레이트 보고서(McCrate Report)이다.[56] 이 보고서는 미국 법학교육의 방향성에 대한 본격적 논의의 단초가 되었다. 2007년 사우스캐롤라이나 로스쿨의 로이 스턱키(Roy Stuckey) 교수 등이 집필한 '법학교육을 위한 최선의 실천(Best Practices for Legal Education)'[57]과 같은해 카네기 재단(Carnegie Foundation)에 의해 발간된 '법률가 교육시키기(Educating Lawyer)'[58](이른바 카네기 리포트) 등은 미국 법학교육의 방향성을 상세하게 제시하고 있다. 비교적 최근에 발간된 카네기 리포트는 미국의 법학교육에 대한 관찰 결과를 다음과 같이 요약하였다.

〈표 3〉

---

1. 로스쿨은 법적 사고에 관한 표준에 대한 신속한 사회화를 제공한다(Law school provides rapid socialization into the standards of legal thinking).
2. 로스쿨은 이러한 사회화를 달성하기 위해 하나의 강의 방법에 많이 의존한다 (Law school rely heavily on one way of teaching to accomplish the

---

56) Report on the Task Force on Law Schools and the Profession: Narrowing the Gap [American Bar Association, Section of Legal Education and Admissions to the Bar 1992.
57) Roy Stuckey et al, Best Practices for Legal Education — A Vision and A Road Map(2007).
58) William M. Sullivan, Anne Colby, Judith Welch Wegner, Lloyd Bond & Lee S. Schulmann, Educating Lawyers: Preparation for the Profession of Law(2007).

socialization process).
3. 사례를 이용한 문답식 강의 방법은 소중한 장점을 지니고 있지만 의도하지 않은 결과를 빚기도 한다(The case-dialogue method of teaching has valuable strengths but also unintended consequenses).
4. 학생들의 학습에 대한 평가 방법은 충분히 개발되어 있지 않다(Assessment of student learning remains underdeveloped).
5. 로스쿨 교육 발전에 대한 접근은 점진적으로 이루어질 뿐 포괄적으로 이루어지지는 않는다(Legal education approaches improvement incrementally, not comprehensively).

그리고 위 리포트는 이러한 관찰 결과에 기초하여 다음과 같이 제언하였다.

〈표 4〉

1. 통합된 교과과정을 제공하라(Offer an integrated curriculum).
2. 처음부터 "로이어링", 전문성 그리고 법적 분석을 결합하라(Join "lawyering", professionalism and legal analysis from the start).
3. 로스쿨의 2학년과 3학년 기간을 더 잘 활용하라(Make better use of the second and third years of law school).
4. 교수들이 교과과정 내에서 상호 협업할 수 있도록 지원하라(Support faculty to work across the curriculum).
5. 학생들과 교수들이 함께 다양한 지식과 기술을 익힐 수 있도록 프로그램을 설계하라(Design the program so that students-and faculty-weave together disparate kinds of knowledge and skill).
6. 공통의 목적을 인식하라(Recognize a common purpose).

물론 미국은 로스쿨의 역사가 길고 로스쿨의 숫자도 많으며 로스쿨 교육을 연구하는 학계도 형성되어 있다. 이 점에서 우리나라에서 로스쿨 교육에 대한 논의가 미국과 같은 정도로 이루어지기를 기대하기는 어렵다. 그러나 바로 이 점 때문에 로스쿨 교육에 대해서는 별도의 의식적인 노력을 기울여 논의를 활성화할 필요가 있다. 이러한 논의의 노력은 파편적, 산발적으로 이루어지는 것보다 실무계와 학계의 유기적 협력 하에 체계적, 집중적으로 이루어지는 것이 필요하다. 특히 거시적 방향성에 대한 공감대를 형성해 나가는 과정에서는 더욱 그러하다. 위와 같은 미국의 예는 우리나라에도 시사하는 바가 크다. 이를 고려하여 아래에서는 로스쿨 교육방법 개선을 위한 몇 가지 제도적 제언을 추가하고자 한다.

2. 제언

(1) 논의기구 설치

로스쿨 교육방법 개선에 대한 개별적인 논의의 동력이 크지 않은 상황을 감안하면 이 주제에 초점을 맞춘 논의 기구가 필요하다. 그동안에는 로스쿨 제도의 틀을 만드는 데에 주력하였다면, 이제는 로스쿨 교육의 내용과 방식을 채워 나가는 데에 주력해야 한다. 이를 통해 로스쿨 제도 자체의 당부에 대한 논란에 쏟는 에너지를 로스쿨 교육의 내실화로 옮겨올 수 있다. 좀 더 실효성 있는 논의를 위해서는 실무계와 학계를 아우르는 논의 기구가 마련되는 것이 중요하다. 법률가 양성은 법률가의 일생에 걸쳐 이루어지는 것이므로 법학교육은 로스쿨만의 과제가 아니기 때문이다. 이 논의 기구에서는 로스쿨 교육 개선에 대한 전반적인 사항을 다룰 수 있다. 특히 개별 로스쿨의 차원에서는 시행하기 어렵지만 로스쿨 전체, 나아가 실무계의 협조를 얻으면 시행할 수 있는 사항들을 발굴하고 이를 논의하여 실현하는 데에 집중할 수 있다. 로스쿨 교육방법 개선에 요긴한 사례와 방법의 체계적인 수집 및 광범위한 공유, 강의에 필요한 교재나 교육자료, 동영상의 축적과 제공 등이 여기에 포함될 수 있다.

로스쿨 교육에 대한 논의는 당장 개선할 수 있는 세부적인 문제에 대하여도 이루어져야 하지만, 여기에 그치지 않고 좀 더 중장기적인 관점에서도 이루어져야 한다. 급변하는 사회 환경 속에서 법률가의 역할은 급변할 것이다. 따라서 법학교육의 역할과 사명도 이에 맞

추어 변화해야 한다. 인공지능 시대가 성큼 다가오면서 사회에 일어
날 근본적인 변화는 법학교육과 법률가상에도 적지 않은 변화를 가져
올 것이다. 반복적이고 형식적인 작업의 상당 부분은 자동화되어 사
람이 아닌 컴퓨터나 인공지능에 의해 대체될 것이다. 로스쿨이 이러
한 시대의 필연적인 변화에 둔감하게 움직인다면 미래 사회가 요구하
는 법률가를 키워낼 수 없다. 이는 다시 법학교육의 입지를 더욱 축
소시킬 것이다. 그러므로 실체적인 법 못지않게 향후 사회 변화가 법
률시장과 법학교육에 미치는 영향력과 시사점에 대한 연구가 이루어
져야 한다.[59]

　　가령 인공지능의 미래가 현실화된다면 분쟁해결자보다 제도설계
자로서의 법률가의 역할이 더욱 중요해질 것이다. 그렇다면 법학교육
에서도 입법학이나 정책학이 더욱 큰 의미를 가지게 된다. 또한 세밀
하고 형식적인 분석 못지않게 포괄적이고 거시적인 통찰력을 키우는
것이나 지금까지 경험해 보지 못한 새로운 현상을 분석하고 이에 대
한 법적, 제도적 해결책을 제시하는 능력을 키우는 것이 더욱 중요해
질 것이다. 결국 단순한 정보검색이나 정보 그 자체의 암기, 이해보다
는 그 정보의 배후에 있는 본질을 깨닫고 이를 잘 조합, 판단, 적용할
수 있는 교육이 이루어져야 한다. 지금처럼 교육 문제를 대부분 교수
개인 또는 개별 로스쿨의 차원으로 환원하는 분위기에서는 교육의 큰
방향성을 선제적으로 논의하고 공통의 실천방안을 마련하는 것은 기
대하기 어렵다. 그러한 점에서 논의 기구의 당위성이 커지는 것이다.

(2) 개별 로스쿨 차원의 노력

　　개별 로스쿨 내에서도 교육방법을 개선하기 위한 노력이 제도화

---

59) 예를 들어 하버드 로스쿨은 Center on the Legal Profession에서 이러한 연구를 지
　　속적으로 수행한다. http://clp.law.harvard.edu 참조. 또한 21세기형 로스쿨 교육
　　의 모습에 대한 전망과 대처 방안을 담고 있는 논문으로 Daniel Martin Katz, *The
　　MIT School of Law? A Perspective on Legal Education in the 21st Century*,
　　2014 U. Ill. L. Rev. 101(2014) 참조.

되어야 한다. 이미 이러한 노력은 산발적으로, 그리고 의욕적으로 이루어지고 있다. 그러나 향후 이러한 노력이 좀 더 강화되어야 하고, 로스쿨이 설립된 대학 전체, 혹은 25개 로스쿨 전체의 차원에서 이를 제도적으로 뒷받침해 주어야 한다. 몇 가지 생각들을 적어 보았다.

첫째, 로스쿨 교육개발센터를 설립하거나 교육방법 개선을 지원하는 학내 기구를 활용한다. 로스쿨 교육개발센터는 로스쿨 교육상황을 점검하고 교육방법 개선방안을 제안하며 그 실천을 감독하는 기구이다. 다만 현실적으로 개별 로스쿨마다 이러한 센터를 설립하기는 쉽지 않을 것이다. 이 경우에는 대학교 전체 차원에서 설립된 교육방법 개선 지원 기구를 활용할 수 있다. 서울대학교의 경우 교수학습개발센터에서 교수법 관련 세미나나 강좌를 개설하여 교육방법 개선에 관한 지원을 하고 있다.[60] 그런데 교수 개인이 스스로 이러한 세미나나 강좌에 참석하기를 기대하기는 어려우므로 로스쿨 차원에서 학내외 전문가를 초빙하여 정기적으로 교수법에 관한 세미나를 개최하는 것이 현실적인 방안이다.

둘째, 강의평가와 설문조사를 효과적으로 이용한다. 강의평가는 모든 학교에서 일반적으로 시행되고 있다. 서울대 로스쿨도 모든 교과목에 대하여 매 학기 말 강의평가를 의무화하고 있다. 강의평가는 서울대학교 전산시스템을 이용하여 온라인 방식으로 이루어진다. 학생들이 자신의 성적을 열람하려면 해당 교과목에 대한 강의평가를 먼저 하여야 하므로 강의평가 참여가 사실상 강제되고 있다. 또한 강의평가서 양식에는 공통문항, 자유서술식 문항이 포함되어 있다. 그중 공통문항에 대한 답변을 종합하여 평점이 주어지고, 자유서술식 문항을 통하여 강의개선에 도움이 될 학생들의 피드백이 직접 전달된다. 그러나 강의평가는 학점을 확인하기 전에 형식적으로 이루어지는 경

---

60) http://ctl.snu.ac.kr 참조.

우도 많다. 그러므로 이와 별도로 로스쿨 차원에서 학생들에게 익명으로 상세한 설문조사를 하는 것이 도움이 된다. 학교가 주체가 될 수도 있고, 학생회가 주체가 될 수도 있다. 학생들도 강의의 대해 깊은 관심을 가지고 있으므로 오로지 교육방법 개선 목적으로 실시되는 설문조사에는 진솔하고 도움이 될 의견을 제공할 가능성이 높다.

셋째, 교육방법 개선을 위한 지원 인력을 확충한다. 학생들에 대한 교육을 보충하고 개별 피드백을 제공할 수 있는 박사과정 내지 박사학위 소지자급 인력의 확충이 요구된다. 전통적으로 법학교육에서는 이러한 인력의 교육 관여가 활발하지 않았다. 그러나 다른 학문의 경우 중간 전문 인력이 교육에 큰 기여를 하여 왔고, 독일에서도 이러한 전문 인력이 연습과목의 강의와 채점 등을 분담하고 있다. 최근 로스쿨 제도의 도입으로 변호사들의 숫자가 급격하게 늘어나면서 이러한 전문인력을 채용하는 것도 불가능하지 않은 상황이 되었다. 그러므로 이에 대한 예산을 확보하여 이러한 전문 인력을 채용한 뒤 현재 특히 부족하다고 지적되는 학생들에 대한 개별적 지도와 피드백에 투입한다면 교육효과는 크게 올라갈 것이다. 이는 자연스럽게 학문후속세대의 양성과도 연결된다. 만약 단기간 내에 이러한 전문 인력의 채용이 어렵다면 실무가들의 프로보노 봉사의 일환으로 이러한 교육 참여가 이루어질 수도 있다.

넷째, 교육이 제대로 이루어지고 있는지에 관한 정보를 다양한 경로로 수집하여 교육 효과를 정기적으로 평가한다. 이러한 데이터의 축적은 입학－교육－변호사시험－취업에 이르는 일련의 과정에 관한 로스쿨 정책 수립에 환원될 수 있다. 또한 학생들은 물론이고 졸업생들의 취업기관을 통하여 당해 로스쿨에서의 교육이 실제 현장에서 어떠한 평가를 받고 활용되는지에 대한 피드백도 정기적으로 받을 수 있다. 이를 통해 수요자들이 바라는 로스쿨 교육이 무엇인지에 대한 감을 잡을 수 있다.

다섯째, 로스쿨 교수들이 정기적으로 모여 교육방법 개선에 대해 논의한다. 만약 개별 로스쿨에서 교수회의나 집담회, 포럼 등의 형태로 로스쿨 교수들이 정기적으로 모일 기회가 있다면 그 기회를 활용할 수 있다. 그 기회에 행정이나 연구에 관한 주제 외에도 교육에 관한 주제로 발표하거나 토론하거나 경험을 공유할 수 있다. 만약 그러한 기회가 마련되어 있지 않다면 별도로 논의의 장을 만드는 것도 가능하다. 교수 전체가 모일 수도 있고, 전공별로 모일 수도 있다. 이러한 논의의 장은 다른 교수들의 교육방법에 대해 듣고 토론하고 서로에게 배우면서 자신의 교육방법을 개선할 수 있는 좋은 계기이다. 특히 신임 교수들에게는 초기에 자신의 교육방법을 정립할 수 있는 좋은 계기이기도 하다. 이러한 교육적 연계와 협업은 팀 티칭을 통해서도 강화될 수 있다. 팀 티칭을 가로막는 규제가 있다면 완화하거나 철폐해야 한다.

Ⅵ. 결론

로스쿨은 교육기관이다. 로스쿨 제도가 성공하려면 로스쿨 교육이 성공해야 한다. 그러므로 어떻게 잘 가르칠 것인가는 실로 중요한 문제이다. 그런데 어떻게 가르칠 것인가는 누구도 제대로 가르쳐 주지 않는 것이 현실이다. 그러므로 이 문제에 대해 서로의 생각과 경험을 나누는 노력이 필요하다. 그리고 그 생각과 경험을 집약하여 최선의 모델을 찾고 이를 통해 로스쿨의 교육을 향상시키는 노력도 필요하다. 이 글은 이러한 노력의 일환이다. 향후 로스쿨 교육방법 개선에 관한 구체적인 논의가 더욱 풍성하게 일어나기를 기대한다.

▧ 참 고 문 헌

[국내 문헌]

구상진, "새 법학교육체제의 운영방안 — 법학전문대학원 교육의 지향점과 실
     무교육방안을 중심으로 — ", 『저스티스』 통권 제117호, 한국법학원,
     2010. 6.

권희림, 문은경, 박인우, "국내 블랜디드 러닝의 효과에 관한 메타분석", 『교
     육정보 미디어연구』 제21권 3호, 한국교육정보미디어학회, 2015.

김남익, 전보애, 최정임, "대학에서의 거꾸로 학습(Flipped Learning) 사례
     설계 및 효과성 연구: 학습동기와 자아효능감을 중심으로", 『교육공학
     연구』 제30권 3호, 한국교육공학회, 2014.

김보경, "교직수업을 위한 역진행 수업모형 개발", 『교육종합연구』 제12권 2
     호, 교육종합연구원, 2014.

김종철, "법학전문대학원의 교육내용과 방법론", 김건식 외, 『로스쿨과 법학
     교육 — 바람직한 고등교육의 방향을 찾아서』, 아카넷, 2008.

김회용, "소크라테스식 교수법에 관한 논의", 『교육학연구』 제37권 제1호, 한
     국교육학회, 1999.

류지헌 외 6, 교육방법 및 교육공학, 학지사, 2013.

박에스더, 박지현, "플립러닝에 대한 메타 연구: 성공적 적용요건과 향후 연
     구방향", 『한국데이터정보과학지』 제27권 제1호, 한국데이터정보과학
     회, 2016.

신종원, "시민의 시각에서 본 법조인 양성제도: 로스쿨 제도를 중심으로", 『연
     세 공공거버넌스와 법』 제6권 제1호, 연세대학교 법학연구원 공공거
     버넌스와 법센터, 2015. 2.

이상수, "로스쿨 학생들이 바라보는 바람직한 법사회학 강의의 구조 — 현상
     학적 질적 연구방법에 의한 도출", 『법사학연구』 제43호, 한국법사학

회, 2011. 4.

임정훈, "대학교육에서 플립러닝(Flipped Learning)의 효과적 활용을 위한 교수학습 전략 탐색: 사례 연구", 『교육공학연구』 제32권 1호, 한국교육공학회, 2016.

전경근, "로스쿨 민법교육과정의 현황과 문제점", 『아주법학』 제7권 제4호, 아주대학교 법학연구소, 2014. 2.

전성수, 『자녀교육 혁명 하브루타』, 두란노, 2012.

최성수, "우리나라 로스쿨에서의 로여링 교육의 과제와 전망", 『동아법학』 제52호, 동아대학교 법학연구소, 2011. 8.

하재홍, "법과 창의", 『서울법학』 제23권 제3호, 서울시립대학교 법학연구소, 2016. 2.

하재홍, "소크라테스식(문답식) 교수법", 『법학논집』 제14권 제4호, 이화여자대학교 법학연구소, 2010.

[해외 문헌]

Camp, A. Rachel, Creating Space for Silence in Law School Collaborations, 65 J. Legal Educ. 897, 902(2016).

Curcio, Andrea A., Moving in the Direction of Best Practices and the Carnegie Report: Reflections on Using Multiple Assessments in a Large−Section Doctrinal Course, 19 Widener L. J. 159(2009).

Hess, Gerald F., Heads and Hearts: The Teaching and Learning Environment in Law School, 52 J. Legal Educ. 75(2002).

Ho, Cynthia, Angela Upchurch & Susan Gilles, An Active−Learning Approach to Teaching Tough Topics: Personal Jurisdiction as an Example, 65 J. Legal Educ. 772, 777(2016).

Katz, Daniel Martin, The MIT School of Law? A Perspective on Legal Education in the 21st Century, 2014 U. Ill. L. Rev. 101(2014).

Pistone, Michele, Law Schools and Technology: Where We Are and Where We are Heading, 64 J. Legal. Educ. 586, 586(2015).

Roy Stuckey et al., Best Practices for Legal Education — A Vision and A Road Map(2007).

Schaffizin, Katharine T., Learning Outcomes in a Flipped Classroom, 46 U. Mem. L. Rev. 661, 663(2016).

Schrag, Philip G., MOOCs and Legal Education: Valuable Innovation or Looming Disaster, 59 Vill. L. Rev. 83(2014).

Sparrow, Sophie M., Using Individual and Group Multiple — Choice Quizzes to Deepen Students' Learning, 3 Elon L. Rev. 1(2011).

Spitzer, Herbert F., Studies in Retention, 30 J. Educ. Psychol. 641(1939).

Sullivan, William M., Anne Colby, Judith Welch Wegner, Lloyd Bond & Lee S. Schulmann, Educating Lawyers: Preparation for the Profession of Law(2007).

제 3 장

학부법학교육의
현황과 전망

제 1 절

학부법학교육의 미래

― 서울대학교를 중심으로 ― *

전 종 익

I. 서

    종래 법학교육의 문제점과 개선방안은 사법개혁과 법조인양성에 대한 한 부분으로 인식되어 논의가 이루어져왔다. 이는 우리의 대학에서 이루어지는 법학교육이 제도적으로는 사법시험 및 사법연수원으로 구성되어 있는 법조인양성과 분리되어 있었음에도 불구하고 실제로는 사법시험의 절대적인 영향에서 벗어나지 못했음을 의미한다.[1] 1980년대 후반부터 있었던 법조인양성과 법학교육제도의 개선을 위한 오랜 논의는 2007년 "법학전문대학원 설립운영에 관한 법률"의 제정으로 이어졌고, 2009년 1학기부터 법학전문대학원에 의한 새로운 법학교육이 시작되어 올해 초 4번째 졸업생들이 배출되었다. 법학전문대학원은 기본적으로 법조인양성을 목표로 한다(법학전문대학원 설립운영에 관한 법률 제2조). 이는 법학교육과 법조인양성제도를 결합

---

* 『법교육연구』 제10권 제3호, 한국법교육학회, 2015에 게재된 논문을 수정·보완한 것임.

1) 종래의 법학교육에 대하여 수험법학이 법학의 중심을 차지하며 수업내용은 사설학원과 그다지 다를 것이 없다는 평가가 이루어졌다. 이상수, "대학학부에서의 법학교육", 『서울대학교 법학』 제47권 제4호, 서울대학교 법학연구소, 2006, 128면.

함으로써 시험 중심의 법조인양성에서 교육을 통한 양성으로 전환함을 의미한다. 이에 따라 법학전문대학원의 교육에 대하여 법조인양성 기능을 수행하기 위한 교육목표와 교육방법에 대한 많은 논의들이 이루어졌고 그 성과로서 법학전문대학원 출신 변호사 등 많은 법조인들이 배출되어 활발하게 활동하고 있다.

한편 법학전문대학원체제의 출범과 함께 법학교육과 관련된 또다른 문제가 제기되고 있다. 법학교육개혁이 사법개혁 및 법조인양성의 한 부분으로 논의되어 이루어지다 보니 법학이 오직 법률과 관련된 실무적 전문가양성을 위한 것으로 인식되어 버린 것이다. 여기에 머물면 법학이 가지는 학문성과 함께 대학이나 사회에서 이루어져야 할 일반적인 교육의 필요성에 대한 성찰이 이루어질 수 없게 된다. 지금까지 대학에서의 법학교육은 법과대학 등 법학부의 법학전공자에 대한 교육과 대학원 수준에서의 학문후속세대를 위한 교육을 중심으로 이루어져왔다. 그러나 이와는 별도로 법과대학은 일반교양 및 다른 전공자들의 일반 선택과목으로서의 법학교육 역시 담당해왔으며 특히 법학전문대학원과 법과대학이 공존하는 2009년 이후 이 부분에서의 역할이 점차 확대되고 있다.[2)]

법률에 의하여 법학전문대학원을 둔 대학은 법학에 관한 학사학위과정을 둘 수 없고, 신입생도 선발할 수 없다(같은 법 제8조). 이에 따라 법과대학은 2008학번을 마지막으로 신입생을 선발하지 않고 있다. 애당초 교육과학기술부에 제출한 인가신청서에 의하면 서울대학교 법과대학은 최소한 2015년까지 임시의 법학부를 유지할 계획을 가지고 있었다. 이후 상당수의 법과대학생들이 법과대학에 잔존하고 있는 상황에서 2017년까지 유지하는 것으로 계획을 변경하였다. 따라서 적어도 2017년까지는 법과대학의 다양한 법학과목들이 개설[3)]되어

---

2) 예를 들면 2015년 1학기에 실시한 설문조사 결과 조사대상인 법과대학에 개설되어 있는 12개 법학과목의 수강생들 중 비법학과 소속 학생이 85%를 차지하였다.

학부단위에서의 법학교육이 이루어질 수 있으나, 2018년부터는 학부
생들을 대상으로 한 법학교육은 양적, 질적으로 다른 국면에 접어들
지 않을 수 없다.

　법학전문대학원 출범과 관련하여 이루어진 학부법학교육의 과제
에 대한 논의는 그리 많지 않다. 우선 법학전문대학원이 설치되지 않
은 학교의 법과대학 또는 법학부에서의 법학교육의 과제를 점검하고
그 방향을 모색하거나4), 폐지를 앞둔 임시의 법학부에서 이루어져야
할 교육에 대한 검토한 것5)이 있으며, 법영역별로 교육방법과 방향에
대하여 검토한 것이 있다.6) 법학전문대학원이 설치된 대학의 교양법
학교육을 다룬 것으로는 김종철의 2008년 논문7)이 있을 뿐이다. 김
종철은 위 논문에서 로스쿨을 고등전문법학교육기관으로 자리매김하
고 학문으로서의 법학을 유지하고 발전시키기 위해 법률전문가 양성

---

3) 부록 1. 2014. 2학기 법학부 전공 교과목 개설 현황 참조.
4) 이상수, 2006; 이종구, "법과대학에서의 법학교육의 목표와 졸업생의 진로에 관하
　여", 『경기법학논총』 제9호, 경기대학교 법학연구소, 2010, 105면; 하재홍, "법학
　전문대학원 미설치 대학에서의 법학교육의 방향과 과제", 『서울대학교 법학』 제51
　권 제2호, 서울대학교 법학연구소, 2010, 273면; 김종서, "법학전문대학원 밖의 법
　학교육: 그 과제와 방법", 『인하대학교 법학연구』 제16집 제3호, 인하대학교 법학
　연구소, 2013, 257면.
5) 김혜정, "법과대학 폐지에 따른 교육과정의 개선방향", 『영남법학』 제34호, 영남대
　학교 법학연구소, 2012, 195면.
6) 홍영기, "로스쿨과 학부에서의 형법학 및 기초법학 교육", 『가톨릭대학교 법학연
　구』 제4호, 가톨릭대학교 법학연구소, 2009, 2면; 정영수, "로스쿨과 학부에서의
　민법학 및 민사소송법학 교육", 『가톨릭대학교 법학연구』 제4호, 가톨릭대학교
　법학연구소, 2009, 26면; 이영종, "로스쿨과 학부에서의 상법학 및 사회법학교육",
　『가톨릭대학교 법학연구』 제4호, 가톨릭대학교 법학연구소, 2009, 48면; 이민영,
　"로스쿨과 학부에서의 헌법학 및 행정법학 교육", 『가톨릭대학교 법학연구』 제4
　호, 가톨릭대학교 법학연구소, 2009, 80면; 박덕영, "로스쿨과 학부에서의 국제법
　학 및 비교법학 연구", 『가톨릭대학교 법학연구』 제4호, 가톨릭대학교 법학연구
　소, 2009, 106면; 윤성현, "법학전문대학원 시대의 학부 헌법교육 정상화를 위한
　시론", 『법교육연구』 제9권 제2호, 한국법교육학회, 2014, 73면.
7) 김종철, "로스쿨 체제하에서의 교양법학교육의 필요성과 범위", 『법과 사회』 제35
　호, 법과사회이론학회, 2008, 27면.

교육 이외의 종합적, 선별적 교양법학교육이 필요함과 그 실현방향에
대하여 검토하였다. 그러나 이 논문은 법학전문대학원이 설치되기 전
에 여러 가지 문제를 예상하여 작성된 것으로서 기본적인 방향을 제
시하는데 그치고 있다.

이 글은 법학교육의 중심이 법조인양성을 기본적인 목표로 하는
법학전문대학원으로 옮겨지고 법과대학의 폐지가 가까운 시일 내에
예정되어 있는 현 상황에서 법학전문대학원이 설치되어 있는 대학에
서의 학부법학교육의 필요성과 그 방안을 모색해보려는 것이다. 이를
위해 우선 학부에서의 법학교육의 목표를 정리하고 법과대학 폐지 이
후에도 학부수준에서 비전공자들을 위한 법학교육이 필요함을 각종
현황 자료들을 기반으로 제시할 것이다. 이어서 학부법학교육의 구체
적인 방향을 일반교양을 위한 법학교육, 진로탐색 및 준비를 위한 법
학교육, 그리고 단과대학별 특별수요를 위한 법학교육의 세 가지로
나누어 검토해 본다.

Ⅱ. 학부법학교육의 이념과 목표

법과대학에서 실시하는 법학교육의 목적이 무엇인지에 대하여는
일찍부터 논의가 있어왔다. 대체로 전문적인 법조인, 즉 법률가 양성
을 위한 직업교육과 널리 학생들로 하여금 법률적 소양을 가지도록
하는 일반교양교육의 두 가지가 주요한 목적으로 정리되었고, 그중
어느 것에 중점을 둘 것인지에 대한 논쟁이 계속되어 왔다.[8] 전자는
미국의 법학교육을 모델로 하여 법학교육이 법실무에 종사하는 사람

---

8) 대표적인 문헌으로 서울대학교 법과대학(1975), "(자료) 법학교육의 개선방향",
『서울대학교 법학』 제16권 제2호, 141면; 손주찬, "법학교육의 문제점과 개선방
안", 『법정논총』 제3집, 국민대학교 법학연구소, 1981, 54-57면; 양승규, "법학교
육의 목표와 교수방법론", 『서울대학교 법학』 제33권 제1호, 서울대학교 법학연구
소, 1992, 2-4면. 이하는 이를 정리한 것이다.

의 양성에 목적을 두어야 한다는 것이다. 이는 법조전문직의 성격상 사법시험이 대학에서의 법학교육을 떠나서는 생각할 수 없음을 근거로 한다. 사법시험 합격자의 대부분이 대학에서 직접 또는 간접으로 법학교육을 받은 사람들이고 그 응시과목도 법학이 주종을 이루고 있기 때문이다. 2006년까지는 사법시험의 응시자격에 법학교육의 이수가 포함되어 있지 않았다. 그럼에도 불구하고 사실상 법조인이 되기를 원하는 사람은 대개 법과대학에 입학하거나 또는 일반선택 등의 방법으로 법학교육을 받았다. 반면 후자의 주장은 대학에서 법학교육을 받은 사람이 반드시 법조인이 되는 것은 아니며, 이들이 행정부는 물론 입법부, 금융기관, 일반회사 기타 사회단체 등 다방면에 걸쳐 광범위하게 퍼져나가고 있음을 근거로 든다. 사회적 수요의 관점에서 보면 대학에서의 법학교육은 다양한 사회분야에서 오히려 더 많이 요구된다는 것이다. 다만 법과대학 졸업생들의 경우 사회진출 이후 각종 분야에서 법률문제를 다루지 않을 수 없는 지위를 차지하는 점에서 법과대학의 교육목적은 단순한 교양교육을 넘어서 실제 사회에서 부딪치는 법률문제를 다룰 수 있는 전문가의 양성을 위한 교육을 지향해야 한다고 본다. 이러한 두 가지 주장은 모두 실질적으로 일정한 의미를 지니는 점에서 대학에서의 법학교육의 목적은 직업적인 법률전문가의 양성과 더불어 일반사회의 수요에 따른 교양으로서의 법학교육이라고 하는 두 가지 면을 모두 가지고 있는 것으로 정리되어 왔다.

법학전문대학원의 교육목표가 법조인 양성임은 명확하다. 제도의 도입이 일찍부터 사법개혁과 법조인양성제도 개선의 하나로 논의되어 왔고,[9] 2007년 제정된 "법학전문대학원 설립운영에 관한 법률" 제2조는 "법학전문대학원의 교육이념은 국민의 다양한 기대와 요청에

---

9) 1990년대의 논의에 대하여는 권오승, "법학교육개혁의 과제와 추진", 『법과 사회』 제18호, 법과사회이론연구회, 2000, 101면; 송석윤, "법률가양성제도 개혁의 기본방향", 『법과 사회』 제18호, 법과사회이론연구회, 2000, 121면 참조.

부응하는 양질의 법률서비스를 제공하기 위하여 풍부한 교양, 인간 및 사회에 대한 깊은 이해와 자유·평등·정의를 지향하는 가치관을 바탕으로 건전한 직업윤리관과 복잡다기한 법적 분쟁을 전문적·효율적으로 해결할 수 있는 지식 및 능력을 갖춘 법조인의 양성에 있다." 고 하여 이러한 점을 명확히 하고 있다. 따라서 현 체제의 도입으로 법과대학에 의한 법학교육과 사법시험 및 사법연수원에 의한 법조인 양성으로 분리되어 있는 2원적 체제는 종식되었고, 교육과 법조인양성이 결합되어 교육을 통한 법조인양성체제가 수립되었다. 이렇게 보면 종래 대학에서의 법학교육이 사법시험에 종속되어 수험법학에 머물러 있는 문제가 해결될 수 있으며 법학교육의 두 가지 목적 중 첫 번째인 법률가 양성을 위한 직업교육을 법학전문대학원이 담당하게 되어 교육의 기능면에서도 과거의 법학교육과 계속성을 가지는 것으로 볼 수 있다. 문제는 법학교육이 담당해왔던 두 번째 목적, 교양교육으로서의 법학교육을 대학에서 앞으로 어떻게 해야 하는가하는 것이다. 법과대학이 임시의 법학부 형태로라도 존재하는 현재와는 달리 앞으로 법과대학이 폐지되는 경우 학부수준의 법학교육을 담당할 주체가 존재하지 않아 이 부분 법학교육에 공백이 생기기 때문이다.

교양교육으로서의 법학교육도 다양한 측면을 가지고 있다. 우선 일반교양으로서의 법학교육이 존재한다. 우리 헌법은 근본이념으로서 국민주권과 입헌주의를 채택하고 민주법치국가를 기본적인 질서로 삼고 있다. 민주국가에서는 국가권력의 정당성이 국민으로부터 나오며, 국가의 의사결정이 공동체의 구성원인 국민에 의하여 이루어져야 한다.10) 따라서 민주정치체제의 내용과 수준은 궁극적으로 운영주체인 국민에 의하여 결정된다. 민주정치체제가 제대로 작동되기 위해서는 주권자인 국민의 의식과 자질이 절대적으로 중요하다. 그러한 점에서

---

10) 정종섭, 『헌법학원론』, 박영사, 2015, 132면.

민주국가의 의사결정절차에 참여하는 시민으로서의 능력을 갖추도록 정보와 학습경험을 제공하는 민주시민교육의 중요성이 강조된다. 특히 1987년 헌법체제가 성립된 후 형식적·절차적 민주주의의 틀이 어느 정도 성립된 후 그 실질적인 내용을 채우고 실현하는 것이 현재의 과제로 인식되고 있다. 이를 달성하기 위해서는 국민이 주권자로서 국가와 지역사회에서 일어나고 있는 정치현상에 관한 객관적 지식을 갖추고 판단하여 정치과정에 참여하고 정치행위를 할 수 있도록 하는 교육이 무엇보다 필요하다.11) 법치국가에서 국가작용은 특정 개인의 주관적인 자의에 의하여 이루어질 수 없고 국회가 제정하는 법률을 비롯한 법규범에 의하여 이루어진다. 또한 다양한 갈등과 분쟁상황에서 이를 규율하고 조정하는 것 역시 법의 해석과 적용에 의하여 이루어진다. 따라서 모든 국민은 민주사회의 시민으로 성장하기 위해서 그리고 복잡한 현대사회에서 스스로의 권리를 지키기 위해서 반드시 일정 정도의 법률소양을 갖출 필요가 있다. 그런 의미에서 법학은 현대인의 필수교양이며, 민주법치국가의 국민으로서 법학교육을 받는 것은 권리이자 의무에 해당한다.12) 이러한 목적을 위해서는 기본권 및 입헌민주주의의 핵심가치에 대한 교육을 위한 헌법과 함께 민법, 형법, 그리고 노동법, 사회보장법 등 기본적인 법영역에 대한 교육이 이루어져야 한다.

　　그러나 학부에서의 법학교육이 이와 같은 시민교육으로서의 일반교양에 머물 수는 없다. 법학전문대학원을 통하여 배출되는 법조인 이외에도 많은 사람들이 행정부, 입법부, 금융기관, 일반회사 기타 사회단체에서 법률문제와 관련된 업무에 종사하고 있다. 과거 이러한 사회적 수요는 법과대학을 통하여 배출되었던 인재를 통하여 충족되었으나 법학전문대학원이 출범한 이후 이들의 직무는 비법학사들에

---

11) 음선필, "한국 민주시민교육의 제도화 시론", 『제도와 경제』 제7권 제3호, 한국제도경제학회, 2013, 68–71면.
12) 이상수, 2006, 142면.

의하여 수행되어야 한다. 그러한 점에서 학부단위에서 일반시민교육으로서의 교양법학을 넘어선 전문분야와 관련된 법학지식에 대한 교육이 이루어져야 할 필요성이 제기된다. 이는 직업교육과 단순한 교양교육의 중간단계로서 영역별 세분화된 법률문제를 다룰 전문가들을 위한 전문영역법학교육에 해당한다.

　　현재까지 이와 같은 시민교육으로서의 교양법학교육과 전문영역법학교육은 법과대학이 중심이 되어 담당해왔다. 이러한 법학교육에 대한 수요는 앞으로도 계속될 것이며 사회가 변화·발전할수록 그러한 법학교육의 필요성은 확대되고 커지기 마련이다. 그러한 점에서 법과대학 폐지 이후 대학 내에 이를 수행해나갈 구심점이 수립되어야 하며, 학부법학교육에 대한 인적, 물적, 제도적 뒷받침이 반드시 이루어져야 한다.

Ⅲ. 학부법학교육의 현황과 수요

1. 법학과목의 개설과 수강생 현황

　　학부 법학과목은 교양과목과 전공과목으로 나누어 개설되어왔다. 우선 2010학년도부터 2014학년도까지 법학교양과목의 개설과 수강현황은 다음과 같다.

〈표 1〉 최근 5년간 법학부 및 기초교육원 법학 교양 교과목 개설 현황

학년도	개설교과목수			수강생 수(타학과생 수)	타학과생 비율
	법학부	기초교육원	계		
2010	10	3	13	646 (553)	85.60%
2011	6	2	8	410 (339)	82.68%
2012	7	2	9	399 (240)	60.15%
2013	5	3	8	447 (411)	91.95%
2014	4	1	5	251 (235)	93.63%
계	32	11	43	2,153 (1,778)	82.58%

　　법과대학생의 경우 교양과목을 1학년 등 저학년에 집중적으로 수강하며, 이후의 수요는 재수강이나 졸업을 위한 교양학점의 보충 등에 한정되는 것이 일반적인 경향이다. 그러한 점에서 2010학년도부터 법대생이 아닌 타학과생들의 수강비율이 압도적으로 높은 점이 설명이 된다. 2008학년도 입학생의 경우 3학년으로서 전공과목을 집중적으로 수강해야할 시기이기 때문이다. 이러한 경향은 2011학년도까지 유지되다가 2012학년도만 예외적으로 법과대학생의 수강비율이 높아지는데 이는 4년의 정규학년을 마친 이후 졸업에 대한 부담으로 재수강 또는 학점취득의 수요가 몰린 이유인 것으로 풀이된다. 이후 다시 타학과생들의 수강비율이 점차 늘어 2013학년도 1학기부터는 90%를 넘고 있다. 이를 보면 법과대학 폐지 이후에도 교양법학에 대한 수요는 계속될 것임을 예측할 수 있다. 위의 자료를 보면 기초교육원을 통하여 개설된 교과목은 기본적으로 매학기 1개 정도에 불과하며 간혹 2개의 과목이 개설되었다. 법과대학이 폐지되는 2017학년도부터 법과대학에 개설되어 있는 법학교양강좌는 개설되지 않는다. 교양법학과목의 개설이 현재와 같은 형태로 이루어진다면 전체 서울대학교에서 법학교양과목은 기본적으로 매학기 1개에 불과하게 된다. 이것이 민주법치국가의 시민에게 제공되는 일반교양으로서의 법학교육으로 충분할 수는 없다.

　　다음으로 법과대학에 개설된 전공교과목의 수강현황을 본다.

〈표 2〉 법학부 전공 교과목 개설 및 수강 현황

개설학년도	과목수	① 총인원	② 타학과	①/②(%)
2010.1학기	41	3217	454	14
2010.2학기	34	1839	457	24
2011.1학기	32	1787	269	15
2011.2학기	25	1387	366	26

2012.1학기	25	1038	239	23
2012.2학기	22	983	307	31
2013.1학기	26	627	242	38
2013.2학기	19	679	259	38
2014.1학기	21	465	226	48
2014.2학기	19	573	353	61

　　2009년 법학전문대학원 출범이후에도 많은 법과대학생들이 존재하였고, 법과대학은 이들이 졸업할 때까지 안정적인 학사운영과 학교생활을 보장해야할 책임을 가지고 있다. 이에 따라 법과대학은 비록 개설교과목 수가 절반정도로 감소하기는 하였으나 20개 내외의 전공교과목을 매학기 안정적으로 개설하여 재학생들의 수업권을 보장해왔다. 이들 교과목의 총수강생수를 보면 2008학년도 입학생들이 4학년이 되는 2011학년도까지 1,000명을 훨씬 상회하는 수가 수강하고 있으나 2012학년도부터 점차 총수강생수가 감소하여 2014학년도 2학기를 보면 573명으로 2010학년도 1학기에 비하여 17.8%에 불과한 학생들이 법학전공과목을 수강하였다. 이는 2009학년도부터 법과대학 신입생이 존재하지 않은 상황을 반영하는 것으로서 2008학년도 이전 입학생들이 점차 졸업해나가면서 필연적으로 수강생이 감소한 것으로 볼 수 있다. 이와는 달리 비법과생들의 법학전공수업 수강비율은 점차 늘어 2014학년도 2학기의 경우 61%의 학생들이 일반선택으로 법학전공수업을 수강하였다. 이는 일반교양을 넘어 좀 더 전문적인 법학과목에 대한 수요가 비법대생들에게 상당히 존재함을 의미한다. 이러한 점은 타학과의 법학관련 교과목 개설현황을 보면 더욱 분명해진다.

〈표 3〉 타 대학 법학관련 과목 현황(학부) 2015년 1학기 기준

연번	교과목주관학과	교과목명	교과구분
1	사회학과	법과 사회	전선
2	사회복지학과	사회복지법제	전선
3	언론정보학과	미디어법률과 제도	전선
4	외교학전공	국제관계와 국제법	전선
5	경영학과	기업법	전선
6	자연과학대학	과학기술과 법	전선
7	아동가족학전공	아동가족조사법	전선
8	약학대학	약사위생법규	전필
9	건축학과 건축학전공(5년제)	건축법과 제도	전필
10	원자핵공학과	원자력법과 사회	전선
11	소비자학전공	소비자보호관련법	전선
12	농업생명과학대학	농업법 개론	전선
13	수의학과	수의사법규	전필
14	사회교육과	사회와 법률	전필
15	사회교육과	시민교육과 헌법	전필
16	사회교육과	청소년문제와 법교육	전선
17	사회교육과	법교육 연습	전필
18	심리학과	심리학과 법	전선
19	정치학전공	법과 민주주의	전선
20	공과대학	안전공학과 법	전선

표 3은 법과대학 이외의 타 대학 학부 과정에 개설되어있는 법학 관련 교과목들이다. 인문대, 사회대, 공대, 농생대 등 총 9개 단과대학(원)에 걸쳐 20개의 과목이 개설되어있다. 부록 2에는 이중 지난 2년간 실제 강의가 이루어진 강좌와 수강인원이 정리되어 있다. 이에 의하면 20개의 강좌 중 '법과 사회', '국제관계와 국제법', '법과 민주

주의'를 제외한 모든 과목들에 대한 강의가 이루어졌으며, 수강인원
도 2013학년 347명, 2014학년 863명으로 많은 인원이 법학과목을 수
강하고 있다. 더구나 이것이 학부 수준에서의 일반적인 법학교육이
법과대학에서 이루어지고 있는 시기의 개설현황인 점에 유의해야 한
다. 이들 개별학과의 전문교과목과 함께 기본적인 법적 소양의 습득
을 위한 법학교육이 각종 교양과목과 법과대학의 전공과목을 통하여
이루어지고 있는 것이다. 법과대학 폐지로 일반적인 학부법학교육에
문제가 생긴다면 이와 같은 각종 개별 전문법학과목의 수강에도 문제
가 생기지 않을 수 없다. 나아가 부록 3에는 2013~2014학년도 법과
대학 이외의 타 대학 대학원 과정에 개설되어 있는 법학관련 교과목
들이 정리되어 있다. 총 11개 단과대학(원)에 걸쳐 46개의 과목이 개
설되었으며, 총 수강인원이 799명으로 매학기 평균 200명에 가까운
학생이 법학과목을 개별전공과목으로 수강하고 있다. 이들 교과목들
은 모두 대학원 과정에서 개설되어 있는 점에서 그대로 학부법학교육
의 수요로 볼 수는 없다. 그러나 학부법학교육에 문제가 생긴다면 대
학원 수준에서의 전문교과목 수강에도 문제가 생기지 않을 수 없다.
이렇게 보면 이들 타학과 법학관련 교과목 개설현황은 개별 전공과정
에서 상당한 수준의 학부법학교육의 수요를 가지고 있음을 나타내는
것으로 보아야 한다.

　　이와 같이 교양과목과 전공과목, 그리고 타학과의 법학관련 과목
의 개설 및 수강생 현황만을 보더라도 법과대학이 폐지된 이후에도
일반교양으로서의 법학교육과 전문적인 법학교육이 대학에서 어떠한
형태로라도 이루어져야 함을 알 수 있다. 크게 보면 일반교양으로서
의 법학교육과 단과대학(원)별 특별수요에 의한 전문교과목의 개설이
필요함을 확인할 수 있다. 후자의 경우 일반교양보다 높은 수준의 강
의를 개설할 필요가 있는 점에서 법과대학의 전공과목과 유사한 수준
의 과목이 개설되어야 한다. 그러한 점에서 법과대학폐지 이후의 학

부법학교육을 위해서는 교양교육을 담당하는 기초교육원과 개별 단
과대학(원) 및 법학전문대학원간의 긴밀한 협력을 통한 종합적인 접
근이 이루어져야 한다.

2. 법학교육의 수요

단순한 숫자를 넘어 수강생들의 수강이유와 수강의향 등을 보면
이후 법학교육이 학부단위에서 어떻게 이루어지는 것이 바람직한지
를 좀 더 구체적으로 확인할 수 있다. 이를 위해 법과대학에서는
2015학년도 1학기 법학부/기초교육원에 개설된 총 12개의 법학과목
수강생 282명을 대상으로 설문조사를 실시하였다. 설문지는 부록 4에
첨부되어 있으며 설문대상 교과목 및 결과는 다음과 같다.

<표 4> 설문조사 시행과목

연번	과목명	담당교수	연번	과목명	담당교수
1	민주시민과 헌법	이우영	7	물권법	김형석
2	법학개론	강태경	8	회사법	김화진
3	헌법1	전종익	9	행정법1	김태호
4	채권각론	이계정	10	노동법1	장우찬
5	형법총론	한인섭	11	경제법	황태희
6	국제법1	정인섭	12	헌법연습	전상현

〈표 5〉 법학부/기초교육원 법학과목 수강생 대상 설문조사 결과

문항	답변	인원수	답변	인원수	답변	인원수	답변	인원수	답변	인원수	답변	인원수	답변	인원수	답변	인원수	답변	인원수	답변	인원수
재학학기	1학기	25	2학기	3	3학기	52	4학기	11	5학기	49	6학기	12	7학기	41	8학기	27	9학기이상	56		
소속	경영	20	경제	57	공학	17	법학	41	의약학	10	자연	11	인문	31	사회	56	자유전공	29		
수강목적	재미	87	졸업필수교양	31	로스쿨진학	83	생활에도움	33	수험용	66	교양쌓기	75	소속전공에도움	49	기타	19				
로스쿨진학희망	매우그렇다	60	그렇다	69	그저그렇다	70	그렇지않다	35	매우그렇지않다	49										
타과목수강의향	매우그렇다	83	그렇다	121	그저그렇다	50	그렇지않다	19	매우그렇지않다	7										
수강희망과목	헌법	186	민법	171	형법	146	행정법	95	국제법	100	상법	93	기초법	50	지적재산권법	80	공정거래법	72	고용복지법	62

<그림 1> 재학중인 학기

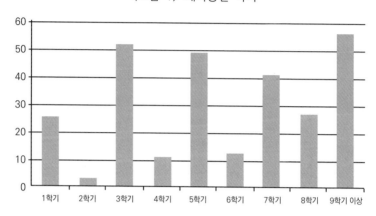

설문조사의 결과 일단 9학기 이상 등록한 학생이 가장 많았다. 이는 대체로 진로와 관련하여 법학전문대학원에 진학하려는 학생들이 법학과목 수강을 통해 법학적성을 확인하려는 의도인 것으로 풀이된다. 1학년인 1, 2학기 등록학생들의 수가 상대적으로 적은 것은 법학교육이 이미 일반적인 교양수준을 넘어 전공이나 향후 진로와 관련하여 이루어지고 있음을 나타내는 것으로 생각된다.

<그림 2> 소속

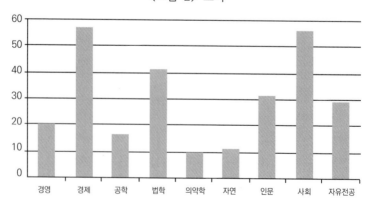

수강생의 분포를 보면 법학전공을 제외하고 경제·사회계열이 압도적으로 많은 수를 차지하고 있다. 이는 학문적 인접성과 향후 행정고시 등 사회진출 후의 필요성, 법학전문대학원에의 진학 등 복합적 요인으로 설명된다. 그 밖에 인문, 경영, 공학 등 여러 단과대학들이 고르게 분포되어 있음을 확인할 수 있다. 특이한 점은 자유전공학부 학생들이 상당수를 차지하고 있는 점이다. 이는 자유전공학부가 제도적으로 법학부의 폐지와 맞물려 만들어진 연원과 고려대, 한양대 등 몇몇 대학들13)에서 법학부 대체학과들이 상당부분의 법학교육을 담당하고 있는 점 등의 이유로 말미암아 입학시부터 자유전공학부생들에게 법학교육 및 법학전문대학원 진학에 대한 기대와 전망이 존재한 것으로 추측된다. 그 밖에 공학, 의약학 등 수강생들의 분포와 앞서 살펴본 표 3의 타학과 개설 법학관련 교과목을 함께 보면 학부법학교육의 수요와 대학원과정에서의 법학관련 과목의 연계성을 확인할 수 있다. 이러한 점은 다음과 같은 수강목적을 보면 더욱 분명해진다.

<그림 3> 수강목적

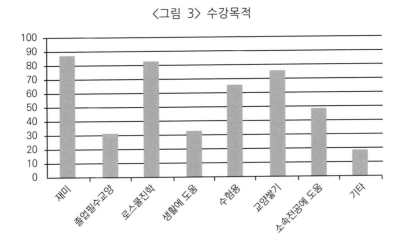

---

13) 고려대학교 자유전공학부, 한양대학교 정책학과, 성균관대 글로벌리더학부, 중앙대 공공인재학부.

재미와 교양쌓기와 같은 일반적인 과목수강목적을 제외하고 가장 많은 부분을 차지하고 있는 것이 로스쿨 진학과 수험용 그리고 소속전공에 대한 도움이다. 로스쿨 진학을 위한 수강의 경우 학부과정에서의 법학과목수강이 법학전문대학원 입학의 요건이 아니며 입학시 평가요소도 아닌 점에 비추어 보면 이는 법조인을 희망하여 법학전문대학원에 진학하려는 학생이 법학과목 수강을 통해 법학적성을 확인하기 위한 것으로 볼 수 있다. 수험용 법학과목 수강은 행정고시, 법원행시, 변리사, 공인회계사 등 주요한 국가고시 및 자격시험과목으로 여러 법학과목이 포함되어 있는 점을 반영한 것이다. 많은 경우 시험을 대비하기 위하여 학원 등 사교육기관에 의존한다 하더라도 대학에서의 수업을 통한 시험대비 역시 필요하다. 그 밖에 소속전공에 대한 도움을 위한 수강이 많은 수를 차지하고 있다. 이는 개별단과대학의 전공 중 법학과 밀접한 관련을 가지거나 학문적, 직업적 진로를 위해 법학적 소양과 지식이 필요한 경우가 상당수 존재함을 나타내는 것으로 이러한 필요성이 학부법학교육 수요의 주요한 부분을 차지함을 나타낸다.

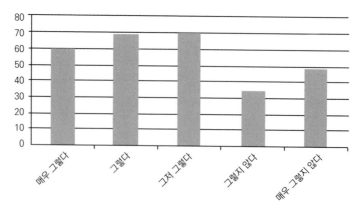

〈그림 4〉 법학전문대학원 진학 희망여부

　　법학과목 수강생들을 대상으로 법학전문대학원의 진학을 희망하는
지 묻는 질문에 46%의 학생이 긍정적으로 답했다. 이러한 비율은 비록
위 그림 3의 수강목적에서 전체 282명 중 83명만이 로스쿨 진학이라고
답변하였으나 그 밖의 학생들 중에도 많은 수가 향후 진학을 위한 적성
탐색과 무관하지 않게 수강하고 있음을 알 수 있다. 이러한 수요는 이전
법과대학에서 법학교육을 담당하던 당시 학부법학교육에 대한 수요와는
별도로 법학전문대학원의 출범 이후 새롭게 발생한 것으로 볼 수 있다.

〈그림 5〉 다른 법학과목(학부생 대상) 수강의향

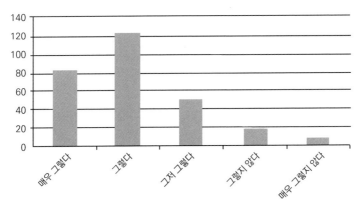

〈그림 6〉 향후 수강희망과목

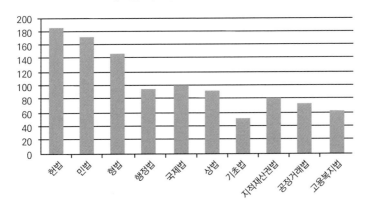

법학교육의 수요면에서 보면 다른 법학과목 수강의향에 대하여 73%의 학생이 긍정적으로 대답하여 법학과목의 수강이 단순한 호기심이나 재미에 의하여 단발적으로 일어난 현상이 아님을 알 수 있다. 더구나 향후 수강희망과목에 기본법인 헌법, 민법, 형법 뿐 아니라 행정법, 국제법, 상법, 지적재산권법, 공정거래법, 고용복지법 등 다양한 법영역이 망라되어 있는 점은 학부법학교육에 대한 수요를 한두 가지로 단순화시켜 보아서는 안 됨을 나타낸다. 실제 학생들은 전공과의 관련성, 각종 국가시험을 위한 대비, 법학전문대학원의 진학을 위한 전공탐색 등 다양한 이유로 법학과목을 수강하며, 단순히 기본적인 법과목 몇 가지의 수강을 넘어 상당히 전문적인 세부법영역까지 수강하기를 바라고 있다. 그러한 점에서 법과대학을 통하여 현재까지 이루어진 포괄적 학부법학교육은 법과대학 폐지 이후에도 여전히 필요하며, 그것이 학생들의 요구라고 할 수 있다. 이러한 수요를 몇몇 교양과목의 개설이나 현재와 같은 몇몇 단과대학에서의 산발적 강의개설만으로 충족시키는 것은 불가능하다. 그러한 점에서 향후 학부법학교육의 구성은 종합적이고 다양한 차원에서 이루어져야 한다.

Ⅳ. 학부법학교육의 구성과 실현방법

법과대학 이외 타대학의 학부법학과목 개설현황과 법학과목 수강생들에 대한 설문조사 등에 비추어 보면 학부법학교육에 대한 수요가 다양한 차원에서 제기되고 있으며, 이를 충족시키기 위해서는 향후 법과대학 폐지 이후에도 여러 강좌들이 학부에 개설되어야 함을 확인할 수 있다. 이러한 다양한 수요들을 정리해보면 크게 일반교양을 위한 법학교육과 전공별 특수한 전문법학교육 그리고 진로탐색을 위한 법학교육의 세 가지로 나누어 볼 수 있다. 이하에서는 영역별로 이들 법학교육의 개략적인 실현방안 등을 제시해본다.

1. 일반교양을 위한 법학교육

일반교양으로서의 법학교육은 민주법치국가에서 살아가면서 시민으로서 국가의 의사결정절차에 참여하여 활동할 수 있는 지식과 능력을 기르는 것을 기본적인 목적으로 한다. 특히 1987년 이래 민주주의와 법치주의의 성숙과 확산으로 인하여 법학 뿐 아닌 다양한 전공과 모든 생활 영역에서 법과 법제도에 대한 기초적 이해는 공동체 구성원들에게 필수적으로 요구되고 있다. 졸업 후 사회에 진출하여 각 분야에서 활약할 서울대 졸업생들이 민주시민으로서의 기본교양을 갖추고 법치주의 등 우리사회의 기본적 가치를 체득할 필요성은 아무리 강조해도 지나치지 않다. 예를 들어 국가의 기본질서와 권력구조 그리고 기본적 인권에 대한 지식은 시민으로서의 기본적 교양에 해당한다. 나아가 기본권을 침해받았을 때의 구제방법인 헌법소원 등 헌법재판제도에 대한 설명은 체계상 법과대학의 전문적인 내용이기도 하지만 많은 이들이 학부에서 공부하고 배워야할 내용이기도 하다. 왜냐하면 이러한 부분에 대한 지식이 없다면 기본권이 침해된 경우 법적 절차에 의하여 구제받기 어렵기 때문이다.

현재 서울대학교에서 개설될 수 있는 학부법학교양 과목은 모두 8개로서 기초교육원에 민주시민과 헌법, 한국법의 이해 2과목이, 법학부에는 법과문학, 현대사회와 법, 젠더와 법, 법학개론, 시장경제와 법, 법과윤리 6과목이 존재한다. 표 1에 의하면 매학기 실제 강의가 이루어진 강좌수는 5년간 43개로 학기당 4.3개에 불과하다. 특히 기초교육원에서 개설이 가능한 강좌는 민주시민과 헌법과 한국법의 이해 두과목 밖에 없고, 이 중 한국법의 이해는 우리 대학에 유학하고 있는 외국학생을 대상으로 하는 영어법학 강좌라는 점에서 실질적으로 학부생들을 위한 학부법학교양강의는 민주시민과 헌법 1개에 불과하다. 법과대학 폐지 이후 이와 같이 학부의 법학교육이 소홀히 되면 학생들이 민주시민으로서 필요한 능력을 기를 기회를 상실하게 되는 점에서 학생들이 교육받을 권리를 심각하게 제한받는 사태가 우려된다.

따라서 이제는 법과대학 폐지 이후 학부생들에게 필요한 기본적인 법학과목들이 어떠한 것인지 검토하고 이를 바탕으로 기존 존재하는 법학교양과목을 포함하여 일반교양법학교육에 대한 전반적인 개편이 필요한 시점이다. 적어도 국가의 권력체계와 관련된 헌법, 기본적 인권보장을 위한 인권법, 재산 및 계약 등을 위한 생활법률, 회사나 상거래와 관련된 경제관련 법, 국제관계를 규율하는 국제법 관련 과목, 법철학과 법여성학 등 융합적 사고를 위한 과목 등 민주법치국가의 시민으로서 현대사회를 살아가는데 필요한 지식과 능력을 위한 법과목들이 체계적으로 개설되고 강의가 이루어질 필요가 있다. 법과대학이 폐지되는 상황에서 이는 결국 기초교육원을 통한 법학과목의 개설과 개편의 형식으로 실현될 수밖에 없다.

2. 단과대학별 전문법학교육

법과대학이 존재하는 현재에도 단과대학별로 많은 전문법분야의 강의가 이루어지고 있다. 이러한 전문법학분야를 위해서는 일반교양 수준을 넘는 보다 높은 수준의 법지식에 대한 교육이 필요하다. 법과대학 교과목 체계에 의하면 보건, 환경, 국제관계, 의료, 교육, 지적재산 등의 과목의 수강은 헌법, 민법, 형법 등 기본법에 대한 지식을 습득한 이후 이들 법지식을 개별분야에 응용, 적용하는 단계에 해당한다. 그러한 점에서 일반교양법학 수준의 지식만을 가지고는 이러한 전문법학분야의 학습이 쉽지 않다. 게다가 이들 법분야는 다른 전공에 대한 깊이 있는 지식까지 뒷받침되어야 한다는 점에서 체계적인 법교육이 이루어지지 않으면 교육의 목적을 달성하기 어려울 수 있다.

현재까지는 법과대학의 전공과목들이 교양법학과 전문법학교육을 연결하는 역할을 수행해왔다. 예를 들면 의료법에 대한 강의는 각

종 손해배상 등 민사법에 대한 지식과 의료행위에 대한 공적 규제법
에 대한 행정법적 지식이 없으면 이해되기 어렵다. 그러나 의과대학
에 이러한 과목까지 모두 개설할 수는 없으므로 의과대학에는 학부
또는 대학원 단위에서 의료법 과목만을 개설하고 사전 지식의 습득은
법과대학의 강의를 통해 이루어지도록 체계화되어 있는 것이다. 손해
배상 등에 대한 구체적인 민사법지식과 행정규제에 대한 법적 사고는
일반 교양법학 강의만을 가지고는 습득하기 어렵다. 그러한 점에서
법과대학이 폐지되어 법학 전공과목의 강의가 이루어지지 않는 상황
에서 체계적인 전문법학분야의 교육이 이루어질 수 없다.

　　결국 이와 같은 문제를 해결하기 위해서는 이들을 관련 분야의
강의내용과 구성에 변화를 주어야 하며, 이를 위해 개별 전공분야와
법학전문대학원이 긴밀한 협력체계를 구축하지 않으면 안 된다. 법과
대학 교수가 파견되어 강의를 맡거나14) 개별 전공교수와의 역할분담
을 통하여 한 강좌를 분담하는 등의 형식을 생각해볼 수 있다. 나아가
장기적으로 다른 전문분야와 법학전문대학원의 협력과정 등을 통하여
새로운 프로그램을 개발하여 운영하는 것도 추진해야 할 것이다.15)

3. 취업준비 및 진로탐색을 위한 법학교육

　　법학과목 수강생들에 대한 설문조사 결과에 의하면 일반교양법
학과 전문분야법학교육 이외에 취업준비 및 진로탐색을 위한 법학교
육 수요가 상당수 존재함을 확인할 수 있다. 우선 국가자격시험 시험

---

14) 경영대의 기업법 강의가 현재 이와 같은 형식으로 이루어지고 있으며 정치외교학
　　부의 국제법 등도 추진되고 있다.
15) 서울대학교 학칙은 2개 이상의 학과(부)·전공이 연합하여 별도의 전공을 설치하
　　는 연합전공과 학과(부)가 다른 학과(부)의 전공과 연계하여 교과과정을 확장 편
　　성하는 연계전공을 규정하고 있다(제77조 제1항 제1·2호). 예를 들면 사회과학대
　　학 정치외교학부, 행정대학원 등과 함께 연합전공 또는 연계전공의 형식으로 별도
　　의 전공프로그램을 개발하여 운영하는 것도 가능하다.

과목 대비를 위한 수요는 꾸준히 있어 왔다. 행정고시, 외교관후보자 선발시험 등의 준비를 위한 법학교육에 대한 수요와 취업과 관련하여 공인회계사, 변리사, 감정평가사 등 국가자격시험 준비를 위한 수요는 계속하여 존재해왔다. 대학의 법학교육이 이와 같은 실용적인 목적을 위한 수요를 충족시켜야 하는지에 대하여는 논란이 있을 수 있다. 그러나 종래 법과대학의 교육목표 중 일반교양교육은 이를 포괄하는 것으로 기능해왔다. 행정부, 입법부, 금융기관, 일반회사, 기타 사회단체들에서 법학지식을 가지고 있는 사람들에 대한 수요는 계속되었고, 이는 대체로 법과대학에서 배출된 인재를 통하여 충족되어 왔다. 법과대학 폐지 이후에는 다른 전공의 학생들이 법학지식을 습득하여 그러한 수요를 충족시켜야 한다. 물론 이는 전문분야법학교육을 통하여 어느 정도 해결될 수 있으나 이와 함께 그러한 인재들의 배출통로로서 중요한 것이 국가고시, 자격시험인 점에서 이를 대비한 법학교육은 현실적으로 무시될 수 없다. 이러한 법학교육에 대한 수요가 현실적으로 존재하며 실질적으로 법과대학의 학부교육이 이를 충족시켜왔던 점에 의하면 이 부분 법학교육에 대한 대책없이 법과대학을 폐지하는 것은 바람직하지 않다.

　　이와 같은 맥락에서 학부생들에게 법학전문대학원 진학을 위한 전공탐색의 기회를 제공하는 차원에서 이루어지는 법학교육도 필요하다. 현재 서울대 학부 졸업생들은 서울대학교는 물론이고 전국 각지의 법학전문대학원에 진학하고 있으며, 실제 진학하지는 않더라도 많은 수의 학생들이 졸업 후의 진로로서 법학전문대학원 진학을 심각하게 고려하고 있다. 그러한 상황에서 학부법학교육이 없어지면 이들은 법학에 대한 아무런 사전 지식 없이 진로를 모색하여야 한다. 개별 학생 개인적인 면에서 보면 막연한 기대감으로 적성에 맞지 않는 법학전문대학원에 진학함으로써 생기는 노력과 시간의 낭비를 막을 수 있고, 대학과 사회 전체적으로 보더라도 이들 인재들이 일찍부터 자신의 적성에 맞는 학문과 사회 각 분야에 나아가 활동하면서 생기는 이익을 얻을 수 있는 점에서 이를 위한 학부법학교육은 무시할 수 없는 가치가 있다. 따라서 법학전문대학원에 관심이 있는 학생들이 학부수준에서 법학공부를 경험해봄으로써 자신의 적성에 맞는지를 살펴보고 그에 따라 진로를 결정할 기회를 제공하는 것이 필요하다.16)

우선 진로탐색을 위한 법학교육은 어느 정도 충실한 일반교양교육이 이루어지면 해소될 수 있다. 그러한 점에서 앞서 살펴본 다양한 교양과목들이 개설되어 학생들이 각종 법분야에 대한 기본적인 지식을 습득할 기회를 제공받는다면 진로탐색으로서는 충분할 수 있다. 문제는 취업준비를 위한 법학교육인데 이러한 현실적 필요에 따라 별도의 법학과목을 개설하는 것은 전체적인 대학교육의 측면에서 바람직한지는 다시 생각해볼 문제이다. 이러한 요구에 대한 대비는 교양법학교육을 충실히 함으로써 어느 정도 해소시킬 수 있다. 그러한 점에서 이 역시 교양으로서 얼마나 다양하고 심도 있는 법학과목들이 개설되는지 여부에 따라 충족여부가 달라질 수 있을 것이다.

V. 결

사회의 근본적인 구성 원리와 가치 체제를 담고 있는 기본 법질서에 대한 지식과 비판적 사고를 갖출 수 있게 하는 학부법학교육의 유지는 법치사회의 구현을 위해서도 매우 중요한 요소에 해당한다. 종래 법과대학의 법학교육은 단순히 법조인을 양성해내기 위한 직업교육에 머물고 있지 않았다. 널리 민주법치국가의 시민으로서 필요한 기본적인 법적 소양을 길러내기 위한 일반교양교육부터 다른 전공과 관련된 학문적, 실무적 필요에 부응하는 전문분야법학교육, 그리고

---

16) 김종철, 2008, 41면.

고시와 자격시험에 대한 대비에 이르기까지 법과대학에서 개설한 교양 및 전공 법학강의들은 폭넓은 수요에 맞추어 수행되어 왔다. 법학전문대학원은 이전 사법시험과 사법연수원에서 수행하던 법조인 양성을 목표로 법과대학의 직업교육과 접목시킨 것이다. 이에 따라 법과대학이 수행한 법학교육의 여러 기능 중 법조인양성은 법학전문대학원이 수행하게 되었다. 문제는 2017년 남은 다른 기능들과 그에 대한 수요를 어떻게 충족시킬 것인지에 대한 아무런 대책 없이 법과대학이 폐지되는 것이다.

일반교양을 위한 법학교육은 민주법치국가의 시민교육의 하나로서 가장 기본이 되는 부분이다. 이는 단순히 학생들에게 어느 정도의 법적 지식을 습득할 수 있도록 하는지의 문제를 넘는 의미를 가진다. 이는 대학이 어떠한 학생들을 키워낼 것인가, 우리가 배출한 인재들이 하나의 능동적이고 책임 있는 시민으로서 민주법치국가의 존속과 발전에 기여할 수 있는가 하는 것과 밀접하게 관련되어 있다. 그러한 점에서 현재 개설되어 있는 교양법학과목들이 충분한지, 얼마나 충실히 교육이 이루어지고 있는지, 법과대학 폐지 이후 이들의 교육을 어떻게 수행해나갈지에 대한 진지한 성찰이 필요하다.

나아가 법과대학 이외의 다른 전공분야에서 필요한 전문분야법에 대한 교육의 필요성 역시 상당히 크다. 많은 단과대학에 법과 관련된 과목들이 학부 및 대학원 수준에서 개설되어 있고 활발히 운영되고 있다. 법과대학이 폐지된 이후에도 이러한 수요는 계속될 것이며, 이는 개별대학에 개설된 법학과목으로 어느 정도 충족시킬 수 있다. 다만 일반교양교육과 전문분야법교육의 중간단계에서 이루어지던 법과대학의 기본법 전공교육의 공백이 문제가 된다. 이는 전문분야법교육을 담당하는 단과대학과 법학전문대학원간의 긴밀한 협력을 통해 수업내용과 시간의 조정, 공동강의 등의 형식으로 해결할 필요가 있다. 장기적으로는 연합전공이나 연계전공 등의 방법을 통해 별도의 프로그램을 설치 운영하는 것도 추진해야 한다.

그 밖에 각종 국가고시에 대한 대비나 법학전문대학원 진학의 진로탐색을 위한 학부법학교육수요도 현실적으로 존재한다. 이것이 지성인으로서의 분석능력, 비판능력, 창의력을 배양하고 인간에 대한 보편적 사랑, 정의감 등 민주시민으로서의 자질을 연마한다는 대학교육 본래의 목적에 해당하는지는 의문이 있을 수 있다.[17] 따라서 이것만을 대비한 별도의 법학과목을 개설해야 한다는 주장은 받아들여지기 어려울 수 있다. 그러나 이러한 현실적인 수요에 대비하지 않을 수 없는 점에서 이는 충실한 교양법학교육 등의 방법으로 학생들의 요청에 부응하는 것이 필요하다.

법과대학이 2017학년도까지만 유지됨에 따라 2018년 이후에는 법학부의 많은 교양과목과 전공과목이 개설될 수 없게 된다. 그럼에도 불구하고 지금까지 대학차원에서 학부법학교육을 어떻게 실현해 나갈 것인지에 대한 논의가 본격적으로 이루어지지 않고 있다. 결국 2018년 이후의 학부법학교육에서 가장 중요한 부분을 차지하는 것은 교양법학강좌로서 이를 위해 어떠한 과목을 개설하고 어떠한 내용을 강의할 것인가 하는 것이 과제로 남아 있다. 충실한 교양법학교육이 이루어질 수 있다면 여러 가지 다양한 법학교육에 대한 수요를 상당부분 충족시킬 수 있게 된다. 사실 전문분야의 법학교육도 충실한 교양법학교육이 뒷받침된다면 중간단계인 전공수업이 없이도 어느 정도 원활하게 수행될 수 있는 여지가 있다. 그러한 점에서 현실적으로 기초교육원을 통한 학부 교양법학과목의 유지 및 추가개설이 매우 중요한 논의주제가 될 수밖에 없다. 법과대학으로서는 이러한 과목의 개설이 법학부가 폐지된 이후의 기존 학부생에 대한 학사관리와도 밀접하게 연결되어 있는 점에서 매우 중요한 문제가 될 수 있다.

---

17) 최대권, "학부교육과 법학교육", 『서울대학교 법학』 제37권 제2호, 서울대학교 법학연구소, 1996, 85면.

　　향후 학부 법학교육이 체계적으로 제대로 이루어지기 위해서는 무엇보다 대학내에 그 필요성에 대한 폭넓은 공감대가 형성되어 있어야 한다. 학부법학교육이 단순히 법과대학만의 문제가 아닌 대학 전체의 문제임을 인식하고 그것에 관심을 기울이도록 대학본부 및 다른 단과대학을 설득하지 않으면 안 된다. 이를 위한 법과대학 구성원들의 많은 노력이 필요하다.

⊠ 부록 1

2014. 2학기 법학부 전공 교과목 개설 현황

연번	과목명	구분
1	헌법2	전필
2	민법총칙	전필
3	채권법1	전선
4	민사소송법2	전선
5	형법각론	전선
6	상법총론	전필
7	세법	전선
8	유가증권법	전선
9	회사법특강	전선
10	행정법연습	전선
11	국제법2	전선
12	노동법2	전선
13	노동법연습	전선
14	사회보장법연습	전선
15	로마법	전필
16	서양법제사	전필
17	영미법강독	전필
18	법철학	전필
19	법의학	전선

▧ 부록 2

타학과 법학관련 교과목 개설현황(최근 2년간): 학부 과정

교과목주관학과	교과목명	개설학년	학기	수강인원
사회학과	법과 사회			
사회복지학과	사회복지법제	2013	2	33
사회복지학과	사회복지법제	2014	2	14
언론정보학과	미디어법률과 제도	2013	2	48
언론정보학과	미디어법률과 제도	2014	2	39
외교학전공	국제관계와 국제법			
경영학과	기업법	2014	1	90
자연과학대학	과학기술과 법	2013	2	32
자연과학대학	과학기술과 법	2014	2	43
아동가족학전공	아동가족조사법	2013	2	20
아동가족학전공	아동가족조사법	2014	2	22
약학대학	약사위생법규	2013	2	73
약학대학	약사위생법규	2014	2	69
건축학과 건축학전공(5년제)	건축법과 제도	2014	1	34
원자핵공학과	원자력법과 사회	2014	1	29
소비자학전공	소비자보호관련법	2014	1	24
농업생명과학대학	농업법 개론	2013	2	52
농업생명과학대학	농업법 개론	2014	2	261
수의학과	수의사법규	2013	2	51
수의학과	수의사법규	2014	2	47
사범대학	사회와 법률	2013	2	12
사범대학	사회와 법률	2014	2	13
사회교육과	시민교육과 헌법	2014	1	26
사회교육과	청소년문제와 법교육	2014	1	29
사회교육과	법교육 연습	2013	2	26
사회교육과	법교육 연습	2014	2	50
심리학과	심리학과 법	2014	1	47
정치학전공	법과 민주주의			
공과대학	안전공학과 법	2014	2	26

▧ 부록 3

타학과 법학관련 교과목 개설현황(최근 2년간): 대학원 과정

연번	대학(원)	교과목명	개설학년도	개설학기	수강인원
1	경영대학	상법연구 1	2013	2학기	49
2	경영대학	상법연구 1	2014	2학기	27
3	공과대학	건축법규연구	2013	2학기	11
4	공과대학	건축법규연구	2014	2학기	6
5	국제대학원	국제법	2013	1학기	38
6	국제대학원	국제법	2014	1학기	36
7	국제대학원	국제통상법의 이해	2013	2학기	51
8	국제대학원	국제통상법의 이해	2014	2학기	49
9	국제대학원	국제환경·자원문제의 법과 정책	2013	1학기	13
10	국제대학원	유럽통합: 유럽연합의 법과 제도	2014	1학기	0
11	미술대학	예술과 법	2013	2학기	14
12	미술대학	미술문화관련법	2014	2학기	12
13	사범대학	교육법	2013	2학기	11
14	사범대학	법교육연구	2014	2학기	4
15	사범대학	법교육특강	2013	1학기	7
16	사범대학	법교육특강	2013	2학기	3
17	사범대학	법교육특강	2014	1학기	5
18	사범대학	상담윤리.법.제도	2013	2학기	21
19	사회과학대학	성과 법	2014	2학기	3
20	융합과학기술대학원	디지털증거법.정보보호법	2014	2학기	10
21	의과대학	법과 의료정책특강	2013	2학기	16

22	의과대학	법과 의료정책특강	2014	2학기	24
23	의과대학	의과학기술과 관련된 법과 정책	2013	2학기	12
24	의과대학	의과학기술과 관련된 법과 정책	2014	1학기	5
25	의과대학	의과학기술과 관련된 법과 정책	2014	2학기	25
26	의과대학	의료법학 1	2013	2학기	5
27	의과대학	의료법학 2	2014	1학기	5
28	인문대학	기록관리법령 연구	2013	1학기	5
29	인문대학	기록관리법령 연구	2014	1학기	4
30	행정대학원	공기업법	2013	2학기	20
31	행정대학원	공기업법	2014	2학기	31
32	행정대학원	인터넷정책과 법(001)	2013	1학기	9
33	행정대학원	인터넷정책과 법(002)	2013	1학기	10
34	행정대학원	인터넷정책과 법(001)	2014	1학기	14
35	행정대학원	인터넷정책과 법(002)	2014	1학기	11
36	행정대학원	행정법	2013	1학기	19
37	행정대학원	행정법	2013	2학기	16
38	행정대학원	행정법	2014	1학기	20
39	행정대학원	행정법	2014	2학기	28
40	행정대학원	행정법제도론	2014	1학기	3
41	행정대학원	환경정책과 법	2013	2학기	12
42	행정대학원	환경정책과 법	2014	2학기	11
43	환경대학원	계획법	2013	2학기	49
44	환경대학원	계획법	2014	2학기	45
45	환경대학원	환경법	2013	1학기	16
46	환경대학원	환경법	2014	1학기	14

▨ 부록 4

법학 과목 수강 등에 관한 설문조사

안녕하세요, 서울대학교 법과대학 교육연구지원실입니다. 수강생 여러분들께 법학 과목 수강·증설과 관련하여 아래와 같은 사항에 관하여 질문을 드리오니 가장 적합한 선지를 선택하거나 구체적으로 기술하여 주시면 감사하겠습니다.

1. 본인은 현재 몇 학기 째 재학 중인가요?
(   )

2. 본인의 소속은 어디인가요?
  ① 경영 ② 경제 ③ 공학 ④ 법학 ⑤ 의약학 ⑥ 자연 ⑦ 인문
  ⑧ 사회 ⑨ 자유전공

3. 이 과목을 수강 신청하게 된 목적은 무엇인가요?
  ① 재미있을 것 같아서 ② 졸업 요건이 되는 필수 교양이어서
  ③ 법학전문대학원 진학을 위해서 ④ 생활에 도움이 될 것 같아서
  ⑤기타(   )

4. 이 과목 수강이 3번 문항과 같은 목적달성에 있어서 본인에게 도움이 되었다고 생각하나요?
  ① 전혀 도움이 되지 않았다 ② 별로 도움이 되지 않았다
  ③ 그저 그렇다 ④ 도움이 되었다 ⑤ 매우 도움이 되었다

5. (4번 문항에 ① ~ ③이라고 대답한 경우)위 과목이 본인에게 크게 도움이 되지 못했던 이유는 무엇인가요?
　（　　　　　　　　　　　　　　　　　　　　　　　　　）

6. (4번 문항에 ④ 혹은 ⑤라고 대답한 경우)위 과목이 본인에게 도움이 되었던 부분은 무엇인가요?
　（　　　　　　　　　　　　　　　　　　　　　　　　　）

7. 졸업 후 법학전문대학원에 지원할 생각이 있나요?
　① 매우 그렇다 ② 그렇다 ③ 그저 그렇다 ④ 그렇지 않다
　⑤ 매우 그렇지 않다

8. 이 강의를 통해 법학 분야에 대한 관심이 증가하였나요?
　① 매우 그렇다 ② 그렇다 ③ 그저 그렇다 ④ 그렇지 않다
　⑤ 매우 그렇지 않다

9. 이 강의를 듣고 나서 법대에서 개설하는 다른 강좌에 대한 관심이 증가하였나요?
　① 매우 그렇다 ② 그렇다 ③ 그저 그렇다 ④ 그렇지 않다
　⑤ 매우 그렇지 않다

10. 아래의 10개 분야에서 교양법학과목이 개설된다면, 수강하고자 하는 분야에 O 표시를 해 주십시오.

연번	분야	수강희망여부	연번	분야	수강희망여부
1	헌법		6	상법	
2	민법		7	기초법	
3	형법		8	지적재산권법	

| 4 | 행정법 | | 9 | 공정거래법 | |
| 5 | 국제법 | | 10 | 고용복지법 | |

11. 그 외 법학 교과목 수강·증설에 관하여 수정·변경되어야 할 부분, 나아가야할 방향에 관한 의견이 있다면 자유롭게 기술해주기 바랍니다.

(   )

수고하셨습니다. 감사합니다.

⊠ 참 고 문 헌

권오승, "법학교육개혁의 과제와 추진", 『법과 사회』 제18호, 법과사회이론연
　　구회, 2000, 79 – 98면.

김종서, "법학전문대학원 밖의 법학교육: 그 과제와 방법", 『인하대학교 법학
　　연구』 제16집 제3호, 인하대학교 법학연구소, 2013, 257 – 293면.

김종철, "로스쿨 체제하에서의 교양법학교육의 필요성과 범위", 『법과 사회』
　　제35호, 법과사회이론학회, 2008, 27 – 52면.

김혜정, "법과대학 폐지에 따른 교육과정의 개선방향", 『영남법학』 제34호,
　　영남대학교 법학연구소, 2012, 195 – 213면.

박덕영, "로스쿨과 학부에서의 국제법학 및 비교법학 연구", 『가톨릭대학교
　　법학연구』 제4호, 가톨릭대학교 법학연구소, 2009, 107 – 127면.

서울대학교 법과대학, "(자료) 법학교육의 개선방향", 『서울대학교 법학』 제
　　16권 제2호, 서울대학교 법학연구소, 1975.

손주찬, "법학교육의 문제점과 개선방안", 『국민대학교 법학논총』 제3집, 국민
　　대학교 법학연구소, 1981.

송석윤, "법률가양성제도 개혁의 기본방향", 『법과 사회』 제18호, 법과사회이론
　　연구회, 2000, 121 – 151면.

양승규(1992). "법학교육의 목표와 교수방법론", 『서울대학교 법학』 제33권
　　제1호, 서울대학교 법학연구소, 1992, 1 – 10면.

윤성현, "법학전문대학원 시대의 학부 헌법교육 정상화를 위한 시론", 『법교
　　육연구』 제9권 제2호, 한국법교육학회, 2014, 73 – 103면.

음선필, "한국 민주시민교육의 제도화 시론", 『제도와 경제』 제7권 제3호, 한
　　국제도경제학회, 2013, 67 – 95면.

이민영, "로스쿨과 학부에서의 헌법학 및 행정법학 교육", 『가톨릭대학교 법
　　학연구』 제4호, 가톨릭대학교 법학연구소, 2009, 81 – 105면.

이상수, "대학학부에서의 법학교육", 『서울대학교 법학』 제47권 제4호, 서울
　　대학교 법학연구소, 2006, 127 – 146면.

이종구, "법과대학에서의 법학교육의 목표와 졸업생의 진로에 관하여", 『경
　　기법학논총』 제9호, 경기대학교 법학연구소, 2010, 105 – 125면.

정영수, "로스쿨과 학부에서의 민법학 및 민사소송법학 교육", 『가톨릭대학
　　교 법학연구』 제4호, 가톨릭대학교 법학연구소, 2009, 27 – 47면.

정종섭, 『헌법학원론』, 박영사, 2015.

최대권, "학부교육과 법학교육", 『서울대학교 법학』 제37권 제2호, 서울대학
　　교 법학연구소, 1996, 81 – 114면.

하재홍, "법학전문대학원 미설치 대학에서의 법학교육의 방향과 과제", 『서
　　울대학교 법학』 제51권 제2호, 서울대학교 법학연구소, 2010, 273 –
　　300면.

홍영기, "로스쿨과 학부에서의 형법학 및 기초법학 교육", 『가톨릭대학교 법
　　학연구』 제4권, 가톨릭대학교 법학연구소, 2009, 3 – 26면.

제 2 절

교양교육으로서의 법학교육

최 봉 경

I. 서

　한국 사람은 어려서부터 '교양있는 사람(이 되어라)' 또는 '전인교육(이 필요하다)' 등의 말을 듣고 자란다. 여기서 말하는 '교양' 내지 '교양교육' 또는 '전인교육'은 정확히 무슨 뜻인가?

　최근 이해하기 어려운 몰상식한 일들이 벌어져 사회적 물의를 일으키는 경우가 적지 않다. 그 원인으로 여러 가지가 생각되지만 '인문학적 소양(교양) 또는 상상력의 결핍' 등이 자주 거론된다. 이러한 현상은 정치, 경제, 사회, 문화, 법 등 분야를 가리지 않고 볼 수 있다.

　나아가 '떼법'이나 '묻지마 범죄'식 행위, '권위주의적 사고'도 자유롭고 비판적인 사고의 결핍에 원인을 두고 있는 경우가 많으며 이 또한 교양교육의 미비에서 문제점을 찾을 수 있다. 필자의 학생시절 교육의 내용과 그 선택의 폭을 오늘날의 그것과 비교해보면 장족의 발전을 하였음을 실감한다. 하지만 주입식 교육에서 벗어나 개방적 창의교육으로 발전한 정도는 여전히 충분치 못하다.

　한국사회는 경제적으로는 거의 선진국 턱밑까지 따라잡았다. 이제는 정신적으로 성숙하여야 할 때이다. 특히 자유민주주의의 생활화가 필요하며 이를 위해서도 교양교육의 필요성은 두드러진다. 미국의

402 -

3대 대통령이었던 토마스 제퍼슨도 교양교육이 있어야 민주주의가 존속할 수 있다고 믿었다. 필자의 견해로도 이러한 맥락에서 '교양법학'교육이 도움이 될 것으로 확신한다.

　이하에서는 먼저 교양교육의 일반적 의미(정의, 방법, 목적, 방향 등)를 이해하고 비판적 사고의 촉진제로서의 역할을 살펴본다(Ⅱ.). 자유와 평등의 신장이 교양교육의 확대에 힘입어 성장해온 것이 분명해질 것이다. 그리고 '교양교육으로서의 법학'교육이 이에 기여할 것임을 논할 것이다. 이를 위해 그 구체적 내용을 설명한다(Ⅲ.). 그리고 이어서 필자가 생각하는 교양법학교육의 대강을 간략하게 제시하고자 한다(《교양법학 강의요강》). 결론에 간단한 소회를 덧붙일 것이다(Ⅳ.).

Ⅱ. 교양교육일반

1. 교양교육의 정의

　교양교육은 모든 학문에 적용되는 지적 능력을 배양하고 현실적 문제를 해결하는 지혜를 함양하는데 기여하는 일반적 · 보편적 교육을 말한다. General education이 대개 교양교육으로 번역되는 것도 교양교육의 폭넓은 일반성 때문이다. 반드시 기능교육에 국한되지도 않고 문과 또는 이과로도 구분되지 않으며 보편적으로 교양인에게 필요한 교육이다. 이러한 의미의 교양교육은 고대 그리스 시대부터 행해져온 것으로 알려져 있다. 고대 그리스 문명의 발달은 이에 기초한 것이라고 한다.[1] 교양교육은 또한 인간 본연의 자유를 추구하는 교육이다. 자유의 신장은 교양교육의 확대와 괘를 같이 한다.[2]

---

1) Bruce Kimball(1986), *Orators and Philosophers: A History of the Idea of Liberal Education*, New York, Teachers College Press. 여기서 liberal education 즉 자유교육이라는 용어를 쓰고 있음에서도 알 수 있듯이 교육과 자유의 관계는 매우 밀접하다. 상세는 후술.
2) 상세는 이하 Ⅱ.3. 참조.

교육의 대상과 범위도 본디 넓었다. 이른바 '자유칠과(seven liberal arts)'를 통해 문법, 논리, 수사학, 산술, 기하, 음악 및 천문을 가르쳤다.[3] 어찌 보면 일상생활에 그리 실용적이지 못해 보이는 과목들을 중세 암흑시대에도 꾸준히 학습해온 것이다. 오늘날의 '인문학'의 범위를 넘어서는 것도 있다. 이처럼 '교양'교육의 범주는 매우 넓었다. 과학과 인문학 나아가 사회과학도 교양인이 배워야할 덕목에 해당된다고 본 것이다.[4]

2. 교양교육의 방법

분야에 따라 차이가 있기는 하지만 최근의 교육은 점점 직업생활에 필요한 '기능'교육으로 무게중심이 넘어가는 듯하다. 역사, 철학, 신학, 인류학 등 인류문명의 발전과 불가분의 관계에 있는 인문학적 지식은 실용적이지 못하다는 이유로 외면당하기 십상이다. 학생들도 쉽게 학점을 취득할 수 있는 과목을 선택하고 깊은 고민이나 성찰 없이 교양과목을 선택한다. 수요자가 없는 교양과목은 폐강되기 마련이기에 교수자 역시 진지하고 내실있는 교육에 한계를 느끼기 마련이다. 한 대학의 예를 들어보자.

서울대학교는 교양교육과정 '사고와 표현' 카테고리에 '글쓰기의 기초(구 대학국어)'와 '과학기술과 글쓰기', '인문학과 글쓰기', '사회과학과 글쓰기' 등을 같은 선택과목으로 편성하고 있다. 이들 중 2013년까지 대학국어는 신입생을, 타과목은 재학생을 대상으로 했으나 신

---

3) Paul Abelson(1965), *The seven liberal arts: A Study in Mediaeval Culture*, New york, Russell and Russell.

4) 1895년 설립된 '법관양성소'가 폐지되고 '법학교'가 1909년 설치되었는데(예과 1년, 본과 3년) 그 예과 과정에 근대교육상 처음으로 역사, 지리 등 인문학과 윤리, 수학, 논리학, 경제학이 개설되었다. 이러한 교양과목은 전체 과정의 52%에 달하는 것이었다. 상세는 정긍식, "한국 근현대 법학교과과정 변천사", 『법학논총』 36권 1호, 전남대학교 법학연구소, 2006. 3, 300면 이하 참조.

입생들의 선택의 폭을 넓히고 과목간의 경쟁구도를 통한 강의의 질적
향상 등을 목적으로 통합한 것이다. 이것은 서울대학교가 꾸준히 교
양과목의 확대와 선택의 폭을 확장해 온 것과 괘를 같이하며, 세계
유수 대학의 추세와도 부합하는 것으로 보인다. 그 취지도 충분히 납
득할 만하다.

하지만 간과한 것도 있다. 기능교육중시 풍조와 학생들의 학점우
선 선택 습관이다. 애초에 신입생을 대상으로 하던 대학국어를 '글쓰
기의 기초'로 개칭하고 여타 '사고와 표현' 과목을 함께 신입생에게
제공하여 교양교육의 질을 제고하려는 의도는 각 단과대학의 선택지
정 또는 학생들의 의식 부족으로 인해 효과를 보지 못하고 있다.[5]

3. 자유와 평등의 신장수단으로서의 교양교육

상술한 바와 같이 학생들은 전공공부에 전념하고 교양과목은 쉽
게 들을 수 있는, 즉 학점 취득에 유리한 과목을 선호하는 것으로 알
려져 있다. 필자가 교육현장에서 경험하는 것도 크게 다르지 않다.
'학점경쟁', '취업경쟁'이 그 어느 시대보다 치열하다는 사실과 기술문
명의 발전으로 인해 인격적 가치들이 점차 물질화되어 가고 있는 현
실은 'N포세대'라는 신조어로 회자되기에 이르렀다. 사정이 이렇다보
니 역사와 철학, 문학, 정치적 담론들을 뜨겁게 되새기며 현세대의 문
제점을 함께 진중하게 토론할 여유를 찾기 어렵다.

---

5) 2014년 1학기의 경우 신입생을 위한 신규 강좌를 기준으로 볼 때 수강생이 가장
　크게 줄어든 과목은 [과학과 기술 글쓰기(과기글)]였다. 강좌수는 55%(20강좌→
　11강좌), 학생수는 약 61%(430명→262명) 줄었다. 그 주된 이유 중 하나는 공대가
　'모든' 학과 필수에서 '일부' 학과 필수로 정책을 바꾸었기 때문이다. 2학기의 경우
　과기글을 필수로 지정한 대학은 3개 학과(산업공학과, 건축공학과, 의예과), 158명
　에 지나지 않았다. 자유선택을 하는 자유전공학부 170여 명 중에서도 과기글을 선
　택한 학생은 9명에 불과했다. 대다수의 신입생은 글쓰기의 기초(구 대학국어)로
　편중되었다. 구 대학국어를 비롯한 사고와 표현 여러 과목들의 경쟁체재 도입 목
　적은 사실상 사라진 셈이나 마찬가지인 것이다.

하지만 그리스 시대의 '자유교육'이 시사하듯 노예 해방에 '교육'이 기여한 사실을 고려한다면, 그리고 인간의 자유가 신장되어 온 역사적 과정을 돌이켜 보면 교양교육의 중요성을 결코 간과할 수 없다.

교육을 통한 '자유'는 또한 '경쟁'을 통해 촉진된다. 경쟁의 과정에서 새로운 가능성을 발견하게 되고 서로의 장, 단점을 알게 되어 종래 자율성과 창의성이 발휘되는 것이다. 그리고 이를 통해 스스로 생각하는 힘을 배양하게 된다. 경쟁은 이러한 학습의 동기를 제공한다.

나아가 경쟁의 대척점에 서 있는 개념이 '독점'임을 생각하면 교육의 기회를 '균등'하게 부여하는 것이 올바른 '경쟁'의 시발점임을 알 수 있다.

이러한 경쟁을 통해 교육시장에서도 '자생적 질서'가 형성된다. 지식의 시장에서 자생된 경쟁질서는 다시금 '개방적 교육'을 가능하게 한다. 개방적 교육의 주된 목적은 공동체 사회에서 필수적인 타인에 대한 배려, 즉 내 생각만이 옳은 것은 아니다 라는 자유의 기본관념(불합리한 권위주의의 탈피 및 다양한 사고의 필연적 공존)을 가르치는 데 있다. 창의적 교육이 아닌 주입식 교육환경에서 이러한 효과는 반감될지 모르나 교육은 어쨌거나 인간행동을 계획적으로 변화시킴(또는 그런 변화가능성)을 목표로 한다.

4. 교양교육의 목적

대학에서 학생들에게 무엇을 가르칠 것인가에 대한 고민은 오래 전부터 이어져왔다. 19세기 칼리지 차원에서 작성된 보고서들은 오늘날의 대학에도 시사하는 바가 크다.

당시 과학기술 발전에 도움이 되는 실무 교육을 강화시키자는 요구가 막대했음에도 불구하고 예일 칼리지(예일대학교의 liberal arts college, 18세기 말까지 인문학(humanities)과 자연과학을 가르쳤다)는 오히려 반대 방향을 지향하는 '예일보고서(Yale Report, 1828)'를 제출하였다. 여기

에서 기존의 신학 및 고전교육을 옹호하면서 교양교육(liberal arts)을
'어떤 직업에 특별히 연관된 것을 교수하는 것이 아니라 모든 직업에
공통된 기초를 다지는 것'이라고 정의하였다. 그리고 특히 생각하는
법을 가르치는 것이 중요하다고 보았다. 특정한 전공과목을 가르치는
것보다 사고하는 방법, 즉 비판적 사고능력의 배양이 교양교육의 목
적이라고 본 것이다.6) 19세기 미국 대학교육에 큰 영향을 미친 하버
드대 총장 찰스 엘리엇(Charles William Eliot)도 수학과 화학을 전공한
과학자였으나 기능교육보다 교양교육을 더 중요하게 생각하였다. 당
시 자연과학과 인문과학을 구분하면서 기능교육을 강화하려는 시대
적 요구를 잘 인식하고 있었음에도 불구하고 교양교육을 옹호하고 학
생들의 강의선택권을 대폭 확대하였다. 이 역시 자유로운 사고를 촉
진하기 위한 것이었다.7)

5. 교양교육의 방향

많은 이공계 학생들이 학부를 졸업한 후 로스쿨에 진학하고 있
다. 그런데 우려와는 달리 이들이 법학을 공부하는데 큰 어려움은 없
어 보인다. 한 학기 정도의 적응기간을 거치면 대체로 무난하게 강의
를 따라온다. 하지만 이들 중 인문학적 소양이 부족한 학생들은 어려
움을 겪는다. 문제의 본질을 파악하고 그 해법을 논리적이고도 유려
한 법적 문장으로 표현하는데 곤란을 겪는 것이다. 이들이 로스쿨이
아니라 사회의 다른 영역에 진출하더라도 같은 애로를 겪을 것이다.
기업 CEO에 오른 이공계 출신 중 평소 인문학 서적을 탐독한 이들이

---

6) Committee of the Corporation and The Academic Faculty, Reports on the
   course of instruction in Yale College(New Haven, 1828). 이 보고서는 19세기
   미국의 대학교육에 많은 영향을 미쳤다고 한다. 파리드 자카리아 지음/강주현 옮
   김, 『하버드학생들은 더 이상 인문학을 공부하지 않는다』, 사회평론, 2015, 57면
   (이하 파리드 자카리아로 인용) 참조.
7) 파리드 자카리아, 63-4면 참조.

적지 않다. 스티브 잡스, 워런 버핏, 빌 게이츠 등이 그 대표적인 예이다. 이들이 인문학이나 예술 방면에 다양한 관심을 가지고 있음은 주지의 사실이다. 과학도들이 인문학적 소양을 가지고 있을 경우 뛰어난 역량을 보여준다. 이는 역으로도 마찬가지이다. 인문학도들이 수학이나 기초적 과학지식을 이해하고 예술적 이해능력을 겸비하고 있다면 이 또한 경쟁력을 강화할 것이다. 요컨대 교양교육은 모든 학문에 공통된 기초, 다양한 비판적 사고의 기초를 제공하여야 한다. 학생들이 졸업 후 어떤 분야로 진출할지 모르기 때문이다. 교양교육은 말하자면 일종의 '줄기세포교육'이어야 한다.

　　그렇다면 교양교육으로서의 '법학교육'은 어떤 내용으로 구성되는 것이 합리적인지에 대해 아래에서 살펴보기로 한다.

Ⅲ. 교양법학교육의 내용

1. 교양법학의 의미

　　서울법대는 개교 이래 가장 많은 법조인을 배출한 교육기관이다. 2008년 이후 로스쿨제도의 도입으로 인해 학부생을 더 이상 받지 않고 기존의 학생을 위한 '학부법학과목'을 개설하고 있었다. 하지만 그 숫자도 점점 줄어들어 2018년부터 학부의 학위취득을 전제로 한 법학전공과목은 완전히 폐지되었다.

　　그런데 타 전공 학생들의 '법학교육'에 대한 수요는 적지 않다. 그 일부는 졸업 후 로스쿨 등 법조 분야에 진출하기 위한 '예비학습'을 하고 싶어 하고 다른 일부는 법학에 대한 '흥미'나 '법' 일반에 대한 관심을 가지고 있다. 교양으로서의 '법학'은 선진국의 기초인 신뢰사회를 만들어 가는데 중요한 역할을 수행한다. 요즘 한국사회는 '불신사회'라고 할 수 있을 정도로 서로를 믿지 못하는 듯하다. 정치, 행정, 사법, 경제 등 거의 모든 분야에 불신풍조가 만연해 있다. 왜 이

러한 현상이 발생하고 또 개선되지 않고 있는지에 대해 깊이 고민해
볼 필요가 있다. 선진국을 징표하는 신뢰지수,8) 준법지수9)가 후진국
수준에 머물고 있음은 반성할 부분이다. 특히 '법'에 대한 불신, '사법
기관'에 대한 불신은 매우 우려스러운 현상이다. 법적 정의를 수호하
는 최후의 보루인 법원이 내린 판결에 대해 건전한 비판을 넘어 전면
적으로 불신하는 것은 문제가 아닐 수 없다.10)

---

8) OECD가 작성한 'How's Life? 2015; Measuring Well-Being, 2015' 자료에 따르면
　이른바 사회적 지원 네트워크는 "만약 당신이 곤경에 처했다면, 당신이 도움받기
　를 원할 때 의존할 가족이나 친구가 있는가?"라는 질문에 긍정적인 답을 한 사람
　의 비중을 나타내며, 타인에 대한 연대 지수 또는 신뢰 지수와 같은 의미로 이해된
　다. 한국은 칠레, 멕시코 등 중남미 지역보다도 낮은 72.4%로 OECD 국가 중 가장
　낮다. 사회적 지원 네트워크에 대한 OECD 평균은 88%로, 스위스(95.8%)가 1위를
　차지했고 덴마크(95%), 독일(93.6%) 등 유럽 지역에서 대체로 높았다.

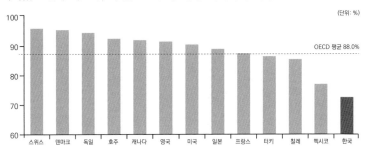

OECD 주요국의 사회적 지원 네트워크　　　　　　　　　　(단위: %)

스위스	덴마크	독일	호주	캐나다	영국	미국	일본	프랑스	터키	칠레	멕시코	한국
95.8	95.0	93.6	92.0	91.5	91.0	90.0	88.5	87.3	86.1	85.0	76.7	72.4

9) 예컨대 세계은행의 전문가들이 공을 들여 개발한 국가관리지수(WGI, Worldwide
　Governance Indicators)에 따르면 2016년 Rule of Law(법치국가) 지수는 229개국
　중 197위를 기록하고 있다. (http://info.worldbank.org/governance/wgi/#home:
　2017.9.30. 최종 방문)

10) "사법부에 대한 불신은 한 사회의 종말이 시작되는 징표"라고 오노레 드 발자크가
　자신의 소설 '창녀의 영광과 비참(Splendeurs et misères des courtisanes)'에서 경
　고한 바 있다. 2017년 4월 초 대법원장이 신임법관 임관식에서 언급하기도 했다. 다
　소 본문의 맥락에서는 벗어나지만 정치적 안정을 위한 사법제도의 중요성을 다룬
　최근의 논문 Jenna Sapiano, Courting peace: Judicial review and peace
　jurisprudence, Global Constitutionalism, Vol.6(2017.3), Issue1, 131-165면 참조.

다른 한편 지도층이 노블리스 오블리주는 커녕, 반칙을 통해 남들보다 앞서가는 것에 대해 경종을 울려야 한다. 고위공직자 청문회에 단골로 등장하는 위법 3종 세트(위장전입, 다운계약서, 논문표절 등)등은 선진국 진입을 가로막는 장애물이다. 이러한 위법행위를 한 사람들은 대부분 대학교육을 받았을 터인데 이들이 대학에서 자유민주국가의 구성원으로서 지켜야 할 '교양'을 모르는 것인지 의문이 들 정도이다. 대학에서 '교양법학'을 적절히 제공한다면 그리고 그것을 학생들이 제대로 이해하고 체득한다면 이들이 이끌어가는 미래의 대한민국에서는 이러한 문제들이 현저히 줄어들 것이다.

그렇다면 '전공'으로서의 법학과 '교양'으로서의 법학은 어떻게 다른가?

전자는 법대의 커리큘럼에 따라 헌법, 형법, 민법, 행정법, 민사소송법, 형사소송법, 국제사법, 국제법, 환경법, 법철학, 법사학 등을 강의한다. 3년의 기간 내에 변호사시험준비에 필요한 정도로 공부하기에는 그 양이 벅차다. 따라서 여러 과목이 선택군에 편성되어 있다.

후자에서 위와 같이 가르칠 필요는 없을 것이다. 법조인이 되기를 원하는 타 학부생은 먼저 전공강의를 들어야 한다. 비법대생에게 정의, 자유와 평등, 민주주의, 법치주의 등을 한 학기에 모두 쉽게 설명하기에는 시간이 빠듯하다. 이들이 법적 사고방식과 다른 학문적 사고방식의 차이점을 이해하고 전자를 습득하여 일상생활에 적용한다면 우리 사회에 만연한 위법행태는 크게 줄어들 것이다. 나아가 법제도에 대한 불신도 개선할 수 있다고 생각한다.

법학 교육을 받은 사람은 사회에 진출해서도 분야에 관계없이 뛰어난 문제해결능력을 보인다. 사회적인 문제해결에 필요한 기술 자체를 이해하였을 뿐만 아니라 문제해결에 법을 이용하는 기술도 배웠기 때문이다.[11] 다양한 사회적 분쟁의 최종 해결은 많은 경우 중립적인

---

11) Jay Murphy 저(양승규/박길준 공역), 『한국법학교육』, 서울대학교 법학연구소, 1967, 23면.

사법기관에서 이루어지며 대체로 그 결과에 승복한다. 반드시 법원이
내린 결정이라서가 아니라 법적 사고에 기초한 문제해결이 논리적 설
득력을 갖춘 합리적인 방법이라고 받아들여지기 때문이다. 법적 평화
는 이를 전제로 하는 것이다. 주지하다시피 합리성은 인간 이성이 작
용한 결과물이며 이는 특히 법학에서 중요하다.

  그리고 교양교육으로서의 법학교육은 '다양성'에 기초하여 '개방
적 사고'를 가르쳐야 한다. 비교법적으로 우리의 법제도뿐만 아니라
비교법적 고찰을 통해 다양한 '법적 해결방법'이 존재함을 직시하고
우리의 법제도는 우리의 역사와 문화에 적합한 형태로 고안되고 또
구현되어야 함을 이해하여야 한다. 특히 오로지 한 가지 내지 둘 중
하나만이 유일한 정답이라는 식의 해법(all or nothing, 개념적 사고)이
아니라 유연한 '유형적 사고(more or less)'를 통해 개념적 사고의 단
점이나 문제점을 보완할 필요가 있다.

2. 법적 정의와 교양법학

  교양법학의 최고의 지향점은 결국 법적 정의를 실현하는데 교양
교육의 형태로 기여하는 것이다. 이상(향)적 정의는 아닐지라도 법적
정의는 오랜 역사에서 드러나듯 '최악의 불의'를 막는데 매우 유용한
개념이다. 물론 종교나 도덕 그리고 역사적, 경제적, 정치적 관점 등
'정의'를 바라보는 시각은 다양하다. 교양'법학'은 '법'과 '정의'의 관계
를 이해할 수 있어야 한다. 법이 추구하는 이념을 하나로 말하라고
할 때 '정의(Justitia)'를 든다.12) 법의 궁극적 목적도 정의의 실현에 있
다. 학자들도 고래로부터 정의의 본질에 대해 성찰을 거듭해왔다. 교

---

12) 독일의 법철학자 Radbruch는 법의 이념을 넓게 볼 때 '정의' 외에도 '합목적성
   (Zweckmässigkeit)'과 '법적 안정성(Rechtssicherheit)'을 든다. 그리고 각각의 날
   카로운 갈등관계를 지적하고 있다. 동, Der Mensch im Recht, Ausgewaehlte
   Vortraege und Aufsaetze ueber Grundfragen des Rechts, 1957, 88-89면.

환적 정의(Justitia Communitativa)와 보상적 정의(Justitia Distributiva)에 관한 수많은 문헌이 이를 웅변적으로 말해준다.[13] 고도의 추상성을 지닌 개념인 '정의'는 실정법인 헌법의 밑바탕에도 깔려있다.

3. 헌법적 가치질서의 이해

동시대인의 평균적 법감정에 기초한 기초적 법질서는 무엇보다도 헌법에 담겨져 있다. 실정법과 자연법, 법과 법률의 차이뿐만 아니라 '교양인'으로서 헌법적 가치질서를 충분히 이해할 필요가 있다. 대한민국이 자유민주주의 국가이자 법치국가임을 선언하면서, 기본권과 국가의 조직, 통치기구 및 통치작용에 관한 기본틀을 담고 있는 법이 헌법이다. '합헌적 해석'도 헌법질서를 전제로 한다. 자유민주시민으로서 필요한 최소한의 법적 소양이란 이러한 질서를 이해하는 것을 의미하기에 교양법학교육이 이를 대상으로 해야 함은 당연하다 할 것이다. 헌법을 이해하고 지켜나가는 것의 중요성을 이해하도록 가르치는 것이다. 그래야 한 국가의 헌법이 장식적 의미를 벗어나 실질적인 규범으로 작용할 수 있게 된다. 자유와 자율을 토대로 개개인이 선택한 삶을 살아갈 수 있는 사회, 일상생활 속에서 자신이 원하는 바를 달성할 수 있는 사적자치, 개인의 자유는 타인의 자유가 시작되는 그 지점까지이며 자유에는 책임이 따른다는 공동체의식을 습득하는 것, 더 나아가 자유민주주의를 생활 속에서 체득하고 심화하는 것이 그 핵심이라 할 것이다.[14]

하지만 헌법의 내용을 학습하는 것과 이를 체득, 심화하는 것은

---

13) 우선 Canaris, Die Bedeutung der justitia distributiva im deutschen Vertragsrecht, in: Sitzungsberichte der Bayerischen Akademie der Wissenschaften, Heft 7(1997) 참조.

14) 경제민주화와 헌법질서에 관하여 동명의 논문을 참조하라. 송석윤, "경제민주화와 헌법질서",『서울대학교 법학』, 58권 1호(신동운 교수 정년 기념호), 서울대학교 법학연구소, 2017.3, 69면 이하.

같은 차원의 문제가 아니다. 공부하여 알고는 있으나 몸에 배어 있지 않아 실천하지 못하는 학생이 적지 않다. 아래에서 이를 좀 더 자세히 살펴본다.

4. 자유민주주의의 실현과 심화를 위한 수단

(1) 학생들의 민주주의에 대한 선지식

최근 서울대 인문대 학생들의 단톡방 사건[15] 등 대학생들의 일탈이 우려를 자아내고 있다. 필자가 대학생 및 고등학생을 상대로 한 일련의 특강에서도 동일한 문제를 여러 번 인지할 수 있었다. 고교생도 '법과 사회' 등의 과목을 통해 기초적인 법률지식을 배운다.[16] 자유와 평등 그리고 정의와 같은 추상적 개념도 꽤 정확히 알고 있었다. 하지만 이를 생활 속에서 실천하고 있는지는 의문이다.

이는 적어도 젊은 학생들에게는 이미 생활의 일부가 되어버린 SNS상에서 특히 문제가 되고 있다. 학생들에게 SNS상에서 누군가가 막말이나 욕설 또는 성희롱을 할 경우 어떻게 반응하는지에 대해 물어보았다. 그 대답은 고교생과 대학생(저학년) 거의 동일했다.

먼저 위와 같은 상황에서 어떻게 반응하는가 하는 질문에 대해 대부분 '아무런 반응을 하지 않는다'는 대답이 많았다. 그리고 그 이유는 다음과 같다.

반응해도, 즉 문제를 제기해도 시끄러워지기만 하고 해결되지도 않는다는 것이다. 그리고 자신의 일이 아니기 때문에 개입하지 않는다는 대답도 있었다. 또 다른 예로 소위 왕따를 두려워하는 경우도

---

15) http://news.khan.co.kr/kh_news/khan_art_view.html?artid=201607110905001&code=940100(2017년 10월 19일 최종 방문).

16) 대학수학능력시험에서 '법과 사회'를 선택하는 인원은 2009년 교육과정 개정으로 '법과 정치'가 도입된 후 대폭 감소하고 있다고 한다. 이수진/박성혁, "법교육 교사의 교사효능감 향상을 위한 법영역 내용교수지식 연구",『법교육연구』, 10권 2호, 한국법교육학회, 2015.8, 80면 각주 1 참조.

있었다. 놀라운 사실은 막말을 하는 학생은 어떤 계기가 있을 때까지는 그것을 계속한다는 것이다. 여기서 계기란 피해학생의 문제제기나 해당 학교의 제재 등이다. 때론 가해자/피해자 진영을 갈라 서로의 개인정보에 해당하는 민감한 내용을 비난의 목적으로 폭로, 유포하기도 한다. 하지만 직접 당사자가 아닌 타인(급우 등)으로서 이를 제지하거나 적극적으로 개입하는 경우는 찾기 어려웠다. 아래 (2) − (6)은 이에 대한 원인을 분석한 것이다. 그리고 교양법학은 이에 대한 대책을 포함하여야 할 것이다.

(2) 의사표현의 자유와 민주주의

시끄러워지는 것을 한국 사람들은 유독 싫어하는 것 같다. 친구 사이에서는 더욱 그러하다. SNS상의 소통매체 중 하나인 밴드를 그만두면서 '(사안이 무엇이든) 시끄러운 것은 질색이다. 친구들끼리 왜 그렇게 싸우는가' 라는 탈퇴의 변을 남기기도 한다.

우리는 권위주의 정부시절 '조용히 하라'는 말을 많이 들었다. 다양한 목소리를 내려는 시도는 철저히 차단되고 정부 비판적 시위는 늘 진압의 대상이었다. 대학시절 하숙집에서 강의실로 가려면 여러 번의 가방검사를 받고서야 가능했다. 시끄러움은 평상시에도 악덕 같은 취급을 받았다('저 집안은 왜 저렇게 시끄러운 것인가').

하지만 민주화된 사회는 늘 시끄럽다. 다양한 목소리가 서로 자기 목소리를 들어 달라고 목청껏 외치기 때문이다. 그리고 이들 중 다수 여론이 형성되려면 서로의 의견과 비판을 충분히 들어보아야 한다. 소수의 의견도 그 과정에서 존중되어야 한다. 잘 되는 집은 원래 시끄러워야 한다. 의사표현의 자유도 그러한 시끄러울 정도로 활발한 토론의 토대 위에서 성장하는 것이다.

따라서 위와 같은 학생들의 반응은 민주주의에 대한 이해부족이자 그 역사적 발전과정에 대한 무지에서 비롯된 것이라 추측된다. 민주주의는 어느 날 하늘에서 뚝 떨어진 것이 아니라 지난한 억압과 핍박을 견뎌내고 조금씩 성장해 왔다. 쉬이 인구에 회자되는 민주화 '투사'라는 말은 '투쟁'을 전제로 하는 것이다.

(3) 자유와 그 한계

다음으로 '자신이 개입해도 나아지지 않는다'는 체념에 가까운 발상이다. 이 역시 자유민주주의의 발전과정에 대한 이해부족에 기인한 것이다. 미국의 저명한 역사학자 찰스 비어드(Charles A. Beard)가 말했듯이 신(역사)의 수레바퀴는 천천히 하지만 촘촘하게 굴러간다. 오늘날 우리가 누리고 있는 민주주의의 열매는 이미 수 세대 전부터 전개되어온 수많은 투쟁의 산물이다. 각자가 권위주의와 모순에 대항하여 내뱉는 한 마디 한 마디와 저항의 몸짓들이 쌓이고 쌓여 조금씩 전진하는 것이 민주주의이다. 민주주의는 시간을 먹고 사는 것이다.

한편으로는 '자신의 일이 아니라 개입하지 않는다'는 말이 일면 이해가 가기도 한다. 제3자로서 이해당사자가 아니기에 남의 일에 끼어들고 싶지 않다는 것이다. 그렇지만 이 또한 자유민주주의에 대한 인식의 부족에서 기인한 것이다.

SNS상에서도 명예훼손죄나 모욕죄 등에 해당되는 위법한 발언을 했을 경우 법에 의해 처벌을 받는다. 그런데 대부분의 발언들은 — 막말과 욕설이라도 하더라도 — 위법과 적법의 경계에 선 것들이 많다. 법이 개입하기 곤란하다는 뜻이다. 그리고 막말을 한 사람도 자신의 의견을 표시하기 위해 다소 과한 수단을 사용했을 뿐이라고 강변한다. 의사표현의 자유를 적극적으로 행사했을 뿐이라는 취지이다. 듣는 사람들도 — 자신의 의사를 강하게 전달하기 위해 — 자신처럼 막말을 쓰면 된다고 억지를 부리기도 한다. 하지만 제3자로서도 욕설을 듣지 않을 소극적 자유는 주장할 수 있다.17) SNS라는 것은 언제나

---

17) 안병길, 『약자가 강자를 이기는 법』, 동녘, 2010, 67면 이하 참조. 개입(태클)을 해

다자관계를 전제로 하기 때문에 누군가를 상대로 한 발언이라도 누구
나 함께 이른바 '온라인' 상황에 있는 것이다. 이때 기분이 좋은 사람
은 없을 것이고 너도 나도 발을 빼기(X이 무서워서 피하나 더러워서 피
하지) 시작하면 얼마 지나지 않아 그 SNS 모임은 와해되기 십상이다.
악화가 양화를 구축하는 셈이다. 따라서 남의 일이 아니라 내 일이라
는 생각으로 개입할 필요가 있는 것이다. 이는 곧 나의 자유를 지키
는 일이다. 더구나 인간은 사회적 동물이므로 자유란 가치도 결국 '사
회 속에서의 자유(Freiheit in Gesellschaft)'인 점을 고려한다면 의사표
현의 자유도 그 내재적 한계가 있는 것이다.18)

   (4) 민주주의와 정의

   내 일이 아니면 개입하지 않는다는 생각은 더 나아가 '정의'와도
관계가 있다. 불법행위가 자행되는 현장을 보고도 무심하게 지나치거
나 곤경에 처한 사람을 방기하는 사회가 정의롭다고 생각하는 사람은
없을 것이다. 선한 사마리아인의 법을 이 자리에서 논하기 전에 남의
일이라도 그것이 정말 부당하다고 생각한다면 또 정말 도움을 필요로
하는 일이라고 생각한다면 그 즉시 행동에 나서는 것이 정의로 향하
는 길이다.19)

   이러한 것을 교양법학에서는 교수하여야 한다. 학생들이 민주주
의의 의미를 모르고 있거나 제대로 체득하지 못해 위와 같은 문제가
반복적으로 나타나는 것이다. 아렌트가 말한 '민주주의의 일상화'는
이러한 민주주의 교육과 일상생활에서의 심화를 요구하는 것이다.20)

   야 막말을 한 사람도 자신의 행동이 자유의 한계를 넘어 방종에 이르렀음을 알게
   된다는 사실을 적절히 지적하고 있다.
18) 물론 자유와 자의(Willkür, 恣意)는 구별되어야 한다.
19) 이때 부작위가 법적 처벌의 대상이 되는가(또는 되어야 하는가)는 별론으로 한다.
20) 한나 아렌트 지음/김선욱 옮김, 『예루살렘의 아이히만』, 한길사, 2006, 349면 참
   조. 사유없는 삶이 악의 평범성(banality of evil)을 낳는다고 지적한다.

(5) 민주주의와 다수결

다른 한편 왕따를 당하는 것이 두렵다는 말도 사실 이해하지 못할 바 아니다. 하지만 이러한 생각 또한 민주주의를 온전히 체득하지 못함에서 비롯한 것이다. 민주주의는 의사표현의 자유를 기초로 하여 다수결의 원칙에 의해 운영된다. 이는 다수의 의견이 정당한 여론형성 절차를 거쳐 형성되는 것을 조건으로 한다.21) 이문열의 소설 '우리들의 일그러진 영웅'에서 엄석대가 조작한 다수세력은 부당한 '왕따'에 의해 형성된 것이다. 왕따가 합리적 설득력이 아니라 무력에 의해 추동되고 자신의 의견과 다른 의견을 억압하는 수단으로 활용된다면 이는 민주주의의 기초를 훼손하는 것이다. 오히려 그 불합리와 무력의 원천이 '왕따(소수화)'를 당해야 마땅하다.

(6) 자유민주주의의 심화

우리 사회가 현재 필요로 하는 것은 특히 자유민주주의의 훈련과 심화이다. 단순하게 말하자면 민주적 사고방식의 습득, 즉 자기 것 만들기가 필요하다. 우리의 민주화 역사는 상대적으로 짧다. 실습할 기회도 많지 않았다. 일상생활 속에서 민주시민으로서 삶을 살아가는 것이 어떤 의미인지를 자연스럽게 이해할 정도에 아직 이르지 못했다.22) 교양법학교육을 통해 다수결 원칙의 의미, 이를 위한 전제로서의 표현의 자유의 중요성, 토론의 중요성, 권위주의적 사고의 배제, 다른 생각의 인정, 권리에 따른 책임과 그 이면으로서의 의무에 대한 이해 등을 차근차근 교수할 것이다. 결국 사고방식, 생각하는 습관이 중요하다. 법적 사고는 어떻게 가르쳐야 하는가.

---

21) 따라서 국가권력기관에 의한 자의적 여론조작행위는 지양되어야 한다.
22) Jay Murphy 저(양승규/박길준 공역), 앞의 책(주 12), 1967, 20-21면(한국의 민주주의제도의 '확립'을 위한 방편으로서의 법학교육에 대해 논하고 있다). 이제는 '확립'을 넘어 '심화'될 단계에 온 것이다.

5. 법적 사고와 교양법학

(1) legal mind의 습득

생활법학을 표방하며 구체적 법률지식(세법, 형법, 민법 상 몇몇 단편적 지식의 전주)을 흥미위주로 교수하는 것보다 legal mind를 자연스럽게 습득할 수 있도록 법적 사고방법을 교육할 필요가 있다. 법적 사고의 특징과 방법을 이해한다면 구체적 법률분쟁에서 합리적으로 문제를 해결해 나갈 수 있을 것이다.

그 주요한 부분은 체계적 사고와 유형적 사고의 이동(異同)을 이해하고 그 구체적 적용사례를 습득하는 것을 내용으로 한다. 나아가 일상용어와 전문용어(법률용어)의 차이점, 법적 사고와 법해석학의 관계, 법학과 타 학문과의 비교를 바탕으로 법학의 학문적 특성에 대해 교육할 것이다.

필자가 지난 십수 년간 법과대학과 법학전문대학원에서 교육해 본 경험을 돌이켜 볼 때 법학미수자의 경우 법학이나 법적 사고방식의 특성을 이해하지 못해 어려워하는 경우가 많았다(주로 저학년의 경우였다). 반드시 법조인이 되는 것을 목표로 하지 않더라도 교양법학 강의를 통해 법률학의 기본사고방식을 이해한다면 어떤 사회분야에서 활동하게 되더라도 법치국가의 시민으로서 필요한 소양을 갖추게 될 것이다. 법에 의한 지배(rule by law)가 아니라 법의 지배(rule of law)가 중요하다는 사실과 합법성과 정당성[23]의 차이가 법에서 지니는 실질적 의미에 대해 학습할 것이다.

(2) 법해석학과 법학방법론

나아가 법해석학의 기본을 강의할 필요가 있다. 해석학(Hermeneutik)

---

23) 칼 쉬미트 지음(김도균 옮김), 『합법성과 정당성』, 길, 2015(특히 김도균 교수가 쓴 해제부분을 참조하라).

에서 '법'해석학이 지닌 특성을 공부하는 것이다. 법학방법론의 기초
적 이해도 필요하다. 필자가 그려보는 교양법학 강의의 대략은 다음
과 같다.24) 기존의 법학개론 내지 법학통론에서 많이 논의되는 내용
은 가급적 배제하였음을 미리 밝혀둔다.

(3) 강의의 대강

먼저 법의 이념과 목적, 법의 개념, 자유민주주의와 법치주의에
대해 공부한다. 그 후 법학방법론에 관한 다양한 기초적 지식의 습득
을 목표로 한다. 이는 다른 학문 분야와는 구별되는 법학 특유의 사
고방식을 체득하기 위한 것이다. 특히 개념과 유형, 법률의 흠의 확인
과 그 보전방법 그리고 유추해석의 한계와 특성, 나아가 다양한 해석
방법론을 실례를 통해 살펴본다. 편집상의 오류 및 약관해석과 그 흠
결보충의 특수한 쟁점들도 더불어 강의할 예정이다.

- 교양법학 강의요강 -

I. 법의 이념과 목적25)
　1. 자유와 평등
　2. 형식적 정의와 실질적 정의/교환적 정의와 배분적 정의
　3. 합목적성과 법적 안정성26)
II. 자유민주주의
　1. 자유와 그 한계
　2. 민주주의의 본질과 유형

---

24) 대우재단 학술사업 28주년을 기념하여 발간된 김건식 외, 『로스쿨과 법학교육 ―
　　바람직한 고등교육의 방향을 찾아서 ― 』, 아카넷, 2008은 그 발간사의 부제를 '기
　　초가 중요하다'로 잡고 있다. 이하 같은 책의 김건식, 법학전문대학원, 어떻게 살
　　려나갈 것인가, 15면 이하도 참조. 본문의 내용은 필자가 그동안 강의하거나 집필
　　했던 내용을 압축한 것이다.
25) 이하 [Ⅶ. 유추, 유추해석 및 유추적용]까지는 강의안에 따른 호번이다. 그 다음에
　　논문 전체의 결론 [Ⅳ. 결론]으로 이어진다.
26) 土屋生/帝藤靜敬, 教養法學講義, 成文堂, 1984, 12 ― 16면 참조.

　　1) 직접민주주의와 대의민주주의

　　2) 대의민주주의의 위기와 대안

　　3) 직접민주주의의 약점과 보완책

Ⅲ. 법치주의

　　1. 법이란 무엇인가/법과 도덕[27]

　　2. 법의 지배/법에 의한 지배

　　3. 합법성과 정당성/합법적 불법

　　4. 자유민주주의와 법치주의의 관계

(이상의 개략적 내용은 이미 상술했기에 생략함. 특히 본문 중 Ⅲ. 4. 참조)

Ⅳ. 법학의 학문성

　　1. 의의

　　과학으로서의 법학이 형성, 발전되어온 연혁을 살펴보고 법학의 학문으로서의 성격에 대해 살펴보고 오늘날 아시아 법학, 특히 한국 법학의 현주소를 강의한다.[28]

　　2. 법학방법론의 의의와 기능

　　법학방법론에 관한 다양한 이론들을 소개하고 우리 법문화와 법체계에 적합한 법학방법론에 대해 탐구한다. 자세한 내용은 아래에서 살펴본다.

Ⅴ. 개념과 유형

　　1. 서언

　　본론에 앞서 일상용어와 전문용어의 이동을 다양한 법률용어의 예를 들어 설명한다.

---

27) 기타 법의 연원, 법의 분류, 법의 효력, 권리와 의무 등 법학개론의 자세한 내용도 생략한다. 상세는 가령 土屋生/帝藤靜敬, 위의 책, 17면 이하 참조. 기존의 교육으로는 한계가 있다고 생각되어 필자는 나름의 강의안을 만들어 제시해 보았다.

28) 상세는 김건식 외, 로스쿨과 법학교육 중 김정오, 법학이란 어떤 학문인가, 29면 (특히 39면) 이하 참조. 이하 강의안의 내용은 법학을 처음 접하는 학생들에게 다소 어렵게 느껴질 수 있다. 일반적인 법학개론서의 내용과는 차이가 있고 법학방법론에 보다 많은 할애를 하였기 때문이다. 특히 법학방법론은 법철학적 이해와 밀접하게 연동되어 있다. 따라서 이해하기 쉬운 일상생활상의 예를 이용하여 강의하는 것이 매우 중요하며 반드시 정교수가 교수에 나서길 권유한다. 지면관계상 상세한 예를 들지 못한 점 독자들의 양해를 구한다.

2. 유형론의 목적

類型論의 목적은─槪念論을 엄격하게 구사할 경우 야기되는─ 규범과 현실의 괴리를 가능한 범위 내에서 축소하자는 데에 있다. 예 컨대 전형적인 공무원은 국가에 대한 충성심, 성실성 내지 대국민 봉 사정신을 가진 사람을 의미할 것이며, 개념적인 공무원은 형식적, 절 차적으로 공무원법에 따라 공무원임용을 받은 사람을 뜻한다. 여기 에서 전형적인 공무원과 개념적인 공무원이 천양지차라면 많은 규범 력의 상실이 초래될 것이다. 이러한 격차를 줄이는데 유형론은 효용 가치가 있다.

그러나 이러한 類型論이 개념을 배척하거나 대체하는 것은 아니다. 다만 개념이 그 합리적 외연까지 벗어나 그 오용 내지 조작의 수준에 이를 경우에도 굳이 '개념'에 집착할 이유는 없다. 이 경우에 유형론 이나 기타의 방법론이 유용하게 사용될 수 있기 때문이다. 이로써 개 념은 그 나름의 순기능을 지킬 수 있다. 槪念은 법학에서도 여전히 가 장 중요한 사고방식이며, 개념 없이는 법학의 기본적인 토론조차 진 행할 수 없을 것이다. 반면 유형론은 그것만으로는 불안정하기 때문 에 원칙적으로 체계론과의 결합을 필요로 한다. 유형론은 다른 방법 들[29]과도 다양하게 결합할 수 있다.

3. 법학에서의 유형론

막스 베버의 지배의 3유형론을 시작으로, 생물학의 다양한 종의 분류방법, 사회학의 각종 사회분석모델 등 융형론에는 다양한 예가 있다. 이러한 유형론과 법학의 유형론은 구별되어야 한다. 법학의 유 형론은 법학의 고유한 가치관점을 반영하여 이를 기준으로 유형화가 이루어져야 하며, 그 목적은 어디까지나 해당 법분야 내지 주제영역 의 통일된 이해를 도모하는 데 있는 것이다. 다시 말해 분류를 위한 분류가 아니며, 반드시 사실상의 유형분류와 일치할 필요도 없다. 법 학에서 추구하는 유형은 소위 '규범적 유형'(Normativer Typus)[30]이어

---

29) 가령 사회학적 분석방법 내지 법경제적 분석방법 등을 들 수 있다. 이상 본문의 내용은 졸고, 개념과 유형, 『법철학연구』 제6권, 한국법철학회, 2003.5에서 발췌한 것이다.
30) 도덕규범, 종교규범이 아닌 법규범의 의미에서 '규범적'이다.

야 한다. 이것은 소위 '경험적 유형'(empirischer Typus)[31]에 대립되는 의미이다. 더 나아가 '현실적 유형'(Realtypus)[32]은 '이상형'(Idealtypus)[33]과 대조되는 뜻으로 이해된다. 법학에서는 그 찾고자 하는 유형의 현실관련성(Wirklichkeitsbezug)을 무시할 수 없기에, 또한 이것이 '유형론'의 본래적 취지이기에, 종래 '규범적 현실유형'(normativer Realtypus)[34]을 지향한다.

4. 개념과 체계

'개념법학'(Begriffsjurisprudenz)은 '추상적 개념체계'의 형성에 전력을 투구하였다. 이러한 '추상적 개념체계'는 특히 법률의 '외적 체계'[35]에 잘 반영되어 있다. 개념이 법체계형성, 특히 '외적 체계'의 형성에 중요한 역할을 한 것은 부인할 수 없다. 이러한 외적 체계의 흠결 내지 가치모순적 부분들을 보완, 수정하는 역할을— 체계론 내부에서 이야기 하자면— 내적 체계론이 부담한다. 내적 체계는 각 법규범들을 관통하는 일반적 법사고의 논리적 정립, 기능지향적 법개념[36] 및 법원리론(Prinzipienlehre)을 수단[37]으로 형성, 유지된다. 한

---

31) 이것은 '평균유형(Durchschnittstypus)'과 '빈도유형(Häufigkeitstypus)'으로 나누어 볼 수 있다.
32) 가령 현실 속에서 발견되는 계약유형은 수백 가지일 것이다. 하지만 법정보통전형계약은 14종뿐이다. 물론 법정보통전형은 임시성을 띤다. '현실적 유형'은 인간의 경험세계에서 관찰할 수 있는 실제적 대상들을 포착하기 때문에, 이러한 범위 내에서 소위 '경험적 전형'(empirischer Typus)과 일치한다.
33) 가령 막스 베버가 드는 예로 자유시장경제체계, 완전통제경제체계가 있다. 이것은 현실의— 복사상(Abbild des wirklichen)이 아니라— 모범상(Vorbild bzw. Urbild des wirklichen)인 점에 특징이 있다.
34) Larenz, Methodenlehre der Rechtswissenschaft, 6. Aufl., S. 352ff. 참조. 한편 채권관계의 본질을 파악함에 있어서는 소위 '법적 구조유형'(rechtlicher Strukturtypus)의 정립이 도움이 된다.
35) 이것은 추상적 개념, 추상화 및 포섭을 그 주요수단으로 하여 형성, 유지된다. 특히 개념법학시대에는 이것이 '체계론'과 동일시되었다. 실제로도 장기간 법학의 '학문성'을 대변하였다. 상세는 졸고, 개념과 유형, 앞의 논문(주 30), 14면 참조.
36) Larenz에 따르면 예컨대 법률행위, 인격권, 위법성 내지 과실 등을 생각할 수 있다. Larenz, Methodenlehre der Rechtswissenschaft, 6. Aufl., S. 481ff. 필자의 견해로는 계약법의 '하자'개념도 이의 한 예이다. 이러한 기능지향적 법개념은 외적 체계와 내적 체계를 연결하는 요소이다.
37) 유형론도 내적 체계의 형성에 기여한 것은 사실이나 이것도 어디까지나 '결과지향

편 개념의 엄격성, 공허성을 보충 내지 완화시키자는 의미에서 ─ 역시 체계론 내부에서 ─ 소위 동적 체계론38)이 존재한다. 내적 체계론의 과제는 요컨대 개별 규범들의 근저에 깔려 있는 가치관점을 가시화시키고 이로써 각 규범들 간의 내적 상관관계를 뚜렷이 밝히는 데 있다. 이는 결국 체계 내의 통일적 이해를 촉진시킬 것이다.

5. 체계론적 사고와 유형론적 사고

개념체계적 사고는 자연과학의 시대에 학문영역에서 지배적 역할을 수행한 사고방식이다. 전술했듯이 법학도 엄격한 개념체계에 입각한 "양자택일식" 사고를 통해 자연과학적 방법을 모방하고자 노력한 것이다. 이에 법학의 고유한 학문성은 많은 비판을 감수해야 했었다39).

이 체계론적 사고의 특징은 한 마디로 '안정지향성'이다. 이것은 본래 그 개념적 엄격성에 기초하여 '지나치게' 완전성을 추구하였고, 법학의 개념논리는 자연과학의 개념논리와는 다르다는 당연한 인식도 생각보다 훨씬 늦게 보편화되었다. 물론 이러한 개념체계의 엄격함을 완화시키고 유연함을 넣는 시도는 위에서 본 바와 같이 체계론 내부에서도 다양하게 존재한다.

6. 입법방법론으로서의 개념과 유형

1) 개념적 입법

이는 원칙적으로 법적용자의 자의적인 가치판단과 그 판결에의 영향을 배제할 필요가 상대적으로 큰 법영역에서 유용한 입법방법이다. 가령 '죄형법정주의' 내지 '엄격한 유추해석금지' 등의 법리들을 생각한다면 형법분야에서 특히 개념적 입법방법이 주로 활용되는 것은 당연해 보인다. 당해 분야에서의 기본권의 제한강도와 법적 안정성을 고려한다면 이해가 간다. 세법과 같은 분야에서도 '조세법

적' 판단이라고 생각한다. '체계'와 '유형'은 후술하듯 여러 차원(사고방식뿐만 아니라 적용단계, 나아가 입법단계)에서 구별되어야 하기 때문이다.

38) '동적 체계'(Das bewegliche System)는 Wilburg에 의해 '발견'된 중요한 법사고로 간주된다, Wilburg, Entwicklung eines beweglichen Systems im bürgerlichen Rechts, 1950, 참조.

39) 상세한 것은 Larenz, Die Unentbehrlichkeit der Jurisprudenz als Wissenschaft, 1966.

률주의'[40])에 비추어 같은 취지로 말할 수 있을 것이다. 개념적 입법 내에서도 개념적 사고의 엄격성은 상당부분 완화될 수 있다. 소위 '일반조항'(Generalklausel)을 이용한 입법방식 내지 '불확정개념'을 사용한 입법례 등은 모두 '개념'의 틀 내에서 유연성을 창출하려는 시도이다.

2) 유형적 입법

유형적 입법은 아래와 같이 두 가지로 나누어 살펴볼 수 있다.

a) 개방적 유형

장래에 발생 가능한 유형에 대하여 개방적 입법을 함으로써 미지의 장래 현실에 신속하면서도 탄력적인 대처가 가능하고 동시에 사례군 형성은 자연스럽게 판례와 이론에 맡겨질 것이기 때문이다. 계약체결상의 과실책임은 실정법화 되기 전 이미 Larenz가 '개방적 유형'(offener Typus)으로 자리매김한 바 있다.

이상의 간단한 예에서 짐작할 수 있듯이 개방적 유형에 기초한 입법방법은 특히 현실생활 속에서 변화가 많으면서 빠르게 나타나는 사안영역[41])에서 실무 측의 탄력적인 대응을 가능하게 할 필요가 있을 때 특히 유용하게 쓰일 수 있을 것이다. 하지만 어디까지나 법적 불안정성을 내재하고 있기에 매우 신중한 운용이 필요하다고 생각한다. 따라서 원칙적으로 예외적인 입법방법으로 보아야 한다.

b) 폐쇄적 유형

이것은 '개념에 접근한 유형'적 입법이다. 가령 상법 제46조(기본적 상행위)에 특정(21개) 항목이 폐쇄적으로 나열되어 있다. 상법의 적용한계를 명확하게 하기 위해 기본적 상행위의 유형을 제한적인 열거한 것이다[42]). 이러한 입법유형을 '폐쇄적 유형적 입법'이라고 한다.

---

40) 조세법률주의에 관하여 이창희, 『세법강의(전정판)』, 2003, 64 – 65면 참조.
41) 만약 입법가들이 규율의 필요성을 알면서도 여러 가지 이유로 대응하지 않을 경우를 상정해 보면 그 입법상의 장점이 분명해진다.
42) 최기원, 『상법학신론(상)』, 제9 전정증보판, 1998, 51면.

VI. 법률의 흠[43]

1. 서언

1) 개념에 관하여

日常用語(Alltagssprache)와 專門用語(Fachsprache)의 구별을 기초로 하되 법률상의 개념을 형성하고 그 정의를 내림에 있어서 우리는 당해 개념의 일상생활상의 의미를 전혀 무시할 수 없음을 이해한다. 다만 전문적 법학용어로서 일상생활상의 어의에 한정되거나 기속될 필요는 없을 뿐이다[44].

"법률의 흠"이란 개념도 이러한 전제 하에 이해하기로 한다. 이는 자연스럽게 "흠"이란 개념이 법학에서 어떤 의미와 기능을 수행해야 하는가 하는 문제와 직결된다.

2) 학문적 개념에 관하여

위에서 시사한 바와 같이 "학문적 개념"은 "특정한 기능연관성 (Funktionszusammenhang)"속에서만 사용되기 때문에 그 개념이 당해 분야에서 차지하는 비중과 정확한 적용범위도 이로부터 도출된다. 즉 일 개념의 정확한 정의 및 범위확정은 당해 개념이 그 존재영역에서 실행해야만 하는 "특수한 과제 내지 기능"[45]이 무엇인가를 먼저 생각해야 한다.

---

43) 본문의 내용은 졸고, "법률의 흠", 『연세법학연구』제10호, 연세법학회, 2003. 8에서 발췌한 것이다[물론 '법률의 흠'에 앞서 '법률의 해석' 방법론을 이해해야 한다. 이에 관한 내용은 Larenz/Canaris, Methodenlehre der Rechtswissenschaft(이하 ML), 3.Aufl., S. 133ff.(통상적으로 많이 소개되는 내용이므로 본고에서는 생략하기로 한다.)].

44) Bydlinski, Juristische Methodenlehre und Rechtsbegriff(이하 ML), 2. ergänzte Auflage. 1991, S. 300, 특히 Fn. 232 참조. 일상용어와 전문용어에 관하여 상세한 것은 Wank, Die juristische Begriffsbildung, 1985, S. 17ff. 자세한 예는 졸고, 위의 논문(주 44), 27면(주 2 참조) 이하 참조.

45) "흠"개념은 이른바 삼단계론에서 중간영역, 즉 소위 (흠의 보전을 통한) 법률내재적 법형성영역을 단순한 법률의 해석영역 및 법률문언에 반하는 법형성영역과 구별하고 그 경계설정에 기여하는 기능을 수행한다. 자세한 것은 무엇보다 Canaris, Die Feststellung von Lücken im Gesetz — Eine methodologische Studie über Voraussetzungen und Grenzen der richterlichen Rechtsfortbildung praeter legem(이하 Feststellung), 1965, S. 15ff.

2. 법률의 흠

1) 개념정의

"법학에서의 흠"개념, 특히 "법률의 흠"의 판단은 어디까지나 "가치"
판단문제이고 이것이 "질적" 문제임은 의심의 여지가 없다. 법률이 입
법가의 계획에 반하여 불완전하다(Planwidrige Unvollständigkeit)고 판단
될 경우 당해 법률은 흠을 가지고 있다고 표현할 수 있을 것이다46).

2) 개념의 기능연관성

상술한 학문적 개념의 기능연관성과 같은 맥락에서 이해를 심화한다.

3. 흠의 존재의 필연성

우리가 일응 전제할 수 있는 사실은 "모든 법률은 완전할 수 없다"
는 법현상이다. 바꾸어 말하면 모든 법률은 흠이 있다고 말할 수 있
다. 인간의 언어능력의 한계, 예상능력의 한계 및 특히 오늘날과 같
은 급속한 사회상의 변화 등에 비추어 본다면 당연한 논리적 귀결이
라고 볼 수 있겠거니와 이러한 현상은 입법과 관련하여서도 다르지
않기 때문이다.

"법률내재적 법형성(Gesetzesimmanente Rechtsfortbildung)"47)을 법
관이 끊임없이 시도하는 것도 이 점에 비추어 본다면 같은 맥락에서
이해할 수 있다.

법관에 의한 법의 발전적 형성이라는 역할수행은 이러한 "법률의
흠"의 필연적 존재에 기초하여 볼 때뿐만 아니라, 재판거부금지의 법
리48)에 비추어 볼 때에도 부정할 수 없는 것이다.49)

---

46) "계획에 반하는 불완전성(Planwidrige Unvollständigkeit)"이란 용어자체는 Elze
(Lücken im Gesetz, München/Leipzig, 1916, S. 3ff.)에게서 유래한 것이라고 한
다. 이에 관한 지적은 Kramer, Juristische Methodenlehre(이하 ML), Stämpfli
Verlag AG Bern, 1998, S. 137, Fn. 452.

47) Kramer는 이것을 소위 "기속적 판례법(gebundenes Richterrecht)"이라고 표현하고(ML,
S. 131ff.), Larenz/Canaris는 "법률내재적 판례법 내지 법형성(Gesetzesimmanentes
Richterrecht bzw. Rechtsfortbildung)"이라고 말한다. Larenz/Canaris, ML(주 43),
S. 187ff.(189)

48) 프랑스민법 제4조, 오스트리아민법(ABGB) 제7조, 스위스민법 제1조 참조.

49) 다만 특히 18~19세기 유럽법문화를 반추해 볼 때 이는 법관에 대한 국민의 신뢰
를 전제로 하는 것이다.

4. 흠의 종류

1) 용례의 다양성

학자마다 '법'과 '법률'의 흠을 규정하는 시각이 다양하기에 흠의 종류와 구분에 대해서도 다양한 예가 존재한다. 이에 대해 대표적인 용례를 공부하고 통설적 분류가 된 방법론와 그 근거에 대해 살펴본다.

2) 전통적 분류방법

a) 개별유형의 흠과 일련규율의 흠 또는 영역적 흠

전자는 개별규범 자체가 불완전한 경우를, 후자는 일정한 문제영역을 규율할 일련의 규정들이 존재하지 않는 경우를 의미한다. 개별규범의 흠보다는 일련규율의 흠이 법률의 흠의 대부분의 경우라고 Larenz/Canaris는 판단하고 있다. 하나의 어느 정도 독립된 법영역 전체가 비규율상태로 있기 때문에 "영역적 흠(Gebietslücke)"라고도 부른다.[50]

b) 법률의 흠과 법의 흠

"법률의 흠"과 구별하여 소위 "법의 흠"[51]을 대비시키는 견해가 있다. 후자와 양립하기 어려운 전제들을 강의할 것이다. 우선 과거에 전혀 규율의 필요성을 못 느꼈던 영역에 대한 오늘날의 입법여부는 원칙적으로 입법자의 판단사항이다. 판례는 사후적으로 발생하는 사안들을 개별적으로 판단할 수 있을 따름이며,[52] 다만 입법자의 부작위가 법적안정성 및 정의의 요청의 최소한의 정도를 위태롭게 하는 예외적인 경우에만 법적용자가 법질서의 통일성을 보존하기 위해 적극적으로 나설 필요가 있는 것이다.

또한 소위 "법의 흠"은 "법률의 흠"과는 달리 "전체법질서(Gesamtrechtsordnung)"를 관찰대상으로 하기 때문에 "계획에 반하는" 불완전성을 확정하기란 거의 불가능하다. 전체법질서를 모두(!) 포괄하는 입법가의 계획 내지 의도(Plan oder Regelungsabsicht)란 존재할 수 없다고 보는 것이 합리적이기 때문이다.[53]

---

50) 자세한 예는 졸고, 앞의 논문(주 43, 35－36면) 참조.
51) 이에 대해 Engisch, Der Begriff der Rechtslücke, FS f. Sauer, 1949, S. 85ff.; ders., Einführung in das Juristische Denken, 9. Aufl., 1983, S. 177ff.를 참조.
52) Larenz/Canaris, ML, S. 197; Canaris, Festellung, S. 92ff., 141, 160ff.
53) Larenz/Canaris, ML, S. 197 참조. Kramer도 "법의 흠"개념사용에 회의적인 입장

특히 Larenz/Canaris와 함께 법질서의 통일성을 지향하는 소위 "내적 체계"는 "폐쇄적 체계"가 아닌 "개방적 체계"임을 전제로 한다면, 이러한 "개방적 체계"에서는 전체법질서의 계획(?)에 반하는 불완전성을 전제로 하는 "법(!)의 흠"이란 개념을 인정하기는 어렵다. 이에 본고는 단지 "법률의 흠"만을 "엄밀한 의미에서의 흠(Lücke i.e.S.)"으로 이해하고자 한다.

c) 개방된 흠과 은폐된 흠

"법률문언과 그 입법목적과의 관계"에 따른 분류로서 당해 문언이 너무 좁게 표현되어 있어서 문제사안을 포섭하지 못할 경우에는 "개방적 흠"을 인정할 수 있지만, 그 반대의 경우, 즉 형식적인 관찰에 따르면 어의상 법률문언에 얼마든지 포섭가능하기에 법률의 흠은 전혀 없어 보이지만 당해 법률의 입법취지와 목적을 고려할 때 그 적용의 제한만이 합리적인 경우에는 "은폐된 흠"이 문제된다.[54]

d) 원시적 흠과 후발적 흠

이는 "흠의 발생시점"에 따른 분류이다. 즉 "원시적 흠"이란 특정 법률의 입법시점에 이미 흠이 존재하는 경우로서 특정한 법률문제를 의식적으로 규율하지 않은 채 학설과 판례에 맡기고자 하였음이 분명하다[55]면 원시적 "의식적 흠"(bewußte Lücke)이라고 말할 수도 있다[56].

"후발적 흠"은 가령 급속한 기술적, 경제적 발전으로 입법자가 특정 법률의 입법당시 전혀 예상치 못했던 문제가 나타나고 이제 그 시급한 해결이 요망되는 경우이다. 이러한 "후발적 흠"은 소위 "규범상황의 변천(Wandel der Normsituation)"과 연계되는 경우가 대부분일 것이다. 이러한 "후발적 흠"은 상술한 "개방된 흠"일 수도 있고, "은폐된 흠"에 해당할 수도 있다.

3) Canaris의 분류방법

이는 흠의 "확인기준"에 따른 분류이다. 첫째 소위 "기능적 흠 (Funktionslücke)"을 들 수 있다. 이 "흠"유형은 보전하지 아니하고 방

을 취한다, ders, ML, S. 137, Fn. 448.
54) 자세한 예는 졸고, 앞의 논문(주 43), 38면 참조.
55) 이것은 가령 불확정법률개념이나 일반조항을 이용하여 입법이 행해진 경우이다.
56) 자세한 것은 Larenz/Canaris, ML, S. 199, 참조. 이미 Canaris, Feststellung, S. 135.

치할 경우 법질서의 기능장애를 일으키는 점을 전제로 하며 "개방적 흠"일 수밖에 없다. "은폐된 흠"의 경우 어쨌든 형식적으로는 얼마든지 법적 판단의 실정법적 근거를 운위할 수 있기 때문이다[57]. 둘째 "목적론적 흠(teleologische Lücke)"이 있다. 이것은 흠의 확인기준으로 주로 유추, 물론추론(argumentum a fortiori), 목적론적 축소 내지 확장(teleologische Reduktion oder Extension)방법이 투입된 경우이다. 셋째 법원리의 흠 또는 가치판단의 흠(Prinzip – oder Wertlücke)을 들 수 있다. 이것은 일반법원리 내지 법질서가 보호하고자 하는 가치에 입각하여 당해 흠을 확인할 수 있는 경우이다. 이 모든 흠의 유형은 전술한 전통적인 흠의 유형과 얼마든지 호환이 가능하다[58].

  5. 흠의 보전

  상술한 다양한 흠의 보정을 어떠한 방법으로 취해나갈 것인가, 흠의 유형에 따라 적절한 보전방법이 존재하는가 등에 대해 학습한다.

  1) 개방적 흠의 보전방법

  가장 대표적인 보전방법은 유추(Analogie)[59]이다. Larenz/Canaris는 그 외에도 "사물의 본성(Natur der Sache)"[60]을 들고 있으나 가령 A. Kaufmann은 유추를 넓게 이해하는 입장에서 이에 반대한다. "사물의 본성"은 사고방식으로 보자면 "유추"와 다름없다고 보기 때문이다. 또 A. Kaufmann은 인간의 사고는 근본적으로 모두 "유추적 사고(analogisches Denken)"라고 보기에, 심지어 형법상의 엄격한 유추해석금지도 그에게는 있을 수 없는 것이다[61]. 이에 반해 Larenz/Canaris는 유추의 개념을 비교적 좁게 이해하고자 한다.[62].

  a) 유추에 의한 흠의 보전

  훌륭한 법조인은 유추에 능한 사람이라고 해도 과언이 아니다. 그

---

57) 자세한 것은 Canaris, Feststellung, S. 141f.
58) 예외적으로 기능적 흠은 개방된 흠일 수밖에 없다.
59) 유추는 물론 해석(!)방법으로도 쓰일 수 있다. 졸고, 민법에서의 유추와 해석 — 판례를 거울삼아 — , 『법철학연구』, 92권 2호, 2009, 12 참조.
60) 이미 Larenz, Methodenlehre der Rechtswissenschaft, 1960, S. 287.
61) A. Kaufmann, Analogie und Natur der Sache, Karlsruhe 1965, S. 1ff.; ders, Das Verfahren der Rechtsgewinnung, 1999.
62) Larenz/Canaris, ML, S. 202ff.

만큼 유추는 법에서 매우 중요한 역할을 한다. 해석뿐만 아니라 해석을 넘어선 법관의 법형성과 관련하여서도 큰 의미가 있다. 흠결보전의 대부분을 차지하는 유추의 다양한 예를 강의한다.

b) 유추와 귀납적 추론

유추는 통상 "법률유추(Gesetzesanalogie)"와 "법유추(Rechtsanalogie)"로 나누어진다. 이러한 분류는 독일 보통법시대에 까지 거슬러 올라가지만[63], Larenz/Canaris[64]는 이러한 표현보다는 차라리 "개별유추(Einzelanalogie)"와 "전체유추(Gesamtanalogie)"라는 표현을 선호한다.

그런데 "전체유추"를 둘러싸고 견해의 차이가 존재한다. 유추와 귀납이 실질적으로 상호 대체가능(ersetzbar)한 개념이라고 생각할 경우 "전체유추"란 표현을 사용한다. "전체유추"란 개별 법조문들에 공통된 관점으로부터 귀납적으로 일반적 법사고를 끌어 낸 뒤 이 일반적 법원리를 문제되는 사안에 적용하는 것이라고 보는데 이는 엄밀하게 말해 "유추"가 아니라 "귀납적 추론"이다. 개별에서 일반으로의 추론이기 때문이다. 하지만 "유추"란 "개별에서 개별로의 추론"을 의미함에 유의할 것이다.

c) 물론추론

이는 다시 argumentum a maiore ad minus(Folgerung vom Größeren auf das Kleinere)와 argumentum a miniore ad maius(Folgerung vom Kleineren auf das Größere)로 나누어 볼 수 있다. "대에서 소로의 물론추론"과 "소에서 대로의 물론추론"을 의미한다.

d) 반대추론

이것도 법률의 흠을 확인과 동시에 보충하는 기술이다. 이것은 만약 일조문에 규정된 법효과가 "오로지" 당해 법률문언상의 구성요건에만 인정될 수 있는 경우(ausschliesslicher Charakter)에 사용할 수 있다. 이러한 전제조건을 충족시키는 것은 사실상 어렵다. 이에 따라 그 예를 찾는 것도 쉬운 일이 아니다. 그리고 반대추론이 가능하다면 "법률의 흠"은 사실 그 존재가 부정되어야 할 것이다. 흠을 확인하면

---

63) Canaris, Feststellung, S. 97, Fn. 135 참조.
64) Larenz/Canaris, ML, S. 204.

서 동시에 보전이 이루어지기에 이로써 "입법계획에 반하는 불완전 성"이라는 법률의 흠의 요건이 충족되지 않기 때문이다. 이 점에서 반대추론방법은 유추와 대조적이다[65].

e) 정당한 법률의 침묵

Canaris는 "일반적 부정문의 법리"를 부인하면서, argumentum e silentio라는 흠의 보전방법을 제안한다. 이것은 법률의 침묵이 정당 한 이유가 있는 경우이다. 일반적 부정문의 법리와 비교하자면, 결과 면에서는 유사하지만 논증과정에서는 구별된다. 법률이 특정문제에 대하여 아무 것도 밝히지 않고 있을 경우에 "흠의 존재"를 인정하려 면 정당한 이유가 없다는 것 외에도 "계획위반성(Planwidrigkeit)"에 대한 특별한 논증이 필요하기 때문이다.

2) 은폐된 흠의 보전방법

"은폐된 흠"은 법률문언의 어의에 반하지만 법률의 입법목적에 비 추어 볼 때 그 제한이 필요한 경우로서 대표적인 보전방법은 "목적론 적 축소(teleologische Reduktion)"이다. 사실 매우 어려운 보전방법이 기에 적절한 예와 그 논증이 쉽지 않다. 대표적인 예로 독일민법 제 181조를 들 수 있다. 이 예는 일찍이 Larenz에 의해 주장되었으며 결 국 독일연방법원[66]도 받아들인 목적론적 축소의 대표적인 예이다.

3) 그 밖의 흠의 보전방법

a) 목적론적 확장

흠의 확인 및 보전을 위해 전술한 유추와 유사하지만 그와는 구별 되어야 하는 방법론이다. "입법취지"에 비추어 당해 법규범의 확장을 행하는 것이지 유추에서처럼 "비교사안간의 유사성비교"를 하지는 않는 점에서 다르다[67].

b) 편집상의 오류(?)

이것은 엄밀하게는 흠의 "보전"방법은 아니다. 후술하듯 "흠"자체 가 존재하지 않을 뿐만 아니라 역사적 입법자들의 의도에 따른 해석

---

65) 이런 의미에서 반대추론을 "역유추(Gegenanalogie)"라고 표현하기도 한다, Canaris, a.a.O., S. 45, Fn. 118.
66) BGHZ 59, 236. 우리 민법 제124조와 관련하여서도 유사한 논리의 전개가 가능하다.
67) 상세는 졸고, 앞의 논문(주 43), 48-49면 참조.

(!)의 결과일 뿐이기 때문이다. 즉 법률문언에 반하는 해석(!)이 허용되는 경우라고 생각된다. 이것은 또한 "규범의 목적론에 입각한 법률의 정정(teleologisch begründete Gesetzeskorrektur)"과는 구별되어야 한다. "편집상의 오류"에 불과한 문언을 진정한 입법의사에 따라 정당하게 수정해석한 것에 다름 아니기 때문이다. 이것이 사실상 "법률문언에 반하는 해석(!)[68]이 허용되는 유일한 예가 아닐까 생각한다.[69]

4) 몇 가지 의문점

상술한 "법률의 흠" 개념을 전제로 할 경우 "명확성의 흠(Deutlichkeitslücke)"[70]이나 "수권상의 흠(Delegationslücke)"[71] 나아가 "법률내부의 흠(Lücke intra legem)" 또는 "법문의 흠(Lücke verba legis)"이란 개념에 관해 몇 가지 의문이 제기될 수 있다. "법률내부의 흠"이란 구체적으로는 "법문의 흠"을 의미하는데, 이때의 "법"(lex)은 "개별규범(Einzelnorm)"을 의미한다. 한편 "법문을 넘어선 법발견(Rechtsfindung praeter legem)"이라고 할 때의 "법"은 "실정(das positive Recht)"을 뜻한다. 이런 까닭에 양자를 대조하여 구별하는 흠의 구별은 부적절한 것이다.

6. 흠의 부존재의 확인

1) 유추해석의 영역

위에서 우리는 법률의 "흠의 확인 및 보전수단"으로서의 유추를 살펴보았지만, "유추 – 해석"이라는 공인된 용어가 시사하듯이 "해석"의 영역에서도 얼마든지 활용될 수 있음은 물론이다. 해석에서의 "유추"의 역할에 대해 학습한다.

2) 불확정법률개념과 일반조항

불확정 법률개념이나 일반조항에서는 "포섭(Subsumtion)"의 구체적 기준이 제시되어 있지 않으며, 대개 "방향"만 지시되어 있다. 가령 선량한 양속, 신의성실, 중대한 사유 등에서 법적용자는 단순한

---

68) 이에 관해 Engisch, Einführung in das juristische Denken, 9. Aufl., S. 224f. 참조.
69) 상세는 졸고, "편집상의 오류", 『서울대학교 법학』 제48권 제1호, 서울대학교 법학연구소, 2007. 3 참조.
70) Canaris, Feststellung, S. 26, Fn. 39.
71) Canaris, Feststellung, S. 27; Kramer, a.a.O., S. 140f.

"포섭"과정을 거치는 것이 아니라 먼저 구체적 적용기준을 만들어 가야 한다. 따라서 형식적으로 관찰할 경우 "해석"의 경우와는 달리 법관의 법률문언에의 기속정도가 현저히 약화되어 있기에, 이 경우도 "흠의 보전"으로 보려는 견해[72]도 있을 수 있다.

하지만 구체적으로 적용할 판단기준이 결여되었다고 하여, 당해 문제에 적용될 규율(Regelung)자체가 없는 것은 아니므로, 반드시 "법률의 흠"으로 분류할 필요는 없을 것이다.

3) 흠과 관습법

특정한 법률문제를 해결하는 명문의 법규범은 존재하지 않지만 적어도 관습법이 존재하는 경우에도 "법률의 흠"은 존재하지 않는다고 할 것이다(가령 관습법상의 법정지상권).

이것은 "흠"의 개념을 실정법의 그것으로 이해하는 입장에서는 일관된 결론이다. 즉 "관습법의 존재"는 곧 "흠의 부존재"를 확인하는 수단임을 사례를 통해 이해하도록 한다.

7. 계약의 흠

1) 계약의 흠의 보전

"보충"은 물론 논리필연적으로 "흠"을 전제로 한다. 인간의 언어로 작성된 계약에도 흠이 있을 수 있음은 물론이다. "법률의 흠"과 원칙적으로 같은 기준에 따라 확인과 보전이 가능하다고 보이지만, 계약제도의 특성에 따른 보전방법을 공부한다.

먼저 "협의의 보충적 계약해석"과 "광의의 보충적 계약해석" 및 "법률의 흠의 보전"을 구별할 필요가 있다. 엄밀한 의미에서의 보충적 계약해석이란 어디까지나 당사자의 "가정적 의사"를 (계약의 목적에 비추어) 논리적으로 끝까지 추론한 결과이다. 만약 법관이 "당사자의 가정적 의사"를 "당사자의 객관적 이해관계(전형적인 이해관계를 의미한다)"와 동일시한다면 이것은 엄밀한 보충적 계약해석의 범위를 넘어서 법관의 권능이 남용된 것이다.

2) 보충적 계약해석의 이론적 전제

계약의 흠의 존재와 더불어 계약해석을 할 때 전제되는 것은 합리

---

72) 이에 대해 Canaris, Feststellung, S. 26, Fn. 46에 인용된 문헌참조.

적이고도 성실히 생각하는 계약당사자상73)이다. 법이 전제로 하는 인간상이 어떠한 인간상인지는 예컨대 신의칙의 다양한 적용 예들이 충분히 증명하고 있다. 결국 보충적 계약해석이란 이러한 합리적인 당사자들의 가정적 의사를 다만 계약의 목적(!)에 비추어 논리적으로 끝까지 추론한 결과하다. 즉 사적 자치에서 벗어나지 않는 범위에서 이루어지는 흠의 보전이다. 이것이 엄밀한 의미에서 '해석의 한계(문언의 어의적 한계)'를 벗어난 것인지에 대해 견해의 대립이 있다.

VII. 유추, 유추해석 및 유추적용

'유추'는 인간의 사고방식으로서 법률의 해석뿐만 아니라 계약의 해석과 관련하여서도 훌륭한 수단이다. 해석의 영역을 넘어선 이른바 '법률의 흠'을 보충하는 영역에서도 역시 탁월한 보충수단이다. '연역' 내지 '귀납'과는 다른 원리에 운용되는 사고방식인 '유추'가 '해석'의 영역에서 또 나아가 '흠결보충영역'에서 어떠한 역할을 하는지를 고찰한다. 해석과 흠결보충에서 가장 큰 역할을 하는 것이 바로 '유추'이기 때문이다.

유추는 비교대상 간에 본질적 요소를 함께 하는 유사성이 존재하여야 인정된다. 가령 A 사안과 B 사안 간에 X라고 하는 비교관점에서 본질적 요소를 공통으로 가지고 있다는 것이 인정될 경우 A 사안에 적용되는 규범이 B 사안에도 유추해석 또는 유추적용될 수 있는 것이다. 이러한 유사성테스트를 함에 있어서 경우에 따라서는 유형적 사고와 매우 유사한 특징들이 나타나기도 한다. 나아가 유추와 반대추론의 관계, 유추해석과 보충적 해석의 관계 등에 관해 다양한 사례를 통해 학습한다.74)

이상 필자가 생각하는 교양법학교육의 대강을 잘 알려진 내용은 생략한 채 주마간산 격으로 제시해 보았다. 개별 법분야의 세세한 내용보다 해석학으로서의 법학의 기본적 내용을 선별적으로 종합한 것

---

73) 영미법의 a reasonable man과 크게 다른 점이 없을 것이다. 이호정, 『영국계약법』, 경문사, 2003, 100면 참조.
74) 상세는 졸고, 앞의 논문(주 59), 140-142면 참조.

이며 기존의 법학개론서와 차별화를 시도한 것이다.

Ⅳ. 결론

교양교육 자체에 내재된 개방성, 다양성은 학생들에게 비판적 사고능력을 길러주며, 자유로운 인간으로서 책임을 다하고 구체적인 인생의 제반문제를 합리적으로 해결할 수 있도록 도와야 한다. 대상도 인문학 또는 자연과학 등으로 국한되어서는 아니 된다. 넓게 선택의 가능성을 보장하고 자유롭게 선택하고 공부할 수 있도록 하여야 한다.

교양법학은 특히 현 시점에서 한국이 필요로 하는 선진적 민주시민의 소양을 배가하는데 큰 도움이 될 것이다. 내 생각만이 옳다는 권위주의적 사고를 극복하고 자유민주주의가 장식적 의미에서가 아니라 실질적으로 일상생활 속에 자리 잡을 수 있어야 한다. 교양교육에서 법학을 대상으로 할 경우 그 목표는 다르지 않다. 나아가 법적 사고방식의 습득을 통해 체계적 사고방법과 문제해결능력을 함께 배양할 수 있을 것이다.

열린 교양교육은 당연히 '법학'을 포함한다. 교양인으로서 왜 '법학적 기본지식'을 필요로 하는지에 대해 교육과정을 통해 저절로 체득하게 되어야 하며, 일상생활 속에서 이를 실천할 수 있도록 북돋워야 한다. 민주화와 경제라는 두 마리 토끼를 잡는데 성공한 한국이지만 선진국으로 발전하기 위해 반드시 민주주의의 심화를 이루어내야 한다. 이는 모든 시민이 적어도 교양인으로서 필요한 헌법적 가치질서를 이해하고 자유민주주의의 기본원리 및 법치국가의 진정한 의미를 이해하는 데에서 시작할 것이다. 상술한 마지막 장에서 필자가 생각한 교양법학교육의 대강을 매우 간략하게 선보였다. 역사의 일부로서의 법, 문화의 일부로서의 법에 대한 고찰도 같은 맥락에서 중요하지만 다음 기회로 미루기로 한다.

▧ 참 고 문 헌

[국내 문헌]

김건식 외, 『로스쿨과 법학교육 — 바람직한 고등교육의 방향을 찾아서 — 』, 아카넷, 2008.

송석윤, "경제민주화와 헌법질서", 『서울대학교 법학』 제58권 제1호, 서울대학교 법학연구소, 2017.

안병길, 『약자가 강자를 이기는 법』, 동녘, 2010.

이수진/박성혁, "법교육교사의 교사효능감 향상을 위한 법영역 내용교수지식 연구", 『법교육연구』 10권 2호, 한국법교육학회, 2015.

이창희, 세법강의(전정판), 박영사, 2003.

이호정, 영국계약법, 경문사, 2003.

정긍식, "한국 근현대 법학교과정 변천사", 『법학논총』 36권 1호, 전남대학교 법학연구소, 2006.

Jay Murphy 저(양승규/박길준 공역), 『한국법학교육』, 서울대학교 법학연구소, 1967.

최기원, 상법학신론(상), 제9 전정증보판, 박영사, 1998.

최봉경, "개념과 유형", 『법철학연구』 제6권, 한국법철학회, 2003. 5.

_____, "법률의 흠", 『연세법학연구』 제10호, 연세법학회, 2003. 8.

_____, "민법에서의 유추와 해석 — 판례를 거울삼아 — ", 『법철학연구』 제12권 제2호, 한국법철학회, 2009. 12.

_____, "편집상의 오류", 『서울대학교 법학』 제48권 제1호, 서울대학교 법학연구소, 2007. 3.

칼 쉬미트 지음(김도균 옮김), 『합법성과 정당성』, 길, 2015.

파리드 자카리아 지음(강주현 옮김), 『하버드학생들은 더 이상 인문학을 공부하지 않는다』, 사회평론, 2015.

한나 아렌트 지음/김선욱 옮김, 『예루살렘의 아이히만』, 한길사, 2006.

[외국 문헌]

A. Kaufmann(1965), *Analogie und Natur der Sache*, Karlsruhe.

_____(1999), *Das Verfahren der Rechtsgewinnung.*

Bruce Kimball(1986), *Orators and Philosophers: A History of the Idea of Liberal Education*, New York, Teachers College Press.

Bydlinski(1991), *Juristische Methodenlehre und Rechtsbegriff*(이하 ML), 2. ergänzte Auflage.

C. – W. Canaris(1965), *Die Feststellung von Lücken im Gesetz — Eine methodologische Studie über Voraussetzungen und Grenzen der richterlichen Rechtsfortbildung praeter legem.*

_____(1997), Die Bedeutung der justitia distributiva im deutschen Vertragsrecht, in: Sitzungsberichte der Bayerischen Akademie der Wissenschaften, Heft 7.

Committee of the Corporation and The Academic Faculty, Reports on the course of instruction in Yale College(New Haven, 1828)

Elze(1916), Lücken im Gesetz, München/Leipzig.

Engisch(1949), Der Begriff der Rechtslücke, FS f. Sauer.

Engisch(1983), Einführung in das juristische Denken, 9. Aufl.

Gustav Radbruch(1957), Der Mensch im Recht.

Jenna Sapiano(2017), Courting peace: Judicial review and peace jurisprudence, Global Constitutionalism, Vol.6, Issue1.

Kramer(1998), Juristische Methodenlehre.

Larenz(1991), Methodenlehre der Rechtswissenschaft, 6. Aufl.

_____(1966), Die Unentbehrlichkeit der Jurisprudenz als Wissenschaft.

Larenz/Canaris(1995), Methodenlehre der Rechtswissenschaft, 3. Aufl.

OECD, 'How's Life? 2015; Measuring Well – Being, 2015.

Paul Abelson(1965), *The seven liberal arts: A Study in Mediaeval Culture*, New york, Russell and Russell.

Wank(1985), Die juristische Begriffsbildung.

World Bank Group, WGI(Worldwide Governance Indicators), 2016(http:// info.worldbank.org/governance/wgi/#home:2017.9.30. 최종 방문)

Wilburg(1950), Entwicklung eines beweglichen Systems im bürgerlichen Rechts.

土屋生/帝藤靜敬, 敎養法學講義, 成文堂, 1984.

제 3 절

학부법학교육과 법학교육 120주년

— 학부법학교육의 미래: 학부생의 진로탐색과 법학교육 —

이 우 영

I. 서: 법학전문대학원 제도 도입 이후 대학 학부생을 위한 법학교육의 의의와 기능

2007년 7월 「법학전문대학원의 설치 및 운영에 관한 법률」[1]의 제정에 따른 2007년~2008년의 인가신청 및 인가 과정[2]을 통해, 2009년 이후 우리나라에는 대학원 과정의 25개 법학전문대학원이 설치되어 운영되고 있다. 이후 2018년까지는 법학전문대학원이 설치된 대학에서도 기존의 법과대학 내지 법학부가 법학전문대학원과 함께 운영

---

1) 2007.7.27. 법률 제8544호 제정 및 2007.9.28. 시행. 현행 법률 제11212호(2012. 1.26. 일부개정 후 2019.8.1. 시행).

2) 2007년 제정된 「법학전문대학원의 설치 및 운영에 관한 법률」 및 그 시행령에 따라 41개 대학이 교육과학기술부(현재의 교육부)에 법학전문대학원 설치인가를 신청하였고, 심사를 통해 2008년 8월에 25개 대학이 인가를 받아, 2009년부터 법학전문대학원이 운영되고 있다. 법학전문대학원이 설치 및 운영되고 있는 25개 대학은 다음과 같다(괄호 속 정원 표시): 강원대학교(40), 건국대학교(40), 경북대학교(120), 경희대학교(60), 고려대학교(120), 동아대학교(80), 부산대학교(120), 서강대학교(40), 서울대학교(150), 서울시립대학교(50), 성균관대학교(120), 아주대학교(50), 연세대학교(120), 영남대학교(70), 원광대학교(60), 이화여자대학교(100), 인하대학교(50), 전남대학교(120), 전북대학교(80), 제주대학교(40), 중앙대학교(50), 충남대학교(100), 충북대학교(70), 한국외국어대학교(50), 한양대학교(100).

되었으나, 2017년 12월 사법시험이 폐지되고 2018년부터 법조인 자
격 취득을 위한 제도가 법학전문대학원 졸업생만 응시할 수 있는 변
호사시험으로 일원화됨과 함께, 학부 교육과정의 면에서는 법학전문
대학원이 설치되어 운영되고 있는 대학에서는 학부에서 법학 전공을
제공하는 법과대학 내지 법학부가 폐지되었다.3) 이에 따라 법학교육
은 법학전문대학원에서의 법학교육, 법학전문대학원 설치 대학 학부
에서의 (독립된 전공으로서가 아닌) 법학교육, 법학전문대학원이 설치되
어 있지 않은 대학에서의 전공 내지 교양으로서의 법학교육의 세 유
형 내지 체계로 이루어지고 있다. 이는 우리나라의 법학교육과 법조
인의 양성 및 임용 뿐 아니라 보다 넓은 맥락에서 우리나라의 법률서
비스와 사법작용 및 법조 전반의 역할과 향방에 대단히 중요한 영향
을 미치는 변화이다.

근대법학교육 120주년을 맞이한 시점에 법학교육의 의의와 역할
을 회고하고 분석함으로써 우리나라에서의 법학, 사법, 법조의 역할
과 공과를 분석하고, 이를 바탕으로 앞으로의, 즉 법학전문대학원 도
입 이후의 법학교육의 의의와 역할 및 방법을 체계적으로 분석하고
나아갈 방향을 고민하는 것은4) 장차 우리나라의 법학 연구 및 법조
인의 양성, 사법체계의 운용과 관련 법 실무 전반에 있어 그리고 나

---

3) 2018년 시점의 연구로서 법학전문대학원 제도의 도입으로 인한 학부 법과대학 내
   지 법학부 폐지가 학부에서의 법학교육 위축, 법학소양교육 부재 전문법학교육 부
   실화, 학문 융합화 추세에의 역행이라는 문제점을 야기하고 있다는 분석도 있다.
   이 연구에서는 현 제도 하에서의 학부 법학교육의 활성화 방안으로서 특히 교양법
   학교육을 다양화하고 강화하는 한편 시대변화에 따른 새로운 법학 교과목을 개발
   해 가는 방향의 교육과정 개편과 함께 제도개선을 제시하고 있다. 김정현, "법과대
   학 폐지 이후 학부에서의 법학교육", 『법교육연구』 제13권 제3호, 한국법교육학
   회, 2018. 12 참조.
4) 관련 맥락과 문제점 및 개선방향을 헌법교육을 중심으로 체계적으로 논의한 연구
   로서, 윤성현, "법학전문대학원 시대의 학부 헌법교육 정상화를 위한 시론 — 시민
   교육과 광의의 전문교육의 투트랙(two-track) 교육방안 — ", 『법교육연구』 제9
   권 제2호, 한국법교육학회, 2014. 8 참조.

아가 우리나라의 법치주의와 이에 대한 국민의 기대와 신뢰 제고를 위해 대단히 중요하고 필요하다. 이를 위해서는 법학교육기관이 대학원 과정으로 옮겨간 현재의 법학전문대학원 제도 하에서 법학전문대학원에서의 법학교육과 함께 대학 학부에서의 법학교육이 어떠한 목표와 의의를 갖고 어떠한 방식과 내용으로 이루어져야 하는지 역시 핵심적으로 중요한 연구 대상이 된다. 이와 같은 맥락에서의 대학 학부에서의 법학교육은 다양한 전공의 학부생을 위한 교양교육의 일부로서, 또한 정치학과 경영학을 포함한 법학과 상대적으로 더욱 직접적이고 밀접한 관련성을 갖는 영역에서 공부하는 학생들을 위한 교육과정의 일부로서, 그리고 장차 법학전문대학원에 진학하거나 일반대학원 법학전공 과정에 진학하여 법학을 전공으로서 연구하고 법조인의 길을 추구하고자 하는 학생들을 위한 교육과정의 일부로서, 각각 중요한 의의와 역할을 갖는다. 이와 같은 학부 법학교육은 각 필요성과 수요에 따라 그리고 전체로서의 유기적 체계 속에서 충실히 이루어져야 할 것이다.

이 연구는 공동연구의 일부로서, 공동연구를 통해 근대법학교육 120주년을 맞이하여 그간의 교육과정을 제도사적, 지성사적으로 돌아보고 향후 발전방향을 모색하기 위해 법학전문대학원의 출범 이후 변화된 환경에서 법학교육의 현황을 법학전문대학원 및 학부로 나누어 검토하고 향후 발전방향을 제시하고자 하는 목적과 맥락에서, 대학 학부에서의 법학교육을 분석한다. 법학전문대학원의 도입 논의 및 의의와 함께 도입 이후의 문제점과 쟁점을 분석하고 이를 바탕으로 법학전문대학원에서의 교육 내용 및 교육 방법론 그리고 이와 직결된 변호사시험과 변호사자격 부여 및 관리 체계, 법관과 검사의 임용 자격과 방법 등의 개선을 모색하기 위해서는, 대학 학부에서의 법학교육의 정체성이 내용과 형식 모든 면에서 정립 내지 재정립되어야 한다. 이에 이 연구에서는 대학 학부에서의 교양교육으로서의 법학교육, 대학 학부학생의 진로탐색에 있어서 특히 법조 내지 법조관련 직역으로의 진출을 모색하는 학생을 위한 법학교육, 그리고 정치학과 경영학 포함 관련 전공 분야에서의 체계적 교육의 일부로서의 법학교육의 의의와 역할을 생각해보고, 본문에서는 특히 이 중에서 대학 학부생의 진로탐색에서의, 진로탐색을 위한, 법조 내지 법조관련 직역으로의 진로를 추구하고자 하는 학부생을 위한 법학교육을 주된 대상으로 하여 분석한다.

Ⅱ. 법학전문대학원 제도 하에서의 대학 학부에서의 법학교육의 의의와 역할 ― 특히 학부생의 진로탐색 관점에서의 학부 법학교육의 의의와 역할 ―

1. 법학전문대학원 제도 도입 이후 법학전문대학원 설치 대학에서의 학부 법학교육 현황

「법학전문대학원의 설치 및 운영에 관한 법률」의 제정 및 시행에 의해 법학전문대학원이 2009년 이후 운영되고 법학전문대학원 설치 대학에서 2018년 기준 학부 법과대학 내지 법학부가 폐지됨에 따라, 법학전문대학원이 설치된 대학에서는 학부에서의 법학교육을 위해 다양한 노력을 기울여 왔다. 이를 유형별로 보면, 학부에 학부 내지 전공과정을 신설하여 이와 같은 신설학부 내지 신설전공과정이 주축이 되어 학부 법학교육을 제공하는 대학과, 사회과학대학 또는 행정학과를 포함한 기존의 관련 단과대학 또는 학과가 학부 법학교육의 중심적 역할을 담당하는 대학으로 대별된다. 이에 더하여, 서울대학교와 아주대학교의 경우에는 사회과학대학과 경영대학 등에 개설된 법학 과목을 법과대학 폐지 이전과 같이 법학전문대학원 소속 전임교원이 담당하여 학부 법학교육을 제공하는 한편, 대학의 교양교육을 주관하는 기관(서울대학교의 경우 서울대학교 기초교육원)을 통해 원칙적

으로 법학전문대학원 소속 전임교원이 그리고 필요한 경우 외부 강사
를 초빙하여 다양한 관련 교양과목을 개설하여 학부생을 위한 법학교
육을 제공하고 있다.

　　위 유형 중에서 학부에 학부 내지 전공과정을 신설하여 이와 같
은 신설학부 내지 신설전공과정이 주축이 되어 학부 법학교육을 제공
하는 대학에는 건국대학교, 경희대학교, 고려대학교, 동아대학교, 서
강대학교, 서울시립대학교, 성균관대학교, 영남대학교, 원광대학교,
이화여자대학교, 전북대학교, 중앙대학교, 충남대학교, 한국외국어대
학교와 한양대학교가 있다.5) 이 중에서, 고려대학교는 자유전공학부
를 두어 자유전공학부에서 전공필수과목으로 헌법, 민법, 형법 과목
을 개설 및 제공하고, 교양필수과목으로 법학 관련 과목을 두고 있다.
또한 전공선택과목으로서 행정법, 민사소송법, 형사소송법, 상법, 회
사법, 금융법, 보험법, 국제법, 법철학, 경제법, 지적재산권법 등을 개
설하고 있다.6) 성균관대학교는 사회과학대학에 "글로벌 리더 학부"를
두고 글로벌 리더 학부에 법학전문대학원 진학과 법전문가 양성을 위
한 법무트랙7)을 두고 있다. 글로벌 리더 학부 법무트랙에서는 법의
이해, 헌법의 이해, 행정법의 이해, 공공조직의 이해, 행정구제와 법,

---

5) 법학전문대학원이 설치된 대학에서의 학부 법학교육의 유형을 분류하고 각 대학
　별 학부 법학교육의 방식을 상세하게 설명한 연구로서, 김정현, 앞의 논문(주 3),
　특히 87-93면 참조.
6) https://sis.korea.ac.kr/sis/plan/free2020.do.
7) 성균관대학교 사회과학대학 글로벌 리더 학부는 학부를 소개함에 있어 "글로벌 리
　더 학부의 학생은 행정학, 법학, 정책학, 경제학, 정치학 분야의 다양한 융복합 교
　과목을 이수하고 다양한 학문적 경험을 갖는 학생으로서 ... 학업 기간 동안 행정,
　입법 등 고시 등을 통한 공직 진출, 법학전문대학원 진학, 국제기구 및 각종 NGO
　진출 등을 위한 학업상의 토대를 마련해 줄 특화되고 전문화된 교육과정인 정책학
　트랙과 법무트랙을 [통해] ... 졸업 후 이러한 학업의 성과를 충분히 살려 본인이
　원하는 분야로 진출하여 고위 공직자, 예비법조인, 국제기구전문가, 정치인, 교수,
　학자, 시민단체대표 등 명실상부한 한국의 지도계층[으로 성장할] 것이다."라고
　"향후 비전과 진로"를 제시하고 있다.
　https://sscience.skku.edu/sscience/course/Globalleader_intro.do.

민법의 기초, 가족관계와 법률, 범죄와 형벌, 범죄와 사회, 국제사회
의 법과 질서, 물권과 법, 채권과 법, 비즈니스의 법규범, WTO와 국
제경제법 등 과목을 개설하여 학부생에게 법학교육을 제공하고 있으
며,[8] 또한 사회과학대학에 "공익과 법 연계전공"[9]을 두고, 공익과 법
연계전공에서는 소유와 권리, 계약과 권리, 민사재판의 이해, 현대사
회와 범죄, 형법의 이해, 형사재판의 이해, 과학기술법, 노동법, 경제
법 등 과목을 개설하여 학부 단계 법학교육을 제공하고 있다.[10]

원광대학교는 경찰행정학부에서 형법 과목을 개설하여 해당 내용의
교육을 제공하고 있으며,[11] 이외에도 대학 학부생을 위한 교양과목으로
서 생활과 법률, 현대사회와 범죄 과목을 개설하고 있다.[12] 전북대학교
는 공공인재학부를 두어 이를 통해 대학 학부생을 위한 과목으로서 법
학개론, 통치구조론, 행정법, 행정법각론, 행정구제법, 법학공직적성론,
민법총칙, 형법총론, 형법각론, 국제법, 소송실무 등 과목을 제공하고 있
으며,[13] 사범대학 일반사회교육과에서 법학원론과 헌법을 전공필수과목
으로, 행정법, 민법, 형법을 선택과목으로 개설하고 있다.[14] 한국외국어
대학교는 2014년 신설한 "LD(Language & Diplomacy) 학부"에서[15] 사회

---

8) https://sscience.skku.edu/sscience/course/globalleader_cuirriculum.do.
9) 성균관대학교 사회과학대학 공익과 법 연계전공에서는 전공의 교육목표를 "다양
   한 전공의 학부생을 위한 적정 수준의 법학교육 실현을 위해 학제간 융합교육 기
   반의 공공정책 및 사회규범에 대한 체계적인 교수를 통해 창의적 인재를 육성하여
   국가발전에 기여하도록 함을 목표로 삼는다."라고 제시하고 있다.
   https://sscience.skku.edu/sscience/course/law_intro.do.
10) https://sscience.skku.edu/sscience/course/law_cuirriculum.do.
11) https://police.wku.ac.kr/?page_id=53.
12) http://www.wku.ac.kr/colleges/undergraduate.html
13) https://cpp.jbnu.ac.kr/cpp/index.do.
14) https://home.jbnu.ac.kr/socialedSoc/index.htm.
15) 한국외국어대학교 LD학부는 "2014학년 ... 신설된 LD(Language & Diplomacy)학
    부는 외교관, 국제기구 진출 인재 양성을 목표로 [함]"이라고 학과를 소개하고,
    "졸업 후 진로"를 "외교관(국립외교원 후보자과정 이수), 국제기구 직원(JPO 인턴
    십 이수 등), 국제교류기관(KOTRA, KOICA 등) 직원, 국가정보기관 직원, 변호사
    (법학전문대학원 이수), 통역사(한국외대 통번역대학원 이수), 다국적기업(해외담

과학전공자를 대상으로 헌법, 행정법, 민법, 형법 과목을 개설하여 해당
법학교육을 제공하고 있으며, 이에 더하여 행정학과의 전공선택과목으
로 행정법이 개설되어 있다.16) 한양대학교는 정책학과를 두어 헌법학개
론, 행정법학, 민사법, 상법학, 형법학, 민사소송론, 형사소송론, 법과 사
회 등 과목을 개설하여 학부생에게 법학교육을 제공하고 있다.17)

　　다음, 사회과학대학 또는 행정학과를 포함한 기존의 관련 단과대
학 또는 학과가 학부 법학교육의 중심적 역할을 담당하는 대학에는
강원대학교, 경북대학교, 부산대학교, 연세대학교, 인하대학교, 전남
대학교, 제주대학교, 충북대학교가 있다.18)

　　강원대학교는 사회과학대학에서 교양과목으로 헌법과 행정법 과
목을 제공하며,19) 사회과학대학 부동산학과는 부동산공법과 부동산사
법을 전공선택과목으로 제공하고,20) 또한 사범대학 일반사회교육과에
서 전공과목으로 헌법과 시민교육, 시민생활과 법, 법교육론을 제공하
고 있다.21) 경북대학교는 행정학부를 중심으로 학부생을 위한 법학교
육이 제공되고 있다.22) 전공과목으로서 헌법, 행정법, 지방자치법, 민

　　당) 전문직 등 국제전문직 진출"이라고 제시하고 있다.
　　https://builder.hufs.ac.kr/user/indexSub.action?codyMenuSeq=32304687&siteId
　　=hufs&menuType=T&uId=3&sortChar=A&linkUrl=03_011201a.html&mainFr
　　ame=right.
16) https://builder.hufs.ac.kr/user/indexSub.action?codyMenuSeq=11222483&siteId
　　=hufs&menuType=T&uId=3&sortChar=AAJB&menuFrame=left&linkUrl=03
　　_010601a.html&mainFrame=right.
17) https://hypolicy.hanyang.ac.kr/. 한양대학교 정책학과는 "로스쿨 준비반"과 "행정
　　고시반"을 두고 있다.
18) 법학전문대학원이 설치된 대학에서의 학부 법학교육의 유형을 분류하고 각 대학
　　별 학부 법학교육의 방식을 상세하게 설명한 연구로서, 김정현, 앞의 논문(주 3),
　　특히 87 – 93면 참조.
19) https://www.kangwon.ac.kr/www/contents.do?key=1769&.
20) http://re1978.kangwon.ac.kr/.
21) https://ssedu.kangwon.ac.kr/2018/.
22) 경북대학교 행정학부는 "학부개요"를 설명하면서, "본 학부는 법정대학 행정학과
　　로 출발하여, 법과대학 행정학과를 거쳐 2012년부터는 독립학부로 현재에 이르고

법총칙, 법과 사회정의 과목이 개설되어 있고,23) 자율전공부의 교양과
목으로서 현대사회와 법 과목이 개설되어 있으며,24) 사범대학 일반사
회교육과에 법학, 민법과 교육, 형법과 교육 과목이 개설되어 있다.25)

부산대학교는 행정학과에서 전공선택과목으로 헌법과 행정법 과
목을 개설하여 제공하고 있으며,26) 일반사회교육과에서 헌법과 법과
사회 과목을 전공필수과목으로, 법과 인권, 법과 교육, 법문화와 법,
민법, 범죄와 법 과목을 전공선택과목으로 개설하고 있다.27) 연세대
학교는 행정학과에서 헌법, 행정법, 헌법과 민주행정 과목을 전공선
택과목으로 개설하고 있으며,28) 연세대학의 기초교양교육과 대학 1학
년 교육을 전담하는 교육기관인 "학부대학"에서 교양과목으로서 헌법
의 이해, 인권정책과 법, 가족생활과 법, 부동산거래와 법, 범죄와 형
벌 등 과목을 제공하고 있다.29) 충북대학교는 행정학과에서 헌법, 행
정법, 민법총칙을 전공선택과목으로 개설하고 있으며,30) 사범대학 사
회교육과에서 법학통론, 한국헌법, 공적 생활과 법, 사적 생활과 법,
법생활문제연구 등 과목을 개설하고 있다.31)

있다. 경북대학교의 전통과 명성을 유지하면서 대학 내 학부 유일의 법학교육 및
Pre – Law 과정을 제공하고 있으며, 세계적 수준의 인재를 양성하기 위해 외국어
교육을, 그리고 실무형의 관리자 양성을 위해 관리기법과 분석기법 등의 교육을
강조하고 있[음]"을 제시하고 있다.
https://puad.knu.ac.kr/HOME/puad/sub.htm?hmode = p&nav_code = pua146582
2378.
23) https://puad.knu.ac.kr/HOME/puad/sub.htm?nav_code = pua1465822367.
24) http://udm.knu.ac.kr/.
25) http://ilsa.knu.ac.kr/.
26) https://pub – adm.pusan.ac.kr/pub – adm/index.do.
27) https://socialedu.pusan.ac.kr/socialedu/index.do.
28) https://yupa.yonsei.ac.kr/yupa/index.do
29) https://universitycollege.yonsei.ac.kr/fresh/index.do
30) http://public.chungbuk.ac.kr/main.php.
31) https://edu.chungbuk.ac.kr/soc/index.do.

2. 법학전문대학원 제도 도입 이후 학부생의 진로탐색 관점에서의 학부 법학교육의 의의와 역할

우리나라의 법학교육은 대학을 통한 근대교육이 이루어진 이래 법학전문대학원 제도의 시행에 이르기까지 대학 학부과정에 해당되는 교과과정과 학사학위를 제공한 법과대학 내지 법학부에서 이루어져 왔다. 법학전문대학원 제도의 시행 이후에는 법학전문대학원에서의 법학교육, 법학전문대학원 설치 대학 학부에서의 (독립된 전공으로서가 아닌) 법학교육, 법학전문대학원이 설치되어 있지 않은 대학에서의 전공 내지 교양으로서의 법학교육의 세 유형 내지 체계로 법학교육이 이루어지고 있다. 학부 법학교육의 관점에서 보면, 법학전문대학원 제도의 도입과 시행 전후 시점 언제나, 대학 학부과정에서의 법학교육을 통해 전공 내지 전문영역으로서 또한 교양으로서의 법학을 교육해 왔으며, 이를 통해 장래의 법학자와 법조인 그리고 보다 넓은 맥락에서는 법학적 전문지식과 소양을 가진 법치국가의 구성원으로서의 민주시민을 양성하고 있다.32) 즉, 법학자와 법조인을 위한 법학, 법치국가의 구성원으로서 갖추어야 할 기본적 법적 소양을 위한 교양으로서의 법학, 정치학과 경영학 뿐 아니라 논리학, 의학, 공학 등 법 관련 타전공의 학문적 및 실무적 필요에 부응하는 체계적 교육의 일부로서의 법학, 그리고 국가공무원 공개경쟁채용시험을 포함한 각종 시험의 준비를 위한 법 교육에 걸쳐, 법과대학 내지 법학부 그리고

---

32) 법학전문대학원 제도의 도입 및 시행 이후 법조인 양성의 기능을 법학전문대학원에서 담당함을 넘어서서 학부 법과대학 내지 법학과를 구조정의 대상으로 인식하며 법학교육 자체를 정통성과 함께 학부에서 대학원으로 이동시키고자 한다면 법학교육목표의 전도와 함께 법학연구의 위축과 순수법학의 위기에 직면할 것이라는 입장에서, 학부법학교육의 발전을 위한 정책적 과제를 제시한 연구로서, 정용상, "학부 법학교육의 발전을 위한 정책적 과제", 『교육법학연구』 제23권 제2호, 한국교육법학회, 2011. 12 참조.

법학전문대학원 제도 시행 이후 법학전문대학원에서 또는 그 소속 교
원이 개설하고 제공하는 전공 및 교양 법학 강의들이 다양한 수요에
맞추어 법학 교육을 제공해 왔다.

    법학전문대학원 제도의 시행으로 인해 직업과 직접 연계된 전공
으로서의 법학의 교육은 대학원 과정에서 이루어지게 되었고, 학문의
연구에도 각 법학전문대학원이 각별한 노력을 경주하고 있으나, 법학
전문대학원에서의 교과과정을 통해서는 법학교육의 다양한 의의와
기능 중에서 특히 법조인 양성의 기능에 보다 중점을 두어 법학교육
을 제공하게 된 면이 있다. 법학전문대학원이 설치된 대학과 그렇지
않은 대학의 학부 법학교육은 상당한 차이를 보일 여지가 상존하나,
법학전문대학원이 설치 및 운영되고 있는 대학에서도 법과대학이 폐
지된 이후에도 학부에서의 법학교육에 대한 다양한 수요에 따라 그
의의와 역할을 충실히 하여 대학의 학부생들 나아가 우리 사회 전체
를 위한 전공 및 교양으로서의 풍부한 양질의 법학 교육을 제공해야
한다. 민주법치국가의 구성원이 갖추어야 할 기초적인 법적 내지 법
학적 소양을 제공하기 위한 일반교양을 위한 법학교육은 민주법치국
가의 시민교육의 하나로서 기본이 된다. 또한 정치학이나 경영학 등
보다 직접적 관련성을 갖는 전공에서부터 생명윤리와 특허 등과 관련
하여 중요한 관련성을 갖는 의학, 생명과학, 공학 등 실로 다양한 전
공에서 각 관점과 수요에 따른 법학교육의 필요성이 존재할 뿐 아니
라 앞으로의 사회에서는 그 중요성이 더욱 증가되고 있다. 또한 일차
적으로 법학교육을 제공하는 교육기관이 법학전문대학원으로 대학원
과정에 설치되어 운영되게 됨으로써, 장차 법학을 공부하고 법조의
직역으로 진출하고자 하는 대학 학부생들은 교양과목 내지 전공과목
으로서 기존에 법과대학에서 제공해 온 과목들을 수강함으로써 자신
의 적성을 확인 및 분석하고 차근차근 준비해 가기 위해 법학 수업을
통한 법학교육을 필요로 한다.

공동연구의 주된 분석 대상인 서울대학교의 경우를 보면,[33] 법학
전문대학원 제도의 시행 이후 서울대학교에 개설된 법학과목 수강생
들을 대상으로 법학전문대학원으로의 진학을 희망하는지를 묻는 설
문조사(2009년 이후 매해 1학기 "민주시민과 헌법" 수업을 통해 실시)에서,
조사에 응한 학생 중 약 46%~50%가 긍정적으로 답한다. 즉, 법학과
목 내지 그 관련 과목을 수강하는 많은 학부생들이 향후 법학을 공부
하고 법조 직역으로의 진출을 염두에 두며 법학전문대학원으로의 진
학을 위한 적성의 탐색과의 관련성 하에서 이와 같은 과목들을 수강
하고 있음을 볼 수 있다. 이와 같은 수요는 법학전문대학원의 도입
이후 발생한 것으로서, 법과대학의 폐지 이후에도 대학의 차원에서
법학교육 담당기관인 법학전문대학원이 중심이 되어 이와 같은 법학
공부의 수요를 충족할 수 있어야 함을 보여준다.

법학전문대학원이 2009년 이래 운영되어 오고 있으며 2018년 법
과대학이 폐지된 이후 더욱, 학부생이 수강 가능한 전공으로서 및 교
양으로서의 법학 과목들이 각 수요별 수와 양의 면에서 충분한지 그
리고 내용과 질의 면에서 실제의 다양한 수요에 얼마나 충실히 부응
하고 있는지에 대한 분석이 지속적으로 그리고 장래의 장기적이고 체
계적인 전망과 계획에 비추어 이루어져야 하며, 이를 바탕으로 체계
적이고 구체적인 준비를 통해 필요한 과목을 지속적으로 발전시켜 제
공하고 새로운 수요에 따른 과목을 개발해야 한다.[34] 이 과정에서,
법학전문대학원 또는 폐지 전 법과대학 이외의 다른 전공 대학 학부

---

33) 법학전문대학원 제도의 도입 이후 서울대학교에서의 학부 법학교육의 관련 쟁점
   들을 분석하고 나아갈 방향을 제안한 연구로서, 전종익, "학부법학교육의 미래 ― 서
   울대학교를 중심으로 ―",『법교육연구』제10권 제3호, 한국법교육학회, 2015. 12
   참조.
34) 특히 융복합학문시대의 법학 수요에 비추어 학부 법학교육의 일부로서 교양법학
   을 다양화 하고 또한 새로운 교과목을 개발해야 할 필요성을 근거와 함께 주장한
   연구로서, 김정현, 앞의 논문(주 3), 98 ― 102면 참조.

및 대학원 과정에 개별적 필요에 따라 개설된 법학 내지 법학 관련 과목들은 어떠한 단계에서 어떠한 정도로 이루어져 왔는지에 대한 분석도 함께 이루어져야 한다.

서울대학교의 경우를 보면, 법학전문대학원 내지 폐지 전 법과대학 이외의 상당수 단과대학 내지 대학원에서 법과 관련된 과목들을 학부 내지 대학원 과정에 개설하고 있으며, 개설 빈도와 수강생의 수 등의 지표 면에서 상당히 활성화되어 운영되고 있다. 이와 같은 전문분야의 법(학)교육을 제공하는 단과대학과는 법학전문대학원이 전문성에 부합하면서도 탄력적인 협력을 제공함으로써 파견 내지 공동강의 방식을 포함한 다양한 방식을 통해 법학교육을 제공하고 수업의 내용과 질에 대해서도 기본적 기준을 제시하는 기능을 담당해야 할 것이다. 보다 장기적으로는 법학과 다른 전공 간의 연합전공 내지 연합학위과정 운영 등의 방법을 통해 별도의 교과과정을 설치하고 제공하는 것도 고려할 수 있다. 또한 변호사시험 이외의 각종 국가공무원 시험과 자격시험 등의 준비를 위한 법학교육의 수요도 지속적으로 존재하므로, 이를 위한 적절한 형태와 내용의 법학교육 역시 제공되어야 한다.

〈표 1〉 서울대학교 법학전문대학원 이외 단과대학 및 학과 개설 법학 관련 과목35)

교과목 주관 학과	교과목명
사회학과	법과 사회
사회복지학과	사회복지법제
언론정보학과	미디어법률과 제도
외교학전공	국제관계와 국제법
경영학과	기업법
자연과학대학	과학기술과 법
아동가족학전공	아동가족조사법

35) http://sugang.snu.ac.kr/.

약학대학	약사위생법규
건축학과 건축학전공	건축법과 제도
원자핵공학과	원자력법과 사회
소비자학전공	소비자보호관련법
농업생명과학대학	농업법 개론
수의학과	수의사법규
사범대학	사회와 법률
사회교육과	시민교육과 헌법
사회교육과	청소년문제와 법교육
사회교육과	법교육 연습
심리학과	심리학과 법
정치학전공	법과 민주주의
공과대학	안전공학과 법

　　서울대학교의 경우, 법학전문대학원 이외의 다른 단과대학 내지 학과의 전공 및 교양 법학 관련 과목의 수강인원 포함 개설 현황을 보면, 법과대학 폐지 이전 시점부터 폐지 이후에 이르기까지 대학 학부생들의 법학교육에 대한 다양한 수요를 위해 일반교양으로서의 법학교육과 구체적이고 전문적인 법학교육이 제공되어야 함을 알 수 있다. 법학전문대학원에서는 법과대학 폐지 이전부터도 교양으로서의 법학 과목을 개설 및 제공해 오고 있었으며, 법과대학 폐지 이후 보다 균형 있는 교양 법학 과목을 제공하기 위해 과목을 정비 및 개발하고 있다. 법학전문대학원 소속 교원이 경영대학 또는 사회과학대학에 파견 형태로 제공하는 기업법과 국제법 및 한국 헌정사 과목 이외에도, 법과대학 폐지 이전부터 법학전공자 이외의 다양한 전공의 학부생을 대상으로 현대사회와 법, 법학개론, 민주시민과 헌법, 여성과 법, 과학기술과 법, 한국법 입문(영어로 제공) 등 과목을 제공해 왔으

며, 법과대학 폐지 이후 체계적이고 균형 있는 학부 법학교육의 제공을 위해 원칙적으로 법학전문대학원 소속 교원이 제공하는 학부생 대상 교양 과목을 재정비하고 개발하여, 법학개론, 민주시민과 헌법, 민주시민과 기본적 인권, 범죄와 형벌, 교양 민법(가제: 2021년 개설 예정), 젠더와 법, 그리고 한국법 입문(영어로 제공) 등 과목을 개설하여 제공하고 있다.36)

다양한 수요에 충실히 부응하는 학부 법학교육을 위해 각 단과대학이 각자의 수요에 따라 교원을 확보하고 과목을 독자적으로 개설하는 방식도 필요에 따라서는 고려될 수 있을 것이나, 이와 같은 가능성과 경우를 함께 고려하더라도, 법학교육을 담당하는 주된 교육기관으로서의 법학전문대학원은, 순수한 일반교양으로서의 법학, 관련 전공 공부의 체계적 일부로서의 법학, 그리고 법조 내지 법학 관련 학문과 직업을 추구하고자 하는 학부생의 수요 충족을 위한 법학의 모든 면에서, 일반교양으로서의 법학교육과 구체적이고 전문적인 수요를 위한 법학교육을 위해 전체로서의 체계와 내용과 방법론을 제시하여야 한다. 구체적 실현을 위해서는 특히 법과대학 폐지 이후의 학부 법학교육의 충실화와 발전을 위해 법학전문대학원과 교양교육 담당기관으로서의 기초교육원, 그리고 개별 단과대학(원)과 학과들 사이의 체계적인 협력과 노력이 반드시 필요하고, 법학전문대학원은 법학교육기관으로서 그 중추적 역할을 수행하여야 할 것이다.

Ⅲ. 맺음말: 학부 법학교육의 과제 및 미래를 위한 제안

법학전문대학원 제도의 도입과 시행 이후, 법학전문대학원이 설치된 대학에서도 그리고 법학전문대학원이 설치되지 않은 대학에서

---

36) http://sugang.snu.ac.kr/.

도, 대학 학부에서의 법학교육은 어려움에 직면해 있다.[37] 대학 학부
에서의 법학교육에 있어 전문법학교육의 필요성이 분명이 존재함에
도 불구하고 전문법학교육이 축소 내지 부실화되고, 교양법학교육의
필요성과 수요는 사회의 변화와 수요에 따라 증가함에도 불구하고 법
학소양교육이 전체로서의 체계적 구도 속에서 사회변화에 발맞추어
양적·질적 측면에서 공히 풍부하고 충실하게 이루어지지 못하고[38]
국지화 내지 부분화되며 부족하게 될 우려가 있다. 나아가 이와 같은
점들이 학문으로서의 법학의 연구와 법학 학문후속세대 양성에 부정
적 영향을 미칠 우려가 있다.[39] 보다 넓은 맥락에서, 대학 학부에서
의 법학교육의 목표와 시행 관련, 담당 주체 및 인력 확보, 체계적 과
목 편성 및 제공, 교육방법론, 법학전문대학원에서의 법학교육 및 법
실무와의 유기적 관련성 하에서의 편제와 내용적 기준 설정, 고유한
수요를 충족하기 위한 과목의 개발과 평가의 전체적 관점에서의 문제
점 파악과 개선 노력이 절실하다.

　　법학전문대학원 도입 이후 서울대학교에서 개설·제공된 학부 법
학 과목 수강생들에 대한 위에서 제시한 바의 설문조사 결과, 순수한
일반교양으로서의 법학교육과 구체적 전문분야의 체계적 교육의 일

---

37) 이관희, "한국 법학교육 정상화 방안", 『헌법학연구』 제19권 제3호, 한국헌법학회,
　　2013) 참조. 관련하여, 법학전문대학원 제도의 도입 이전 시점에, 법학전문대학원
　　이 설치되는 경우를 상정하여, 법학전문대학원이 설치된 대학과 법학전문대학원
　　으로 전환하지 않은 법과대학 내지 법학부에서의 대학 학부 법학교육이 직면할 문
　　제점을 유형별로 분석하고 향후 학부에서의 법학교육의 방향을 제시한 연구로서,
　　이상수, "대학 학부에서의 법학교육", 『서울대학교 법학』 제47권 제4호, 서울대학
　　교 법학연구소, 2006. 12 참조.
38) 법학전문대학원 제도 도입 이후 법과대학 폐지 대학에서의 학부 법학교육의 문제
　　점으로서 법학소양교육의 부재를 특히 학문 융합화 추세에의 역행의 관점에서 제
　　시한 연구로서, 김정현, 앞의 논문(주 3), 특히 96-97면 참조.
39) 이러한 관점에서 법학의 육성과 법학자 양성의 방안을 제안한 연구로서, 최병조,
　　"법학 학문후속세대 양성 방안", 『서울대학교 법학』 제47권 제4호, 서울대학교 법
　　학연구소, 2006. 12 참조.

부로서의 법학교육 이외에도 법학전문대학원으로의 진학을 포함한
법조 내지 법조관련 직역으로의 진로의 탐색을 위한 법학교육의 수요
도 상당히 존재함을 알 수 있다.40) 법학전문대학원으로의 진학을 결
정하기 위해 스스로 적성을 확인하기 위한 수요도 법학전문대학원과
학부 교양교육 담당기관 및 각 대학 내지 학과 간의 진지하고 체계적
인 공동의 노력을 통해 적합한 과목의 개설을 통해 충족되어야 한다.
또한 변호사시험 이외의 다양한 국가시험 및 자격시험의 준비를 위한
수요 역시 꾸준히 있어 온 바, 이를 위한 법학교육 역시 대학에서의
학부 법학교육의 일부로 제공되어야 할 것이다.

시대의 요청에 부응하는 교과과정의 편성과 과목의 개발을 통해
법학교육을 제공하고 인재를 양성해야 하며, 학부 법학교육의 주체
내지 기관 그리고 해당되는 경우 법과대학 내지 법학부가 법학전문대
학원과 상시적·체계적으로 학부 법학교육에 관해 인력확보와 과목
및 교재 개발 그리고 교육방법론41) 등 모든 면에서 의사소통하고 논
의하며 공동의 노력을 경주해야 한다.42) 법학 관련 영역 및 전공과의
통섭과 융복합적 연계가 반영된 과목 및 교재의 개발과 교과과정의
개편 역시 이러한 노력을 통해 발전적으로 이루어질 수 있을 것이다.
또한 대학 학부에서의 법학교육의 발전을 위해 초중고등교육과정에
서의 법교육과의 유기적 연계를43) 체계적으로 고려해야 한다.44)

---

40) 법학전문대학원 제도 시행 이후 대학 학부에서의 법학교육에 대한 다양한 수요를
　분석한 연구로서, 이상수, "대학 학부에서의 법학교육", 『서울대학교 법학』 제47
　권 제4호, 서울대학교 법학연구소, 2006. 12, 142－143면 참조.
41) 법학교육의 방법론적 개선방향을 논한 연구로서, 이상돈, 김나경, "법학교육방법의
　개선방향", 『고려법학』 제53호, 고려대학교 법학연구원, 2009. 6 참조.
42) 법학전문대학원 제도 도입 이후의 법과대학에서의 법학교육의 발전 방향을 체계
　적으로 논한 연구로서, 김재형, 박승남, 김동엽, "법과대학에서의 법학교육의 방
　향", 『법학논총』 제21권 제1호, 조선대학교 법학연구원, 2014. 4 참조.
43) 이와 관련하여, 김종서, "법학전문대학원 밖의 법학교육: 그 과제와 방법", 『인하
　대학교 법학연구』 제16집 제3호, 인하대학교 법학연구소, 2013 참조.
44) 이와 같은 논점을 포함하여, 각 학제별 법학교육의 개선방안을 논의한 연구로서,

대학 학부에서의 법학교육 관련 담당 인력의 면에서, 법학과 특히 밀접한 관련성을 갖는 전공 영역에서 제공되어야 할 전문법학교육은 법학전문대학원 소속 교원이 담당하거나 각 해당 대학 내지 학과에서 전문인력을 충원하는 방식을 통해 제공되어 왔다. 전공에 따른 특수성과 전문성을 최고의 수준으로 유지하면서 동시에 법학전문대학원에서의 법학교육과 유기적 상관성을 유지하기 위해, 이에 더하여 이론과 실무, 유관 전공의 전문가와 법률가의 접목을 통한 심층적 교육을 위한 공동강의와 학제적이고 융합적인 내용의 과목 개발이 필요하다. 특히 교양으로서의 법학 교육에 있어 사회의 발전과 함께 융복합적이고 학제적인 법학소양교육의 수요에 부응할 수 있도록 과목을 발전시키고 새로운 과목을 개발하는 것이 급선무이며, 동시에 교양법학교육을 담당할 인력의 확보 역시 핵심적으로 중요하다. 법학전문대학원 소속 교원, 관련 대학 내지 학과의 전문인력, 외부의 전문인력이 함께 노력하여 교양법학으로서의 특성과 함께 법학전문대학원에서의 법학교육과 유기적 관련성을 갖고 체계적으로 교양법학교육이 이루어질 수 있도록[45] 과목의 내용과 방법론 및 주체의 문제를 고민해야 할 것이다.

우리나라에서의 법학전문대학원 도입 이전의 법과대학에서의 법학교육의 목표에는 일반교양교육을 통해 위와 같은 수요에 부응하고 이를 충족하는 것이 포함되어 있었으며, 기존의 법과대학은 이 점에서 역할과 기능을 해 왔다. 좁은 의미의 법조인의 양성 뿐 아니라 행

심민석, "한국의 학제별 법학교육에 관한 개선방안 ─ 프랑스의 법학교육을 중심으로 ─", 『법이론실무연구』 제5권 제3호, 한국법이론실무학회, 2017. 12 참조.

45) 이러한 관점에서, 더 높은 수준의 법학연구와 법학교육이 이루어질 수 있도록 법과대학과 법학전문대학원의 연결 방법을 마련하는 「법학전문대학원의 설치 및 운영에 관한 법률」의 개정, 특히 법률 제18조(학위과정 및 수업연한)의 개정을 제안한 연구로서, 김경제, "법학교육 연계를 통한 법과대학과 법학전문대학원의 공존 방안", 『법학논총』 제21권 제1호, 조선대학교 법학연구원, 2014. 4, 특히 59면 참조.

정부와 입법부 그리고 금융기관을 비롯한 다양한 회사 기타 사회단체
들의 수요를 포함하여 민주법치국가에서의 시민의 소양으로서 요구
되는 바의 법학 지식과 이해를 제공하고 충족하는 것 역시 법학교육
을 담당하는 교육기관의 당연한 소임이다. 대학의 다양한 전공 학부
생들에게 법학전문대학원 진학을 위한 전공탐색의 기회를 제공하는
차원에서 그리고 위에 제시한 바와 같은 다양한 진로를 위한 수요를
위해 이를 충족할 법학교육도 반드시 필요하다. 학부 과정에서 법학
교육을 제공해 온 법과대학이 법학전문대학원 설치 대학에서는 폐지
된 이후인 현 시점에도 나아가 장래에도 대학 학부에서의 법학교육을
통해 법학교육의 다양한 기능을 유지하고 대학 학부생들 나아가 우리
사회 전체의 법학교육의 다양한 수요를 지속적으로 충족시켜야 할 것
이다.

　　대학 학부에서의 법학교육의 발전을 위해 무엇보다도 법학전문
대학원, 교양교육 담당주체로서의 기초교육원 등의 기관, 그리고 개
별 단과대학(원)과 학과들 사이의 체계적인 협력과 노력이 요구되며,
이러한 노력의 과정에서 법학전문대학원은 본연의 법학교육기관으로
서 중추적 역할을 적극적으로 수행하여야 할 것이다. 다양한 진로를
고민하고 모색하는 대학 학부생들의 법학교육은 나아가 법치국가의
구성원으로서의 민주시민을 양성하는 교육이며 향후 법학전문대학원
에 진학하여 법조인의 역할을 수행하고 법학을 연구하며 또한 다양한
관련 영역에서의 법적 이해를 갖춘 전문가를 양성하는 교육이다. 사
회의 발전 양태를 반영하고 이와 교감하는 새로운 교과목과 방법론
및 교재의 개발과 이를 통한 교양법학의 다양화와 충실화, 인력의 확
보, 법학전문대학원과 대학 학부 법학교육의 다양한 주체 간의 유기
적인 공동의 노력을 통해, 대학 학부 법학교육의 취지와 역할을 충실
히 반영하여 수행할 수 있도록, 법제적 개선을 포함한 지속적 노력이
이루어져야 할 것이다.

찾아보기

저자 약력

최병조
서울대학교 법과대학 졸업
독일 괴팅겐대학교 법학박사
(현) 서울대학교 법학전문대학원 명예교수
(현) 대한민국 학술원 회원
(현) 독일 괴팅겐 학술원 종신 교신회원

정긍식
서울대학교 법과대학 졸업
서울대학교 법학박사
한국법제연구원 선임연구원
(현) 서울대학교 법학전문대학원 교수

김도균
서울대학교 법과대학 졸업
독일 키일대학교 법학박사
(현) 서울대학교 법학전문대학원 교수

송석윤
서울대학교 법과대학 졸업
독일 빌레펠트대학교 법학박사
성신여자대학교, 이화여자대학교 교수
(현) 서울대학교 법학전문대학원 교수

천경훈
서울대학교 법과대학 졸업
미국 듀크대 LL.M.
서울대학교 법학박사
김·장 법률사무소 변호사
(현) 서울대학교 법학전문대학원 교수

박 준
서울대학교 법과대학 졸업
미국 하버드대학교 LL.M.
김·장 법률사무소 변호사
서울대학교 법학전문대학원 교수
(현) 서울대학교 경영대학 특임교수

권영준
서울대학교 법과대학 졸업
미국 하버드대 LL.M.
서울대학교 법학박사
서울지방법원, 대구지방법원 등 판사
(현) 서울대학교 법학전문대학원 교수

전종익
서울대학교 법과대학 졸업
미국 코넬대 LL.M.
서울대학교 법학박사
헌법재판소 연구관
(현) 서울대학교 법학전문대학원 교수

최봉경
연세대학교 법과대학 졸업
독일 뮌헨대학교 법학박사
(현) 서울대학교 법학전문대학원 교수

이우영
서울대학교 법과대학 졸업
미국 하버드대 LL.M.
미국 스탠포드대학교 법학박사
미국 캘리포니아주 변호사(캘리포니아주 지방법원 재판연구관 등)
(현) 서울대학교 법학전문대학원 교수

근대법학교육 120년
-성찰과 전망-

초판발행	2020년 12월 30일
지은이	권영준·김도균·박 준·송석윤·이우영·전종익·정긍식·천경훈·최병조·최봉경
펴낸이	안종만·안상준
편 집	장유나
기획/마케팅	조성호
표지디자인	이미연
제 작	고철민·조영환
펴낸곳	(주) **박영사**
	서울특별시 금천구 가산디지털2로 53, 210호(가산동, 한라시그마밸리)
	등록 1959. 3. 11. 제300-1959-1호(倫)
전 화	02)733-6771
f a x	02)736-4818
e-mail	pys@pybook.co.kr
homepage	www.pybook.co.kr
ISBN	979-11-303-3783-8 94360
	979-11-303-2631-3 (세트)

* 파본은 구입하신 곳에서 교환해 드립니다. 본서의 무단복제행위를 금합니다.
* 공저자와 협의하여 인지첩부를 생략합니다.

정 가   32,000원